WILHELM RAABE

Meistererzählungen

Ausgewählt und mit einem Nachwort
von Rüdiger Görner

MANESSE VERLAG
ZÜRICH

HOLUNDERBLÜTE

*Eine Erinnerung aus dem
«Hause des Lebens»**

Ich bin Arzt, ein alter Praktiker und sogar Medizinalrat. Seit vier Jahren besitze ich die dritte Klasse des Roten Adlerordens*; dem Jahrhundert schreite ich um einige Jahre voran und stehe deshalb dem biblischen Lebenspunktum ziemlich nahe.* Ich war verheiratet; meine Kinder sind gut eingeschlagen; die Söhne sind auf ihre eigenen Füße gestellt, meine Tochter hat einen guten Mann. Über mein Herz und meine Nerven habe ich mich nicht zu beklagen, sie bestehen aus zähem Material und halten gut bei manchen Gelegenheiten, wo andere Leute ihren Gefühlen nicht mit Unrecht unterliegen. Wir Ärzte werden, sozusagen, innerlich und äußerlich gegerbt, und wie wir unempfindlich werden gegen den Ansteckungsstoff der Epidemien, so hindert uns nichts, inmitten des lauten Schmerzes und der stummen Verzweiflung den ergebenen und gelassenen Tröster zu spielen. Jedermann soll seine Pflicht tun, und ich übe hoffentlich die meinige nach bestem Vermögen. Das sind schlechte Doktoren, die da glauben, daß ihre Aufgabe gelöst sei, wenn sie in ihrer Krankenliste ein Kreuz oder irgendein anderes Zeichen hinter dem Namen eines Patienten gemacht haben. Unsere schwierigste Aufgabe beginnt sehr oft dann erst; wir, deren Kunst und Wissenschaft sich so machtlos erwiesen, wir, die wir so oft von den Verwandten und Freunden unserer Kranken nicht mit den günstigsten und gerechtesten Augen angesehen werden, wir sollen noch Worte des Trostes für diese Freunde und Verwandten haben. Die Stunden und Besuche, welche wir, nachdem der Sarg aus dem Hause geschafft ist, den Überlebenden widmen müssen, sind viel peinlicher als die, welche wir am Lager des hoffnungslosen Kranken zubrachten.

Doch das hat eigentlich nichts mit diesen Aufzeichnungen zu tun; ich will nur an einem neuen Beispiele zeigen, welch ein wunderliches Ding die menschliche Seele ist. Nicht ohne guten Grund überschreibe ich dieses Blatt: «Holunderblüte»; der Leser wird bald erfahren, was für einen Einfluß Syringa vulgaris* auf mich hat.

Es war ein klarer, kalter Tag im Januar; die Sonne schien, der Schnee knirschte unter den Füßen der Wanderer, die Wagenräder drehten sich mit einem pfeifenden, kreischenden Ton. Es war ein gesunder, herzerfrischender Tag, und ich holte noch einmal aus voller Brust Atem, ehe ich um die dritte Nachmittagsstunde die Türglocke eines der ansehnlichsten Häuser in einer der ansehnlichsten Straßen der Stadt zog.

Ich wußte, was ich tat, wenn ich soviel Lebensfrische als möglich in dieses stattliche Haus mit hineinzunehmen trachtete. Und doch lag darin kein Schwerkranker und kein Leichnam; ich hatte darin weder Rezepte zu schreiben, noch hatte ich darin mit dem Seziermesser zu tun.

Nicht lange brauchte ich vor der Türe zu warten; ein alter Diener mit einem kummervollen Gesicht öffnete mir und neigte stumm grüßend den Kopf. Ich schritt durch die kalte, weite Halle, ich stieg die breite Treppe hinauf – langsam, Stufe für Stufe.

In den letzten Zeiten war ich sehr häufig diese Treppe hinaufgestiegen – zu jeder Stunde des Tags, zu jeder Stunde der Nacht. Oben auf dem Eckpfosten der Brüstung stand ein schöner Abguß jener sinnenden Muse, die, so anmutig in ihre Schleier gewickelt, das Kinn mit der Hand stützt. Wenn die große Stadt schlief, wenn das Licht der Lampe, welche mir der alte Diener tief in der Nacht vorantrug, auf dieses weiße Bild fiel, hatte ich es im Vorübergehen fest angeblickt und versucht, etwas von der hohen, ewigen Ruhe dieser Statue mit hinter die Tür zu nehmen, wo ... doch das war ja vorüber, das Fieber hatte gesiegt, der Sarg mit der jungfräulichen Krone auf dem weißen Atlaskissen war diese Treppe herabgetragen, vorüber an dieser selben Bildsäule. Der Sarg war durch die Halle getragen worden, durch die Gassen der Stadt – der Schnee deckte das Grab, zwanzig Tage waren darüber hingegangen, und jetzt schien die kalte Wintersonne darauf.

Ich schritt durch wohlausgestattete Gemächer, wo schöne Gemälde an den Wänden hingen, wo Blumen in den Fensterbänken standen, wo weiche Teppiche den Boden bedeckten. Aber alle diese Räume waren kalt, und niemand befand sich darin. Ich öffnete eine Tür nach der andern und schloß sie leise. Dann stand ich vor der letzten, welche in das letzte Gemach dieses Flügels des Hauses, ein mir wohlbekanntes Eckzimmer, führte; da horchte ich einen Augenblick: drinnen regte sich jemand.

Was mich drinnen erwartete, wußte ich; aber doch kroch es mir ganz leise, feucht und kalt über die Stirn und berührte leise, leise, leise alle Nervenausläufer in der Haut. Selbst der gegerbteste Doktor ist noch immer nicht gegerbt genug; ich sollte das heute wieder erfahren.

Es war ein heiteres, warmes, behagliches Gemach, in welches ich eintrat; die Sonne strahlte auch hier glänzend durch die großen Spiegelscheiben. Am Fenster standen auch hier viele und teure Blumen, und ein schönes Vogelbauer mit zwei Gesellschaftsvögeln war mitten dazwischen aufgestellt. Ein offenes Klavier, mit einem aufgeschlagenen Liederbuch darauf und einem gestickten Sesselchen davor, war ebenfalls vorhanden. Alles ringsum deutete an, daß ein Weib, und zwar ein junges Weib, hier wohnte – gewohnt hatte. Alles hatte etwas mädchenhaft Zierliches; eine Verheiratete, eine alte Jungfer hätten ihren Wohnort so nicht ausgestattet: die bleiche Frau in Trauerkleidung, welche ich stumm begrüßte und welche, auf dem Teppich vor einer geöffneten Schieblade knieend, mit tränenleeren, ach so tränenleeren, traurigen Augen zu mir emporblickte, berauschte sich täglich – in jeder Minute, im tödlichen Schmerz, in diesem Duft und Glanz – Duft und Glanz des Gewesenen, Nimmerwiederkehrenden.

Wir sprachen nach den ersten Worten der Begrüßung nicht viel mehr miteinander. Die trauernde Mutter sagte noch, wie gewöhnlich: «Ich danke Ihnen, lieber Freund, daß Sie kommen!», und dann saß ich nieder auf dem gestickten Sessel vor dem Fortepiano und stützte die Stirn mit der Hand, die niedergebeugte Mutter beobachtend.

Sie war beschäftigt, die kleinen Schätze, welche ihr Kind zurückgelassen hatte nach seinem kurzen Erdendasein, zu ordnen; aus diesem bittern Kelche der Erinnerung, welchen die Leidtragenden so krampfhaft fest in den Händen halten, trank sie Tag für Tag.

Briefe der Freundinnen, Geschenke fröhlicher Feste, Schmucksachen, hunderterlei Einzelheiten aus der bunten unendlichen Mannigfaltigkeit, welche die Kunst in allen ihren Verzweigungen für die bevorzugten Kinder dieser Welt schafft, hatte sie zu ordnen. Alles, was ihr in die Hand fiel, wurde von der armen Mutter wie ein lebendiges, gefühlsbegabtes Ding behandelt. Sie tändelte und sprach mit ihm und erinnerte es und sich an die Stunden, wo es in dieses Haus gekommen, um der Toten Freude oder vielleicht auch wohl einen kleinen Kummer zu machen.

Da war eine zerbrochene Schäferin von Porzellan, und eine ganz lange Geschichte hing daran, und die Mutter erzählte sich, mir und der bunten vergoldeten Figur diese ganze Geschichte mit allen ihren Wendungen. Als ich dann in der Zerstreutheit über die Tasten des Klaviers neben mir griff, schoß ein Strahl von Eifersucht über das

Gesicht der beklagenswerten Erzählerin: durfte eine fremde Hand diese Klänge, die der Toten gehörten, von neuem aufwecken?

Als sich das bleiche Gesicht wieder herabgesenkt hatte, fiel mein Blick auf die geöffneten Notenblätter. Es war ein trauriges Lied. Hatte das der Zufall dahin gelegt, oder hatte die Tote mit ahnungsvoller Hand es aufgeschlagen? Es lautete:

«Legt in die Hand das Schicksal dir ein Glück,
Mußt du ein andres wieder fallen lassen;
Schmerz wie Gewinn erhältst du Stück um
 Stück,
Und Tiefersehntes wirst du bitter hassen.

Des Menschen Hand ist eine Kinderhand,
Sie greift nur zu, um achtlos zu zerstören;
Mit Trümmern überstreuet sie das Land,
Und was sie hält, wird ihr doch nie gehören.

Des Menschen Hand ist eine Kinderhand,
Sein Herz ein Kinderherz im heft'gen
 Trachten.
Greif zu und halt! ... Da liegt der bunte Tand;
Und klagen müssen nun, die eben lachten.

Legt in die Hand das Schicksal dir den Kranz,
So mußt die schönste Pracht du selbst
 zerpflücken;
Zerstören wirst du selbst des Lebens Glanz
Und weinen über den zerstreuten Stücken.»

Mit diesem Liede kam mir die erste Mahnung aus lang vergangener Zeit; aber ein Zweites mußte dazukommen, ehe sich die Gedanken- und Bilderreihe entspann, welche ich diesen Papieren jetzt anvertraue.

Kaltblau war der Himmel draußen über den gegenüberliegenden Dächern; immer noch schien die Sonne durch die hohen Fenster; aber die Eiskristalle, die unter Mittag ein wenig aufgetaut waren, schossen bereits wieder zusammen; ich hatte einen Ballkranz von künstlichen Blumen von einem Nähtischchen genommen, und die Sonne schien auch auf diesen Kranz.

Es war ein kunstreiches und zierliches Gewinde von weißen und blauen Holunderblüten und Blättern, und ein langes einzelnes blondes Haar hatte sich darin verflochten, als die Tote diesen Kranz nach jener Ballnacht, welcher das böse Fieber folgte, aus den Locken nahm.

Viele Arten von Kränzen gibt es in der Welt, und auf mancherlei Weise strebt die Welt danach, gewinnt oder verliert sie. Ist nicht jedes Leben an und für sich der Versuch, einen Kranz zu winden? Jeder begibt sich nach besten Kräften und Vermögen ans Werk; man hat Glück oder Unglück dabei: es kommen oft sehr schöne, oft aber auch sehr häßliche Machwerke zutage. Manch ein Kranz wird zerrissen, noch ehe er vollendet ist, und manch ein stolzer Kranz, den irgendein Menschenkind lange auf erhobenem Haupte trug, fällt zuletzt in eine fremde Hand, die ihn hält, die ihn, Blatt für Blatt, untersucht und zerpflückt, während eine winterlich-nüchterne Sonne, allem falschen, geborgten Schimmer abhold, darauf scheint.

So war es freilich nicht mit dem Gewinde, welches ich jetzt in der Hand hielt. Zu allem andern bestand es aus den Blüten des Holunders, und trotzdem, daß es nur ein künstlich angefertigtes Ding war, war es doch von so frischer Lebendigkeit, daß der Greis, auf dessen Haupte längst der Schnee des Alters sich sammelte, in immer entlegenere, in immer blauere Fernen seines Lebens entrückt wurde. Erinnerungen wachten auf, welche im Grunde wenig mit diesem Putz der jungen Abgeschiedenen zu tun hatten.

Die Holunderblüte war schuld daran, daß ich im tiefen, bittern Ernst an das Gewinde dachte, welches auch um mein Leben, teilweise von meiner eigenen Hand geschlungen, lag und dessen beiden Enden sich nun so bald berühren mußten.

Das Lied, welches auf dem Klavier aufgeschlagen lag, war viel mehr für mich geschrieben als für die junge Tote, die nach kurzem und glücklichem Atmen auf dieser Erde sanft, still und schmerzlos eingeschlafen war, welche diesen Kranz von schönen Frühlingsblüten auf schönerem Köpfchen getragen hatte, ein liebliches Symbol ihres Lebens und Kranzwindens. –

Früh war ich in die Welt hinausgeschleudert worden, hatte als ein verwaister Knabe, Erbe eines nicht unbedeutenden Vermögens, in dem Hause eines finstern hypochondrischen Verwandten gelebt, und dieser, welcher in den heitersten Tag seine krankhaften Grabesgedanken hineintrug, band mich mit harten eisernen Ketten an die tägliche Arbeit, das unablässige Studium. Mißmutig und widerwillig saß ich in seinem verdunkelten

Gemach und verbrachte unter seinen mürrisch-wachsamen Augen meine Knabenzeit – sonst die glücklichste Zeit des Lebens – elend und kläglich genug. Die wilde Lust, das tolle Jauchzen im Kreise sorgloser Genossen lernte ich nicht kennen. Ich habe niemals eine Tracht Schläge für einen unsinnigen Jungenstreich bekommen, und daß mir damit ein großer Segen entging, den alles «Traktieren» der Grammatik nicht ersetzen konnte, wird mir mehr als ein sehr gelehrter Herr bezeugen.

Es war viel lustiges und viel ernst-buntes Leben in manchem der Bücher, über denen ich meine Tage verbringen mußte; aber die heitersten, herrlichsten Götter und Göttinnen erschienen mir nur als griesgrämliche Quälgeister, und die Helden und Weisen schienen ihre Schlachten nur deshalb zu schlagen und ihre Weisheit nur deshalb von sich zu geben, um einen unmotivierten Groll an mir armem eingesperrtem Teufel auszulassen. Sie hatten nur gelebt und gewirkt, um mich nach ein paar tausend Jahren durch schauderhafte Irrgärten voll gräßlicher Vokabeln zu schleppen und mich in dunkle Abgründe voll scharfeckiger Konstruktionen zu stürzen.

Als endlich diese siebenjährige Jammerknechtschaft aufgeschlossen wurde, brach ich natürlich los wie ein Tier von der Kette, und die uralten und doch nimmer begriffenen Konsequenzen solcher Erziehung traten ein. Ich gehörte auf der Universität zu den wildesten, meisterlosesten Gesellen, und mein Ruhm war weniger groß im würdigen Kreise meiner Professoren als in der unwürdigen Mitte meiner Genossen. Ich floh natürlich aus dem Bereich meines Vormunds und Oheims soweit als möglich fort und begann meine akademische Laufbahn in Wien, welches damals noch das alte lustige Wien war. Und als mir dort der Boden unter den Füßen zu heiß geworden war und zu viele Augen auf mein Treiben achteten, ging ich nach Prag, hochberühmt seiner medizinischen Lehrstühle wegen. –

Die Sonne umflimmerte noch immer den Ballkranz in meiner Hand, und das einzelne Haar, welches die schöne Trägerin zwischen den weißen und rötlichen Blüten zurückgelassen hatte, glänzte wie ein Goldfaden; ich gedachte der alten hunderttürmigen Stadt Prag und eines andern schönen Mädchens, welches aber schwarze Haare hatte, und ich gedachte anderer Holunderblüte.

O Prag, du tolle, du feierliche Stadt, die Stadt der Märtyrer, der Musikanten und der schönen Mädchen, o Prag, welch ein Stück meiner freien Seele hast du mir genommen!

Sie sagen, wenn die tschechische Mutter ihr Kind geboren habe, so lege sie es auf das Dach: halte es sich fest, so werde es ein Dieb, rolle es herunter, so werde es ein Musikant. Wäre dieses Wort einem deutschen Kopfe entsprungen, so würde es viel böhmisches Gebrumm darum geben, da es aber ein panslavistisches Diktum ist, so muß man es nehmen, wie es sich gibt. Und nun gab es in der alten wundervollen Stadt Prag, als ich dort die Medizin studierte, solch ein Kind – es war freilich von einer böhmisch-jüdischen

Mutter geboren –, welches nicht von dem Dache gerollt war, sondern sich recht festgehalten hatte, welches also von Rechts wegen stehlen durfte und mußte. Mein Herz nahm es mir, und doch liebte ich es nicht, und eine traurige Geschichte ward daraus.

Damals war es fast noch schwerer als heute, den berühmten Kirchhof der Juden zu finden, wenn man fremd in der Stadt war. Man tat und tut am besten, nach dem Wege zu fragen und sich führen zu lassen, und so fragte auch ich am Tage nach meiner Ankunft, nachdem ich, vom großen Ring kommend, aus der Geiststraße mich in das namenlose Gewirr von Gassen und Gäßlein verloren hatte, welches um den «guten Ort»* liegt.

Da es mein Grundsatz ist, mich bei Verlegenheiten in fremder Umgebung an das angenehmste Gesicht zu wenden, so sah ich mich auch jetzt nach demselben um, geriet aber aus einer Verlegenheit in die andere: das Volk, welches mir begegnete, war durchgängig häßlich wie die Nacht. Hätte ich mich an die abschreckendste Physiognomie wenden wollen, so würde ich eher zu einem Resultat gelangt sein. Endlich erblickte ich aber, was ich suchte.

Es hing ein alter Frauenanzug vor einer dunkeln Haustür, und an dem Türpfosten lehnte träge, doch nicht unzierlich, ein fünfzehnjähriges Mädchen. Sie hielt die Arme und Hände auf dem Rücken verborgen und sah mich an. Ich sah sie wieder an und beschloß, meine Frage vorzubringen. Ein Gesicht aus den vornehmen Ständen hatte ich freilich nicht vor mir, und ehe mir Antwort ward, kam eine kleine braune Hand hinter dem Rücken des Kindes hervor, fuhr mir geöffnet mit unverkennbarem Verlangen entgegen, und ich konnte nicht umhin, sechs Kreuzer hineinzulegen.

«Nach unserm alten Kirchhof? Nun, ich will hinbringen den Herrn.»

Herab von den drei schmutzigen Stufen sprang die schmächtige Gestalt, glitt mir voran, ohne sich umzusehen, und führte mich kreuz und quer durch die abscheulichsten Winkel, Gassen und Durchgänge, wo mir von allen Seiten mehr oder weniger vorteilhafte Handelsanträge in betreff meines schwarzen altdeutschen Sammetrockes gemacht wurden. Ich hielt mich nicht damit auf, diese Anerbietungen abzulehnen, sondern achtete nur auf das zierliche Irrlicht, welches mich durch diese seltsamen Regionen leitete und endlich neckisch schadenfroh mich verleitete.

Wir kamen in eine enge Sackgasse, dann rechts ab zwischen zwei hohe Steinmauern, an deren Ende eine unheimliche Rundbogentür in einen unheimlichen dunkeln Gang führte. An dieser Pforte stand meine leichtfüßige Führerin still, wies in die Finsternis hinein und sagte unübertrefflich treuherzig: «Klopfen Sie dort an.»

Obgleich ich eigentlich durchaus nicht wußte, wo ich anklopfen sollte, so tappte ich doch auf gut Glück den Gang entlang, bis ich gegen eine andere schwarze, feuchte Tür stolperte. Ich klopfte und vernahm drinnen ein Ächzen, Stöhnen und dann ein Schlürfen. Dann öffnete sich die

Pforte, und ich stand entsetzt vor einer unappetitlichen alten Hexe, welche mich auf tschechisch ankreischte. Drei andere ähnliche Zauberschwestern krochen an Krücken langsam herzu und schnarrten mir ebenfalls Unverständliches entgegen. Höchst verblüfft sah ich mich in dem halbdunkeln, weiten, niedern Raume um. Sechs Betten standen darin, und aus zwei derselben richteten sich zwei entsetzliche Gespenster auf und starrten mich an wie die unglückseligen Geschöpfe, welchen Gulliver auf seinen Reisen begegnete, diese Wesen, welche mit einem schwarzen Fleck vor der Stirn geboren werden und nicht sterben können.* Ich hatte die Frechheit, meine Frage nach dem Judenkirchhof zu wiederholen, obgleich mir eine Ahnung sagte, daß ich an der Nase geführt und daß diese Frage an diesem Orte sehr unstatthaft sei. Und richtig – im nächsten Augenblicke befand ich mich wieder in dem vorhin geschilderten dunkeln Gange, froh, mit gesunden, unausgekratzten Augen davongekommen zu sein. Drinnen erschallte ein höllisches Gezeter: der Schalk, mein Irrlicht, mein allerliebstes Judenkind hatte mich für meine sechs Kreuzer in ein Spital für sechs christliche alte Weiber geführt statt zu dem ehrwürdigen Israeliten, welcher den Schlüssel zu dem Beth-Chaim in Verwahrsam hat.

Ein helles Gelächter erweckte mich aus meiner ärgerlichen Erstarrung; draußen in die Winkelgasse schien die Sonne, und im Sonnenschein am Ende des dunkeln Ganges tanzte auch eine Hexe; aber diese Hexe war jung und reizend und: «'s isch ke liebliger G'schöpf aß so ne Hexli, wo jung isch.»

In dem Sonnenschein tanzte sie und drehte mir eine lange Nase, und ich drohte ihr mit der Faust: «Wart, Hexe, Verführerin, kleine Prager Teufelin!»

Sie aber deutete mit dem Finger auf den Mund und rief mir spöttisch zu: «Strc prst skrz krk!», welche melodischen, durch Vokalreichtum sich auszeichnenden Worte im rauhen Deutsch ungefähr bedeuten: «Stecke den Finger durch den Hals.» Dann verschwand der Kobold, und ich mochte nach Belieben über den tiefen Sinn dieser Worte nachsinnen, tat es aber nicht und fragte auch nach solcher üblen Erfahrung niemand mehr um den Weg nach dem Judenkirchhof, sondern fing an, ihn mit germanischer Ausdauer selbst zu suchen. Meinen eigenen Sternen vertraute ich, und sie ließen mich auch nicht im Stich und führten mich endlich durch das schmutzigste Labyrinth, welches die menschliche Phantasie sich vorstellen kann, zu der Pforte, welche in das schauerliche, oft beschriebene Reich des tausendjährigen Staubes führt.

Ich sah die unzähligen aneinandergeschichteten Steintafeln und die uralten Holunder, welche ihre knorrigen Äste drumschlingen und drüberbreiten. Ich wandelte in den engen Gängen und sah die Krüge von Levi, die Hände Aarons und die Trauben Israels. Zum Zeichen meiner Achtung legte ich, wie die andern, ein Steinchen auf das Grab des Hohen Rabbi Jehuda Löw bar Bezalel*. Dann saß ich nieder auf einem schwarzen Steine aus dem vierzehnten Jahrhundert, und der Schauer des Ortes kam in vollstem Maße über mich.

Seit tausend Jahren hatten sie hier die Toten des Volkes Gottes zusammengedrängt, wie sie die Lebenden eingeschlossen hatten in die engen Mauern des Ghetto. Die Sonne schien wohl, und es war Frühling, und von Zeit zu Zeit bewegte ein frischer Windhauch die Holunderzweige und -blüten, daß sie leise über den Gräbern rauschten und die Luft mit süßem Duft füllten; aber das Atmen wurde mir doch immer schwerer, und sie nennen diesen Ort Beth-Chaim, *das Haus des Lebens?!*

Aus dem schwarzen, feuchten, modrigen Boden, der so viele arg geplagte, mißhandelte, verachtete, angstgeschlagene Generationen lebendiger Wesen verschlungen hatte, in welchem Leben auf Leben versunken war wie in einem grundlosen, gefräßigen Sumpf – aus diesem Boden stieg ein Hauch der Verwesung auf, erstickender als von einer unbeerdigten Walstatt, gespenstisch genug, um allen Sonnenglanz und allen Frühlingshauch und allen Blütenduft zunichte zu machen.

Ich habe schon erzählt, daß ich in dieser Zeit meines Lebens ein toller, wilder Geselle war; aber das Gefühl, welches mich an dieser Stelle erfaßte, enthielt die Bürgschaft dafür, daß ich noch ernst genug werden könne.

Immer tiefer sank mir die Stirn herab, als ich plötzlich dicht neben mir – über mir ein kindlich helles Lachen hörte, welches ich schon einmal vernommen hatte. Dieses Mal erschreckte es mich fast, und als ich schnell aufsah, erblickte ich ein liebliches Bild.

In dem Gezweig eines der niedern Holunderbüsche, die, wie schon gesagt, das ganze Totenfeld überziehen, mitten in den Blüten, auf einem der wunderlichen, knorrigen Äste, welche die Pracht und Kraft des Frühlings so reich mit Grün und Blumen umwunden hatte, saß das neckische Kind, welches mir vorhin so schlecht den Weg hierher gewiesen hatte, und schelmisch lächelte es herab auf den deutschen Studenten.

Als ich aber die Hand nach dem Spuk ausstreckte, da war er blitzschnell verschwunden, und einen Augenblick später sah das lachende bräunliche Gesicht, umgeben von schwarzem Gelock, um das Grab des Hohen Rabbi, als wolle es mich von neuem verlocken, und zwar zu einer Jagd über den alten Totenort. Aber dieses Mal ließ ich mich nicht verleiten; denn ich wußte klar, daß es mir doch nichts nutzen würde, wenn ich dem Ding nachspränge. In die Erde, in den schwarzen Boden hätte es sich verloren, oder, noch wahrscheinlicher, in die Holunderblüten über den Gräbern wäre es verschwunden. Wie angewurzelt stand ich auf meinen Füßen und traute dem hellen Tag, der glänzenden Mittagsstunde nicht im mindesten: Wer konnte sagen, ob an dieser geisterhaften Stelle nicht andere Regeln der Geisterwelt galten als anderwärts?

Still stand ich und hütete mich wohl, mich zu rühren, und als nun das Ding sah, daß sein lockendes Lachen, Blicken und Winken ihm nichts half, da fing's den Zauber auf eine andere

Art an. Sein Gesichtchen wurde ernst, sein Köpfchen neigte sich, und schüchtern schlich's heran, neigte sich wiederum sittsam und stand vor mir und sagte: «Schöner Herr, verzeih, ich will nicht wieder böse sein.»

Ruhig duldete es, daß ich seine Hand nahm; es wehrte sich nicht, als ich es näher zu mir heranzog, um ihm besser ins Auge sehen zu können. Es gab wundersamerweise auch klaren und vernünftigen Bericht, als ich es fragte, woher es sei und wie es heiße. Wenn es nicht nach Elfenart log, so gehörte dieses verwahrloste und doch so reizende Geschöpf keineswegs ganz der Geisterwelt an, war nicht eine Tochter Oberons und Titanias*, sondern der Sprößling sehr irdischer Eltern, welche in der Josephsstadt zu Prag mit alten Kleidern und Gerätschaften handelten. Auch die Hausnummer und den Namen erfuhr ich: Jemima hieß es, wie die Tochter Hiobs, des trefflichen Mannes aus dem Lande Uz, und Jemima bedeutete auf deutsch: *Tag*.*

Obgleich der Vater nicht Hiob hieß, sondern Baruch Löw, so war er doch ein gutes Seitenstück zu jenem Dulder in der Zeit der Plagen. Von der Mutter Jemima Löws will ich lieber ganz schweigen.

O über den Schmutz, den ich in dem Hause Nummer fünfhundertdreiunddreißig in der Judenstadt sah, als ich zum erstenmal nach dem Bekanntwerden mit der Tochter des Hauses kam und schlau meine Uhr versetzte, obgleich ich einen frischen, nicht unbedeutenden Wechsel in der Tasche hatte. Und was ich roch, war fast noch schlimmer als das, was ich sah.

Aber der Zauber lag einmal auf mir, und es war ein mächtiger Zauber und sollte ein böser Zauber werden: Wie hätte er auch sonst in diesem ruhigen, reinlichen, vornehmen Hause in Berlin vierzig Jahre später von neuem dadurch erweckt werden können, daß mir ein Kranz von Holunderblüte, welchen ein junges Mädchen auf dem Ball getragen hatte, in die Hand fiel? –

Von dem lustigen Wien war ich mit dem festen Vorsatz herübergekommen, dem Collegio medicorum zu Prag alle Ehre zu machen, sehr fleißig zu sein und mit Eifer das Versäumte nachzuholen. Daraus wurde nichts. Nicht daß ich mich wieder dem vorigen wilden Treiben ergeben hätte, welches schon manchen Studenten der Medizin dahin gebracht hat, daß er kläglich die edle Heilkunst an seinem eigenen Leibe praktizieren konnte. Im Gegenteil – weder nächtliches Schwärmen und tolles Trinken, weder Melniker, Pilsener Bier und Slibowitz hatten mehr den gewohnten Reiz für mich; aber berauscht war ich nichtsdestoweniger, und unendliche Quantitäten ungarischen Tabaks konsumierte ich über meinen verworrenen Träumen. Auf meine Stube in der Nekazalkagasse, ins Kollegium, an den Seziertisch, überallhin verfolgte mich die kleine Hexe aus der Judenstadt, Jemima Löw. Es war keine Möglichkeit, jetzt Pathologie, Therapeutik zu studieren und menschliche Leichname und lebendige Hunde, Katzen, Kaninchen und Frösche zu zergliedern. So gab ich's denn auch in Prag auf und verlegte den Vorsatz, fleißig zu sein, auf eine andere, spätere Zeit und auf eine andere Universität.

In meiner Stube in der Nekazalkagasse lag ich auf dem harten Sofa, eingehüllt in dichte, blaue, duftende Wolken, und stellte die tiefsinnigsten, aber auch unvernünftigsten Betrachtungen an über die Wunder der menschlichen Seele. Ein Buch darüber, wie die Leidenschaft entstehe und vergehe, hätte ich freilich darum doch nicht schreiben können. Wenn ich dann genug geraucht und geträumt hatte, so erhob ich mich, das Träumen stehenden Fußes fortzusetzen, und durchstreifte die Gassen dieser Stadt, die selbst einem Traume gleich ist.

Auf dem großen Ring höre ich die Mädchen am Brunnen böhmisch und deutsch durcheinanderschwatzen, hörte am Abend den Liedern der frommen Beter an der Mariensäule zu. Die ungarischen Grenadiere auf der Wache am Rathause wurden von Italienern abgelöst; wie in einer Zauberlaterne wechselte das bunteste Leben. Dann schlenderte ich ein andermal auf dem Wissehrad umher, wo über versunkenen königlichen Palästen die Gänse schnattern und die Ziegen weiden und wo ungemein zerrissene Wäsche getrocknet wird. Wieder ein andermal lehnte ich unter dem Schutze des heiligen Johannes von Nepomuk auf der berühmten Brücke und sah, ohne meiner unsterblichen, vernünftigen Seele einen Grund dafür angeben zu können, stundenlang in die Moldau hinab. Dann stieg ich nachher wohl durch die steilen Gassen der Kleinseite die

Treppe zum Hradschin herauf und sah über die Mauerbrüstung die stolze Böhmenstadt zu meinen Füßen liegen. Manche heiße Sommerstunde verbrachte ich in der kühlen, dämmerigen Halle des Domes von Sankt Veit; aber Jemima Löw verfolgte mich bis unter den purpurnen Baldachin, der das Grab des heiligen Nepomuk überhängt. Da ist an der Wenzelskapelle der große Türring, an welchem sich der heilige Herzog und Landespatron im Todeskampfe hielt, als er von dem verräterischen Bruder erschlagen wurde. Wenn man diesen Ring mit Ehrfurcht küßt, so ist das nützlich und gut gegen mancherlei Übel: ach, gegen das, was mich bedrückte, hätte solch ein Kuß doch nicht geholfen. Ein gutes Mittel gegen Kopfweh ist's ferner, wenn man von einem alten Holzschnitzwerk neben der Tür den Staub abreibt und damit drei Kreuze auf die Stirn macht, ich hatte auch öfters Kopfweh – echtes körperliches, nicht nur geistiges – in jenen seltsamen Tagen; ach, ich konnte es nicht heilen durch solches Bekreuzigen. Die Pein legte sich nur dann ein wenig, wenn ich sporenstreichs die Treppe von der Kaiserburg und dem Dom wieder herabsprang und über die Brücke, vorüber am heiligen Nepomuk und den andern Bildern, zur Josephsstadt rannte. Erst im Schatten der alten grimmigen Mauern und Häuser des Judenviertels wurde mir die Stirn wieder freier; aber fieberkrank blieb ich darum doch.

Schon längst hatte ich Freundschaft geschlossen mit dem Pförtner des berühmten Kirchhofes, und schon längst bezahlte ich nicht mehr jedesmal, wenn ich Einlaß in das Reich des Todes verlangte, die sechs Kreuzer, welche die kaiserlich-königliche Polizeibehörde dem Pförtner bewilligt hat aus dem Geldbeutel, der Reisekasse der neugierigen Fremden.

Recht schnell hatte ich die Zuneigung des Graubarts gewonnen, denn ich verstand es, auf seine Anschauungen von dem Wert und der Geschichte des jüdischen Volkes einzugehen, und so wandelten wir unter den Gräbern, und manche Biographie und manche Sage habe ich mir erzählen lassen – wahrlich, vieles konnte man lernen unter diesen grauen Steinen, diesen Monumenten, welche so sehr denen gleichen, die im Tal Josaphat* zerstreut liegen.

Jemima Löw aber war die Verwandte des Pförtners, seine Enkelin, Urenkelin, Großnichte oder dergleichen – die langen Jahre haben mir den Verwandtschaftsgrad aus dem Gedächtnis gewischt. Sie ging oft mit uns, saß neben uns und gab altklug, oft treffend genug, ihr Wort zu unserem Gespräch.

Es waren Tage, es waren Stunden, es waren Augenblicke, deren melancholischen Reiz ich in keiner Weise wahr genug zu schildern vermag. O über diesen uralten Totenacker und seine Holunder! Nun war die Luft an diesem Ort nicht mehr unatembar für mich, und keine Gespenster traten mehr in das Sonnenlicht, welches durch die Blätter schoß und über den Gräbern tanzte. Immer vertrauter wurde ich mit den grauen Steinen. Noch besser als der Alte machte mich Jemima damit bekannt. Wenn der Pförtner in seinem Lehnstuhl eingeschlafen oder zu tief in die unergründlichen Spitzfindigkeiten des Talmuds geraten war, so hüteten wir uns wohl, ihn aufzustören. Hand in Hand schlüpften wir in das Beth-Chaim und waren uns selbst genug in diesen seltsamen Sommertagen, welche die Welt lange nicht so lieblich gesehen hatte.

Ja, Beth-Chaim! Wohl wurde mir dieser Kirchhof zu einem «Haus des Lebens»! Wenn mir dieses junge Mädchen die wunderlichen Hieroglyphen der hebräischen Grabtafeln deutete, so beschwor es dadurch ein Leben herauf, von welchem ich bis dahin keinen Begriff gehabt hatte. Weise, tugendhafte, fromme Männer und Frauen, edle Dulder und Dulderinnen, schöne Mädchen und Jünglinge erwachten aus einem Schlummer, der Jahrhunderte hindurch gewährt hatte, und ihre Schatten gewannen lebendigstes Leben. Bald stand ich mit allen diesen Leuten aus einer unbekannten Welt, aus der doch noch so viele Bezüge in die Gegenwart herüberliefen, auf du und du und glaubte an sie wie an die Gestalten der Geschichte und Sage meines eigenen Volkes.

Gewöhnlich saßen wir neben der Tumba* des Hohen Rabbi Löw, aus dessen Geschlecht meine kleine Lehrerin abzustammen glaubte und auf den sie sehr stolz war. Viel erzählte sie mir von dem weisen Mann: wie er mit dem Kaiser Rudolf dem Zweiten verkehrte und ihm die Geister der Patriarchen erscheinen ließ, wie er Bescheid wußte im Talmud und in der Kabbala, wie er einen Golem, das heißt einen Diener aus der Geisterwelt, hatte, wie er seine Frau, die schöne

Perl, die Tochter Samuels, gewann, wie er vierhundert Schüler hatte und wie er sein Leben auf hundertundvierzig Jahre brachte.

Ich aber glaubte an alles und hing an dem Munde der Erzählerin wie keiner der vierhundert Schüler an dem Munde des Hohen Rabbi in der Schule «Zu den drei Klausen»*.

Von Liebe sprachen wir nicht; ich liebte auch dieses Mädchen gar nicht; aber einen Namen für die Gefühle zu finden, welche mich gegen es bewegten, war und ist unmöglich. Sie wechselten wie die Launen des Mädchens selbst, wie das Wetter an einem Apriltage, wie die leichten Sommerwölkchen, die über der Stadt Prag und den Fliederbüschen von Beth-Chaim zogen. Bald hielt ich diese Jemima, die in gerader Linie von Chajim, dem ältesten Bruder des Hohen Rabbi Jehuda Löw, abstammte, für ein kleines, schmutziges, boshaftes Ding, mit dem man wohl des Spaßes wegen eine Viertelstunde verschwatzen konnte; bald hielt ich sie für eine Fee, ausgerüstet mit großer Macht, die Menschen zu quälen, und dem besten Willen, diese Macht zu mißbrauchen. Dann war sie wieder nur ein armes, schönes, holdseliges, melancholisches Kind der Menschen, für welches man sein Herzblut hätte lassen mögen, für welches man hätte sterben mögen. Krank zum Sterben war ich damals, ein schleichendes Fieber verzehrte mich, und nur im Fiebertraum gehen solche wechselnde Gestalten und Empfindungen durch des Menschen Seele.

In jener Epoche las ich mit großem Eifer und schmerzlichem Genuß den Shakespeare, und zuletzt bildete ich mir ein, alle Frauen dieses Dichters in diesem unerzogenen Judenmädchen vereinigt zu finden, die zänkische Katharina nicht weniger als die süße Imogen, Rosalinde nicht weniger als Helena, Titania, Olivia, Silvia, Ophelia, Jessica, Porzia und wie sie alle heißen.*

Jemima Löw las den Shakespeare nicht, hatte auch in ihrem Leben nichts von dem Mann gehört, und sie verstand aus meinen verworrenen Reden über diesen Punkt nur, daß ich sie mit allerlei christlichen und heidnischen Frauen vergleiche, und lächelte ungläubig, und eines Tages, um die Mitte des Herbstes, als die ersten winterlichen Ahnungen durch die Welt gingen, als die Blätter des Flieders nicht weniger wie alle andern Blätter sich bunt färbten, eines Tages um die Mitte des Herbstes faßte sie meine Hand und zog mich durch einen düstern Gang nach der Mauer des Kirchhofs zu einem Grabstein, den wir bis jetzt noch nicht betrachtet hatten.

Auf diesen Stein deutete sie und sprach: «Das bin ich!»

In hebräischer Schrift stand auf dieser Platte: «Mahalath».

Und darunter die Jahreszahl: «1780».

Wie kam es, daß ich so sehr erschrak? War es nicht Torheit, daß ich so erstarrt, wortlos das Mädchen neben mir ansah?

Ja, es lachte nicht, es freute sich nicht eines gelungenen närrischen Einfalls. Ernst und traurig, mit gekreuzten Armen stand es da, lehnte sich über den Stein und sagte, ohne eine Frage abzuwarten: «Sie hieß Mahalath, und sie war Mahalath, das ist eine Tänzerin. Sie hatte ein krankes Herz wie ich und ist die letzte gewesen, welche auf diesem unserm Beth-Chaim eingesenkt wurde – die allerletzte. Nachher hat's der gute Kaiser Joseph verboten, daß sie noch einen aus unserm Volk hier zu Grabe brächten; die Mahalath ist die letzte gewesen. Der gute Kaiser hat auch die Mauern der Judenstadt niedergeworfen und hat ihr seinen eigenen milden und glorreichen Namen zu seiner und unserer Ehre gegeben. Er hat dies Gefängnis zerbrochen und uns atmen lassen mit dem andern Volk; der Gott Israels segne seine Asche.»

«Aber wer ist die Mahalath? Was hast du mit der Mahalath, Jemima?» rief ich.

«Sie hatte ein krankes Herz, und es zersprang.»

«Sei keine Törin, Mädchen, was weißt du von dieser Toten, die im Jahre siebenzehnhundertachtzig begraben wurde?»

«Wir gedenken lange unserer Leute. Ich kenne die Mahalath ganz genau und weiß, daß ihr Los das meine sein wird.»

«Dummes Zeug!» rief ich; aber Jemima Löw drückte plötzlich die Hand auf das Herz, und über ihr Gesicht zuckte es, als erdulde sie einen großen physischen Schmerz.

Ich erschrak wiederum heftig, und als sie meine Hand nahm und dieselbe auf ihre Brust legte, erschrak ich noch mehr.

«Hörst du, wie es klopft und pocht, Hermann? Das ist die Totenglocke, welche mir zu Grabe läutet. Du bist ein großer Doktor und hast das nicht gemerkt?»

Dieses letzte sagte sie mit einem so hellen Lächeln, daß die Idee dieses frühen Sterbens mir um so schrecklicher erschien. Ich faßte beide Hände des Mädchens und schrie sie zornig an: «Scherze nicht auf so tolle Weise! Alles will ich dir hingehen lassen, nur nicht solche Worte.»

«Es ist kein Scherz», antwortete sie, «soll ich dir die Geschichte der Mahalath erzählen?»

Nur nicken konnte ich, ergriffen von einem dumpfen, unendlich bangen Schmerzgefühl.

Jemima Löw erzählte: «Die hier liegt, wurde Mahalath genannt, weil ihre Glieder schlank und leicht waren und weil ihre Füße sich wie im Tanze bewegten, wenn sie ging. Sie war auch im Schmutz und in der Dunkelheit geboren wie ich und in noch größerem Schmutz und noch schlimmerer Finsternis wie ich; denn unter der großmächtigen Kaiserin Maria Theresia war die Stadt der Juden zu Prag ein viel traurigerer Ort als heute, und sie gönnten uns die reine Luft nicht, und bezahlen mußten wir jährlich zweihundertelftausend Gülden für die gnädige Erlaubnis, hier zu verkümmern in Dunst und Finsternis. Aber die Mahalath hatte eine freiere Seele als die stolzeste Christin in der Stadt Prag; sie wurde auch gelehrt in den Büchern und schlug die Laute mit ihrer feinen Hand, daß sie eine Perle in unserm Volk genannt wurde, gleich der Perle des Hohen Rabbi Jehuda. Sie war in der Dunkelheit geboren und sehnte sich nach dem Licht: Viele große Männer aus allen Völkern sind darum gestorben, weshalb sollte darum nicht auch ein armes Mädchen sterben? Was siehst du mich so an, Hermann? Denkst du auch, ein Mädchen könne nur um der Liebe willen sterben? Glaub es nicht; die Mahalath ist nicht an der Liebe gestorben, wenngleich ihr Herz brach; und die irren, welche meinen, daß sie starb um den jungen Grafen, der sie mit Gewalt aus ihres Vaters Hause reißen wollte und gegen den die hohe Kaiserliche Majestät Maria Theresia nachher erkannte, daß er hat müssen ins Ausland entweichen. Die Mahalath lachte über den Toren, der nichts hatte als seinen Namen, seinen Reichtum, Sammetrock und Federhut. Sie nannten sie die Tänzerin, und sie starb, weil ihre Seele zu stolz war, um äußerlich zu zeigen, was sie duldete um ihr Volk. Der einzige Ort, wo sie die Sonne sah, war dieses Beth-Chaim, sie las die Schriften auf diesen Steinen und lernte die Geschichten derer, die unter den Steinen liegen, und ihre Seele tanzte über den Gräbern, bis die Toten sie herabzogen, zu sich – hinab!»

Wie das junge Mädchen an meiner Seite das kleine Wort «hinab» aussprach!

«Jemima», rief ich, die Hände faltend, ohne zu wissen, was ich tat, «Jemima, ich liebe dich!»

Sie aber streckte drohend die Hand gegen mich aus, stampfte zornig mit dem kleinen Fuße auf. «Es ist nicht wahr. Der junge Herr in Grün und Gold, der mit dem weißen Federhut, liebte die Mahalath auch nicht, und wer sagt, daß sie um ihn gestorben sei, der lügt. Einen Herzfehler hat sie gehabt, und unser totes Volk hat sie zu sich herabgezogen. Du sagst, du liebst mich, Hermann; aber wenn ich in dieser Stunde wie sie herniederstiege zu den Toten, du würdest mich nicht zurückhalten mit deiner Hand.»

Wie sie mich ansah! Es war, als ob ihr schwarzes Auge die tiefsten Verborgenheiten meines Herzens hervorholte; hätte ich sie wirklich geliebt, so würde ich diesen Blick ertragen und erwidert haben; aber sie hatte recht, ich liebte sie nicht, ich war nur fieberhaft, und so mußte ich das Auge abwenden und niederschlagen.

Ich war nicht falsch, war kein Verräter; kein böser Gedanke war während meines Umgangs mit diesem armen Mädchen in meiner Seele wach geworden. Woher nun die schneidende Angst, diese Gewissensbisse, für die ich nirgends in meiner Erinnerung einen Grund fand? Ich fühlte eine furchtbare Verantwortung auf mir lasten, als ich scheu, fast furchtsam auf die herrliche Kreatur sah, wie sie mir drohend, mit blitzenden Augen die Hand entgegenballte und sich in Verzweiflung wehrte – gegen ihre eigene Liebe.

«O Jemima! Jemima!» rief ich; und nun sahen wir uns gegenseitig in die Augen. Allmählich wurden ihre Blicke milder und milder, sie wurden voll feuchten Glanzes; die geballte Hand öffnete sich und legte sich auf meinen Arm.

«Betrübe dich nicht, mein Freund. Du bist ja nicht schuld daran; du hast mir unnützen, unwissenden, schmutzigen kleinen Ding viel Freude gebracht, und ich verdanke dir so viel – oh, so viel. Du kannst nichts dafür, daß ich ein so albernes Herz habe, welches über den Raum, den ihm Gott in der Brust bestimmt hat, herauswachsen will. Fühle, wie es klopft; wir haben hier eine große Doktorin in der Judenstadt; hinter der Tür hab' ich gelauscht, als sie und meine Mutter über mich gesprochen haben. Es kann nicht anders sein; ich muß an dem Herz, das zu groß wird, sterben.»

«Jemima, Jemima, ich will dir andere, bessere Ärzte bringen, die sollen deine Brust untersuchen und dir sagen, daß du dich irrst, daß die alte Quacksalberin sich irrt!» rief ich. «Du wirst leben – lange leben, wirst eine schöne, holde Jungfrau sein und fortgehen aus diesem Dunst und Moder, diesem uralten Schauder!»

«Wohin werd' ich gehen? Nein, ich werde hierbleiben, wo meine Väter begraben liegen seit des Tempels Zerstörung.* Du aber, mein Freund, wirst fortgehen nach deinem Vaterland und wirst mich vergessen, wie man einen Traum vergißt. Ich bin ja auch nur ein Traum! Was kannst du dafür, daß der Traum zu Ende ist und der blasse verständige Morgen dich weckt und dir sagt, daß es nichts war. Gehe fort und gehe bald; es ist dein und mein Geschick. Du wirst ein gelehrter und guter Herr sein in deinem Vaterlande, mild und barmherzig gegen die Armen und Schwachen; bist du doch auch mild und barmherzig gegen mich gewesen, und ich war auch arm und schwach, und viel Schmerz hättest du mir schaffen können, viel Böses hättest du mir bereiten können, wenn du gewollt hättest. Jetzt sind diese Holunder verblüht, und ich lebe; aber wenn diese alten Bäume und Büsche im nächsten Frühling ihre Blüten einander über die Gräber entgegenreichen werden, dann werde ich so ruhig und still liegen unter meinem Stein wie Mahalath, die Tänzerin hier, die mit der großmächtigen Kaiserin Maria Theresia in einem Jahre starb. Wie lange wirst du wohl denken an Jemima Löw aus der Judenstadt zu Prag in der Zeit der Fliederblüte?»

Noch einmal versuchte ich es, allerlei sehr Verständiges über diese törichten Reden zu sagen, aber es gelang mir nicht, und wenig besser gelang mir das Zürnen darüber. Zuletzt standen wir zwei stumm nebeneinander am Grab der Tänzerin, und wie an jenem ersten Morgen, wo ich diesen Ort betrat, erfaßte mich das Grauen mit gespenstischer Hand am hellen Tage. Es war, als rege sich der Boden wie ein Würmerhaufen, es war, als schöben überall bleiche Knochenhände die Steine zurück und die Blätter und das Gras auseinander; ich stand wie zwischen rollenden Totenköpfen, und all der lebendige Moder griff grinsend nach mir und dem schönen Mädchen an meiner Seite.

Es war höchst wunderlich, daß der hagere lange Herr aus Danzig und der dicke Herr aus Hamburg, welche sich eben von dem Oheim das Beth-Chaim zeigen ließen, so gar nichts von dem Graus bemerkten. Sie gingen ganz ruhig, mit den Händen in den Hosentaschen, und klimperten jedem verwesten Jahrhundert mit barer Münze in das hohläugige grinsende Gesicht. Die Gegenwart dieser beiden Herren verscheuchte das Grauen gar nicht, wie man doch hätte meinen sollen. Im Gegenteil, sie machten es nur noch eindringlicher; denn es war doch allzu widernatürlich, daß sie gar nichts merken sollten von dem, was um sie her und was unter ihren Füßen vorging.

Sie kamen auf uns zu, und ich hörte, wie der Hamburger Herr zu dem Danziger Herrn sagte, er halte diesen hoch- und falschberühmten Prager Judenkirchhof für nichts mehr und nichts weniger als einen verdammten Humbug und verteufelten alten Steinbruch, und noch einmal raffte ich alle Kraft zusammen, fuhr mit der Hand über die Stirn und rief: «Nein, nein, es ist eine Tollheit! Es ist krankhafte Phantasie! Wie kann man sich von solch dummem Ding so sehr in Schrecken jagen lassen? Wenn ich nicht krank wäre, würde ich hier ebenso ruhig umherspazieren wie diese beiden Herren!»

«Wehre dich nicht dagegen», sagte aber Jemima, und weil eben die beiden Fremden mit dem Oheim näher kamen, trat sie von mir weg, hüpfte leicht über das Grab der Mahalath, bückte sich nieder, um unter den niedern Zweigen der Fliederbüsche durchzuschlüpfen, und aus dem Grün noch einmal zurückblickend, rief sie, nach ihrer Gewohnheit den Finger an den Mund legend: «Gedenke der Holunderblüte!»

Dann war sie verschwunden, und – ich habe sie nicht wiedergesehen. Ist es nicht eine bittere Wahrheit, daß die Hand des Menschen eine Kinderhand ist, welche nichts festhalten kann? Gierig greift sie nach allem, was in irgendeiner Weise glänzt und lieblich ist oder was ihr verboten wurde anzugreifen. Sie zerstört das eine mit kindischer Neugier und verwundet sich an dem andern oder läßt es fallen aus Furcht.

«Wer war die Mahalath, welche unter diesem Steine liegt?» fragte ich den Pförtner, nachdem sich die beiden norddeutschen Herren entfernt hatten.

Der Alte zuckte die Achseln: «Ihre Nachkommen leben noch hier am Orte; 's ist ein angesehenes Geschlecht bei uns, und so spricht man nicht gerne davon. Es hat sich viel Fabelei seit den vierzig Jahren, daß sie tot ist, über sie entsponnen. Sie hatte eine Liebschaft mit einem jungen Herrn von der Kleinseite, vom Malteserplatz; wir aber sind ein Volk, das was gibt auf seine Ehre; wir sind ein genaues Volk und können sehr grausam sein. So hat das arme Geschöpf sein Leben mit Kummer beschlossen – 's ist eine traurige Geschichte.»

Als der Alte auch mir die Pforte des Beth-Chaim öffnete, hatte er Grund, mir kopfschüttelnd nachzublicken. Gleich einem Trunkenen irrte ich an diesem Tage umher und versuchte es vergeblich, meine Schuld und Unschuld gegeneinander abzuwägen. Vergeblich versuchte ich alles mögliche, die Last von meiner Seele abzuwälzen oder sie wenigstens leichter zu machen, indem ich mir die Worte dieses jungen Mädchens als nichts bedeutende Grillen und Phantasien eines törichten Kindskopfes darstellte. Endlich schwankte ich heim in die Nekazalkagasse, holte meine Bücher und mangelhaften, liederlichen Kollegienhefte hervor und fing an, mit zitterndem gierigem Eifer alles das, was darin über das Herz des Menschen, das körperliche Herz, seine Funktionen, seine Gesundheit und Krankheit geschrieben war, zu lesen. Ich habe nachher selbst ein Buch darüber geschrieben, welches von der Wissenschaft für sehr brauchbar erklärt wird und welches manche Auflagen erlebt hat; ach, wenn nur die Wissenschaft wüßte, was mich dieser Ruf als Autorität in Herzkrankheiten gekostet hat! Es gehen nicht bloß Dichterwerke aus großem Schmerz und Unmut hervor.

Sehr schwül war es an diesem Tage, weiße schwere Wolken wälzten sich über die Dächer herauf und zogen sich zu drohenden, bleigrauen Massen zusammen, und trotzdem, daß die Luft kaum zu atmen war, trieb's mich doch wieder herab von meiner Stube in die heißen Gassen. Als eben der erste Donner dumpf rollend die Fenster der Stadt erklirren machte, zog ich abermals die klappernde Glocke des Pförtnerhauses am Judenkirchhof.

Statt des langbärtigen, ehrwürdigen Greisenkopfes erschien in der Türöffnung das verrunzelte gelbe Gesicht der alten Dienerin des Pförtners.

«Wo ist Euer Herr? Ich muß ihn sprechen – auf der Stelle!»

«Gott Israels, wie Ihr aussehrt, junger Herr! Mein, was ist Euch begegnet? Was wollt Ihr schon wieder? Was bannt Euch an diesen Ort?»

Ich antwortete ihr nicht, sondern drängte mich an der Schwätzerin vorüber. Durch die dunkeln – jetzt während des Gewitters so schrecklich, furchtbar dunkeln Gänge des Friedhofes eilte ich, und am Grabe des Hohen Rabbi Löw fand ich den Alten, unbekümmert um den immer stärker losbrechenden Sturm.

Wer diesen Ort nicht in solcher Stunde gesehen hat, der kennt nichts von ihm. Es gibt keinen andern Gottesacker in der ganzen Welt, wo man, wenn der Himmel schwarz wird «wie ein härener Sack»*, wenn der Blitz zuckt und der Donner kracht, mit solchem Zittern das Haupt beugt und den Anfang des Jüngsten Gerichtes erwartet. Oh, wie sich diese alten Fliederbüsche winden und sich gegen den Sturm stemmen! Wie lebendige Wesen ächzen und stöhnen sie in großer Not. Sie rauschen nicht wie andere Bäume und Sträucher im Regen; und mit einem unheimlichen Gegurgel schlürft der Boden die Wasserströme, die von den an- und übereinandergetürmten Grabsteinen herniederrieseln – es ist wirklich wie «eine Verwüstung vom Allmächtigen»*.

Wir suchten einen Winkel, wo wir etwas vor der Wut des Sturmes geschützt waren, und fanden ihn nur an der Mauer in der Ecke, wo Mahalath, die Tänzerin, begraben lag. Dort sprach ich zu dem Alten und verschwieg ihm nichts. Ich erzählte ihm mein Bekanntwerden mit Jemima vom ersten Anfang an; so klar und deutlich, als mir nur möglich war, legte ich ihm unsern Verkehr dar. Ich hätte ihm Rechenschaft über jede Stunde und Minute geben mögen.

Er hieß mich aussprechen, ohne mich zu unterbrechen; als ich endlich atemlos zu Ende gekommen war, strich er mit der knochigen harten Hand über die Haare und die Stirn und sagte:

«Mein Sohn, dein Herz ist gut, und es freut mich sowohl um deiner selbst willen als der Jemima wegen, daß du zu mir gesprochen hast, wie du tatest. Es ist ein edel Ding um ein Gewissen, das sich leicht regt und welches nicht erst durch Posaunenstöße geweckt zu werden braucht. Ich danke dir, daß du zu mir gekommen bist, dein Herz auszuschütten; du brauchst auch nicht zu sorgen, daß ich dich mit zornigen Worten kränken werde; wer unter diesen Steinen wandelt, wer die Luft dieses Ortes atmet, der gewinnt ein mildes Auge für das Tun und Lassen seiner Mitmenschen. Du hättest mir viel Schlimmeres berichten können, und immer hätte es hier Gräber gegeben, unter denen noch Furchtbareres verscharrt liegt oder an die sich dergleichen knüpft. Gott segne dich, daß du nicht zu den Schlechten gehörst, die nach angerichtetem Elend noch spotten und lachen und groß Rühmens davon erheben. Leichtsinnig und unbedacht bist du gewesen – was gestern noch ein Spiel war, kann heute blutigster Ernst sein; der Funke ist zur Flamme geworden, ehe wir's denken, und wir schlagen um uns in großer Not und Angst, können's aber nicht mehr löschen. Arme kleine Jemima! Immer ist sie ein wunderlich Geschöpf gewesen – es war nicht gut, daß ich es duldete, daß sie diesen meinen alten schauerlichen Garten zu ihrem Spielplatz machte. Was hatte ich greiser Narr nötig, sie so manchen Sommertag hindurch hier an meiner Seite festzuhalten und ihr die Geschichten dieser Steine zu erzählen, wie man andern Kindern Märchen von Feen und Zwergen erzählt? Ihr Herz sei krank, sagte sie? Wehe mir, wer ist schuld daran, daß dem so ist?... Aber es kann ja nicht sein, sie ist ja noch ein halbes Kind, und wir können noch gutmachen, was wir gesündigt haben. Wehe, was gingen sie die Toten an! Weil ich nur in diesen Mauern leben konnte, hab' ich ihr junges Dasein mit hineingeschlossen, und so ist sie wohl vor dem Schmutz draußen in der Gasse bewahrt geblieben, aber sie hat die Sonne und die Frühlingsblüte nur hier gesehen – die Sonne der Toten – die Fliederblüte der Gräber! – Aber sie soll nicht mehr den Fuß hierhersetzen; sie soll das Leben sehen wie andere – sie wird nicht sterben; nicht wahr, sie wird nicht sterben durch unsere – meine Schuld?»

Ich vermochte nicht zu antworten; wieder zuckte ein roter Blitz über unsern Häuptern, und wieder krachte der Donner schmetternd nach.

«Auch Ihr, Herr, sollt diesen Ort nicht wieder betreten!» fuhr der Alte fort. «Auch für Euch paßt er nicht! Auch Ihr seid zu jung, um hier Atem zu holen. Fort mit Euch, und Fluch Euch, wenn Ihr morgen früh noch hier in Prag gefunden werdet!»

«Ihr wollt mich von ihr trennen? Jetzt wollt Ihr mich von ihr trennen?» schrie ich. «Oh, das ist nicht gut, das heilt sie nicht. Auch Ihr, Greis, wißt nichts von den Lebendigen. Um Gottes willen, trennt mich nicht von der Armen – es kann nicht gut werden, wenn Ihr mich jetzt forttreibt.»

«Es ist keine Wahl für uns übriggeblieben», sagte der Alte wieder milder. «Ihr seid nicht weniger ein krankes Kind als das Mädchen. Heil ist nur in der Trennung für den einen wie für die andere.»

Ich hatte nicht *eine* Waffe gegen diesen grausamen alten Mann. Er drohte, er bat, und ich – wich ihm zuletzt, obgleich ich wußte, daß es nicht gut war, und so habe ich die arme Jemima aus der Judenstadt zu Prag getötet, und deshalb ist mir die Holunderblüte, welche alle andern Menschen so sehr erfreut, immerdar die Blume des Todes und des Gerichtes.

Ich floh, aber ich entfloh mir nicht. Ich stopfte mir die Ohren zu, um die klagende Stimme nicht zu hören, welche mich zurückrief. Ich hörte sie aber doch, bei Tag und bei Nacht.

Ich habe den folgenden Winter in Berlin studiert und, was auf den ersten Blick unwahrscheinlich scheinen sollte, wirklich studiert. Ich glaube auch nicht, daß eine andere Wissenschaft als die der Gebrechen und Krankheiten des Menschen jetzt für mich möglich gewesen wäre. Dieses Studium aber mußte mir jetzt zusagen, und mit schmerzhaftem Behagen überließ ich mich ihm und fand verhältnismäßig Ruhe darin. Später sagte man mir, es sei ein böser, kalter Winter gewesen: ich habe nichts von Schnee und Sturm, nichts vom Frost gespürt. Erst mit dem neuen Frühlinge erwachte ich aus diesem unglücklichen Zustande; aber es war kein gesundes Erwachen, sondern ein Auffahren unter der Berührung einer kalten Gespensterhand.

Als ich mich schreckhaft emporgerichtet hatte, sah ich, daß *niemand da war!*

Es war am neunten Mai 1820, an einem Sonntage; ich saß in einem Vergnügungsgarten vor dem Schönhauser Tor, ohne daß ich recht wußte, wie ich dahin geraten war. Um mich her herrschte viel Jubel der Frühlingsgäste. Kinder spielten, Alte schwatzten, Liebespaare verkehrten durch Blicke oder Flüsterworte; ich saß allein an meinem Tische, sah traumhaft in mein Glas, und mich fröstelte. Welche Lust hatte mir früher solch buntes Treiben um mich her gewährt, und wie wenig kümmerte ich mich jetzt darum!

In diesem Augenblick kam mir die Gewißheit, daß der Winter vorübergegangen und daß es Frühling geworden sei, wie eine Offenbarung.

Nicht weit von meinem halbversteckten Platz fing ein Mädchen an, hell, herzlich und lange zu lachen; ich aber war auf dem alten Kirchhof der Juden zu Prag, die Sonne schien durch die Holunderbüsche, hinter dem Grabmal des Hohen Rabbi Jehuda Löw bar Bezalel lachte lieblich Jemima, und gleich mußte sich das schöne Gesicht und Bild über die moosige Tumba erheben. Als ich aufsah, war die Phantasie natürlich verflogen; ich fragte den Kellner nach dem Datum und wiederholte es verwundert, nachdem ich es erfahren hatte.

Empor richtete ich mich und sah mich um. Die Bäume waren grün oder standen in voller Blütenpracht; die Luft war warm, der Himmel war klar – es war Frühling geworden, ohne daß ich es gemerkt hatte. Vielen Menschen ist es schon so gegangen, und viele Dichter haben klagend davon gesungen; die große Angst, welche einen überfällt, wenn man in dieser Weise erwacht, ist ein gutes, dankbares Thema für ein Gedicht. Dieses unbemerkte Weggleiten des Lebens gehört mit zu den bittersten Dingen, über welche der arme Mensch dann und wann nachzudenken hat.

Auch die Holunder blühten – über mir, um mich her. Eben durchschimmerte es die Knospenhülsen weiß und rötlich, es ging ein Säuseln durch die glänzenden grünen Blätter, die Blumentrauben leise, ganz leise bewegend. Am folgenden Tage war ich auf der Reise nach Prag, nachdem ich in der Nacht hart und vergeblich gegen den Geist gekämpft hatte, welcher mich dahin rief. –

Ich reiste Tag und Nacht durch; aber da es damals noch keine Dampfwagen gab, die uns heutzutage so über alle Beschreibung langsam dahinzukriechen scheinen, so kam ich erst am Nachmittag des fünfzehnten Mai in der Stadt, die ich so sehr fürchtete, an, und schon in der Ferne verkündete mir der feierliche Klang aller Kirchenglocken das Getümmel, in welches ich geraten würde. Am folgenden Tage war das große Fest des hohen Landesheiligen, das Fest des heiligen Johannes von Nepomuk, und ganze Dörfer zogen mit Kreuzen, Fahnen, Weihkesseln und Heiligenbildern, uralte Lieder zum Preise des armen Beichtvaters der Königin Johanna singend, auf dem nämlichen Wege wie ich zur Stadt. Die alte graue Stadt selbst war fast nicht wiederzuerkennen; alle Häuser waren bis an die Giebel mit Grün, Blumengewinden und Teppichen geschmückt: überall sah man Vorbereitungen zur festlichen Erleuchtung, die Gassen und Plätze waren fast nicht zu passieren, und wie ein vom Strudel ergriffener Schwimmer mußte man in dem Gewühl des Volkes kämpfen, um nicht die Richtung zu verlieren.

Mit vieler Mühe erhielt ich endlich noch ein Unterkommen in der «Goldenen Gans» auf dem Roßmarkt, den man jetzt Wenzelsplatz nennt.

Das Gemach, welches mir in dem «Hostinec» angewiesen wurde, zeichnete sich nicht durch Räumlichkeit aus und durch eine schöne Aussicht noch weniger. Aus dem einzigen Fenster desselben sah man in einen langen Hof, der von hohen Gebäuden und Galerien umgeben war. Ein tolles Gewirr von Lastwagen und Stellwagen hatte sich daselbst zusammengedrängt, und doch fand sich immer noch Platz für neu anlangende Fuhrwerke der letzteren Art, und immer neues Volk in den wunderlichsten, buntesten Kostümen stieg herab. Fuhrknechte und Stallknechte fluchten Himmel und Erde zusammen auf böhmisch und auf deutsch. Weiber und Kinder kreischten und heulten in allen Tonarten; Landvolk, Kleinbürgertum und Kriegerstand bemühten sich, den Damen das Absteigen zu erleichtern oder, unter Umständen, auch wohl zu erschweren. Gerade mir gegenüber hatte ein Schneider den letzten Stich an einer Feiertagshose, auf welche der Kunde mit Schmerzen wartete, getan und blies nun auf einem Waldhorn den eigenen Festtagsjubel zum Fenster hinaus. Dazu fingen wiederum die Glocken in der ganzen Stadt an zu läuten, und betäubter als je lehnte ich am Fenster.

Eben wollte ich es schließen, da nicht die allerreinsten Düfte zu mir emporstiegen, als mein Auge auf eine Gestalt fiel, deren Anblick mir sogleich die volle Besinnung zurückgab.

In einem Kreise lachenden deutschen und böhmischen Volkes stand ein Handelsjude mit einem Bündel der grellfarbigsten Tücher und Bänder, welche er den von den Wagen niedersteigenden Frauen und Jungfrauen mit großem Geschrei zum Kauf anbot. Ich erkannte den Mann auf der Stelle, es war Baruch Löw, der Vater Jemimas, und barhäuptig stand ich eine Minute später vor ihm und hielt seinen Arm mit eiserner Faust.

«Sie lebt? Sie lebt? Sie ist nicht gestorben? Ihr habt sie nicht begraben wie Mahalath?»

«Gerechter!» rief der Hausierer, erschreckt über den wilden Anfall. «Was soll?...»

Er erkannte mich und dachte natürlich nur an die Uhr, welche ich ihm einst ins Haus getragen und nicht zurückgefordert hatte. Mit verlegenem Lächeln sah er mir ins Gesicht.

«Soll mich Gott leben lassen hundert Jahre, 's ist der schöne, hochgelehrte Herr Student – welch 'ne grausame Freud! Nu, weshalb soll sie nicht leben; sie läuft auf die Minut' – aber, aber der Herr wird entschuld'gen, ich hab' sie nicht mehr; womit kann ich dem Herrn dienen?»

Ich zog den Mann fort vom Hofe der «Goldenen Gans» hinaus auf den Roßmarkt. Dort wiederholte ich meine Frage, indem ich den Namen seiner Tochter nannte, und jetzt veränderte sich sein Gesicht so sehr, und er starrte mich so stier, steinern und schmerzensvoll an, daß ich seine Antwort nicht abzuwarten brauchte. Eine Prozession, welche eben über den Markt zog, trieb uns voneinander, und willenlos ließ ich mich von der Menschenflut schieben, treiben und tragen.

In der Judenstadt aber war es totenstill, oh, so schauerlich still! Wieder einmal zog ich die Glocke des Beth-Chaim, und wieder einmal öffnete sich die Klappe in der Pforte, das runzelvolle fast hundertjährige Gesicht des Hüters des Hauses des Lebens erschien in der Öffnung, und in demselben Augenblick wurde der Riegel zurückgeschoben.

«Da seid Ihr!» sagte der Greis, sein Haupt neigend. «Ich wußte wohl, daß ich Euch noch einmal sehen würde. Kommt!»

Er schritt nun voran, und ich folgte ihm in die schattigen Gänge, und in das Schweigen des Todes versank der tausendstimmige Festlärm der großen Stadt Prag. In vollster Blüte prangten die Fliederbüsche über den Gräbern, aber kein Vogel sang in ihnen.

«Ihr wißt schon, daß sie doch fortgegangen ist?» fragte der Greis.

Ich nickte, und jener fuhr fort und sprach fast mit den Worten des Sängerkönigs aus seinem Volke: «Ich bin unter den Toten verlassen – meine Freude ist ferne von mir getan.* Die lieblichste Blume ist gepflückt, und die lieblichste Stimme ist verhallt, wir werden sie nicht mehr hören!»

Sanft nahm er meine Hand: «Weine nicht, mein armer Sohn; man kann immer nur dasselbe alte Wort sagen: ‹Die Tränen bringen sie uns nicht wieder.› Vielleicht hätte ich dich damals nicht forttreiben sollen; aber wer konnte damals sagen, welches das Rechte sei? Vor acht Tagen ist sie begraben; wir haben die größten Doktoren an ihrem Lager gehabt, aber sie konnten ihr nicht helfen. Sie hatte recht, ihr Herz war zu groß; macht Euch nicht zuviel Sorgen um Eure Schuld an ihrem Tode. Ihr waret damals so krank wie sie. Alle die gelehrten Herren meinten, sie habe nicht länger leben können. Euer, mein Sohn, hat sie nur mit Freude und leisen, lieblichen Worten gedacht; Ihr seid ein Sonnenstrahl in ihrem armen, kurzen, dunkeln Leben gewesen, durch Euch hat sie den blauen Himmel und die Welt der Lebendigen, die ich ihr so grausam-unwissend verschlossen hatte, kennengelernt. Ihr habt ihr viel Freude und Glück gebracht, und sie ist mit tausend Segenswünschen für Euch auf den Lippen eingeschlafen. Ach, es war ein großes, schönes, trauriges Wunder, wie ihr Wesen und all ihr Denken so anders geworden war. Der Gott aller Völker weiß die beste Art, wie er seine Kinder aus jeder Dunkelheit, aus allen Kerkermauern in das Licht und die Freiheit führen kann. Sie ist so schön gestorben, oh, so schön! Ich konnte sie nur hierher bannen, und so hat sie der Gott des Lebens mir genommen, um sie in das wahre ‹Haus des Lebens› zu führen – sein Name sei gepriesen!»

Was ich dem Alten auf diese Worte antwortete, weiß ich nicht mehr. «Gedenke der Holunderblüte!» hatte sie gesagt, und wie ich derselben mein ganzes Dasein hindurch gedenken muß, habe ich schon verkündet. Ihr Grab befand sich nicht auf dem alten Kirchhof in der Judenstadt; der gute Kaiser Joseph hatte ja verboten, daß noch jemand daselbst beerdigt werde. Die Mahalath war die letzte gewesen, welche man dort eingesenkt hatte.

Lange Zeit habe ich gebraucht, um die Erinnerungen niederzuschreiben, welche mich durchzogen, während ich den Kranz von Holunderblüten, den eine andere Tote getragen hatte, in der Hand hielt. Jetzt nahm ihn mir die trauernde Mutter leise fort und legte ihn wieder in die hübsche Schachtel, aus welcher sie ihn hervorgezogen hatte.

Sie legte mir die Hand auf die Schulter:

«Lieber Medizinalrat, wie danke ich Ihnen, daß Sie so vielen Anteil an meinem Schmerz nehmen.»

Ich sah auf und konnte nicht antworten. Das Feuer im Ofen war erloschen, das Gemach war kalt geworden; die Sonne war hinter die Dächer gesunken, der Glanz des Wintertags war vergangen. Schwer, unbeschreiblich schwer fühlte ich das Alter auf mir lasten.

Als ein trauriger, aber nicht schlechterer Mann schritt ich wieder an der ewig jungen, sinnenden Muse vorüber und verließ dieses stille, kalte, tote Haus.

ZUM WILDEN MANN

I

Sie machten weit und breit ihre Bemerkungen über das Wetter, und es war wirklich ein Wetter, über das jedermann seine Bemerkungen laut werden lassen durfte, ohne Schaden an seiner Reputation zu leiden. Es war ein dem Anschein nach dem Menschen außergewöhnlich unfreundlicher Tag gegen das Ende des Oktobers, der eben in den Abend oder vielmehr die Nacht überging. Weiter hinauf im Gebirge war schon am Morgen ein gewaltiger Wolkenbruch niedergegangen, und die Vorberge hatten ebenfalls ihr Teil bekommen, wenn auch nicht ganz so arg als Volk, Vieh, Wald, Fels, Berg und Tal weiter oben. Sie waren unter den Vorbergen nordwärts vollkommen zufrieden mit dem, was sie erhalten hatten, und hätten gern auf alles Weitere verzichtet, allein das Weitere und Übrige kam, und sie hatten es hinzunehmen, wie es kam. Ihre Anmerkungen durften sie freilich darüber machen; niemand hinderte sie.

Es regnete stoßweise in die nahende Dunkelheit hinein, und stoßweise durchgellte ein scharfer, beißender Nordwind, ein geborener Isländer oder gar Spitzbergener, aus der Norddeutschen Tiefebene her die Lüfte, die Schlöte und die Ohren und ärgerte sich sehr an dem Gebirge, das er, wie es schien, ganz gegen seine Vermutung auf seinem Wege nach Süden gefunden hatte. Er war aber mit der Nase darauf gestoßen oder vielleicht auch darauf gestoßen worden und heulte gleich einem bösen Buben, der gleichfalls mit dem erwähnten Gliede auf irgend etwas aufmerksam gemacht und hingewiesen wurde. Ohne alle Umschreibung: der Herbstabend kam früh, war dunkel und recht stürmisch; wer noch auf der Landstraße oder auf den durchweichten Wegen zwischen den nassen Feldern sich befand, beeilte sich, das Wirtshaus oder das Haus zu erreichen; und wir, das heißt der Erzähler und die Freunde, die er aus dem Deutschen Bund in den Norddeutschen und aus diesem in das neue Reich mit sich hinübergenommen hat, wir beeilen uns ebenfalls, unter das schützende Dach dieser neuen Geschichte zu gelangen.

Der Abend wird gemeiniglich eher Nacht, als man für möglich hielt: so auch diesmal.

Es ist recht sehr Nacht geworden. Wieder und wieder fegt der Regen in Strömen von rechts nach links über die mit kahlen Obstbäumen eingefaßte Straße. Wir halten, kurz atmend, die Hand über die Augen, uns nach einem Lichtschein in irgendeiner Richtung vor uns umsehend. Es müssen da langgestreckte, in ihrer Länge kaum zu berechnende Dörfer vor uns, dem Gebirge zu, liegen, und der geringste Lampenschimmer südwärts würde uns die tröstende Versicherung geben, daß wir uns einem dieser Dörfer näherten. Vergeblich!

Pferdehufe, Rädergeroll, Menschentritte hinter uns? Wer weiß?

Wir eilen weiter, und plötzlich haben wir das, was wir so sehnlich herbeiwünschten, zu unserer Linken dicht am Pfade. Da ist das Licht, welches durch eine Menschenhand angezündet wurde! Eine plötzliche Wendung des Weges um dunkeles Gebüsch bringt es uns überraschend schnell vor die Augen, und wir stehen vor der Apotheke «Zum wilden Mann»*.

Ein zweistöckiges, dem Anschein nach recht solides Haus mit einer Vortreppe liegt zur Seite der Straße vor uns, ringsum rauschende, triefende Bäume – gegenüber zur Rechten der Straße ein anderes Haus – weiter hin, durch schwächern Lichterschein sich kennzeichnend, wieder andere Menschenwohnungen: der Anfang einer drei Viertelstunden gegen die Berge sich hinziehenden Dorfgasse. Das Dorf besteht übrigens nur aus dieser einen Gasse; sie genügt aber dem, der sie zu durchwandern hat, vollkommen; und wer sie durchwanderte, steht gewöhnlich am Ausgange mehrere Augenblicke still, sieht sich um und vor allen Dingen zurück und äußert seine Meinung in einer je nach dem Charakter, Alter und Geschlecht verschiedenen Weise. Da wir den Ausgang oder Eingang jedoch eben erst erreichen, sind wir noch nicht hierzu verpflichtet. Wir suchen einfach, wie gesagt, vorerst unter Dach zu kommen und eilen rasch die sechs Stufen der Vortreppe hinauf, der Erzähler mit aufgespanntem Schirm von links, der Leser, gleichfalls mit aufgespanntem Schirm, von rechts. Schon hat der

Erzähler die Tür hastig geöffnet und zieht sich den atemlosen Leser nach, und schon hat der Wind dem Erzähler den Türgriff wieder aus der Hand gerissen und hinter ihm und dem Leser die Tür zugeschlagen, daß das ganze Haus widerhallt: wir sind darin, in dem Hause sowohl wie in der Geschichte vom «Wilden Mann!» – Daß wir uns in einer Apotheke befinden, merken wir auf der Stelle auch am Geruch.

Die erleuchteten zwei Fenster, die wir von der durchweichten, regen- und sturmwindgeschlagenen Landstraße aus erblickten, waren die der Offizin, und die Lampe an der Decke drin warf ihr Licht durch die breiten Schiebfenster auch auf die Hausflur. In der pharmazeutischen Werkstätte herrschte außer dem bekannten Duft die gleichfalls wohlbekannte Ordnung und Reinlichkeit der deutschen Apotheken. Die weißen, mit blauen Buchstaben und hin und wieder mit schwarzen Totenköpfen und den beiden Armknochen bezeichneten Büchsen und Gläser in den Fächern an den Wänden, die blanken Mörser und grünschwarzen Steinreibeschalen, die Waagschalen und alle übrigen Gerätschaften sahen ordentlich angenehm und anlockend aus. Wäre die schreckliche Bank, auf welcher die meisten von uns schon einmal in fiebernder Angst und Beklemmung saßen und warteten, nicht gewesen: das Werkzeug und Geräte der hohen Kunst hätte jedermann das höchste Vertrauen einflößen müssen.

Aber die böse Bank! Der abgeriebene, schlimme Stuhl! – Wir saßen eben schon darauf – vielleicht wohl am hellen, frostklaren Winternachmittag oder, noch viel schlimmer, in der stillen, warmen, der entsetzlichen, wenngleich noch so schönen Sommernacht: wir trauen den Büchsen und Gläsern, den Flaschen, Waagschalen und Reibeschalen wenig, wir erinnern uns nur, wie wir damals dem ruhig-gemessenen, geheimnisvollen Wirken des Mannes hinter dem Arbeitstische wild und dumm zusahen.

In der Offizin befand sich augenblicklich niemand: aber es fiel noch ein Lichtschein aus einem anstoßenden Zimmerchen, dessen Tür halb geöffnet stand. Und mit dem Schein drang ein anderer Duft ein, der die apothekarische Atmosphäre einer auffälligen Veränderung und Entmischung unterwarf; herba nicotiana* gehört freilich ebenfalls zu den offizinellen Gewächsen. Wir folgen *diesem* Geruche und treten in das Nebengemach.

Das Ding in dem engen Raume ließ sich ganz gemütlich an. Aus der einen Ecke versendete ein eiserner Ofen eine behagliche Wärme, in der andern war gegen einen mächtigen gepolsterten Lehnstuhl, der leer stand und von dem später noch die Rede sein wird, ein runder Tisch gezogen, an welchem auf gleichfalls gepolsterten, hochlehnigen Stühlen sich die jedesmaligen Gäste, mit der Pfeife im Munde und ein offizinelles oder nicht offizinelles warmes oder kaltes Getränk vor sich, den Aufenthalt sicherlich recht bequem und behaglich machen konnten. Gegenwärtig jedoch hatte nur der Herr des Hauses, der Besitzer der Apotheke «Zum wilden Mann», allein auf seinem Stuhle Posto gefaßt, und ob er an diesem stürmischen Abend wirklich noch jemand zum Besuch erwartete und ob wirklich jemand der Erwartung entsprach, können wir augenblicklich noch nicht angeben. Wir sind mit der Schilderung unserer Bühne noch nicht zustande und fahren vorerst darin fort.

Das Kabinettchen hinter der Offizin war mit einer gelblichgrauen, grauschwarz geblümten Tapete, soweit sich das überblicken ließ, ausgeklebt. Auf der Fensterbank stand neben einigen Blumentöpfen ein Käfig mit einem schlafenden Zeisig, der jedesmal, wenn ein Baumzweig im Garten, vom Winde gepackt und geschleudert, schärfer an der Glasscheibe herkratzte oder wenn ein Regenstoß heftiger an der Scheibe trommelte, fester und behaglicher im Gefühle seiner Sicherheit sich in eine Federkugel zusammenzog.

Eine Eckschenke mit allerlei Tassen, bunten Töpfen und Gläsern und auf ihr eine ausgestopfte Wildkatze in einem Glaskasten dürften in der Inventaraufnahme nicht zu vergessen sein. Ein vordem recht blumiger, aber nunmehr längst verblaßter und abgetretener Teppich bedeckte den Boden; von der Decke hing eine künstlich geflochtene Graskrone, ein Staub- und Fliegenfänger, herab; und wenn wir nun noch den Bildern an den Wänden einige Worte gewidmet haben werden, so hindert uns weiter nichts, fürderzugehen und interessanter zu werden.

Die Bilder an den Wänden freilich waren schon an sich interessant. Ihre Anzahl allein mußte jeden eintretenden Betrachter höchlichst in Erstaunen setzen und für eine geraume Zeit in ein mundoffenes Umherstarren an allen vier Wänden, nach allen vier Himmelsgegenden. Hatte er sich von seiner Überraschung erholt, so konnte er anfangen zu zählen oder die Zahl wenigstens annähernd zu schätzen. Beides aber war schwer, denn die Bilder und Bildchen unter Glas und Rahmen bedeckten in kaum zu berechnender Menge die Wände von oben bis unten, das heißt so weit nach unten, als es nur irgend möglich war. Alle Arten und Formate in Kupferstich, Stahlstich, Lithographie und Holzschnitt, alle Gegenstände und Situationen im Himmel und in der Hölle, auf Erden, im Wasser, im Feuer und in der Luft, schwarz oder koloriert.

Viele Rambergsche und Chodowieckische Kunstschöpfungen, unzählige Szenen aus dem Leben Friedrichs des Zweiten und Napoleons des Ersten, die drei alliierten Monarchen in drei verschiedenen Auffassungen auf dem Leipziger Schlachtfelde, die am Palmbaum hängende Riesenschlange, an welcher der bekannte Neger hinaufklettert, um ihr die Haut abzuziehen, Szenen aus dem «Corsar, ein Gedicht von Lord Byron», Modebilder, ein Porträt von Washington, ein Porträt der Königin Mathilde von Dänemark und des Grafen Struensee* und, verloren unter all der bunten, kuriosen Nichtsnutzigkeit, zwischen zwei Straßenszenen aus dem Jahre 1848, ein echter alter Dürerscher Kupferstich: «Melancholia!»

Wir beendigen die Katalogisierung. Dreißig Jahre hatte der während dieser dreißig Jahre fest an seine Offizin gebundene Apotheker Philipp Kristeller gebraucht, um seine Bildergalerie zusammenzubringen; es war ihm also gar nicht zu verdenken, wenn er auf seine Galerie hielt, auf seine Kunstliebhaberei und seinen Geschmack sich etwas zugute tat. Sein Hinterstübchen war wohl geziert, und er hatte außerdem noch einiges andere, worauf er sich etwas zugute tun durfte.

Wenden wir jetzo unsere Aufmerksamkeit auf den Mann am Tische. Er mochte ein Alter zwischen den fünfziger und sechziger Jahren erreicht haben, war von Leibesbeschaffenheit mehr hager als dick, von Farbe mehr gelb und grau als rot und braun und von Statur mittlerer Größe. Er trug einen grauen Schlafrock, niedergetretene, dunkelrote Pantoffeln und auf dem silbergrauen, schlichten Haar eine dunkelgrüne Hauskappe mit abgegriffener Goldstickerei, einen Kranz von Eicheln und Eichenblättern darstellend. Er rauchte aus einer langen Pfeife, auf deren Kopf ein Maikäfer gemalt war, und stützte nachdenklich die Stirn mit der Hand, den Blick auf den großen, leeren, bequemen Lehnstuhl ihm gegenüber gerichtet.

Zum erstenmal blickte er empor, als die Tür, die aus dem Hinterzimmer nicht in die Offizin, sondern auf die Hausflur führte, leise geöffnet wurde und ein alter Frauenzimmerkopf sich hineinschob: «Aber Bruder, welch ein Wetter!»

«Freilich ein bewegtes Wetter, liebe Schwester.»

Ob die alte Dame die Antwort noch vernommen hatte, muß zweifelhaft bleiben, denn sie hatte die Tür ebenso rasch und leise, wie sie dieselbe geöffnet hatte, wieder zugezogen.

«Ein vernehmbar bewegtes Wetter, in der Tat», murmelte der Apotheker «Zum wilden Mann» lächelnd und nach dem bestürmten Fenster horchend. In demselben Moment klang die Glocke der Haustür, und es wurde an das Schiebfenster der Offizin gepocht. Herr Philipp Kristeller erhob sich, stellte die Pfeife an den Stuhl und ging gebückt in seine Werkstatt. Kopfschüttelnd kam er nach einer viertelstündigen Arbeit im Beruf zurück; die Haustürglocke erklang von neuem, und eiligen Laufes entfernte sich jemand, durch die Wasserlachen der Landstraße dem Dorfe zu platschend, ohne im geringsten auf seinen Weg Obacht zu haben.

Kopfschüttelnd nahm der Alte seinen Sitz wieder ein, zündete seine Pfeife von neuem an und sagte: «Eine ungesunde Jahreszeit – ein Apothekerherbst! – Gute Kasse, aber doch ein schlechtes Geschäft.»

Er seufzte dabei, und das Wort wie der Seufzer zeugten unstreitig von einem guten Herzen.

Nun saß er wieder einige Minuten, bis er plötzlich zusammenschrak: «Mein Gott – ja aber – ist es denn so?!»

Er erhob sich von neuem hastig, schritt diesmal eilig in die Offizin, schloß ein Stehpult am Fenster auf, nahm ein Buch hervor und blätterte darin. Seine Finger zitterten, seine Lippen zuckten, er sah sich mehrere Male wie zweifelnd in dem aromatisch durchdufteten Raume um: es war kein Zweifel, jede Büchse und jedes Glasgefäß, mit oder ohne Totenkopf, befand sich noch auf seinem Platze. Der Apotheker Kristeller schloß das Buch, legte die Hand darauf und rief: «Es ist wahrhaftig so! Es ist richtig; heute ist der Tag oder vielmehr der Abend. Es sind dreißig Jahre auf die Stunde – ein Jubiläum –, und ich hatte das vollständig, vollständig vergessen. Dorothea, Dorothea!»

«Lieber Bruder?» klang es draußen schrill.

Der Alte schritt in seiner Aufregung fünf Minuten lang auf und ab; dann war seine Geduld zu Ende. Er öffnete die Tür: «Dorette, Dorette!»

«Was gibt es denn, Philipp?» ertönte es aus der Ferne. «Ich höre den Wind wohl; aber was kann man dagegen tun? – Tür und Fenster sind verwahrt, und das übrige steht in Gottes Hand.»

«Ei, ei», murmelte Herr Philipp und rief dann: «Es handelt sich nicht um Wind und Wetter. Komm doch einmal einen Augenblick herein, Dorothea!»

Es dauerte noch verschiedene Augenblicke, ehe das möglich war; aber zuletzt geschah es doch. Da war das Altjungferngesicht wieder und jetzt die ganze übrige Figur, und zwar mit einem über jeden höflichen Zweifel erhabenen Buckel zwischen den Schultern.

«Wir haben es augenblicklich ziemlich eilig in der Küche, lieber Philipp. Wünschest du etwas, bester Bruder?»

«Nein; aber heute vor dreißig Jahren um diese Stunde verkaufte ich in diesem Hause für den ersten Groschen Wundspiritus. Den Altvater Timmermann – Gott habe ihn selig! – hatte der Gaul an die Hüfte geschlagen. Ich habe es mir notiert vor dreißig Jahren, und ich hatte es gänzlich vergessen – dem Lehnstuhl dort zum Trotz!»

«O du meine Güte!» rief das alte Fräulein und verschwand nach einigem, wie es schien, ratlosen Zögern, schlug dann aber die Tür um so heftiger hinter sich zu. Schon auf dem Hausflur wußte Fräulein Dorette Kristeller ganz genau, was sie zu tun habe, und man hatte für den fernern Abend es noch um ein bedeutendes eiliger in der Küche der Apotheke «Zum wilden Mann».

II

Trotz aller geistigen Aufregung mußte der Apotheker Philipp Kristeller einen erstaunten Blick für die Pforte, durch welche die Schwester so plötzlich wieder verschwunden war, übrig haben.

«Herr Jesus!» sagte er; und dann versuchte er es von neuem, sich ruhig zu setzen, allein es wollte nicht angehen. Das bedeutungsvolle Datum brannte wie in feurigen Ziffern und Buchstaben vor seinen Augen, und so schob er denn den Stuhl unter den Tisch und schlurfte, immerfort den Kopf schüttelnd, in seiner Bildergalerie auf und ab; und immer klarer und deutlicher stieg die Welt, die vor dreißig Jahren, vor einem Menschenalter, war, in seiner Seele empor. Ja, von seiner frühesten Kindheit an lag mit einem Male alles in den schärfsten Umrissen vor ihm, und nur seine ihm allzu früh abgestorbenen Eltern durchzogen schemenhaft die helle Landschaft.

Dagegen stand der Vormund in derber, ungemütlicher Deutlichkeit in dem Zauberlichte und in der Mitte der Szenerie jener kleinen Provinzialstadt jenseits des Gebirges, dem Thüringerlande zu, mit dem Kyffhäuser in der Nähe und dem Kickelhahn in der blauen magischen Ferne.

«Der allergewöhnlichste Mensch hat doch immer etwas erlebt, wenn er so ein Menschenalter über ein Menschenalter hinaus zurückdenken kann», murmelte der Alte. «Wie lebendig das nun alles ist, was eben tot und vergessen in meiner Seele lag! Da ist ja der alte Biedermann, der Grauwacker, mein Lehrherr, mit seinem ganzen Haus und Hauswesen. Welch ein schnurriger, verbissener Patron er war; und dann die Patronin, ich meine die Frau Prinzipalin! Herrgott, wie sorgst du in deiner Güte und Weisheit dafür, daß denen, welchen du einen kleinen Löffel auf den Lebensweg mitgibst, auch der Brei nach dem richtigen Maße zugemessen wird! Ist es mir doch, als verspürte ich heute noch das Magenknurren aus jener guten alten Zeit unter dem Zwerchfell. Und es war doch eine glückliche, gesunde Zeit! Und gelernt hat man auch das Seinige bei dem alten Grauwacker; man muß es ihm lassen, er verstand das Geschäft, die Kunst, und er wußte uns darin zurechtzuschütteln. Alles, was nachher kam...»

Die Glocke der Offizin klingelte von neuem; abermals ging der Apotheker in seine Werkstatt zu seiner Arbeit, die diesmal etwas länger als vorhin dauerte. Während er seinen Trank mischte und kochte, führte er im landläufigen Dialekt eine Unterhaltung, die wir dem Leser nicht vorenthalten wollen, die Mundart freilich abgerechnet.

«Ihr habt Euch bei einem schlimmen Wetter auf den Weg machen müssen, Gevatterin. Es steht wohl gar nicht gut zu Hause?»

«Wie mit dem Wetter draußen», sagte das frische, sehr gesunde Bauernweiblein verdrossen. «Man hat seine liebe Not, daß man sich darüber selber gern vom Tage tun möchte. Er kann nicht leben und will nicht sterben; ich glaube, er hält sich eben durch das Ärgernis, das er uns macht; recht machen kann man ihm gar nichts mehr, und von dem Verdruß lebt er so hin von einem Tag zum andern.»

«Hm, hm», brummte Herr Philipp.

«Ja, es ist doch so! Und der Doktor zieht dann das Beste davon. Das Ding hat er gestern abend verschrieben, und es ist uns sehr eilig gemacht; ich meine aber, Sie wissen es am besten, Herr Kristeller, daß kein Tag vergeht, an welchem Sie mich nicht auf dieser Bank sitzen sehen. So dachte ich denn, es hat wohl Zeit bis morgen, und weggeworfenes Geld ist es doch.»

«Hm, hm», brummte Herr Philipp, fügte aber diesmal hinzu: «Doktor- und Apothekerrechnungen zahlt wohl niemand gern; aber wir machen es so billig als möglich, Gevatterin.»

«Wie es sich schickt für eine arme, elende Witfrau», schluchzte die muntere Bäuerin hinter ihren Schürzenzipfeln.

«Na, na», sagte der Apotheker, «zum Teufel, noch lebt er ja! Witfrau? Junge Frau! Ei freilich! –

und meiner Meinung nach wird er es noch manches lange, gute Jahr durch machen. Der Doktor und ich wollen schon das Unsrige tun.»

Die untröstliche Gattin auf der Bank stieß einen Ton hervor, der alles bedeuten konnte: Dankbarkeit, Hoffnung, Freude, Schreck, Mißmut, Ärger und Hohn. Der Apotheker hatte seine Mixtur fertig, reichte sie durch das Fenster, und die jammergeschlagene junge Witwe in spe ging ab, und zwar zu seinem innigsten Genügen grade in ein erhöhtes Aufwüten und Lostosen des Herbststurmes hinein.

«Die Kanaille!» brummte der Alte, als er in seine Bildergalerie zurückkam und sich unter dem Eindruck der Unterhaltung wieder recht fest niederließ, nachdem er mit merklicher Energie vorher frisches Holz in den Ofen geworfen hatte. «Dies Frauenzimmer hätte mir beinahe meine süßesten Erinnerungen für jetzt zunichte gemacht», murmelte er. «Eben geriet ich in dieselben hinein, als das Weib die Glocke zog; aber das ist freilich immer mein Los in der Welt gewesen, und andern wird es wohl nicht bessergehen. Und dann ist ja auch nichts daraus geworden, Johanne! Zusammen sind wir nicht gekommen. Jeder hat seinen eigenen Weg gehen müssen; ich unter so sonderbaren Umständen in diesen verlorenen Weltwinkel, du, mein armes Kind und Herz, in dein Grab! Nunc cinis ante rosa*, einundzwanzig Jahre alt – ach, Johanne, liebe, liebe Johanne! – Jaja, es wäre doch schön und gut gewesen, wenn wir zusammengekommen wären und ich dich heute nach einem Menschenalter hier bei mir hätte als alte, gute, schöne Frau!»

Es duldete den guten, würdigen Herrn an diesem merkwürdigen Abend nimmer lange auf seinem Sitze. Jetzt holte er ein Paket vergilbter Briefe aus dem oben erwähnten Pulte und löste den Bindfaden davon ab.

«Trockene Blumen und Blätter», seufzte er. «Alles, was ich da in meinen Büchsen und Schachteln habe, grünte und blühte auch einmal wie jedes Wort auf diesem Papier. Apothekerwaren? Drogerien? Nein, nein, nein! Jenes ist tot und bleibt so; aber dies hier ist noch lebendig und blüht fort und kennt keine Zeit und keinen Jahreswechsel. Es hat seine Wurzeln in meiner Seele geschlagen: Wie könnte es da welken und zunichte werden? In der Sonne, im fliegenden Wolkenschatten, im Mondenschein, im Nebelziehen, im grauen Landregen, im lustigen Schneegestöber liegt das Tal, liegen die Berge lebendig. Da ist die alte Stadt – ja, da ist sie, wie sie war, als wir jung waren, jedes Haus ein guter Bekannter! Da ist das Eckfenster, an welchem ich stets vorbeigehe, wenn der Alte mich auf die Pflanzenjagd schickt. Da sitzt das gute Kind mit seinem Nähzeug, und es währt lange, sehr lange, ehe sie mich bemerkt, und noch länger, ehe ich an die Tatsache glaube, daß sie mir wirklich entgegenschaut und nachsieht. Es ist lange, lange eine Liebe ohne Worte; bis der Himmel ein Einsehen hat und einen Regenschauer zur richtigen Zeit auf einer Landpartie schickt, nachdem er mir vorher die glückselige, heilbringende Idee eingegeben hat, beim schönsten Sonnenschein und blauesten Himmel einen Schirm mitzunehmen. So lernten wir uns in der Nähe kennen – vom Herzen zum Herzen, von Seele zu Seele! Da ging das beste Erdenleben an. – Sie hatte wenig und ich gar nichts; aber der liebe Gott hatte ungezählte Schätze für uns und gab eine kurze Zeit alles mit vollen Händen. Erst im zweiten Sommer nach unserm geheimen Verlöbnis, nachdem wir ein volles Jahr durch in unserm Glück und unserer Hoffnung Millionär gewesen waren, fiel uns ein, darüber nachzudenken, was wohl weiter daraus werden möge und könne...»

Abermals klang die Glocke und unterbrach den erinnerungsvollen Traum. Es waren aber diesmal keine Kunden, welche den Apotheker «Zum wilden Mann» störten. Die stets recht deutliche Stimme der Schwester Dorette ließ sich draußen vernehmen: «Da sind Sie, meine Herren! Gottlob, daß Sie gekommen sind. Das ist schön, das ist sehr freundlich von Ihnen. Ich wußte es aber auch, daß ich Sie nicht vergeblich bitten würde. Dem Bruder ist die große Merkwürdigkeit eben erst eingefallen, und da hat es sich mir sogleich schwer auf das Herz gelegt, und ich habe dann den Fritz losgejagt. Ich kenne ihn ja nur zu gut, den Bruder; er würde sich ohne gute Gesellschaft eine traurige Nacht zurechtgemacht haben, seine melancholischen Einbildungen würden uns kläglich genug mitgespielt haben. Aber nun ist es gut, denn an diesem Abend gehören wir ja doch zusammen, und der Bruder wird sich nun recht sehr freuen – schönsten guten Abend, meine Herren!»

III

Die beiden Herren, zu denen die Schwester Dorette der melancholischen Einbildungen ihres Bruders wegen sofort geschickt hatte, nachdem er ihr die Bedeutung des heutigen Abends zugerufen, waren der Pastor des Ortes, Herr Schönlank, und der Förster Ulebeule. Ersterer kam, dicht in den Mantel gewickelt, mit seiner Laterne und seinem Regenschirm, letzterer, jeglicher Witterung Trotz bietend, in kurzer, grünkragiger Flausjacke, den derben, eisenbeschlagenen Hakenstock unterm Arme. Beide aber schüttelten sich vor allen Dingen tüchtig auf der Hausflur und sagten wie jedermann weit und breit: «Brr, welch ein Wetter!»

Und der Förster fügte noch hinzu: «Das nennt man freilich auch unterm Wind sich anschleichen; aber ein Vergnügen war es grade nicht. Na, Pastore, hier haben wir Überwind, und für das übrige wird Fräulein Dorette zu sorgen wissen.»

Der Alte im Hinterstübchen, der anfangs etwas betroffen gehorcht, hatte sich schnell in die Situation gefunden. Ein Lächeln auf seinem gutmütigen Gesicht wurde immer breiter und sonniger, und jetzt riß er seinerseits die Tür auf, die aus seinem Schlupfwinkel auf die Hausflur führte, und rief in heiterster Laune: «Herein, herein, und gelobt seien alle melancholischen Phantasien, wenn sie einem so erwünschte Gesellschaft ins Haus führen! Das war ein Gedanke – das war eine Tat, Dorette! Herein, liebe Freunde, das ist freilich ein Abend, um eine Nacht daraus zu machen, und letzteres wollen wir, und zwar wie es sich gehört! Herein, und jeder an seinen Platz, und ein Vivat für die alte Apotheke!»

«Davon nachher, wenn wir erst Chinesien auf dem Tische haben werden», sagte der Förster, seinen Stock in den Winkel stellend. «Fürs erste, alter Bursch, ganz sedate unsere beste Gratulation zum glorwürdigen Jubiläum. Wenn der Pastor das noch einmal und mit Salbung vorträgt, so habe ich auch nichts dagegen; aber wenn wir den Hasenfuß, den Physikus, hier hätten, so würde der uns allen den Rang ablaufen; ein hirschgerechterer Jäger für einen Glückwunsch und Trinkspruch soll noch gefunden werden; aber er ist über Land geholt.»

«Und wird zu Hause meine Benachrichtigung vorfinden», sagte Fräulein Dorette Kristeller.

«Schön», sprach der Förster, «unter den Umständen kriegen wir ihn sicherlich noch zu Gesicht. Übrigens würde er es schon ganz aus Naturanlage gewittert haben, daß wir uns hier rudelten. Bis Mitternacht bleiben wir ja doch wohl vergnügt beisammen?!»

«Natürlich! Hurra!» rief der Apotheker, und der Pastor brachte nun wirklich in Erwartung Chinesiens, das heißt der Punschbowle, fein, zierlich und schicklich seine Gratulation gleichfalls an.

Unterdessen hatte sich das ganze Haus mit eigentümlichen, anmutigen Düften, die den Apothekendunst ihrerseits sieghaft bekämpften, gefüllt. In des Hauses Küche hatte ein merkwürdig lebendiges Treiben begonnen; allerlei Gerät rasselte und klirrte fröhlich durcheinander. Punkt neun Uhr stand die erste dampfende Schale auf dem Tische, und nicht sie allein, sondern, was dazu gehörte, ebenfalls. Für fünf Minuten fand des Apothekers Schwester nun auch Muße, sich zu den Männern zu setzen und die ersten Belobungen derselben in Empfang zu nehmen.

Die Belobungen kamen zu rechter Zeit; aber dann trat für einige Augenblicke das Stillschweigen ein, das immer entsteht, wenn ein des Nachdenkens würdiges Getränk auf den Tisch gesetzt wird. Daß dieses Stillschweigen schnell überwunden wird und ein jeder sich merkwürdig rasch mit der Feierlichkeit des Momentes abzufinden weiß, ist bekannt.

«Also wirklich bereits ein volles Menschenalter?!» rief der geistliche Herr. «Ich hielt es im Anfang fast für unmöglich; aber nun, da ich im stillen nachgerechnet habe, finde ich und gebe zu, daß es sich in der Tat also verhält. Ich hatte mich in jenem Jahre grade mit meiner guten Friederike in den Stand der heiligen Ehe begeben, und mein ältester Sohn, der Inspektor, ist wahrlich seitdem bereits achtundzwanzig Jahre alt geworden.»

«Wahrhaftig, Pastore, und wenn ich daran denke, wie Ihr schlecht bei Leibe hier ankamet, und Euch ansehe, wie Ihr jetzo dasitzt, so brauche ich gar nicht an den Fingern abzuzählen, um an die dreißig Jahre zu glauben. Übrigens empfing ich euch alle hier und machte euch die Honneurs des Ortes. Zuerst rücktet Ihr ein, Pastore, und heiratetet Eueres Vorgängers Tochter; und nachher kam der gleichfalls noch anwesende Jubilante, um die gesunde Gegend mit seinen Pillen und Mixturen noch gesunder zu machen. Den Doktor rechne ich gar nicht; denn ein Mensch, der erst ein Dutzend Jahre unter uns haust, ist eben gar nicht zu rechnen.»

«Der liebe Gott hat Euch wirklich in Euerm Einzuge gesegnet, lieber, alter Freund», sagte der Pastor zum Hausherrn. «Euere zwei Vorgänger hatten mit großer Schnelligkeit in diesem Hause Bankerott gemacht; Ihr aber hattet Glück…»

«Und Verstand», fiel der Förster Ulebeule ein, «den richtigen Verstand von der Sache; denn in einer so gesunden Gegend, wie die hiesige zum Exempel, legt sich der richtige Apotheker eben auf etwas anderes, zum Beispiel auf einen neuen Magenbitter, wie der ‹Kristeller› einer ist, auf die Fruchtsäfte im großen, auf den Weinhandel und, nicht zu vergessen, auf den Kräuterhandel durch ganz Deutschland ins Unermeßliche. Heute abend ist denn im natürlichen Verlaufe der Dinge der Alte da in seinem Schlafrocke der allereinzige von uns, der es zu etwas gebracht hat. Der Doktor wird es nie zu etwas bringen.»

Der geistliche Herr seufzte; aber der Apotheker «Zum wilden Mann», Herr Philipp Kristeller, seufzte ebenfalls, und als grade jetzt Wind und Sturm stärker und böser mit Regen und Schloßen durchs Land fuhren, sah er wie erschreckt von dem behaglichen Tische auf das gepeitschte, klirrende Fenster.

Die alte, gute Schwester rückte dichter an ihn heran, indem sie flüsterte: «Liebe Herren, man muß niemandem sein Glück vorrücken, es nützt nichts und hat schon häufig geschadet; das ist meine Meinung. Und ob meines Bruders Glück grade so groß gewesen ist, das steht wirklich noch dahin. Wir haben unser Los und Leben genommen, wie es uns gegeben wurde, das ist aber auch alles. Auf das Jubiläum aber trinke ich doch, und jetzo will ich den Spruch ausbringen und sagen: ‹Es lebe die Apotheke ‚Zum wilden Mann'!»

Sie hatte, während sie redete, die Gläser im Kreise gefüllt, und alle stießen an, doch mit Nachdenken und Ernst, wie es sich gehörte.

Herr Philipp aber, unruhig auf seinem Stuhle hin und her rückend, sprach leise und mehr zu sich selber als zu den andern: «Es ist eine Nacht dazu – die rechte Nacht! Es ist mehr als ein Menschenalter hingegangen, seit das, was ich mein Hauptglück nennen sollte, an mich kam. Hört nur den Sturm da draußen, wie er sich unbändig hat, ihr solltet kaum glauben, daß sich morgen vielleicht kein Lüftchen regen wird, um das letzte Blatt vom Baume zu nehmen! Man sagt, es verjähre alles; aber es ist nicht wahr. Es kommt alles wieder an einen, der Sturmwind wie die alte Zeit. Ihr lieben Freunde, wollt ihr mich anhören, so will ich euch eine Geschichte erzählen, eine kuriose, eine recht, recht kuriose Geschichte. Ich will euch erzählen, wie ich vor mehr als dreißig Jahren der Besitzer der Apotheke ‹Zum wilden Mann› wurde.»

Der Pastor sagte gar nichts; aber auch er rückte näher an Herrn Philipp heran, berührte ermunternd seinen Ellenbogen und bot ihm zu noch größerer Ermunterung die blank abgegriffene silberne Dose.

«Geschichten höre ich für mein Leben gern, selbst Jagdgeschichten im Notfall!» rief der Förster eifrig. «Endlich ist das Wild los! Hin nach der Fährt...»

«Einen Augenblick!» bat Fräulein Dorette, «jetzt muß ich noch für eine Minute in die Küche, nachher bin ich wieder ganz und gar bei dir, Philipp. Die beiden Nachbarn entschuldigen wohl.»

Sie entschuldigten gern und warteten und machten noch einige Bemerkungen über die Jahreszeit und die Witterung. Nachdem aber die Schwester zurückgekommen war, erzählte der Bruder wirklich seine Geschichte – eine kuriose Geschichte!

IV

«Liebe, gute, treue Freunde und Nachbarn», begann der Mann, der nach der Meinung des Försters Ulebeule es zu etwas im Leben gebracht, das heißt etwas vor sich gebracht hatte im Dorfe, «ich habe, ehe ihr kamet, von der alten Zeit verlockt, schon zweimal meinen Archivkasten da in der Offizin geöffnet und habe den Staub von der Vergangenheit geblasen; jetzt werde ich wohl noch ein Dokument daraus hervorholen müssen. Trotz aller wunderlichen Geheimnisse liegt mein Geschick vollständig klar auf dem Papier da; nicht etwa, daß ich ein Tagebuch oder dergleichen geführt hätte, sondern in wirklichen authentischen Schriftstücken, die ich euch dann auch nachher zu eigener Begutachtung in die Hände geben werde.

Mein Vater hatte mir einige tausend Taler hinterlassen; aber mein Vormund, ein gutmütiger, wohlmeinender, doch höchst zerfahrener und leichtsinniger Mann, hatte wenig auf dieselben Achtung gegeben. Als ich das Geld gebrauchen konnte, war es bis auf ein Minimum verschwunden, und der Vormund legte mir schluchzend das Bekenntnis ab: er wisse am allerwenigsten, wo es geblieben sei. Übrigens fügte er zu meinem Troste hinzu: mit seinem eigenen Vermögen sei es ihm gradeso ergangen. Er war ein ältlicher Herr mit drei unverheirateten ältlichen Töchtern, und alle waren meine besten Freunde; was blieb mir also übrig, als mit ihnen zu weinen und so auch meinerseits das trockene Faktum in gegenseitiger Liebe und Zuneigung feucht zu erhalten. Die drei guten Mädchen sorgten für meine Wäsche und sonstige Ausstattung, packten mir meinen Koffer, und so zog ich nach abgetaner Lehrzeit als voraussichtlich ewiges Subjekt ins Laborantentum hinein und trieb mich fünf oder sechs Jahre lang so umher durch Süß und Sauer, von einer Epidemie in die andere, von einem nächtlichen Aufgeklingeltwerden zum andern, von einer Doktorpfote zur andern, bis ich nach *** kam, wo ich meine Johanne kennenlernte. Da, Freund Ulebeule, habe ich wirklich etwas vor mich gebracht, nämlich die einzigen, guten, glücklichen Tage meines Lebens!»

«Gratuliere auch dazu», brummte der Förster.

«Ja, in die glückliche Zeit meines Daseins war ich hineingeraten, und es stimmte alles zusammen – ein ganzes Jahr lang!

Ich hatte es in jeder Beziehung gut. Mein damaliger Prinzipal war ein drolliger alter Kauz, über den ich etwas mehr sagen muß; denn er verdient das, meinet- wie seinethalben in jeder Beziehung. Er war Apotheker mit Liebe, aber mit einem gewissen Wahnsinn ein Enthusiast für die hohe Wissenschaft Botanik, und er war in der Tat ein bedeutender Pflanzenkundiger. Solange es anging, hatte er seine Provisoren und Gehülfen die Offizin versorgen lassen und war selber in Wald und Feld seinem Lieblingsstudium nachgegangen. Als ich aber in sein Haus eintrat, hatte sich das eben geändert. Er war über sechzig Jahre alt, seine Augen waren allmählich schwach geworden, sein Rücken steif; und wenn er sich zwischen Berg und Tal nach einem Gewächs bückte, so kam er nur mit Stöhnen und einem verdrießlichen Griff nach dem Kreuz wieder in die Höhe. Ich kam, und er stellte ein botanisches Examen mit mir an, das an Schärfe nichts zu wünschen übrigließ, gottlob aber ziemlich gut ausfiel, und von dem all mein späteres Wohlsein in seinem Hause den Ausgang nahm. Nach dem Examen überreichte er mir als Zeichen seiner Zufriedenheit ein Exemplar von Stövers ‹Leben des Ritters Karl von Linné› und hielt mir eine Rede über die Märtyrer unserer ‹Göttin› und empfahl mir vor-

züglich zur Nachahmung das größte botanische Genie des sechzehnten Jahrhunderts, den Meister Charles de l'Ecluse – Carolus Clusius aus Arras in den Niederlanden –, der im Dienste der Wissenschaft im vierundzwanzigsten Jahre die Wassersucht bekam, im neununddreißigsten Jahre in Spanien mit dem Pferde stürzte und den Arm brach und gleich nach der Heilung den rechten Schenkel –, der im fünfundfünfzigsten Jahre in Wien den linken Fuß brach und acht Jahre später sich die rechte Hüfte verrenkte –, der fortan an Krücken gehen mußte, einen Bruch und Steinschmerzen bekam und doch das wundervolle Buch ‹Rariorum plantarum historia› schrieb und für alle kommenden Zeiten wie ein glorreich helles Licht aus dem dunkeln Jahrhundert, in welchem er lebte und wirkte, herüberleuchtete.*
Darauf schickte er mich in re herbaria auf die Jagd und blieb selber seufzend zu Hause, versorgte die Praxis und durchblätterte seine Kräuterbücher, die wirklich merkwürdig in ihrer Art waren und nach seinem Tode sicherlich auf den Mist geworfen sind. Zu jeder Jahreszeit fast hatte ich für ihn das Land abzulaufen, denn er war auch in der Kenntnis der Moose bedeutend, und in den Monaten, wo die übrige Flora in ihrer Pracht steht, ging ich fast täglich meilenweit ins Land oder in die Berge, um irgendeine einzige Pflanze zu suchen, auf deren Besitz und Studium er augenblicklich sein Herz gewendet hatte. – Das war eine schöne Zeit! Das waren Tage, wie ich sie seit Jahren nicht in so ununterbrochen glücklicher Folge durchlebt hatte, und da ich, wie

gesagt, auch bald den Namen und das Bild meiner Braut mit mir auf die Höhen und sonnigen Halden und in die schattigen Täler nehmen konnte, so ist denn weiter nichts mit dem Scheine zu vergleichen, wie er mir damals über der Erde und in der Seele lag. Daß ich rad durch den Sonnenglanz auf den Bergen geschlagen hätte, will ich aber nicht gesagt haben. Im Gegenteil! In die Lust am Leben mischte sich immer ein bänglicher Zug. Kam ich aus meinen Wäldern zurück in die kleine, winklige Stadt, wieder hinein in das Gewirr und zänkische Durcheinander selbst dieser wenigen Menschen, so wurde mir oft sogar sehr bänglich zumute.»

«Das geht allen Leuten so, die ihr Geschäft viel im Freien aufhält, mir auch!» sagte der Förster Ulebeule.

«Aber noch lange», fuhr der Erzähler, ohne auf die Unterbrechung weiter zu achten, fort, «noch lange war und blieb im Freien alles für mich Gegenwart, und erst nach und nach wurde drunten im Städtchen alles Zukunft, sorgenvolle, angstvolle, nebelige Zukunft: ‹Was soll denn eigentlich zuletzt aus dir und deinem Mädchen werden?›

Ich habe es schon gesagt, daß die richtige Schwerblütigkeit mich erst im zweiten Jahre meines dortigen Aufenthalts übermannte. Im Anfange blieben die trüben, sorglichen Gedanken bei jedem Ausmarsche innerhalb der alten Mauern der Stadt eingeschlossen zurück; erst nach und nach begleiteten sie mich über das Weichbild hinaus und folgten mir weiter und weiter, bis im dritten Frühlinge der dunkle Finger mir überall auf meinen Wegen drohte und der Prinzipal die Bemerkung machte, daß ich anfange, bedeutend abzumagern, und mich wohlmeinend und besorgt an verschiedene nerven- und magenstärkende Drogen unserer Materialkammer verwies.

Ach, kein Arzeneistoff konnte mir wieder zu vollerer Leibesrundung verhelfen! Zwischen Hypochondrie und gutem Lebensmut hin- und hergeworfen, schweifte ich umher, bis ich den Mann fand, der mir half!

Meine Herren und lieben Freunde, in eben diesem Sommer machte ich eine Bekanntschaft, eine seltsame, geheimnisvolle und, wie Johanne sagte, eigentlich unheimliche Bekanntschaft. Ihr habe ich es zu danken, daß ich heute der Besitzer dieser Apotheke ‹Zum wilden Mann› bin, und sie ist bis heute – ja bis heute – und also länger als dreißig Jahre das ungelöste Rätsel, das Mysterium in meinem Leben geblieben...»

«Erzählen Sie, oh, erzählen Sie!» rief der Pastor atemlos, den Erzähler in der besten, raschesten Mitteilung seines Berichtes aus übergroßer Spannung unterbrechend, und Herr Philipp Kristeller benutzte die Gelegenheit, um Atem zu schöpfen, ehe er fortfuhr.

Es schien ihm aber wirklich daran gelegen zu sein, das Geheimnis seines Lebens von der Seele loszuwerden, und so fuhr er fort: «Ich fand einfach einen Weggenossen und sozusagen Kollegen auf meinen Gängen, einen jungen, wohlgekleideten Mann, der sich gleichfalls mit der Botanik beschäftigte, nur um ein weniges jünger als ich zu sein schien und sich als ein Naturfreund und

Pflanzenkenner auswies, der selbst meinen Prinzipal im verständnisvollen Eindringen in unsere hinreißende Wissenschaft übertraf. Aus der Gegend war er nicht, seinen Namen haben wir nie recht erfahren; wir nannten ihn Herr August und später auch einfach August. Sein Familienname war das aber jedenfalls nicht.

Der Zufall stieß uns an einem heißen Julinachmittage auf einer abgeholzten, glühenden Berglehne unter den mannshohen Fingerhutbüschen zwischen dem Gewirr der Granitblöcke die Köpfe zusammen und ließ uns sofort höflich das Handwerk grüßen. Zuerst begrüßten wir jedoch natürlich höflich uns selber und betrachteten einander. Was der Fremde an mir sah, weiß ich nicht; mir steht er heute noch so klar und deutlich wie damals vor den Augen. Es war ein junger Mann, wie gesagt, ungefähr von meinem Alter, hochgewachsen, wohlgebaut, von schwarzem Haar und mit einem ernsthaften, energischen Gesicht von etwas gelbweißer, jedoch keineswegs krankhafter Farbe. Den Kopf trug er ein wenig gesenkt, und seine Stimme war wohllautend, er gebrauchte sie aber nur zu selten. Während unseres ganzen Verkehrs überließ er es mir vollständig allein, die Unterhaltung zu führen; und wie ihr wißt, liebe Nachbarn, bin ich stets für einen lebhaften mündlichen Verkehr gewesen – vielleicht oft nur zu sehr.»

An dieser Stelle hatte die Schwester etwas zu sagen, und etwas unmutig rief sie: «Bester Bruder, sie reden im Dorfe doch schon dumm genug von dir!»

Der geistliche Herr lächelte; aber der Förster lachte laut und rief: «Ja, Fräulein Dorette, für den Anstand ist seine Natur freilich nicht eingerichtet, das habe ich zweimal in Erfahrung gebracht und werde es mit meiner Einwilligung nicht zum drittenmal erleben. Das ist so: er hält jedem Fuchs, der herüberwechselt, eine Standrede, ehe er losbrennt und vorbeipafft. Aber hingegen bei einem Treiben wäre er wohl an Ort und Stelle, und eine Hasenklapper ist auch ein recht nützliches Ding.»

«Ich danke Ihnen für Ihre Bemerkung, Ulebeule!» sprach das alte Fräulein spitz und kurz, und jetzt lächelte Herr Philipp Kristeller und ließ sich nicht weiter auf seinem Wege aufhalten.

«Ich gab also, wie es nicht anders sein konnte, meiner Natur nach. Ich erzählte dem neuen Bekannten so nach und nach von allem, was mir an mir, meinem Leben und Zuständen wichtig dünkte. Um alles, von meiner Geburt an, wußte er bald Bescheid; was ich von ihm dagegen erfuhr, war sowenig als möglich, das heißt gar nichts! – Aber ein guter Gesellschafter war er doch und wurde ein immer besserer, je häufiger wir uns trafen. Wir fingen an, die Plätze miteinander zu verabreden, an welchen wir uns finden wollten, und er, als der freiere Mann, war stets am Orte. Manchmal begleitete er mich bis an den Hügelhang, an welchem die Stadt liegt; allein, so oft ich ihn auch einlud, nun auch mit mir in dieselbe hinunterzusteigen, so lehnte er das stets bestimmt ab, ohne einen Grund für die Weigerung anzugeben. Am Waldrande über dem Nordtore nahm er stets Abschied, drückte mir die Hand und ging zurück. In der Stadt und Umgegend kannte ihn keiner, so oft und viel ich auch die Leute nach ihm ausfragte. Gesehen hatte ihn wohl mancher, und manchem war er auch in seinem Wesen und Treiben aufgefallen; doch nähere Auskunft über ihn wußte niemand zu geben. In einem Dorfe, mitten in den Bergen, hatte er für ein Pferd und einen leichten Wagen ein Standquartier, doch auch da nannte man ihn einfach nur Herr August und hielt ihn für einen Studiosen aus der Universitätsstadt in der Ebene, der, ‹wie schon viele›, von dort in die Berge komme, um ‹die Kräuterei zu verstudieren›.»

«Scheint mir eine kalte Fährte gewesen zu sein», meinte der Förster, und der Pastor war derselben Meinung.

«Ich gab auch nichts darauf», erzählte Herr Philipp weiter, «sondern setzte den Verkehr fort, wie er sich eben machte, und nachdem ich mit dem Herrn August ein halbdutzend Male zusammengetroffen war, fügte es der Zufall, daß er auch meine Braut kennenlernte. Die hatte mit ihren Verwandten und Bekannten an einem schönen Sonntage einen Ausflug in den Wald gemacht, und da trafen wir – als Johanne und ich uns von der lustigen Gesellschaft abseitsgeschlagen hatten und allein für uns gingen – auf einem überwachsenen Pfade auf meinen geheimnisvollen Freund. Wir gingen Arm in Arm, und er ging wieder einsam, und sein Gesicht war ernster und trüber denn je. Als er uns erblickte, erhellten sich seine Mienen zwar, aber nicht auf lange. Er wollte mit uns fröhlich und heiter sein; aber es gelang ihm schlecht. Er sprach sehr gut und freundlich zu meinem Schatz; doch je länger er mit uns ging und je munterer wir auf ihn einplauderten, desto stiller wurde er. Und als nun gar die übrige Gesellschaft singend, lachend und jubelnd zu uns stieß, da war er plötzlich wieder verschwunden, und wir sahen ihn an jenem fröhlichen Tage nicht mehr. ‹Du, Philipp, der hat ein großes Unglück erfahren oder windet sich noch durch ein solches›, sagte mir Johanne nachher; ‹Philipp, der Mensch tut mir unendlich leid; ist es dir denn noch niemals bange und traurig in seiner Nähe zumute geworden?›

Die Weiber haben in der Hinsicht einen feinen Blick und Sinn, und sie verstehen es, uns Mannsvolk auf manches aufmerksam zu machen, was man gefühlt hat, ohne daß es einem im Bewußtsein klargeworden ist. Ich stutzte, und jetzt zuerst fiel es auch mir bei, daß mein schweigsamer Freund auch mir schon einige Male sehr leid getan habe. Bänglich war's mir freilich noch nicht in seiner Gesellschaft zumute gewesen; doch schon auf dem lustigen Heimweg nach der Stadt war es mir ganz klar, daß von nun an auch das Bangen mich zuzeiten wohl überkommen könne. Von jenem Tage an achtete ich schärfer und schärfer auf meinen Freund August, und dann einmal fragte ich ihn mit aller Aufbietung meiner Beredsamkeit und Überredungskraft, was ihm eigentlich fehle und ob es durchaus nicht möglich sei, daß ich ihm helfe. Ich beschwor ihn inständigst, doch ein Herz zu fassen und alles, was ihn drücke, mir mitzuteilen. Ich sagte ihm, daß ich mein Blut und meine Seele dran geben würde, ihm zu helfen, und fügte auch sonst noch bei, was man bei einer solchen zum Zittern aufgeregten Gelegenheit ernstlich und innig einem geliebten, geschätzten und geachteten Menschen sagen kann. Natürlich versuchte er zu lachen und versicherte mich, er befinde sich körperlich wie geistig vollkommen wohl, sein Gewissen sei durchaus nicht durch irgendeine unaussprechliche Schandtat belastet; aber für sein Temperament könne er freilich nichts, und es sei in der Tat ein ziemlich unbehagliches zu nennen und schon mehreren aufgefallen. Er sagte, er habe ein unglücklich Blut von seinen Vorfahren geerbt, und wahr sei, daß er es stets kräftig und aufmerksam im Zaum halten müsse, wenn nicht jeder Tag, den er lebe, zu einem jähzornigen bösen Ende gelangen solle. Er dankte mir herzlich für meine Güte, wie er's nannte, und es war mir fast, als sähe ich eine Träne in seinem Auge, allein das mochte doch wohl eine Täuschung sein, denn ein solches römisches Münzengesicht, wie das seinige, war auf dergleichen Weichheiten hin nicht in die gehörige Form gegossen.»

«Was für eine Art Visage hatte er, Kristeller?» fragte der Förster Ulebeule.

«Ein Gesicht wie die Kaiser Nero, Caracalla oder Caligula auf ihren Dukaten!» erläuterte der Pfarrherr, und der Apotheker «Zum wilden Mann» schüttelte den Kopf, glaubte sich aber jeder andern Antwort überhoben und ging in seiner Erzählung weiter: «Meine Braut hatte ihm sehr gefallen. Er lobte ihr Äußeres und alles, was sie während des kurzen Zusammenseins gesprochen hatte, ausnehmend. Er nannte sie ein liebes, braves Mädchen – was sie wirklich auch war –, und er sprach mit tiefen Seufzern den Wunsch aus, eine ihr gleichende Schwester zu haben. Da erkundigte ich mich denn selbstverständlich noch einmal nach seinen Familienverhältnissen; er aber versicherte mich, daß er ganz allein in der Welt stehe, Vater und Mutter durch den Tod verloren und Geschwister nie gehabt habe; und wie um das Gespräch schnell zu wenden, fragte er seinerseits, ob der Tag meiner Hochzeit bereits festgesetzt sei.

Als ich ihm nun gesagt hatte, wie es sich damit verhalte, seufzte er: ‹Oh, könnte ich Ihnen helfen, Philipp, so würde es heute noch geschehen!› – Wie er mir half und weshalb der Ehrensessel da seit dreißig Jahren leer steht und auf ihn wartet, das will ich euch jetzt sagen.»

V

Die kleine Gesellschaft in dem bilderreichen Hinterstübchen der Apotheke «Zum wilden Mann» war dicht am Tische zusammengerückt. Sie wußten, daß der alte Freund nicht übel zu erzählen verstehe, doch so wie heute hatte er seine Gabe noch nicht gezeigt. Dem Förster Ulebeule war die Pfeife ausgegangen, Schwester Dorette hielt die Hand des Bruders fest in der ihrigen, und der Pastor loci klopfte leise mit der Dose auf dem Tische und sagte: «Also endlich! – Kein Mensch sollte es doch für möglich halten, daß einen solch braves Möbel, wie ein weichgepolsterter Lehnstuhl, dreißig Jahre lang auf die Folter spannen könne. Lieber Kristeller, dieser Sessel da hat mich in der Tat dreißig Jahre lang auf die Folter gespannt!»

Sie lachten doch trotz ihrer Erregung, und der Herr Philipp lachte mit und erzählte dann weiter.

«Der Sommer ging, der Herbst kam. Es wurde September und es wurde Oktober, und die Pracht und Fülle der Natur ging für dieses Jahr auf die Neige. Mein Prinzipal, der zur Zeit der Äquinoktialstürme stets anfing, an Gesichtsschmerzen zu leiden, war gezwungen, mich nun fester an die Offizin zu binden. Es ging wohl ein Monat hin, ehe er mich wieder in die Weite schickte; am fünfzehnten Oktober aber jagte er mich drei Meilen weit nach jener berühmten Felsgruppe, die ihr alle unter dem Namen der Blutstuhl* kennt, einer Moosart wegen, die um diese Zeit dort blühte, und zwar nur dort allein.

Ich war damals auf dem Blutstuhle, doch nachher nicht wieder. Ich habe eine Furcht vor dem wilden Orte behalten, trotzdem daß damals mir das gegeben wurde, welches dieses Haus in meinen Besitz brachte und mir das Leben, wie ich es geführt habe, möglich machte. Das Rätsel liegt noch ungelöst da. Wenn ihr, meine Freunde, nachher euern Scharfsinn daran prüfen wollt, so soll es mir lieb sein. Ich habe es aufgegeben, nachdem ich ein Menschenalter darüber habe nachgrübeln müssen, und jetzt wird es ja auch wohl gleichgültig sein, ob einer hier im Kreise noch zuletzt das rechte Wort findet. Jenen Tag aber, diesen mir bedeutungsvollen fünfzehnten Oktober, werde ich euch nun mit allen seinen Umständen so genau als möglich schildern, und ihr müßt es euch schon gefallen lassen.»

«Kein Hase macht neugieriger seinen Kegel als ich!» rief der Förster.

«Lieber Gott, welch ein Abend!» sagte der geistliche Herr. «Hören Sie nur diesen Sturm! Oh, erzählen – erzählen Sie!»

In der Tat ein stürmischer Abend! Je weiter die Nacht vorschritt, desto wilder tobte es von Norden her gegen das Gebirge heran, und die Apotheke «Zum wilden Mann» bekam ihr volles Teil.

«Solch ein Wetter war es an jenem Tage nicht», sagte Herr Philipp in seinem gewohnten Tone, ruhig und gelassen wie jemand, der eben ein Menschenalter Zeit hatte, ein Erlebnis zu überdenken. Er wurde aber auch noch einmal unterbrochen, denn es kam ein Kunde und holte für einen Groschen Bittersalz und setzte eine Viertelstunde lang dem Verkäufer auseinander, wozu – was beides auch Zeit hatte bis morgen, wie Ulebeule mürrisch bemerkte. Die Schwester jedoch benutzte die Pause, die chinesische Schale auf dem Tische von neuem zu füllen, und endlich erfuhren die Freunde doch, was der Apotheker Kristeller an jenem fünfzehnten Oktober erlebte.

«Um neun Uhr morgens zog ich mit meinem Auftrage, das Frühstück in der Tasche, die Bota-

nisierbüchse auf dem Rücken, vom Hause, das
beiläufig das Zeichen ‹Zum König David› führte,
ab; bei stiller Luft und dichtem Nebel und diesmal
im höchsten Grade geknickt und gebrochen.
Ich hatte Grund dazu, melancholisch auch in die
schönste Witterung hineinzusehen! Am Abend
vorher hatte Johannes Onkel mich bitten lassen,
ihn doch einmal auf ein Viertelstündchen zu besuchen,
und ich hatte ihn besucht, und er hatte
mich zwei Stunden lang unterhalten. Zwei Stunden
lang hatte er mir eindringlich zugeredet,
endlich doch ein Einsehen zu haben und mir
meine Lebensaussichten einmal recht klarzumachen
und seine Nichte – nicht unglücklich! Kurz
gesagt, er hatte mich aufgefordert, meiner Braut
ihr Wort zurückzugeben und dafür seiner – des
Onkels – ewiger Freundschaft und Zuneigung
gewiß zu werden. Und der Mann hatte in allem,
was er sagte, recht gehabt, und er hatte nicht nur
verständig, sondern auch gutmütig gesprochen.
Ohne die geringste Leidenschaft und Zornmütigkeit
hatte er mir seine und der Welt Meinung
vorgetragen: er hatte nichts gegen mich einzuwenden
– ich war ihm sogar sehr lieb und wert –
und doch! Ich war eben nach Hause gegangen
oder vielmehr getaumelt und hatte die Nacht
über auf dem Stuhle vor meinem Bette gesessen
und die Stirn mit beiden Händen gehalten –
durch dieses verständige Zureden unfähig zu
allem und jedem Überlegen und vernünftigen
Überdenken: daß Johanne, meine arme, liebe
Johanne, diese selbige Nacht durchweint habe,
wußte ich dazu. Betäubt verstand ich den Prin-

zipal, der ebenfalls an Schlaflosigkeit litt, kaum, als er schon um fünf Uhr mit dem Nachtlichte in der Hand an meine Tür kam, um mir seinen neuen Herzenswunsch mitzuteilen und mir seinen Auftrag für den Tag zu geben. Verdrießlich ging er, nachdem ich ihn endlich begriffen hatte, seinen verbundenen Kopf schüttelnd, und ich hörte ihn noch auf der Schwelle deutlich genug murren: ‹Auch der wird mir wieder mal unter den Händen zum Narren!›

‹Schreiben Sie dem Mädchen einen braven, ehrlichen, freundlichen Brief, in welchem Sie das Nötige mit etwas Poesie meinetwegen sagen. Ich will ihn abgeben und das Meinige, ohne Poesie natürlich, beimerken – und dann lassen Sie dem Jammer und meinetwegen auch sich selber in Ihrem Elend alle Zeit – es wird schon alles recht werden›, hatte mir der Onkel vorigen Abend zum Beschlusse seiner schönen Rede geraten – und dabei sollte man denn nicht zum Narren werden!! – Das blühende Moos drei Meilen ab vom ‹König David›, dem Hause des Herrn Onkels und meiner Braut, war unter diesen Umständen in Wahrheit der einzige Trost, der mir in der Welt wuchs. Ein Tag wurde wenigstens durch den Weg und das Auszupfen für mich und mein armes Kind gewonnen, und wie sich der Mensch in seinen Nöten an den *einen* Tag, die *eine* Stunde, die *eine* Minute klammert, wer hätte das nicht schon in irgendeiner Weise erfahren?

Ich schlich selbstverständlich unter Johannes Fenster vorbei. Mein Mädchen erblickte ich nicht; aber den Onkel sah ich. Er stand mit der

Pfeife hinter den Scheiben und schien nach dem Thermometer zu sehen; seine eigene Temperatur hatte sich seit gestern abend nicht verändert, denn er zog höflichst die Nachtmütze ab und erhob dabei den Zeigefinger. Der Gestus konnte nichts anderes bedeuten als: ‹Vergessen Sie nicht, mein Bester, was ich Ihnen gesagt habe; ich bestehe darauf und weiß, was uns allen gut ist; ich bin ein alter, erfahrener Kerl und kenne die Welt ein wenig genauer als ihr guten, jungen, leichtsinnigen, unerfahrenen Leute!› – Auch ich grüßte so höflich und submiß, wie ich noch nie einen Menschen gegrüßt hatte, und schleppte mich seufzend matt weiter durch den grauen Dunst des Herbstmorgens.

‹Oh, wie voll Dornen ist diese Werkeltagswelt›, läßt der englische Poet Shakespeare eine seiner erdichteten Personen in einem seiner Stücke sagen.* Ich habe diesen Poeten immer gern gelesen und besitze eine Übersetzung von ihm und habe mir vieles darin unterstrichen. Das Wort von den Dornen und der Alltagswelt fiel mir diesmal auf die Seele, und ich wiederholte es mir fort und fort bis auf die Berge hinauf. Freilich war mir jetzo die Welt nach allen vier Himmelsgegenden durch das dichteste Dornengestrüpp verwachsen, und daß es eine erbärmliche und in ihrer Gewöhnlichkeit tränenreiche Werkeltagswelt war, das konnten mir der Boden unter den Füßen und das Luftgewölbe über mir bezeugen.

Der Nebel blieb wohl hinter mir in den Tälern zurück; aber in meiner Brust nahm ich die Trübe auf die sonnigsten Gipfel mit empor. Ich schritt rasch zu und tauchte mehrmals das Taschentuch in einen kalten Waldbach, um es mir dann auf die heiße übernächtige Stirn und die fiebernden Schläfen zu drücken. Um sah ich mich nicht, und es ist ein Irrtum oder gar eine Lüge, wenn man behaupten will, daß einem unglücklichen oder von Not und Sorge bedrängten Menschen eine schöne Gegend und herrlich-erhabene Aussicht zum Heil und zur Genesung gereiche. Es ist einfach nicht wahr!

Im Gegenteil, nichts ist schlimmer für einen Kummervollen, Schmerzbeladenen als eine weite sonnenklare, in allen süßen Farben der Erde leuchtende Fernsicht, hoch von einer Bergspitze aus. Es ist arg und eigentlich furchtbar, aber es ist so: den Sturm, den Regen läßt man sich in der bösen Stimmung gefallen; aber die Schönheit der Natur nimmt man als einen Hohn, als eine Beleidigung und fängt an, alle sieben Schöpfungstage zu hassen.»

Der Pastor schüttelte hier bedenklich den Kopf; Fräulein Dorette Kristeller nickte zwar, aber sah doch auch ziemlich bedenklich und trübe drein; der Förster Ulebeule jedoch klopfte mit der Pfeife auf den Tisch und rief: «Wahrhaftig, es ist etwas dran! Es ist bei mehrerem Nachdenken sogar ziemlich viel dran. Jeder Kümmerer – will sagen jedes durch einen alten Schuß oder durch Krankheit sieche Stück Hochwild – will auch von der Pracht der Schöpfung, an der es in gesunden Tagen sein Wohlsein und seine Freude hat, nichts mehr wissen. Und wer viel Umgang mit den Tieren gehabt hat, der weiß, wie wenig der Unterschied zwischen ihnen und dem Menschen zu bedeuten hat in allen Dingen, die mit Erde, Wasser, Licht und Luft zusammenhängen. Ihr waret damals ein richtiger Kümmerer, Kristeller. Der Onkel hatte Euch nicht übel angeschossen, und manch einen in Euerer Lage hat das Schicksal bald darauf als tot verbellt.»

«Nun lasset uns weiter hören!» rief der geistliche Herr, und sie hörten weiter.

«Was mir selten in der mir so bekannten Gegend passiert war, hatte ich heute zu erleben; ich verlor mehrmals meinen Weg und fand ihn stets nur mit Mühe wieder. Die Lebensverwirrung und schlimme Ratlosigkeit war außer mir wie in mir; aber mein Pfad ging doch immer aufwärts, und einen Kompaß führte ich am Uhrgehänge glücklicherweise auch mit mir. So wand ich mich durch den Buchenwald und dann hinein in die Tannenwälder, an steilen Lehnen, von denen die wunderlichen Granitblöcke der Urzeit in wahrhaft gespenstischen Formationen herabgerollt waren, schräg in die Höhe. Dann ging es über kahle, gleichfalls mit wildem, phantastisch übereinander gestürztem Felsgetrümmer bedeckte Hochebenen – aus dem Nebel in das Sonnenlicht. Die Sonne schien um Mittag herbsthell, und ich holte Atem, auf meinen Weg und die durchwanderten Täler zurückblickend. In den Tälern hielt sich der Nebel den ganzen Tag über, und als ich nach einer Ruhestunde weiterging, schlich er mir leise wieder nach und holte mich am Nachmittag, als ich den berühmten Platz, zu dem mein Prinzipal mich diesmal hingesendet hatte, zu Gesichte bekam, richtig wieder ein; aber freilich nicht mehr als der dichte Qualm der Tiefe, sondern als ein leichter, alles in ein Zaubertuch einwickelnder Dunst. Bei einer Wendung des Weges lag die unbeschreiblich grotesk zerklüftete Steinmasse – der Blutstuhl – vor mir da. Aus dem Tannendickicht vortretend, erblickte ich seine höchste Platte sechzig bis achtzig Fuß über mir, und langsam und ermüdet stieg ich nun noch über den mit kurzem Gras bewachsenen Boden, um im Schutze der untersten Blöcke Kräfte zu sammeln für das Suchen und Finden meiner seltenen Lichen-Art.

Ihr, Ulebeule, kennt den Blutstuhl. Es ist ein Labyrinth von Steinklötzen, das einen ziemlich bedeutenden Raum auf der Bergebene einnimmt. Viele der Gruppen führen wunderliche sagenhafte Namen, die höchste ist auf ausgewaschenen Treppenstufen zu erklimmen, und von ihr hat das ganze Geblöck seinen Namen, und in ältester heidnischer Urzeit unseres Volkes hat es denselben als Opferstelle vielleicht mit vollem Recht geführt.

Ich verzehre vor allen Dingen trotz meiner trüben Seelenstimmung den mitgebrachten Proviant nicht ohne Appetit; dann begab ich mich an die Lösung meiner Aufgabe, die gar nicht so leicht war. Das winzige, kriechende Ding, das mein Alter in einem frischen Exemplare zu besitzen wünschte, wuchs keineswegs in jeder Spalte des Blutstuhles. Und mit den Erlebnissen des letzten Abends, den Bildern der schlaflosen Nacht und dem Onkel mit der Zipfelmütze am

Morgen vor den schwimmenden Augen ließ sich auch schlecht suchen.

So kroch und kletterte ich zwischen dem Gestein herum: eine Flechte fand ich nicht; aber ich fand etwas anderes, nämlich ein Vermögen!»

«Ah!» sagte die Zuhörerschaft in dem Hinterstübchen der Apotheke «Zum wilden Mann».

«Mühselig in meiner vergeblichen Bemühung hatte ich mich so ziemlich bis an die Basis der oberwähnten abgeplatteten Gipfelfelsmasse, der eigentlichen Opferklippe, emporgearbeitet, als plötzlich ein Mensch, wie es schien im hastigen Aufklimmen von der entgegengesetzten Seite her, auf der Platte erschien und einen Schrei ausstieß, der mich erschreckt zurückfahren ließ. Die Gestalt, vom Dunst wie alles umher leicht verschleiert, warf die Arme empor, griff mit beiden Händen in die Haare und fiel mit einem neuen Aufschrei erst in die Knie und dann ganz zu Boden. Ich stand und hielt mich zitternd an dem nächsten Granitblocke, und es dauerte einige Zeit, ehe ich mich so weit gefaßt hatte, um mir die Frage vorzulegen: ‹Was ist das?›

Ja, was war das? Was konnte das sein? Ein Betrunkener? Ein Wahnsinniger? Ein Epileptiker? Ein lebensmüder Unglücklicher, der sich diesen Ort ausgesucht hatte, um gerade jetzt daselbst zu Ende zu kommen mit sich? Alle diese Vorstellungen schossen mir nun blitzschnell nacheinander durchs Gehirn; aber von der Höhe der Opferklippe kam keine Antwort auf meine Frage.

‹Und es ist deine Pflicht nachzusehen, was und wer es ist!› rief es in mir. Mit zusammengekniffenen Lippen, fest aufeinandergesetzten Zähnen faßte ich Mut, packte meinen Wanderstock fester, um im Notfall auch auf einen Angriff gerüstet zu sein, und stieg langsam und vorsichtig die Steinstufen hinauf, die auf die heilige Opferstelle unserer Vorfahren führten. Scheu und behutsam hob ich das Kinn auf die Platte: da lag er! – Lang ausgestreckt, bewegungslos, das Gesicht auf den Stein gedrückt, lag der Unglückliche da, und rasch sprang ich meinerseits nun hinauf, trat zu ihm, faßte ihn an der Schulter, sprach ihm zu, und nach einer Weile erhob er auch das Gesicht und stierte mich an.

Jetzt schrie ich fast wie er vorher. Es war mein Kamerad, mein geheimnisvoller Freund, mein botanischer Wissenschaftsgenosse, und zwar mit Zügen so verstört, so von Schmerz, Angst und Zorn verwüstet, daß ich es euch wahrlich nicht, wie es war, schildern kann.

Langsam, wirklich wie aus einem epileptischen Zustande sich erhebend, stand er auf, sah mich blind und meinungslos an, bis ihm nach und nach das Bewußtsein von Ort, Zeit und Zustand zurückkam.

‹Philipp!› sagte er tonlos.

‹O August!› rief ich.

‹Seid Ihr es, der mich hier gefunden hat?›

‹Oh, und Ihr – was habt Ihr? Was ist Euch geschehen? Ich möchte Euch so gern helfen.›

‹Und könnt es ganz und gar nicht. Es wäre besser, Ihr ginget und ließet mich hier, wie Ihr mich fandet. Ich bin für keines Menschen Gesellschaft mehr tauglich.›

Er sprach dieses alles so vernünftig, so gesetzt und ruhig, daß seine Verstörung mir dadurch nur noch herzzerreißender in die Seele drang. Ich wollte seine Hand fassen, doch er zog sie schnell und wie ergrimmt zurück und schrie: ‹Nein, nein! Das ist zu Ende, Herr – Herr Kristeller! Ich habe heute mit dieser Hand mein Schicksal besiegelt und werde sie niemandem mehr als Zeichen der Freundschaft, der Zuneigung, der Liebe geben. Haltet mich nicht für einen Narren – oh, ich wollte, ich wäre es; aber ich bin es nicht! Seit drei Tagen wäre es mir eine Wohltat, wenn die letzte Faser, die den Geist noch an euere Welt – euere Alltagswelt bindet, abrisse und wenn man mich fände, wie man sonst wohl schon arme irre, verlorene Menschen in der Wildnis gefunden hat. Kein anderes Gesicht wäre mir heute so lieb gewesen als das deinige, Philipp; aber meine Hand gebe ich dir doch nicht. Sieh da rundumher, sieh, wie die Städte und Dörfer ausgestreut sind; sieh, alle diese hunderttausend Menschenwohnungen sind mir von jetzt an verschlossen: ich habe keinen Verkehr mit euch mehr, ich bin allein; es gibt keinen andern Menschen mehr auf Erden, der so allein ist wie ich!›

‹Aber ich bin da, mich hat das Schicksal grade zu dieser Stunde zu dir geführt, um bei dir zu bleiben! Meine Braut, mein Mädchen habe ich verloren, oder sie soll mir doch genommen werden. Mir ja auch verschließt sich die Welt. Laß uns einander zum Rat und Trost sein!›

Nun war es, als ringe er in der Tiefe seiner Seele mit einem gewaltig starken Gegner, und dann war es, als ob er dem Feinde obgesiegt habe, und dann war es, als stehe er triumphierend mit dem Fuße auf der Brust des Niedergeworfenen. Er knirschte mit den Zähnen und rieb sich die rechte Hand, als sei sie feucht und er müsse sie trocknen. Zuletzt sah er mich scharf und kalt an und sagte leise: ‹Lieber Herr, Sie können mir doch von keinem Nutzen sein. Ich bitte Sie, sich keine Mühe zu geben. Sehen Sie, Kristeller, ich habe nie in meinem Leben anders gesprochen, als meine Meinung war. Auch ist heute Methode in meinem Wahnsinn* gewesen; ich habe mich nicht ohne eine gewisse Absichtlichkeit auf diesem kalten und harten Steine niedergeworfen. Mein Herzblut ist durch diese Rinne niedergelaufen, wie einst das Blut der fränkischen Gefangenen aus dem Heerbann des Kaisers Karl durch dieselbe niederrieselte. Übrigens bin ich allein und will allein sein. Gehen Sie, bester Herr, ich verstehe Ihre Gefühle, Ihre gute Gesinnung gegen mich vollkommen, und wir wollen auch sicherlich einander treu im Gedächtnis behalten – leben Sie wohl, Philipp Kristeller.›

Das war kühl und abstoßend genug, aber ich war auch Psycholog genug, um zu wissen, aus welchem ganz anders bewegten Grunde dieser Ton heraufquoll. Es ging nicht an, den Unglücklichen vor das Gericht der Eigenliebe zu ziehen und mit einem ‹So empfehle ich mich denn höflichst› umzudrehen und geärgert nach Hause zu laufen.

‹Es ist ja möglich, daß wir heute für immer Abschied voneinander nehmen müssen›, sagte ich; ‹aber weshalb sollen wir es denn in dieser Art tun?›

Da brachen dem andern die Tränen aus den Augen.

‹Nein, nein›, schluchzte er, ‹du hast recht, es ist doch nicht die rechte Art!›

Er warf mir die Arme um den Hals und küßte mich und schien mich nun nicht von sich lassen zu können.

‹Lebe denn wohl, du Guter – denke nur an mein Elend und nichts anderes an mir! Sieh mir nicht nach; du sollst noch einmal von mir hören, Philipp! Lebe wohl, lebe wohl!›

So hielten wir uns lange, und dann schieden wir in der Tat voneinander. Ich habe ihn nicht wiedergesehen; aber gehört habe ich freilich noch einmal von ihm – er hat mir einen Brief geschrieben, und ich bin seit dreißig Jahren der Besitzer der Apotheke ‹Zum wilden Mann›!»

VI

Der Pastor und der Förster hatten sich auf ihren Stühlen zurückgelehnt und blickten nach der Decke. Die Schwester hatte die Hände im Schoße zusammengelegt und sah auf den Bruder; man hörte den Sturmwind einmal wieder recht deutlich, und nachdem man lange genug geschwiegen hatte, sprach der Förster, wie es schien, um etwas zu sagen: «Es wird jetzo auch um den Blutstuhl tüchtig pfeifen und sausen.» Sonderbarerweise fügte er dann hinzu: «Einunddreißig Jahre sind eine lange Zeit!»

«Freilich!» sagte der geistliche Herr, wendete sich dann an den nachdenklichen Hausherrn und fragte: «Und Sie haben gar keine Ahnung, was *er* seines Zeichens war und wie er eigentlich hieß?»

«Entschuldigen Sie, meine Herren», erwiderte Herr Philipp Kristeller und ging zum letztenmal in dieser Nacht, um seinen Archivschrank in seiner Offizin zu öffnen. Mit einem einzelnen Briefe in einer weiten, sonst leeren Hülse kam er zurück, reichte das mit mehreren Poststempeln und fünf abgebröckelten Siegeln bedeckte Kuvert dem Förster Ulebeule und den Brief dem Pastor Schönlank, setzte sich langsam, legte die Hand über die Augen, brachte seine Pfeife von neuem in Brand und wartete ruhig die Wirkung der Papiere auf die Hausfreunde ab.

«Inhalt – neuntausendfünfhundert Taler in Staatspapieren!» murmelte der Förster. «Frei! – Herrn Philipp Kristeller!»

«Sehr wunderbar!» rief der Pfarrer seinerseits, das Begleitschreiben überfliegend. «In der Tat ein seltsamer Brief! Eine rätselhafte, mysteriöse Sendung!»

«Zum Henker, so lesen Sie doch laut!» rief der Förster, und der Pastor las laut:

«Ein Mann, der den Willen hat, sein Leben von vorn anzufangen, entledigt sich hier seiner schwersten und verdrießlichsten Last und schickt dem Freunde das einliegende Geld. Es verschwindet einer und hinterläßt keine Spur; es ist unnötig und vergeblich, ihm nachzuforschen und nachzurufen. O Philipp und Johanne, nehmt, was ihn nur niederziehen würde in die Tiefe. Gründet ein Haus, das fest steht und glückliche, fröhliche Kinder in seinen Mauern aufwachsen sieht. Lebt wohl, ihr guten Freunde – lebt wohl! – Philipp Kristeller, es grüßt dich – auf dem Wege zurück zu den Menschen,

                der Narr vom Blutstuhl.

Hamburg, am 30. Oktober 183-»

Der Pastor legte den Brief stumm auf den Tisch, Ulebeule schlug auf den Tisch, daß sämtliches Gerät emporhüpfte und die Gläser scharf und bedrohlich zusammenklirrten: «Donnerhallo! Na, das muß ich sagen! Na, da bitte ich zu grüßen!»

«Und Ihr habt, selbst mit diesem Schreiben in der Hand, damals nicht gemeint, dieses alles zu träumen, alter Freund?» fragte der Pastor.

«Tagelang, wochenlang bin ich wie ein Träumender herumgegangen, nicht nur mit dem Briefe, sondern auch mit dem Gelde in der Hand. Und es waren die nüchternsten Staatspapiere und Landesschuldverschreibungen von verschiedener Herren Ländern! Sie verwandelten sich nicht über Nacht in gelbe Klettenblätter* – sie gingen mir nicht vor der Nase im gestenstischen Dampfe auf – sie waren echt und hatten ihren Kurs, und die Bankiers waren gern erbötig, mir sie umzutauschen oder einzuwechseln: ich aber trug sie nebst dem Briefe zu meiner Braut und fragte die, wie ich mich gegen dieses alles zu verhalten habe – den guten Onkel ging ich fürs erste noch nicht um seinen guten Rat an.

Auch Johanne hatte natürlich zuerst eine Art

von Schrecken zu überwinden; dann aber sagte sie mir verständig und ruhig ihre Meinung, und ich bin derselben gefolgt.

‹Dein Freund hat mir leid getan und ein Bangen erregt durch sein Wesen; aber nie ein Grauen, als ob er ein schlechter, ein böser Mensch sei. Ich habe ein großes Mitleiden mit ihm gehabt und hätte ihm gern helfen mögen in seinem Unglück. Aber sieh, Philipp, er hat mir auch immer den Eindruck gemacht, als ob er stets genau überlege und wisse, was er sage und tue. Er hat in seiner Melancholie einen klugen, klaren Kopf; und was uns jetzt so wunderlich scheint und aller Welt als eine Verrücktheit vorkommen würde, das hat er auch bedacht und sich zurechtgelegt, und er wird sicher das Beste für sich gefunden haben. Ich glaube, du darfst das Geld nehmen und es versuchen, dein Glück darauf zu bauen. Wir wollen es verwalten wie ein Darlehn, Philipp; wir wollen dem Geber täglich seinen Stuhl an unsern Tisch setzen, wir wollen stets den besten Platz für ihn freihalten; wir wollen ihn von einem Tage zum andern erwarten, und – dem Onkel wollen wir von einer Erbschaft sprechen, und du kannst das nur gleich tun; ich nehme die Verantwortung für die kleine Notlüge gern auf mein Gewissen.›

Seht, Nachbarn, das ist denn der Grund, weshalb der Sessel da stets leer steht, weshalb immer ein Platz an meinem Tische offengehalten worden ist, diese ganzen letzten einunddreißig Jahre durch; der Freund ist aber bis heute nicht zurückgekehrt! Mein Leben von meiner Ankunft unter euch kennt ihr – ihr wißt, wie ich diese bereits zweimal in Gant geratene Offizin übernahm und wie es mir in schwerer Arbeit glückte, den Platz zu behaupten, der meinen Vorgängern so gefährlich geworden war. Ihr wißt aber auch...»

«Welch einen großen Schmerz du zu erdulden hattest, Bruder?» rief die alte Schwester leidenschaftlich erregt. «Nein, nein, sie haben wohl davon gehört; aber das rechte Wissen haben sie doch nicht davon.»

«Es war sehr traurig, Fräulein Kristeller», sprach der Pastor, und Ulebeule seufzte schwer und murmelte: «Jaja; aber Ihr seid nicht der erste, Philipp, dem solcherart das Glas vor dem Munde weggeschlagen wird.»

«Das Haus stand; aber die Braut, die junge Frau sollte nicht einziehen. Sie starb an dem Tage, auf welchen die Hochzeit festgesetzt war, und an ihrer Stelle habe ich meinem armen Bruder die Wirtschaft geführt, diese dreißig Jahre hindurch, dieses Menschenalter, von welchem an diesem stürmischen Abend so viel die Rede gewesen ist.»

«Und wir haben unsere Tage in der Stille doch gut verlebt», sagte der Apotheker «Zum wilden Mann» wehmütig lächelnd. «Wir sind in Frieden grau geworden, und der Sturm, der vor dem Fenster vorbeibraust, kümmert uns wenig mehr. Der freie Stuhl ist leer geblieben, und der, für welchen der Sitz aufbewahrt wurde, hat seine Ruhe wohl auch gefunden, an einem andern Orte weit in der Fremde, hoffentlich nachdem er sich, wie er in seinem wilden Briefe da sagt, zu den Menschen zurückgefunden hatte. Wir aber, die wir hier miteinander alt geworden sind, wir wollen in Treue und guter Gesinnung auch fernerhin beieinanderbleiben und kein Ärgernis aneinander über die nächste Begegnung hinaus weitertragen.»

«Das wollen wir!» sprachen beide Männer wie aus einem Munde.

«Gewiß, gewiß», sagte das Fräulein.

VII

Der Regen hatte augenblicklich aufgehört; aber der Wind war dafür um ein ziemliches heftiger geworden. Nach dem, was da erzählt worden war, ließ sich ein gleichgültiges Gespräch nicht leicht anknüpfen, und doch fühlte jeder das Bedürfnis dazu im hohen Grade.

Als Ulebeule sich endlich zusammennahm und kläglich sagte: «Es ist doch ein tüchtiger Wind!», machte Fräulein Kristeller freilich die dazu gehörende Bemerkung: «Ach ja – und die armen Leute, die jetzt auf dem Wasser sind!» Aber das Gespräch war damit doch wieder zu Ende und fiel kläglich zu Boden.

Herr Philipp hatte seinen schicksalvollen Brief wieder in das gelbgewordene Kuvert geschoben und trat eben mit demselben in die Tür seiner Offizin, als er stehenblieb und rief: «Da ist der Doktor!»

«Der Doktor!» riefen aufatmend und mit glatt auseinander sich legenden Mienen alle ihm nach. «Der Doktor! Richtig, er wird es sein.»

Er war es. Man vernahm draußen vor den Fenstern der Offizin, nicht des Hinterstübchens, Rädergeknarr, das Stampfen eines Gaules, Peitschengeknall und dazwischen eine laute, joviale Stimme: «Holla, heda! Giftbude! Lichter an die Fenster! Bist du da, Friedrich, so reiß das Scheunentor auf und leuchte, daß wir die Karrete und uns aus der Sündflut und dem sonstigen Orkane in Sicherung bringen!»

Das alte Fräulein lief schnell hinaus und dem gerngesehenen dritten Hausfreunde entgegen. Behaglicher lehnten sich der Förster und der geistliche Herr auf ihren Stühlen zurück. Der Apotheker stand lächelnd mit seinem vergilbten Brief in der Hand da und horchte mit den andern. Schon hörte man jetzo auf der Hausflur des Doktors lustige Stimme, dazwischen die Stimme Dorotheas, und dann sprach noch jemand darein, gleichfalls kräftig-heiter.

«Er kommt nicht allein. Er bringt uns einen Gast oder sich einen Patienten mit», sprach der Apotheker «Zum wilden Mann», und sofort zeigte es sich, daß das erstere der Fall war. Weit flog die Tür, die von der Hausflur in das bilderreiche Hinterstübchen führte, auf, und mit dem Landphysikus Dr. Eberhard Hanff trat der Gast ein, höflich auf der Schwelle um den Vortritt sich mit Fräulein Dorothea bekomplimentierend.

«Keine Umstände, Herr Oberst», rief der Doktor, den ältlichen, breitschultrigen, stattlichen alten Herrn mit dem schneeweißen Haar, den schwarzen scharfen Augen im muntern tiefgebräunten Gesichte weiter vorschiebend. Und ohne alle weitern Umstände stellte er vor: «Colonel Dom Agostin Agonista*, im Dienste Seiner Majestät des Kaisers von Brasilien – von mir aufgegriffen auf dem Wege zum ‹Wilden...› Ach, herrje, Punsch?! – O Oberst, habe ich es nicht gesagt? Fräulein Dorette, Sie wissen meine Gefühle und Gemütsstimmungen doch immer auf drei Meilen Weges hinaus zu ahnen – Punsch! Die Herren werden sich dem Herrn Oberst am besten selber bekannt machen. Ach Fräulein Dorette, je bösartiger die Witterung, desto inniger die Ahnung Ihrerseits – erlauben Sie mir, daß ich Ihnen die Hand küsse.»

«Lassen Sie das dumme Zeug nur, und hängen Sie lieber Ihren Mantel an den Haken», sprach die Schwester des Apothekers, «der Herr Oberst ist uns sehr willkommen, und wir bitten höflichst, Platz zu nehmen.»

Der Landphysikus pflegte die Leute, die er dann und wann auf seinen Berufswegen «als Gäste aufgriff» und in irgendein beliebiges Haus mit sich nahm, stets in einer ähnlichen Weise vorzustellen und sie dadurch gewöhnlich in nicht geringe Verlegenheit zu bringen.

Der brasilianische Oberst jedoch ließ sich nicht so leicht in Verlegenheit setzen. Er wendete sein munteres, vernarbtes altes Soldatengesicht heiter und hell im kleinen Kreise umher und sagte mit dem leisesten Anhauch eines fremdartigen Akzentes: «Meinerseits nenne ich dieses einen raschen Überfall, meine Dame und meine Herren, und bitte sehr um Entschuldigung wegen dieses nächtlichen Eindringens. Der Herr Doktor fand mich freilich in einer höchst erbärmlichen Schenke am Wege durch den Sturm und die Nacht festgehalten hinter dem Tische und hat in der Tat in der freundlichsten Weise den barmherzigen Samariter gespielt. Er nahm mich in seinen Wagen auf und bot mir ein besseres Nachtquartier in dieser Ortschaft an. Ich folgte ihm gern, und dann hielt er vor diesem Hause an – um einen ‹Kristeller› zu nehmen, wie er sagte –, auf einen Moment, wie er sagte, und ich kam mit ihm herein, um auch einen ‹Kristeller› zu mir zu nehmen, und mein Name ist wirklich Agonista, und ich bin Oberst in brasilianischen Diensten.»

«Mein Name ist Kristeller; aber der Doktor, mein lieber Freund, nennt einen Likör so, dessen Erfindung mir gelungen ist, Herr Oberst», sagte der Apotheker. «Übrigens ist uns allen hier Ihr Eintritt in unsern kleinen Kreis eine Ehre und ein großes Vergnügen.»

Der Pastor und der Förster sprachen nun gleichfalls ihre Befriedigung über die zeitgemäße Ankunft des interessanten Fremden aus. Man schüttelte sich die Hände und schob von neuem die Stühle an den Tisch.

«Oh – Fräulein Dorette, ich habe Ihnen wie gewöhnlich mein Kompliment zu machen!» rief der Landphysikus Dr. Eberhard Hanff, in Ekstase nach einem langen Zuge die Nase aus dem Dampfe des Getränkes des Abends in die Höhe hebend. «Finden Sie jetzt nicht auch, Colonel, daß wir hier besser aufgehoben sind als dort in der Kneipe ‹Zum Krug ohne Deckel› oder wie die Räuberhöhle sonst heißt? He, und wie wehrte und sperrte man sich gegen das bessere Verständnis eines landkundigen Mannes!»

«Es ist gewiß besser hier», sagte der Soldat mit einer Verbeugung gegen die Schwester des Hausherrn. «Man wehrt sich oft gegen sein Glück, Senhora – man sollte es nicht tun.»

Die übrigen gaben dem Oberst natürlich recht, und dann redete man ebenso selbstverständlich von neuem eine geraume Zeit über das Wetter; doch dann auch über die Wege, über die Wegschenke, in welcher der Doktor den Fremden gefunden hatte, über die Gegend im allgemeinen und besondern, über das frühe Abziehen der Zugvögel in diesem Jahre, über dieses und jenes: nur der Apotheker ‹Zum wilden Mann› nahm an dieser Unterhaltung wenig Anteil.

Er, Philipp Kristeller, saß seinem brasilianischen Gaste gegenüber. Den alten Brief hatte er nicht wieder in sein Pult verschlossen, sondern, durch die plötzliche Ankunft des Doktors und des Fremden daran gehindert, ihn wieder mit sich gebracht und auf dem Tische von neuem vor sich niedergelegt. Er stützte jetzt den Ellenbogen darauf und lächelte in das Gespräch der übrigen hinein, doch wie abwesend und den eigenen Gedankengespinsten nachgehend. Daß der so plötzlich und unvermutet in seinem stillen Hauswesen erschienene ausländische Herr seine innere Erregung vermehrte, konnte man nicht sagen, doch richtete er, der Hausherr, dann und wann verstohlen forschend den Blick auf den Gast; und die Antworten, die er sodann auf an ihn gerichtete Fragen gab, waren noch um ein weniges zerstreuter.

Der Arzt erkundigte sich zuerst scherzhaft nach dem Grunde, und Ulebeule antwortete für den Apotheker.

«Laßt ihn, Medikus. ‹Hat sich der Bär erniedrigt, so wird er sich wohl bald um so mehr erheben; denn wozu hat er seine Hinterpranken sonsten?› fragt man in Polackien. Wäret ihr eine Viertelstunde früher gekommen, so hättet ihr uns alle insgesamt in einer noch viel kuriosern Stimmung angetroffen. Wie die Hasen ihre Hexensteige durchs Korn, so haben wir uns an diesem Abend unsere Wege durch die angenehme Unterhaltung gebissen. Oh, wir haben seltsame Historien vernommen!»

«Ulebeule!» rief der Apotheker; doch der Förster war in seinem Eifer nicht imstande, auf den Ruf zu hören.

«Ich sage Ihnen, Doktor, es ist ein Jammer und Schade, daß Fräulein Dorettes Punsch Sie und den Herrn Oberst nicht ein wenig früher angeludert hat. Wie Federwild sind die merkwürdigsten Geschichten um uns her aufgestoben. Wir wissen jetzt, weshalb sich dreißig Jahre lang keiner von uns in diesen Lehnstuhl da hat setzen dürfen; wir wissen, in welcher Weise unser Freund Philipp bei uns ankam; wir haben viel gehört von Liebe und Tod, von wilden Männern und alten Geldbriefen, wie nicht jedermann solche von der Post zugeschickt kriegt. Waren Sie jemals in Ihrem Leben auf dem Blutstuhle, Doktor?»

«Ulebeule?!» rief jetzt auch der geistliche Herr, und diesmal hörte der Förster.

«Nun, nun – jaja, Ihr habt recht!» brummte der redselige Weidmann kleinlaut. «Nehmt's nicht übel, Kristeller, da Ihr selber so vertraulich waret...»

Herr Philipp füllte freundlich dem biedern Hausfreunde das Glas und reichte ihm die Hand; doch nun sagte der Doktor Hanff: «Zu den kuriosen Geschichten sind wir, die wir unsererseits dergleichen vielleicht auch dann und wann erlebten, diesmal zu spät gekommen. Aber eine Frage erlaube ich mir doch: Habt ihr diesen guten Trunk hier jener Historien wegen etwa zusammengebraut?»

Der brasilianische Oberst Dom Agostin Agonista, der die ganze Zeit hindurch mit nachdenklichen Augen auf den leerstehenden Ehrensessel geschaut hatte, sah jetzt scharf auf und hell und heiter im Kreise umher, zuletzt am schärfsten auf den Herrn des Hauses.

Währenddem antwortete der Pastor dem Physikus und den forschenden Blicken des Colonels zugleich mit: «Sie sind zu einem ebenso freudigen wie ernsthaften Gedächtnisfeste grade noch zur rechten Zeit gekommen, lieber Doktor. Unser Freund Kristeller sitzt heute grade dreißig Jahre hier in diesem Hause ‹Zum wilden Mann›, Herr Oberst. Er ist uns und allen Bewohnern der Gegend weit und breit ein lieber, treuer Freund und Helfer ein ganzes Menschenalter durch gewesen; den Punsch hat uns Fräulein Dorothea improvisiert, und Ihre Einladung würden Sie zu Hause vorgefunden haben, lieber Doktor.»

«Den Umweg habe ich mir demnach gespart», lachte der Landphysikus. «Mein Herr Vater verwunderte sich gleich über meine verständige Nase, als die Wickelfrau mich ihm auf die Arme legte.»

Noch eine Bemerkung über seinen Hausschlüssel anfügend, sah der Humorist des Ortes von einem zum andern, aber man lächelte diesmal nur, man lachte nicht mit oder hielt sich gar vor Lachen am Tische.

Am vergnügtesten sah noch der Oberst aus, und dieser erhob nunmehr auch sein dampfendes Glas und sprach: «So erlaube ich mir denn als ein wie vom Himmel in diese Behaglichkeit hineingefallener Fremdling gleichfalls auf diesen schönen und wichtigen Gedenktag und Abend zu trinken. Dreißig Jahre sind eine lange Zeit; manches wird darin anders – Gesichter und Meinungen. Und meine gnädige Dame und meine guten Herren, auch ich kann heute ebenfalls ein mir sehr merkwürdiges und folgenreiches Gedächtnisfest feiern; auch mir sind heute gerade dreißig Jahre vergangen, seit ich zum ersten Male im Feuer stand, und zwar an Bord der chilenischen Fregatte ‹Juan Fernandez› gegen den ‹Diablo blanco›, den weißen Teufel, ein Schiff der Republik Haiti, um am folgenden Morgen mit einem Holzsplitter in der Hüfte und einem Beilhieb über die Schulter im Raume des Niggerpiraten aus der Bewußtlosigkeit aufzuwachen!»

«Wozu man freilich heute noch gratulieren

kann», brummte der Doktor, während die andern auf andere Weise ihr Interesse und Mitgefühl kundgaben.

«Wozu ich mir ganz gewiß heute noch Glück zu wünschen habe», sagte der tapfere alte Krieger, «denn in diesem gottverdammten Schiffsraume, dem schwärzesten, stinkendsten Loche, das je auf dem Wasser schwamm, lernte ich einen Arzt kennen, der eine Kur an mir verrichtete, wie sie keinem europäischen Mediziner gelungen wäre...»

«Das wäre der Teufel!» rief der europäische Physikus.

«Der war es sozusagen auch», sprach gelassen der brasilianische Oberst, «und er klopfte mich auf die Schulter und sagte: ‹Senhor, eine Zeitlang hat jedermann auf Erden das Recht, den Narren zu spielen, nur darf er das Spiel nicht über die gebührliche Zeit fortsetzen, er macht sich sonst lächerlich; Ihr gefallt mir, Senhor, und ich meine es gut mit Euch – diesmal kommt Ihr noch mit dem Leben davon; erinnert Euch meiner und ruft mich, wenn Ihr mich braucht; ich stehe immer an Euerm linken Ellbogen.› – Meine Herrschaften, das Ding verhielt sich wirklich so, und ich habe den Schwarzen jedesmal, wenn ich ihn nötig hatte, gerufen und mich stets wohl dabei gefunden. Vorher war's mir herzlich schlecht in der Welt ergangen, und ich hatte mich recht übel darin befunden.»

Der geistliche Herr rückte ein wenig ab von dem sonderbaren Gaste, Fräulein Dorothea Kristeller murmelte: «Ei, ei! Hm, hm»; der Apotheker sagte noch immer nichts; aber Ulebeule rief entzückt: «Das ist ja aber heute wie ein Abend aus dem ‹Tausendundeine-Nacht›-Buch! Wir sind drin im Erzählen, und wenn's nach mir geht, bleiben wir bis zum Morgen dabei. Lieber Herr Oberst, unser alter Philipp da hatte vom Anfange an auch nicht die Absicht, uns alles das, was er uns berichtet hat, zu beichten; er geriet nur so ganz allgemach auf die Fährte, und wir haben ihn nur durch gute Ermunterung darauf gehalten. Herr Oberst, nehmen Sie sich gütigst ein Exempel, und erzählen Sie weiter von den Mohren. Der Abend ist ganz darnach; was meinen Sie, Pastore?»

Der Pastor war wieder zugerückt und bot dem fremden Kriegsmann die Dose.

Dom Agostin Agonista lächelte gutmütig und sagte vergnügt: «Ich weiß nicht, was für wilde Historien unser freundlicher Herr Hospes von sich erzählt hat; mein Leben ist sicherlich ins Wilde geschossen und hat Früchte gebracht, die auf jedem Markte Verwunderung erregen müssen. Zuerst wucherte das Gewächs phantastisch ins Kraut, und mehr als ein Botanikus wartete mit Spannung auf die überirdischen Blüten und Früchte. Jawohl! Der große Hurricane kam, der Wind und Sturm über Land und See – die Blätter wurden weggefegt, die Blüten, oder was so aussah, dito. Endlich fand sich so ungefähr drei bis vier Fuß unter der Erde etwas, was mit der Kartoffel einige Ähnlichkeit hatte, allerlei Knollen durch Fasern aneinanderhängend – ungenießbar, zäh, ein abgeschmacktes Produkt der alten

Mutter Erde. Dazu hat man es denn gebracht, meine Herrschaften, und der einzige Trost ist nur, daß eben nicht ein jeder nach seiner Wahl ein Pomeranzen- oder Palmenbaum werden kann. Je früher aber der Mensch herausfindet, in welche Klasse er nach Linné oder Buffon* gehört, desto besser ist es für ihn und desto schneller kommt er zur Ruhe und zur Zufriedenheit mit seinen Zuständen. Solange er's noch nicht heraus hat, spuckt er Gift und Galle in den schönsten Sonnenschein hinein und macht Brüderschaft mit dem Schneegestöber und Winterwinde. Ich halte das auch für eine Philosophie, Herr Kristeller.»

«Das ist es auch, Herr Oberst», sagte Herr Philipp. «Solange aber der Mensch jung ist, findet er die große Wahrheit selten. Ja, viele – die meisten finden sie nie und glauben an ihre Palmbaumberechtigung bis zum Ende.»

«Und das ist ein Glück», rief der wetterfeste, philosophische Kriegsmann, «denn ohne diese glückliche Illusion würde die ganze Menschheit doch nichts weiter sein als ein sich elend am Boden hinwindendes Geschling und Gestrüpp. Übrigens sind die Kartoffeln und die Trüffeln gar nicht zu verachten.»

«Aber mit dem Mohrenschiff und dem schwarzen Satan, der den verehrten Herrn Oberst so zutraulich auf die Schulter klopfte, hat dieses alles doch eigentlich nicht das geringste zu schaffen – nicht wahr?» fragte Ulebeule.

«Bravo, Förster!» rief der Doktor. «Ihr seid und bleibt ein hirschgerechter Weidmann. Tajo!* Tajo! Ihr laßt Euch wahrlich nicht von der Fährte abbringen. Geben Sie sich nur drein, Oberst, und erzählen Sie uns von dem Mohrenschiffe und Ihren sonstigen spaßhaften und ernsthaften Erlebnissen. Die Nacht ist schwarz genug dazu, und wir sind ganz Ohr.»

Nun schien der richtige Ton für die folgende Unterhaltung gefunden zu sein; aber in demselben Moment jagte der Colonel Agonista alle, nur den Hausherrn nicht, in hellster Überraschung, ja im jähen Schrecken von den Stühlen empor.

Er hatte sein Glas erhoben und sagte jetzt langsam und ruhig: «Lassen Sie uns anstoßen auf das Wohl aller wetterfesten Herzen, gleichviel ob sie ihre Schlachten innerhalb ihrer vier Wände durchfechten oder durch Blut und Feuer über den halben Erdball herumgeworfen werden. Kennst du mich nicht mehr, Philipp? Kennst du mich wirklich nicht mehr, Philipp Kristeller?!»

Der Apotheker «Zum wilden Mann» hatte den alten Geldbrief, der bis jetzt unter seinem Ellenbogen gelegen hatte, gefaßt und in der zitternden Hand zusammengeknittert. Seit fünf Minuten schon wußte er, wer sein Gast war, und der Oberst Dom Agostin Agonista hatte das auch gewußt. Nun aber griff die Schwester zu und stützte den Bruder; der Oberst faßte ihn von der andern Seite, und so erhob er sich jetzo mühsam wie die übrigen, legte beide Arme dem Gaste um die Schultern, legte ihm das Gesicht an die Brust und stöhnte: «Nach einem Menschenalter also!»

Der Doktor, der Pastor und der Förster verwunderten sich, ein jeder auf seine Manier, und es währte eine ziemliche Weile, ehe jedermann wieder Platz genommen hatte.

Endlich saßen sie wieder, der Oberst aber nicht auf dem ihm so lange Zeit aufbewahrten weichen Ehrenplatze. Dom Agostin hatte, nachdem er die Ehre zuletzt fast grob zurückgewiesen hatte, mit zierlicher, drängender Höflichkeit Fräulein Dorette Kristeller in den Lehnstuhl niedergesetzt, und diese behielt denn auch den Platz, nachdem sie ihren Protest eingelegt hatte.

«Gegen die Gewalt kann ich nicht an, Herr Oberst, aber behaglich sitze ich hier wahrhaftig nicht, und in die Wirtschaft muß ich auch jeden Augenblick hinaus.»

Das war richtig. Die chinesische Bowle mußte noch zweimal im Verlaufe der Nacht gefüllt und das Gastzimmer ebenfalls doch auch für den geheimnisvollen, abenteuerlichen Freund hergerichtet werden. Dazwischen erzählte der alte Soldat, ohne sich im geringsten zu sperren, dem «Wilden Mann» *seine* Geschichte. Was darin zutage kam, hätte jeden Tisch voll Philister (unter andern Umständen) bewogen, erst von dem muntern Erzähler leise abzurücken, dann nach und nach mit den Gläsern und Pfeifen sich nach einem andern Platze umzusehen und dann – bis zum Nachhausegehen – von dem neuen Stuhl aus verstohlen, furchtsam und verblüfft über die Schultern nach dem unheimlichen, fidelen alten südamerikanischen Burschen hinzustieren.

VIII

Das kahle Gezweig kratzte nicht mehr so ärgerlich wie vorher an den Fensterscheiben des Hinterstübchens in der Apotheke «Zum wilden Mann.» Der Förster Ulebeule hatte den Kopf in die Nacht hinausgesteckt, ihn zurückgezogen und den im Zimmer Anwesenden die tröstliche Versicherung gegeben: «Es klärt sich richtig auf. Man sieht die Sterne durchs Gewölk. Der Wind hat ordentlich über unsern Köpfen und Schornsteinen aufgeräumt. Ich kenne das und wette, daß wir morgen einen ganz klaren Tag haben werden.»

Dies fiel in die Pause nach dem wundervollen Ereignis und Wiederzusammenfinden in der Apotheke «Zum wilden Mann».

Philipp Kristeller hatte bis jetzt die Hand seines Wohltäters noch nicht losgelassen. Die beiden alten Freunde saßen nebeneinander, und der Oberst hielt spielend in der Linken den Brief, den er vor einunddreißig Jahren in der Lebensverzweiflung geschrieben und mit neuntausendfünfhundert Talern in Staatspapieren für den botanischen Studiengenossen beschwert hatte. Jetzt zum erstenmal entzog er die rechte Hand dem Freunde vom Blutstuhle, warf das letzte Endchen seiner Zigarre hinter sich und zog eine kurze Pfeife heraus, die er aus einem sehr exotisch, sehr indianisch aussehenden Tabaksbeutel füllte und plötzlich – ehe er durch einen hastigen Griff und Ruf des Apothekers daran gehindert wurde – in Brand setzte. Ehe er dran gehindert werden konnte, hatte Dom Agostin Agonista ein bedeutendes Stück von seinem verjährten, wild-phantastischen Schreiben abgerissen, es regelrecht zu einem Fidibus zusammengedreht und denselben zu dem Zwecke verwendet, zu welchem man eben einen Fidibus gebraucht.

In demselben Moment fing er gelassen und gemütlich an, seine Geschichte zu erzählen, und sie ging gut an, nämlich mit den Worten: «Nicht wahr, Doktor, wer noch keinen Menschen umgebracht hat, der wird sich nur schwer in die Gefühle eines, der's bereits fertigbrachte, hineinfinden. Erschrecken Sie nur nicht zu arg, meine Herrschaften; ich habe mich allmählich hineingefunden; es lernt sich alles in der Welt und wird zur Gewohnheit, das Hängen und Erschießen wie – das Köpfen. Ich stamme aus einem der anrüchigsten Geschlechter Deutschlands und hatte, drei Tage vor dem Zusammentreffen mit meinem Freund Philipp Kristeller auf dem Blutstuhle, getan, was ich mußte. Um es kurz zu sagen, so hatte ich, unter Billigung und Beistand von Staat und Kirche, einem nichtsnutzigen Mitbruder im Wirrwarr dieser Welt auf offenem Felde und vor zehntausend Zuschauern den Kopf abgeschlagen. Erschrecken Sie nicht, bestes Fräulein – auch das ist eine verjährte Geschichte.»

Ja, was half es zu sagen: «Erschrecken Sie nicht!?» Sie fuhren doch alle zusammen, selbst Herr Philipp Kristeller.

«Das Amt, das meine Vorfahren seit mehr als zweihundert Jahren in ununterbrochener Geschlechtsfolge verwaltet hatten – rühmlich verwaltet hatten –, war eines Tages auf mich übergegangen, und ich habe es ausgeübt – einmal! – wie gesagt, drei Tage vor jenem Anfall vom Veitstanz, in welchem der da mich auf dem Blutstuhl fand. Sieh, Philipp, *das war es!* Und deine Johanne hatte wohl recht, wenn sie schon lange vor jenem letzten Zusammentreffen dich auf mancherlei an mir aufmerksam machte, was ihr nicht gefiel. Ach Gott, ich wollte, ich könnte es dem armen guten Kinde heute abend auch sagen, wie gut sie mir stets gefiel. Sie ist also tot – ein Menschenalter tot? Ach Philipp, Philipp, du hast es kaum wissen können, wieviel Sonnenschein von ihr ausging, wo sie ging und stand, und wie schwarz und scheußlich mir die Welt in dem schönen Lichte vorkam. Auch verjährt! Da wir noch am Leben sind und es uns wohlgeht, so wollen wir von uns reden. – Ich war wunderlich erzogen worden. Mein Großvater August Gottfried Mördling hatte das schlimme Erbamt noch im reichlichsten Maße und als finsterer Enthusiast bekleidet; mein Vater hatte dagegen das Glück gehabt, daß in seine ganze, freilich nicht sehr lange Lebenszeit nicht ein einziges Mal die unangenehme Notwendigkeit fiel, die Kammer im Oberstock des Hauses aufzuschließen und mit dem Auge und dem Finger an der Schärfe des breiten Schwertes mit der Jahreszahl 1650 hinauf- und hinunterzufahren. Von meiner Mutter weiß ich wenig zu sagen. Sie war eine kränkliche, verdrossene Frau, und ich habe nur eine Haupterinnerung von ihr, nämlich daß sie eine ausgebreitete Geflügelzucht trieb und das Schlachten der Hühner, Puter, Enten, Tauben und Gänse stets selber besorgte, und zwar mit großer Kunstfertigkeit und einer gewissen wilden Energie. Mein Vater, ein sanfter, gebildeter Mann, der Schiller verehrte, Goethe verstand, für Uhland schwärmte und mich erzog, ging bei solchen Exekutionen stets mit raschen Schritten vom Hofe oder aus der Küche weg, indem er murmelte: ‹O du grundgütiger Himmel!› – Mein Vater, Alexander Franz Mördling, war auch gereist, sowohl als Kunst- wie als Naturliebhaber, er war in Frankreich, England und Holland gewesen, sprach recht gut englisch und französisch und erzog mich nur zu gut. Er machte auch mich zu einem gebildeten Menschen, der über Sonnen- und Mond-Auf-und-Untergänge zu reden wußte und vor allen Dingen ein Herbarium anzulegen verstand. Als die echten, richtigen Autodidakten machten wir uns beide unsere Welt zurecht – eine Welt, aus der keiner von uns beiden berufsmäßig herausgerufen werden durfte, ohne halb verrückt zu werden und ganz zugrunde zu gehen.

Unser Erbhof lag natürlich außerhalb der Stadt, versteckt im Grün, von uralten Linden überschattet, durch hohe Mauern und ein gewaltiges Tor geschützt – ein Haus aus dem Ende des sechzehnten Jahrhunderts, warm im Winter, kühl im Sommer – ein Generalsuperintendent hätte drin wohnen und seine Predigten abfassen können. Der Schall und Spektakel der Leute draußen drang kaum zu uns; und wenn mein Papa mir unsere eigentlichen Zustände keineswegs vorenthielt, so machte die Kenntnis davon durchaus keinen niederdrückenden Eindruck auf mich. Es lag für den Knaben sogar ein Reiz darin – man war allein, aber man war auch etwas, was die andern nicht waren; liebes Fräulein, man saß wie ein geheimnisvoller Affe auf der Mauer und grinste die Jungen drüben jenseits des Grabens, die nicht zu grinsen wagten, sozusagen unheimlichvornehm an. Sie glauben es mir nicht, Fräulein Dorette, aber es verhielt sich doch so. Da mein Vater in seiner Abgeschiedenheit erträglich behaglich und zufrieden seine Tage verbrachte, so hatte ich um so weniger Grund, mich über mein Schicksal zu beklagen. Wir hatten durch Sommer und Winter unsere kleinen Freuden – und Matthias Claudius* würde sich sicherlich wohl in unsern Beschäftigungen und träumerischen Grübeleien und Liebhabereien gefühlt haben. Ja, es fällt mir erst jetzt bei: vom alten ‹Wandsbecker Boten› hatte mein Alter das meiste in seiner Natur; er konnte es sicherlich nicht ahnen, welch ein Meister Urian* in seinem Söhnchen steckte. – Aber endlich kam ein Winter, in dem mein Vater bei hohem Schnee und hartgefrorenem Boden mit Tode abging und ich, ein mündiger, erwachsener Mensch, der allem, was außerhalb unserer Hofmauer lag und vorging, gänzlich unmündig gegenüberstand, ihn sterben sah.»

An dieser Stelle stand der Erzähler, der Oberst Dom Agostin Agonista, auf und ging zum Fenster, um nach dem Wetter zu sehen.

«Es ist das einzige, was einem bei außergewöhnlich unruhigen Gemütsbewegungen hilft», sagte er zurückkommend und seinen Stuhl wieder einnehmend. «Übrigens hat der Herr Förster recht; es wird klar, und wir werden morgen wohl einen schönen Tag haben. Wo war ich doch stehengeblieben? Ja so, beim Tode meines Vaters und dem, was damit zusammenhing. Ich muß die Herren und das Fräulein also noch eine Weile inkommodieren.»

Sie hatten ihm alle, bis auf den Apotheker, starr und mit immer noch hoch emporgezogenen Augenbrauen auf den Rücken gesehen, den er ihnen zudrehte, als er aus dem Fenster guckte. Als er sich umwendete, wandte ein jeder, nur der Apotheker nicht, die Augen woanders hin und tat so unbefangen als möglich.

«Das nennst du uns inkommodieren, August?» fragte Philipp Kristeller vorwurfsvoll zärtlich.

«Augustin – Agostin – Agostin Agonista, wenn es dir einerlei ist, alter Bursch», lachte der brasilianische Oberst und – erzählte weiter: «Wir waren allein im Hause, mein Vater, ich und eine alte Hexe von Magd, die uns beide seit meiner Mutter Tode in der raffiniertesten Knechtschaft hielt. Mein Vater hatte schon längere Zeit gekränkelt, sich selber bedoktert und war nun mit seiner Kunst zu Ende. Lieber Doktor, der städtische Arzt, den wir zum Schluß herbeiriefen, konnte auch weiter nichts tun als die Achseln zucken, und, Freund Philipp, in der Nacht vor seinem Abscheiden überlieferte mein Vater mir die Schlüssel zu dem Archive unseres Hauses! Drei Tage nach seinem Begräbnis öffnete ich den schwarzen Eichenschrank, in welchem die seit fast zweihundert Jahren recht ordentlich geführte

Chronik unserer Familie aufbewahrt wurde, und trat damit in die Krisis ein, während welcher mein alter Philipp da und seine so junge und schöne Johanne meine Bekanntschaft machten und so viele Gründe hatten, sich über mich zu verwundern. Ich fand in dem Schranke ein von meinen Vorvätern zusammengeschriebenes dickleibiges Manuskript in schwarzem Lederband mit Messingecken und Haspen*. Sie hatten regelrecht Buch geführt, und es war ein recht nettes Hauptbuch draus geworden mit allen Zahlen und sonstigen Belegen: und ich las und rechnete es nach bis auf meinen Herrn Großpapa hinunter – ich las es vom Anfang bis zum Ende, Wort für Wort, Datum für Datum, Zahl für Zahl; und als ich in der dritten Nacht gegen zwei Uhr morgens von der greulichen Lektüre aufstehen wollte, da konnte ich nicht. Ich saß fest im Stuhl, gerädert von unten auf, und draußen war es grimmig kalt – der Hofhund heulte und weinte vor Frost, und ich fühlte den Frost gleichfalls bis in die Knochen, und dazu, halb wahnsinnig, mein Leben, Fühlen, Denken, Meinen abgebrochen, wie wenn ein Stock übers Knie abgebrochen worden wäre. Meine grimmige Hexe von Haushälterin hatte mich am Ofen aufzutauen wie ein steifgefrorenes Handtuch, und es währte länger als eine Woche, ehe sich die allernotwendigste animalische Wärme wieder in mir bemerkbar machte. Ich lag länger als eine Woche im Bett und klapperte geistig und körperlich mit den Zähnen; dann aber lief ich hinaus und lief mich warm durch das winterliche Land – blieb vierzehn Tage für diesmal vom Hause weg und suchte mir zu der Wärme auch den Schlaf zu erlaufen, erlief mir jedoch nur die scheußlichsten aller Träume. Es ist ein Wunder, daß keiner es mir heute ansieht, was für ein Narr ich damals war! Nach meiner Rückkehr saß ich bis zum Frühjahr als ein Idiot am Herde, und ohne den Frühling wäre ich sicherlich als ein Idiot im Landesirrenhause elend und erbärmlich verkommen; und eigentlich, lieber Philipp, habe ich über jene Periode meines Daseins nichts mehr zu sagen. Ich fuhr in meinem Einspänner über die Grenze, mietete in einem Dorfe euerer Provinz ein Absteigequartier und ging dann in die Berge: da trafen wir uns, und du hieltest mich für einen übergeschnappten Privatgelehrten, dem seine Freunde seiner Gesundheit wegen geraten hatten, sich ein wenig auf die Botanik zu legen.»

«Ich habe meinen Freunden bereits vorhin mitgeteilt, mit welchem Respekt mich deine Wissenschaft erfüllte», rief der Apotheker «Zum wilden Mann», und sie nickten rund um den Tisch und sprachen: «Jaja! O freilich!»

Der Oberst Dom Agostin Agonista aber sah jetzt in dieser Nacht zum ersten Male sehr ernst, ja fast böse und finster drein und sagte: «Ich würde dir im Laufe der Zeit meine Umstände wohl klarer erschlossen haben, Philipp, ich würde dir alles von mir und meinem Leben erzählt haben; aber dein Liebeswesen hat mich dran gehindert und mir den Mund zugehalten. Lieber Junge, wenn mir etwas die Welt noch mehr verleidete, so war das deine Braut. Bei Gott, ich habe euch oft gehaßt wegen euerer Seligkeit – o Philipp Kristeller, in mehr als einer Stunde hätte ich euch mit Vergnügen eine Fallgrube für euere Zärtlichkeit graben können. Wäre das Eifersucht gewesen, so wär's schlimm genug gewesen; aber es war noch schlimmer, es war Neid, der nichtswürdige, zähneknirschende Neid. Ach Freund, Freund, damals hatte ich wahrhaftig nicht die Absicht, dir im Leben auf die Beine und, soweit ich es konnte, zu einer Frau zu helfen! Es mußte da erst das Ärgste kommen, um mir den Sinn vollständig zu wenden, und das Ärgste kam – gottlob, sage ich heute! – Von einer meiner vergeblichen botanischen Rasereien ins Wilde zurückkehrend, fand ich einen Brief zu Hause, ein Schreiben mit dem Siegel der Oberstaatsanwaltschaft darauf. Ich wurde durch dieses Reskript umgehend nach der nächsten Kreisstadt beordert, und was die hohe Behörde da von mir verlangte und zu verlangen berechtigt war, das können die Herren und die gütige Senhora sich sicher selber vorstellen; ich habe gewiß nicht nötig, mit dem Finger die Richtung anzudeuten. Man legte mir ein vom Landesherrn bereits unterzeichnetes Todesurteil vor, und ich hatte noch drei Wochen Zeit, mich und meinen Patienten auf die mir obliegende Operation vorzubereiten. Während dieser drei Wochen sahest du mich nicht, Philipp Kristeller; aber du fandest mich drei Tage nach vollbrachtem Amtsgeschäft auf der Opferklippe. Jaja, meine Herren, nach getaner Arbeit ist gut ruhen, und auch das war ein Erholungsausflug! – Ich hatte meine Sache gut gemacht und war gelobt worden, von den Behörden, den Zeitungen und dem zuschauenden Pöbel; aber ich trug schwer an der Ehre. Buchstäblich – ich trug meinen still und um einen Kopf kürzer gemachten Patienten, minus diesen Kopf, auf dem Rücken, und ich hatte ihn eben auf den Blutstuhl hinaufgeschleppt, als mein Freund Philipp die Klippe von der andern Seite her erkletterte. Seht, es ist immer von den Gefühlen des armen Sünders auf dem Hochgerichte die Rede; aber diesmal waren auch die des Scharfrichters bemerkenswert; reden wir nicht davon: ich trug, wie gesagt, den Rumpf des armen Teufels von dem Gerüste hinunter; er hing mir auf dem Rücken, die Hände schleiften auf dem Boden nach, und ich hielt auf jeder Schulter einen Fuß im blauen wollenen Strumpfe gepackt! So hab' ich ihn auf den Blutstuhl hinaufgeschleift; und als du mich fandest, Philipp Kristeller, auf dem Felsen liegend, das Gesicht zu Boden gedrückt, da saß der Halunke auf mir, kopflos – hatte mir eine Kralle in das Nackenhaar gewühlt und sang sein diabolisches Triumphlied über mich – ein Bauchredner sondergleichen; aber höchst widerlich, selbst heute abend noch, nach einunddreißig Jahren ruhigern Nachdenkens und kühlerer Überlegung!»

IX

Der Oberst schwieg und fuhr sich mit dem Taschentuche über die Stirn. Man räusperte sich rund um den Tisch; der Förster und der Pastor hüllten ihre Verlegenheit in die dichtesten Tabakswolken, der Landphysikus schien die seinige in sich ertränken zu wollen, und alle drei – sonst gar nicht üble Leute – sahen in diesem Momente merkwürdig stupide aus. Fräulein Dorette Kristeller im Ehrenstuhle hatte sich soweit als möglich aus dem Lichtschein in die Dämmerung zurückgezogen; man hörte sie leise ächzen und seufzen, ja es schien sogar, als ob sie stoßweise in ihr Taschentuch hineinschluchzte. Eine solche Geschichte erzählte man trotz allem nicht ungestraft – selbst im Kreise seiner allerbesten Freunde nicht.

Dem alten Soldaten entging der gemachte Eindruck keineswegs, aber nachdem er seinerseits die widerliche Erinnerung mit einer Hand- und Armbewegung sozusagen vom Tische gewischt hatte, stützte er beide Ellenbogen auf die Platte und schaute munterer denn je um sich. Er hatte, wie sich gleich auswies, noch extraordinärere Dinge in seinem spätern Leben durchgemacht, er hatte nicht wie die andern still im Winkel gesessen, er hatte sich allerlei um die Nase wehen lassen, was die meisten Leute für Sturm genommen haben würden, er aber nur noch für Wind hielt. Er war nicht umsonst Kaiserlich Brasilianischer Gendarmerieoberst geworden.

«Lieber, guter August – Augustin», flüsterte der Apotheker, «du bist als ein eigentumsloser Bettler in deiner Verwirrung in die Welt hinausgelaufen; du hast mir das Erbe deiner Väter überwiesen...»

«So ist es! Niemals hat ein Mensch mit gleich

leerer Tasche dem alten Europa den Rücken gewendet!»

«O meine Johanne – meine liebe, arme Johanne!» seufzte der Apotheker leise; aber da tat der Abenteurer und Soldat einen sehr feinfühligen Griff in die Ideenfolge seines Jugendbekannten. «Nein, nein, Philipp, bei allen Mächten, nein! Es ist nicht so! Das ist nicht der Geschäftsgang zwischen Himmel und Erde! Du würdest sie doch verloren haben – oh, um meine Hinterlassenschaft hat sie dir das Schicksal nicht sterben lassen! Was hatte ihr Dasein und Geschick mit dem zu schaffen, was alles an den Talern hing, die ich damals auf der Flucht von mir warf und dir an den Hals, weil du mir zufällig zunächst standest. Das Kind ist nicht daran gestorben, Philipp! Ihr hättet ein schönes Leben auf die Erbschaft meiner Vorväter gebaut, wenn die Schöne, die Gute dir nicht doch hätte sterben müssen; und dann – wer hier unter uns hat wohl ein besseres Los gezogen als sie?»

Die Frage erforderte eine Antwort, und jeder gab sie auf seine Weise, doch laut bejahete oder verneinte niemand. Der Apotheker «Zum wilden Mann» drückte zum hundertsten Male dem Obersten Agonista die Hand, und dieser schüttelte sie ihm wiederum herzhaft und rief: «Was kann es alles helfen – jeder erlebt sein Leben, und wer noch mit dem nötigen Humor davon zu erzählen weiß, der ziert jegliche Tafelrunde, und selbst die Weisesten, Ehrwürdigsten und Ehrbarsten können ihn ruhig ausreden lassen. Jetzo will ich einmal eine weise Bemerkung machen, nämlich, daß der größte Verdruß der Menschen im einzelnen daraus entspringt, weil sie die Welt im ganzen für zu still halten. Meine Herrschaften, die Welt ist nicht still, und man muß den Wirrwarr nur recht kennenlernen, um das, was einem vom ersten Seufzer bis zum letzten passiert, nach dem richtigen Maße zu schätzen. Hol der Teufel die Narren, denen ihre vier Wände auf den Kopf zu fallen scheinen: steigt aufs Dach, jedesmal wenn's euch zu angst wird, und überzeugt euch, daß das Firmament fürs erste noch nicht die Absicht hat, zusammenzubrechen. Also, ich stand ohne einen Heller in der Tasche auf dem Kai zu Neu-Orleans, so ungefähr in der Stimmung eines Menschen, der aus einem schweren Rausch erwacht, übernächtig sich die Stirn reibt und doch den kühlen Morgenwind mit Wohlbehagen auf seinen Schläfen fühlt. Was aus mir werden mochte, war mir ganz gleichgültig. Ich war zu allem bereit, zum Leben wie zum Sterben, und verkaufte, da ich Hunger hatte, um wenigstens das allernächste Behagen noch einmal festzuhalten, mein Halstuch und mein Taschentuch an einen wandernden Trödler. Traktierte darauf meinen ersten guten Bekannten auf amerikanischem Boden, den einarmigen Mulatten Aaron Toothache, und zwar in einem Lokale, in dem Volk zusammensaß, von welchem man hier am Tische kaum einen Begriff haben kann. Hier lernte ich einen Haufen Gesindel von vorbenanntem Fregattschiff der Republik Chile, dem braven ‹Juan Fernandez›, kennen, und wir gefielen uns gegenseitig. Wie die Bekanntschaft endlich im Schiffsraume des ‹Weißen Satans› auslief, habe ich euch bereits mitgeteilt.»

Sie waren ihm während der letzten Minuten alle auf den Leib gerückt. Sie schienen nach seinen letzten Äußerungen ihre geheime Scheu und Abneigung gegen ihn gänzlich überwunden zu haben! Sie waren ihm so dicht an die Ellenbogen gerückt, daß ihm die Luft auszugehen schien. Blasend machte er eine Armbewegung, um sie wieder ein wenig von sich zurückzudrängen, und wir – wir machen es vollständig umgekehrt als die aufs äußerste gespannten Lauscher in der Hinterstube der Apotheke «Zum wilden Mann»: wir rücken ab vom Kaiserlich Brasilianischen Gendarmerieoberst Dom Agostin Agonista.

Was dieser wunderliche Erzähler jetzt zu erzählen hatte, war freilich bunt genug und voll Feuerwerk und Geprassel zu Wasser und zu Lande; allein das alles war doch schon von anderen hunderttausendmal erlebt und mündlich oder schriftlich, ja sogar dann und wann durch den Druck mitgeteilt worden. Wir lassen ihn, den Oberst Agonista, so ungefähr um ein Uhr morgens noch einmal mit der flachen Hand über den Tisch streichen und seine jetzige Lebens- und Weltanschauungsweise in ein kurzes Wort zusammenfassen: «Also im zweiten Jahre meiner Abfahrt von Hamburg stand ich als Gefreiter in dem Peloton, das als Exekutionskommando in den Festungsgraben befehligt worden war. Der Leutnant hob den Degen, und – wir gaben Feuer: ich ohne Umstände wie die andern. Von dem Augenblick an war ich von meiner europäischen

Lebensbürde vollständig frei. Ich machte mir aus dem Tage, der gestern war, und dem, der vielleicht morgen sein konnte, nicht das geringste mehr; juchhe, wie der Dichter stellte ich meine Sache auf – nichts!* So bin ich immer bei mir, und zwar bei mir allein gewesen: auf dem Marsche wie in der Wachstube, am Feuer in der Indianerhütte wie in den Salons der Präsidialstädte. Ja, meine Herrschaften, ich habe da drüben manchen Präsidenten in mancher Republik kommen und gehen sehen, habe selber geholfen, den Exzellenzen Stühle zuzurücken oder sie ihnen unterm Sitze wegzuziehen, wie's sich gerade schickte. Venezuela macht mich zum Luogotenente*, Paraguay zum Major; aber Seine Majestät Dom Pedro von Brasilien* war am gnädigsten gegen mich, und so fand ich denn auch am meisten Gefallen an ihm. Wir beide haben jetzt manch liebes Jahr das vielfarbige Gesindel in Rio Janeiro zur Ordnung und Tugend angehalten: er durch regelrecht richtige konstitutionelle Güte, ich durch flache Säbelhiebe und im Notfall durch einen kurzen Galopp, drei Schwadronen hintereinander, rund über das Pack weg. Meine Herren und Sie, liebes Fräulein, Sie werden sicherlich noch einmal erschrecken und mich von der Seite ansehen; aber es ist nicht anders, und bei der Wahrheit soll der Mensch bleiben: wenn ich das Köpfen aufgegeben habe, so habe ich mich desto energischer auf das Hängen gelegt und gefunden, daß es eine viel reinlichere Arbeit ist und seinen Zweck ebensogut erfüllt. Was aber das Gehängtwerden anbetrifft, so habe ich selber die Schlinge mehr als einmal um den Hals gefühlt, gottlob ihn aber stets noch glücklich herausgezogen. Ei ja, ich komme jetzt ganz gut mit jedermann aus – bin hoffähig und reite bei feierlichen Aufzügen am Kutschenschlage Ihrer Kaiserlichen Majestäten. Komme ich nach Rio heim, so werde ich mich verheiraten; denn für ein ferneres junggesellenhaftes Umherschweifen wird's allmählich ein wenig spät. Doch davon morgen, und nun vor allen Dingen das letzte Glas von diesem höchst vortrefflichen Getränk und dazu ein Rat, Wunsch und Trinkspruch: Verehrte Freunde, da wir einmal da sind, so leben wir, wie es eben gehen will; und da das, was uns endlich aus dem Dasein hinausschiebt, immer am Werk ist, so schieben wir ohne Skrupel gleichfalls; vor allen Dingen aber lebe *er* hoch – mein Freund, mein lieber, alter, guter Freund Philipp Kristeller, und mit ihm wachse, blühe und gedeihe fort und fort seine Apotheke ‹Zum wilden Mann›!»

Das riefen sie alle nach und klangen die Gläser aneinander, und dabei erhoben sie sich und standen verwirrt, schwankend ob all des Abenteuerlichen, das der Abend enthüllt und gebracht hatte. Wie die Gäste Abschied von dem Hausherrn, seiner Schwester und dem Oberst Agostin Agonista nahmen, wußten sie selbst nachher kaum anzugeben.

Der Oberst aber sagte: «Philipp, einen Schlafrock und ein Paar Pantoffeln bitte ich mir aus. Ich will es doch wenigstens einmal noch behaglich im deutschen Vaterlande haben.»

Die beiden Freunde vom Blutstuhl umarmten

sich noch einmal; wir aber begleiten den Förster Ulebeule und den Pastor ein Endchen auf ihrem Wege nach ihren Wohnungen.

X

Daß sie, der Förster, der Pastor und der Landphysikus Dr. Hanff, ihren freundlichen Wirten gute Nacht oder vielmehr guten Morgen gesagt hatten, stand fest.

Der Apotheker hatte sie mit dem Lichte an die Tür begleitet, und sie standen auf der Landstraße, wo der Doktor seinen Einspänner bereits wartend fand. Sie vernahmen noch, wie der Hausherr drinnen den Schlüssel im Schloß umdrehte, und niemand hinderte sie jetzt mehr, ihren Stimmungen, Gefühlen und Ansichten die Türen weit aufzuwerfen.

Der erste, der das Wort ergriff, war natürlich der Doktor, und er rief von seinem Wagentritt aus: «Nicht wahr, da hab' ich euch wieder mal einen tollen Gesellen ins Dorf geschleift? He, ihr hattet wohl kaum eine Ahnung davon, daß es dergleichen auf Erden geben könne – was? Mir gefällt der Kerl ausnehmend wohl, und ich freue mich unbändig auf eine fernere und genauere Bekanntschaft – zu Worte wird er einen im Laufe der Zeit ja auch wohl einmal kommen lassen. Wir laden ihn natürlich rundherum der Reihe nach zum Essen ein.»

«Natürlich, und er soll sich dann auch über uns wundern», rief Ulebeule, und der Doktor fuhr ab auf der Landstraße zur Rechten; er hatte ein gut Stück Weges zu fahren, ehe er seine Behausung erreichte.

Die beiden andern wendeten sich links, und der geistliche Herr trug vorsichtig seine Taschenlaterne voran. Wo ihre Wege aber schieden, standen sie noch einmal still und sahen nach der Apotheke «Zum wilden Mann» zurück. Das Haus lag dunkel da unter dem wieder dunkel und schnell ziehenden Gewölk. Obgleich der Wind sich ein wenig gelegt hatte und die Sterne sichtbar waren, trieb sich noch genug bedrohliches Gedünst am Himmelsgewölbe um, und die Pappeln in der Nähe der Apotheke schwankten wie betrunkene Gespenster.

«Mir wird jenes Haus dort nie wieder so aussehen, wie ich es bis zum heutigen Abend gekannt habe», sagte der Pastor. «Was sagen Sie, lieber Freund?»

«Das weiß der Teufel!»

Der geistliche Herr zog ein wenig die Achseln zusammen.

«Sie sollten dieses böse Wort vorsichtiger gebrauchen, Bester», meinte er. «Freilich, freilich, nach dem, was wir eben vernommen haben – wer kann da sagen, wer da seine Hand im Spiele gehabt hat? Ich lobe mir Zustände, die auf bessern Grund und Boden gebaut sind als... kurz, was halten Sie vom heutigen Abend an von den Umständen unseres Freundes Kristeller?»

«Der Alte ist mir lieber denn je geworden!» rief der Förster voll Enthusiasmus. «Das nenn' ich einen braven Mann und einen guten Menschen! Wenn einer es verdiente, diesem famosen

Scharfrichter und brasilianischen Generalfeldmarschall zur richtigen Stunde auf seinem Wege zu begegnen, so war's unser Philipp. Die Welt oder nur ein Stück davon würde er freilich nicht erobert haben, aber was man ihm gibt, das nimmt er mit Bescheidenheit und Dankbarkeit, und für unsere Gegend ist er doch wirklich, diese dreißig Jahre durch, ein Segen gewesen.»

«Und der andere – dieser andere – dieser Dom – Dom – Agonista?!»

«Hören Sie, Pastore, den muß man sich erst bei Tage besehen, ehe man ein Urteil über ihn abgeben kann; bei Lampenlicht geht nichts in der ganzen weiten Welt über ihn! Das ist ein Prachtkerl; wahrhaftig, solch ein Gesell aus Schmiedeeisen und Eichenholz rückt einem nicht alle Tage an den Ellbogen. Was wollen Sie – ich glaube, ich glaube, mich hat lange nichts so sehr geärgert, als daß er mir nicht auf der Stelle angetragen hat, Brüderschaft mit ihm zu machen.»

«Da bin ich denn doch in der Tat ein wenig weichlicher als Sie, lieber Ulebeule», sagte der Pastor mit einem leisen Schauder. «Mir ist dieser plötzlich wie aus dem Boden aufgestiegene Mensch entsetzlich! Die Kaltblütigkeit, mit welcher er aus nichts in seinem Leben ein Hehl machte, griff mir in alle Nerven. Wenn ich zuviel Punsch getrunken haben sollte, so bin ich nicht schuld daran, sondern dieser – dieser – dieser ungewöhnliche Erzähler. Wehren Sie sich einmal gegen ein fortwährend Einschenken, wenn es Sie fortwährend heiß und kalt überläuft! Hatten Sie wirklich vorher eine Ahnung davon, daß es solche Lebenswege und Fata in unseres Herrgotts Welt geben könne?»

«In Büchern habe ich Schnurrioseres gelesen; aber hier hatten wir freilich einmal das Wirkliche und Wahrhaftige in natura. Heiß und kalt hat mir seine Historie nicht gemacht, aber die Pfeife ist mir ziemlich oft darüber ausgegangen. Käme einem jeden Abend ein solcher Kerl über den Hals, so würde einem das Schmauchen auf die allernatürlichste Art abgewöhnt. Außerdem daß ich einen brasilianischen Obersten noch niemals mit eigenen Augen gesehen hatte, erzählte dieser Oberst mehr als brasilianisch gut, und noch dazu ganz und gar nicht aus dem Jäger-Lateinischen. Das muß ich kennen und hätte es ihm beim ersten Flunkerwort abgespürt und es ihn merken lassen, nämlich moralisch mit dem Hirschfänger übers Gesäß: ‹Hoho, das ist für den gnädigsten Fürsten und Herrn! Hoho, das ist für die Ritter und Knecht! Dies ist das edle Jägerrecht!›»

«Ulebeule?!» rief der Pastor klagend-vorwurfsvoll.

«Jaja, es ist wahr, 's ist spät, und es zieht hier arg», rief der Förster, «aber die Mohrenschiffgeschichte allein hätte doch auf jedem Orgelbilde abgemalt werden können; bei allem in Grün, man kommt sich ganz abgeschmackt und verrucht verledert und in seinem Loche versumpft vor, wenn man es sich überlegt, was man seinerseits hier am Orte vor sich brachte an Erfahrung, während *der* sein Gewölle um so viele Nester herum ablegte.»

«Ich danke dem Himmel dafür, daß er mich hier im Frieden grau werden ließ. Meine Natur hätte nicht für ein solches Dasein gepaßt.»

«Das brauchen Sie mir nicht schriftlich zu geben», lachte der Förster, «aber hat uns nicht gerade dieses kuriose, ins Kraut geschossene Menschenkind bewiesen, daß niemand weiß, was in ihm steckt und was er unter Umständen aus sich herausziehen kann? O je, wie oft hab' ich in meinen jungen Jahren aus Angst oder Verdruß in die weite Welt hinauslaufen wollen! Nach einem solchen Erzählungsabend begreift man weniger als je, weshalb man es damals nicht ausführte und seinen Schulmeistern, Eltern und sonstigen Vorgesetzten durch die Lappen ging.»

«Wir werden alle unsere Wege richtig geführt und sind in guten Händen», sprach der geistliche Hirte und trat leider grade in diesem ganz unpassenden Moment in eine etwas tiefere Pfütze, in der er ohne Gnade hätte umkommen müssen, wenn sein handfester Begleiter nicht noch grade zur rechten Zeit zugegriffen hätte.

«Bitte ein andermal um denselben Dienst», sprach Ulebeule gravitätisch; sonst aber brachte dieser Zufall ihr jetziges Gespräch über das Haus Kristeller und den Kaiserlich Brasilianischen Gendarmerieobersten Dom Agostin Agonista zu einem Abschluß.

Einiges wurde jedoch noch besprochen, ehe der Pastor gradeaus seiner Pfarre zuwanderte und der Förster sich links in den dunkeln Hohlweg schlug, der zu seiner Försterei führte.

«Wir sehen uns doch morgen? Dieses alles kann doch gewiß nicht passiert sein, ohne daß man ein weniges mehr davon sieht und hört und sich darüber ausspricht!»

«Man fühlt freilich das Bedürfnis», meinte der Pastor, «und ich meine, wir treffen wohl irgendwo zusammen. Man ist es auch unserm guten Apotheker schuldig, daß man sich nach seinem Befinden erkundige.»

«Und dem Oberst nicht weniger.»

«Gewiß, gewiß. Nun, wir werden ja sehen. Und nun gute Nacht oder vielmehr guten Morgen, mein teurer Freund. Wir sind selten so lange beieinandergeblieben als am heutigen Abend.»

«Und immer war's noch zu früh zum Aufbruch, und ich wäre sofort bereit, diesen wilden Indianer mit der ersten Dämmerung tauschlägig zu spüren. Aber der Kerl schnarcht – ich bin fest überzeugt, er liegt im Bau und schnarcht wie kein zweiter Mensch mit gutem Gewissen auf zwanzig Meilen in die Runde. Sapperlot, sowie ich mich aufs Ohr gelegt habe, fange ich an, vom Blutstuhl und diesem brasilianischen Landdragonergeneral zu träumen, und morgen – morgen – mache ich – doch Brüderschaft mit ihm!»

So sprach also die Welt! – Wenn eine Million Zuhörer in dem bildervollen Hinterstübchen der Apotheke «Zum wilden Mann» dem alten Philipp Kristeller und dem Obersten Agostin Agonista zugehört haben würde, so würde diese Million denkender und redender Wesen kaum ein mehreres und anderes als der Pastor Schönlank und der Förster Ulebeule bemerkt haben. Der Seelenaustausch in diesen Wendungen genügte übrigens auch vollkommen: wenden wir uns zu dem greisen Geschwisterpaar in der Apotheke «Zum wilden Mann» und zu seinem eigentümlichen Gaste zurück.

XI

Bruder und Schwester saßen allein im jetzt recht frostig werdenden Hinterstübchen, im erkaltenden Qualm von spirituosem Getränk und Tabaksdampf. Der Gast war zu Bette gegangen.

Der Hausherr hatte den Freund mit dem Lichte in das behagliche Gemach die Treppe hinaufbegleitet und noch einmal all sein überquellendes Gefühl in Wort und Empfindungslaut zusammenzufassen gesucht. Der Oberst hatte ihn freundlich zu beruhigen gestrebt und dann, noch in Gegenwart seines guten Philipps, sehr gegähnt und den Rock ausgezogen. Liebevoll aber hatte er ihn doch noch einmal von dem ersten Treppenabsatz zurückgerufen und, ihm die Hand auf die Schulter legend, gesagt: «Philipp, alter Kerl, lieber Junge, es ist mir in der Tat ein herzliches Genügen, unter deinem Dache zu ruhen. Wahrhaftig, in mancher unbehaglichen, unbequemen Stunde zu Lande und zu Wasser habe ich mir da, das heißt unter diesem Dache, oft das vorzüglichste Quartier zurechtgemacht, und jetzt hab' ich die Wirklichkeit, und sie ist wunderbar wohltuend!»

An diesen erfreulichen Ausbruch seiner Gefühle hatte er denn freilich recht praktisch die Frage nach dem Stiefelknecht geknüpft.

Während der Bruder dem Gaste zu seinem Schlafzimmer leuchtete, war Fräulein Dorette in der Bildergalerie sitzen geblieben, doch hatte sie den Ehrensessel aufgegeben und sich auf ihrem gewohnten Stuhle niedergesetzt. Da saß sie, beide Ellbogen auf den Tisch stützend und starr durch den Qualm, den die Herren hinterlassen hatten, und über die leere Punschschale und die gleichfalls leeren Gläser weg auf die buntbehängte Wand gegenüber sehend. Da saß sie und horchte auf die Schritte über ihrem Kopfe und dann auf die Schritte des zurückkehrenden Bruders auf der Treppe.

«Welch ein Erlebnis!» murmelte sie. «Wie fällt das jetzt in unsere Tage? – So spät im Leben! – Und was werden die Folgen sein? – Oh, oh, oh!»

Nun aber trat der Bruder wieder ein und zur Schwester heran. Nun legte er seinerseits ihr die Hand auf die Schulter: «Weißt du dich auch noch nicht in dem Glück, das uns dieser Abend gebracht hat, zurechtzufinden? O Dorette, liebe Dorette, wie schön hat sich nun alles ineinandergefunden und geschlossen – und grade an diesem Tage, an diesem Abend! Wer glaubt da an Zufall? Wer hat jemals deutlicher als wir die Hand der Vorsehung, die alles gutmacht, in seinem Lebenslose erblickt?»

«Oh!» stöhnte die Schwester. «Ach Bruder, Bruder, was wird nun aus unserm Leben werden? – Oh, wenn er doch nur früher gekommen wäre! Aber so spät am Abend – so spät am Abend – was sollen wir anfangen?»

Herr Philipp Kristeller hatte sich auf seinem Stuhl niedergelassen und blickte die Schwester groß und verwundert an.

«Was – wie meinst du das, Dorothea?»

«Jetzt frage mich nur nicht weiter», sagte das alte Fräulein scharf. «Es wird sich ja alles finden – morgen, übermorgen! Ja, morgen ist ja auch ein Tag! – Aber man kann es ja nicht lassen; bester Bruder, wenn er nun bliebe? Wenn er sich bei uns niederlassen wollte? Man muß sich ja da alle möglichen Fragen stellen.»

«Wenn er bliebe? Wenn er sich bei uns niederlassen wollte? Aber das wäre ja herrlich!» rief der Apotheker, entzückt sich die Hände reibend. «Wie weich und angenehm wollten wir ihm sein Leben machen!»

Verwundert sah er hin, als das Fräulein zweifelnd und melancholisch den Kopf schüttelte.

«Du glaubst nicht, daß wir das vermöchten, Dorothea?»

«Nein», erwiderte das Fräulein kurz und sprach unter einem schweren Seufzer mehr zu sich als dem Bruder: «Und dann der andere Fall – wenn er morgen wieder abreisen will, und dazu...»

Sie brach ab und vollendete den Satz auch nicht, als der Bruder gespannt-eifrig fragte: «Und dazu? – Was meinst du? Was willst du sagen?»

«Wir müssen es eben abwarten», sprach Fräulein Dorothea Kristeller aufstehend. «Etwas anderes läßt sich in dieser Nacht doch nicht bereden; und jetzt wollen auch wir zu Bett gehen und versuchen zu schlafen.»

Nach diesem saßen sie doch noch, aber stumm, eine gute halbe Stunde beieinander. Als sie zu Bette gegangen waren, schlief weder Bruder noch Schwester einen ruhigen Schlaf.

Den ruhigsten Schlaf von allen, deren Bekanntschaft wir diesmal machten, schlief der brasilianische Oberst Dom Agostin Agonista.

Der lag friedlich auf dem Rücken und lächelte im Schlummer und sogar beim Schnarchen. Man vernahm ihn so ziemlich durch das ganze Haus, und wenn er träumte, so träumte er, ganz gegen alle soldatische Sitte und Gewohnheit, weit in den jungen Tag hinein.

Dieser junge Tag kam frisch, reingewaschen, glänzend und sonnig – ein klarster, kalter Oktobertag. Die Berge in ihrem braunen Herbstgewande hoben sich scharf von dem hellblauen Himmelsgewölbe ab; die leeren Felder der Ebene lagen bis in die weiteste Ferne klar da; und die Dörfer, die einzelnen Gehöfte, Anbauerhäuser und Hütten erschienen dem Auge scharf umzogen, als ob sie dem Spiegel einer Camera obscura entnommen worden und in die Morgenlandschaft hinein aufgestellt seien.

In dieser sonnigklaren Herbstmorgenlandschaft erschien aber die Apotheke «Zum wilden Mann» vor allem übrigen wie hübsch auf- und abgeputzt. Die Firma über der Tür glänzte in ihrer Goldschrift weithin die Landstraße nach rechts und links entlang. Und alles, was sonst zu dem Hause gehörte: Gartengegitter, Stallungen und Mauern, befand sich im ordentlichsten Zustande. Man sah, daß um jegliches Zubehör dieses Heimwesens ein sorglicher Geist walte, der seine Freude und sein Genügen dran habe und sein möglichstes von Tag zu Tage tue, alles im Hof, Haus und Garten im guten Stande zu erhalten. Bis auf die vom Sturme der Nacht zerzausten Sonnenblumen, die noch in ihren welken Resten über den Gartenzaun hingen, war alles rings um die Apotheke «Zum wilden Mann» im vollsten Sinne des schönen Wortes – präsentabel.

Und Bruder und Schwester warteten mit dem Kaffee auf den Gast. Eben hatte er heruntersagen lassen: augenblicklich rasiere er sich und werde in zehn Minuten erscheinen.

Die Dünste der Nacht waren verscheucht, das Hinterstübchen gekehrt und mit weißem Sande bestreut. Die Hauskatze putzte sich unter dem Tische, und der Zeisig zwitscherte lebendig in seinem Bauer; es war ein Vergnügen, Herrn und Fräulein Kristeller an ihrem Kaffeetische sitzen zu sehen und – eingeladen zu werden, gleichfalls daran Platz zu nehmen.

Der Oberst ließ nur wenig über die angegebenen zehn Minuten auf sich warten. Schon vernahm man seinen martialisch schweren Schritt auf der Treppe; der Apotheker Philipp Kristeller riß die Tür seines Lieblingsgemaches auf...

«Schönen guten Morgen!» rief der Oberst Dom Agostin Agonista auf der Schwelle, und Wirte und Gast faßten sich rasch zum erstenmal bei hellem Tageslicht ins Auge: am schärfsten sah das Fräulein zu; etwas weniger scharf sah sich der brasilianische Kriegsmann seine Leute an; der Apotheker «Zum wilden Mann» sah gar nichts, sein Gast und Freund schwamm ihm vor den Augen – wenigstens die ersten Minuten durch.

«Recht alt geworden», meinte der Oberst bei sich, und er hatte recht.

«Unter andern Verhältnissen würde ich gar nichts gegen ihn haben», sagte das Fräulein in der Tiefe der Seele, «ein anständiger, behäbiger Herr!»

Der Apotheker Philipp Kristeller sagte gar nichts; er schüttelte von neuem dem alten wiedergefundenen Freunde, dem Wohltäter und Gaste die Hand und drückte ihn diesmal trotz allem Widerstreben auf den Ehrenplatz nieder. Erst als der Oberst saß, sagte Herr Philipp etwas, und zwar nicht bei sich und in der Tiefe seiner Seele, sondern er rief es fröhlich und laut: «August, ich freue mich unendlich – du bist merkwürdig jung geblieben!»

«Bei allen Göttern zu Wasser und zu Lande, ich hoffe das», lachte der Oberst Dom Agostin, und es war eine Wahrheit: trotz seiner schneeweißen Haare und seiner wohlgezählten Jahre war er sehr jung geblieben; aber das jüngste an ihm war doch seine Stimme.

Diese allein schon konnte als eine Merkwürdigkeit gelten. Mit einem behaglichen Widerhall erfüllte sie das Haus, ging einem voll und rund durch die Ohren ins Herz und paßte sich gemütlich, ja sozusagen tröstlich-fröhlich allem und jeglichem an, was die Stunde im Guten und im Bösen bringen mochte. Wer sie von ferne vernahm und vorzüglich in Verbindung mit dem herzlichen Lachen ihres Besitzers, der sagte sich unbedingt: «Da freut sich ein braver Gesell seines Daseins.»

Der Oberst schüttelte nun noch einmal dem Fräulein die Hand und sprach zum Apotheker: «Ich habe euch heute morgen das Recht gegeben, mich für einen Langschläfer zu halten; aber ihr werdet wahrscheinlich morgen früh schon eines Bessern belehrt werden. Gewöhnlich pflege ich drei Stunden vor Sonnenaufgang auf dem Marsche zu sein. Man lernt das, auch ohne Anlagen dazu zu haben, unterm Äquator; und wenn ihr eines Morgens das Nest ganz leer finden solltet, so braucht ihr euch auch nicht allzusehr zu wundern.»

«O Freund», rief der Apotheker, «wir werden dich zu halten wissen! Wir werden dich sicherlich fürs erste nicht loslassen! Du bist unser! Du darfst nicht gehen, wie du gekommen bist – du würdest für lange Zeit alle unsere Freude, unser Behagen mit dir wegführen!»

«Hm!» sagte der Oberst, und dann frühstückten sie gemächlich, und der alte Soldat mit besonders ausgezeichnetem Appetit. Er zeigte auch beneidenswert wohlkonservierte Zähne und wußte sie trefflich zu gebrauchen.

Nach vollendetem Frühstück lehnte er sich behaglich seufzend zurück und setzte seine Pfeife in Brand. Dorette ging ihren Hausgeschäften nach, und die beiden Herren waren allein. Sie plauderten jetzt – sie konnten jetzt plaudern –, der Ernst in ihren gegenseitigen Verknüpfungen war wenigstens für den Moment überwunden; sie hatten die nötige Ruhe zum harmlosen Schwatzen gefunden, und sie schwatzten miteinander – zwei gemütliche ältere Herren, deren einer etwas mehr von der Welt gesehen und sich bedeutend besser erhalten hatte, als es dem andern vergönnt gewesen war.

Der Brasilianer freute sich über die deutschen Stubenfliegen, die ihm um die Nase summten; es war ihm auch durchaus nicht zu verdenken; aber die Tatsache verdient, in einem eigenen Kapitel behandelt zu werden.

XII

«Ihr glücklichen Leute wißt es gar nicht, um wie vieles unsereiner euch zu beneiden hat», sprach der Oberst. «Da sitzt ihr in euerer täglichen Behaglichkeit, und wenn ihr euch nicht dann und wann wirklich über die Fliege an der Wand zu ärgern hättet, so ginge es euch eigentlich *zu* gut. Nun guck einer, wie niedlich sich das Ding da auf der Zuckerdose die Nase wischt und die Flügel putzt! Sollte man es nun für möglich halten, daß der Gutmütigste von euch hierzulande vor Wut außer sich gerät, wenn das ihm während des Mittagsschlafes über die Stirn spaziert? So ein Biwak am Rio Grande ohne Moskitonetz, das würde etwas für euch sein, um euch Geduld in Anfechtungen zu lehren.»

Der Apotheker lächelte und sagte: «Unsere Anfechtungen haben wir auch wohl ohne das, lieber August.»

«Lieber Agostin, wenn ich bitten darf», rief der Gast. «Du hast keine Ahnung davon, wie verhaßt mir dieser frühere August ist. Wenn jemand seinen alten Adam so vollständig wie ich im Graben ablegt, dann hält er auch etwas auf seinen neuen Rock. Mein jetziger paßt mir wie angegossen, bemerke ich dir abermals; Dom Agostin Agonista, Gendarmerieoberst in Kaiserlich Brasilianischen Diensten – alles in Ordnung, Patent wie Paß...»

«Ereifere dich doch nicht, Lieber», sagte der alte Philipp begütigend.

«Ich ereifere mich nicht, ich ärgere mich nur!» rief der Oberst.

«Und zwar wie ein echter Deutscher über die Fliege an der Wand, bester Augustin», meinte der Apotheker «Zum wilden Mann»; und dann gingen sie zu etwas anderm über, das heißt, der Oberst fing an, sich sehr genau nach den Umständen und Lebensläuften der Herren, deren Bekanntschaft er am gestrigen Abend gemacht hatte, zu erkundigen. Dann erzählte er seinerseits genauer, auf welche Weise er mit dem Doktor Hanff auf dem Wege zusammengeraten sei, und dadurch kam er darauf, wie ihn doch nicht allein der Zufall in diese Gegend geführt habe, sondern wie er in der Tat mit der Absicht gekommen sei, sich nach dem alten botanischen Wald- und Jugendgenossen, nach dem treuen Freunde vom Blutstuhle umzuschauen.

«Ich hatte keine Ahnung, wo du geblieben warst und ob du überhaupt noch am Leben seiest, Filippo!» rief der Brasilianer. «Aber ich hatte mir vorgenommen, dich tot oder lebendig zu finden, und es ist mir gelungen. Eine Maronjagd* war es durchaus nicht, Alter. Ich habe es wohl gelernt, Spuren von Wild und Mensch im Urwald wie zwischen den Ackerfeldern und in dem verworrensten Straßennetz über und unter der Erde zum Zwecke zu verfolgen. Dich oder deinen Namen oder vielmehr einen Schnaps oder Likör deines Namens spürte ich in den Zeitungen aus – dem ‹Kristeller› ging ich nach, und da bin ich denn, und du wirst es mir gewiß nicht verdenken, wenn ich im Laufe des Morgens das Getränk an der Quelle zu erproben wünsche. Es war keineswegs notwendig, daß euer Doktor mich auf den ‹Kristeller› aufmerksam machte.»

Der alte Philipp hatte sich während dieser Auseinandersetzung fortwährend vergnüglichst die Hände gerieben, jetzt sprang er auf, klopfte den Freund auf die Schulter und rief: «Also mein ‹Kristeller› hat dich auf meine Spur gebracht! O lieber August – in, ich glaube da wirklich eine wohltätige Erfindung gemacht zu haben; ich werde sogleich...»

«Nachher!» sprach der Oberst Agonista. «Sieh, wie herrlich die Sonne scheint, wie blau der Himmel ist! Philipp, jetzt zeigst du mir vor allen Dingen dein Heimwesen im einzelnen: Herd und Hof – ach, wie schade, daß du mir nicht auch Weib und Kinder und Enkel zeigen kannst! – und Garten, die Offizin, das Laboratorium, die Materialkammer, Küche und Keller, Stall und Viehstand – alles interessiert mich!»

Da der Hausherr jetzo wieder neben seinem

Gaste saß, so klopfte er ihn nun auf das Knie: «O Augustin, wie freundlich ist das von dir! Welch eine Freude machst du mir da! Sollen wir gleich gehen?»

«Gewiß», sprach der Oberst Dom Agostin Agonista, sprang auf, drückte den Tabak in der Pfeife fest und nahm den Arm des Freundes.

Beide Herren traten ihre Gänge an, durch Haus und Hof, durch Garten und Ställe, und es war zugleich eine Merkwürdigkeit und ein Vergnügen, wie verständig und sachkundig der Kriegsmann über alles zu reden wußte und – wie genau er sich jegliches Ding ansah.

Der entzückte Hausherr sprach ihm mehrfach seine Verwunderung darob aus; aber Dom Agostin lachte und meinte: «Treibe du dich einmal wie ich ein Menschenalter da drüben um unter dem Volk und den Völkerschaften, die Affen und sonstigen Bestien eingeschlossen. Das heißt natürlich als ein von Haus und Anlage aus überlegender und praktischer Mann, und dann sieh zu, ob du nicht gleichfalls die Ordnungen der alten Heimat dir im Gedächtnis wachrufen und täglich gern mit neuen Erfahrungen vermehren wirst. Wenn mich mein Schicksal zu einem Abenteurer gemacht hat, Philipp, so bin ich doch ein ganz solider geworden. Daß ich mich demnächst verheiraten werde, glaube ich euch bereits gestern abend mitgeteilt zu haben.»

«Wenn es wirklich dein Ernst war, Augustin...»

«Mein bitterer Ernst. Ihr schienet es alle für einen Scherz zu nehmen; ich habe das wohl gemerkt. Eigentlich hätte ich das übel aufnehmen sollen und begreife jetzt auch nicht, weshalb ich nicht sofort um weitere Aufklärung über euer Lächeln bat; – dieser Doktor – Doktor Hanff schien mir sogar die Schultern in die Höhe zu ziehen. Nun, schieben wir das alles auf den trefflichen Punsch deiner Schwester; ich aber wiederhole es dir, ich bin bis über die Ohren verliebt und trage das Bild meiner Geliebten in einem Medaillon unter der Weste auf dem Busen. Du sollst das Porträt sehen, und deine Schwester soll's nachher auch sehen, und dann will ich euere Meinung ruhig anhören! Es ist ein Prachtweib und nicht ohne Vermögen; Senhora Julia Fuentalacunas – nicht wahr, ein recht wohlklingender Name? Sie kam jung als Julchen Brandes von Stettin nach Rio und heiratete den Senhor Fuentalacunas vom Zollamte. Weißt du, lieber Freund, der Rock des Kaisers ist zwar eine recht kleidsame und honorable Tracht; aber wenn man so die erste Jugend hinter sich hat, fängt man an, auf die Ehre zu pfeifen und das Behagen dem Herrendienste vorzuziehen. Ich werde eine Hazienda kaufen und hoffe als ein begüterter Familienvater meine Tage in Ruhe im Kreise der Meinigen zu beschließen. Ihr – du und Fräulein Dorette – gehört natürlich zu der Familie, und wir werden ein vortreffliches Leben miteinander führen.»

«Wie?...» fragte der Apotheker «Zum wilden Mann», Herr Philipp Kristeller, und sah seinen Gast mit den größten Augen an.

«Wie ich es sage», sprach der Kaiserlich Brasilianische Gendarmerieoberst, den erstaunten Blick seines alten Freundes nicht im mindesten beachtend, sondern, mitten im Hofraume stehend, ringsumher an den umgebenden Gebäuden emporschauend. Es schien ihm wiederum in der Tat bitterer Ernst um das zu sein, was er sagte.

«Ich hoffe, deine Schwester ohne Mühe zu überreden», fügte er wie beiläufig an.

Der Apotheker lachte, der Oberst aber lachte ganz und gar nicht mit, sondern umging die zwei Milchkühe im Stalle mit kritischem Blicke, klopfte sie auf die Weichen und bemerkte: «Vor einigen Jahren war ich in Fray Bentos und sah mir das dortige Fleischextraktinstitut an.* Großartig! – Sie treiben euch vor den Augen einen Ochsen in die Retorte und liefern ihn euch nach zehn Minuten in eine Büchse konzentriert, die ihr in die Hosentasche steckt – wäre das Weltmeer nicht da, dem ihr euer Erstaunen zurufen könnt, ihr wüßtet nirgends damit hin. Philipp, und vor vierzehn Tagen war ich bei Liebig in München – annähernd derselbe Geruch und Duft wie bei dir, nur noch ein bißchen metallischer; Kristeller, da können wir einander gleichfalls gebrauchen – ich liefere dir das Vieh, und du lieferst mir den Extrakt; Philipp, ich gebe dir mein Ehrenwort drauf, in drei Jahren machen wir den Herren zu Fray Bentos eine Konkurrenz, die sie zu Tränen rühren soll.»

«O Augustin, welch einen prächtigen Humor hast du aus deinem neuen Vaterlande mit herübergebracht!» rief der Apotheker; aber...

«Humor?» fragte der Oberst sehr ernsthaft

und setzte fast schreiend hinzu: «Zahlen! Zahlen! Die eingehendsten, unumstößlichsten Berechnungen: Hier! – Da!»

Er hatte bereits seine Brieftasche hervorgezogen und las im Fluge dem Freunde einige in der Tat sehr eingehend auf die Fleischextraktfabrikation Bezug habende Zahlenreihen her.

Herr Philipp Kristeller rieb sich in immer größerer Erstarrung die Stirn. «Die Schwester – die Schwester sollte das hören», murmelte er, und jetzt lächelte auch der Gendarmerieoberst endlich wieder einmal und meinte: «Ich werde natürlich schon beim Mittagessen deine gute Schwester mit unsern Plänen bekanntmachen und sie für dieselben zu gewinnen suchen. Ich bin überzeugt, sie wird sich nicht so steif-verwundert wie du hinstellen und nur meinen Humor loben.»

«O du großer Gott!» seufzte Herr Philipp.

Die Ziege, die neben den zwei Kühen im Stalle unter der besondern Obhut Fräulein Dorette Kristellers ein wohlbehagliches Dasein lebte, überging der Oberst ohne weitere Bemerkung; dagegen sprach er im Hühnerhofe kopfschüttelnd: «Dieses Vieh hier erinnert mich stets merkwürdig lebhaft an meine selige Mutter.»

Er hatte die Brieftafel in der Hand behalten und machte von Zeit zu Zeit einige Notizen. Fast zwei Stunden brachten die beiden Herren auf ihrer Inspektionsreise zu, und als sie ins Haus zurückkehrten, fanden sie den Landphysikus in der Offizin auf sie wartend und ein Gläschen vom berühmten Kristellerschen Magenlikör vor ihm auf dem Tische.

Mit gewohnter Jovialität begrüßte der Doktor die eintretenden beiden Herren. Man schüttelte sich bieder die Hände im Kreise und erkundigte sich gegenseitig auf das herzlichste nach der Nachtruhe und dem sonstigen Befinden.

«Was für einen Wochentag schreiben wir denn heute eigentlich?» fragte der Oberst, seine Brieftasche immer noch in der Hand tragend.

«Das wird Ihnen der Barbier, der da eben hinrennt, am besten sagen können», lachte der Doktor Hanff, «der Pflug geht den Bauern über die Wochenstoppeln; es ist Sonnabend...»

«Und morgen besuche ich zum erstenmal seit einem Menschenalter den deutschen Gottesdienst wieder!» rief der Oberst Dom Agostin Agonista entzückt. «Übermorgen reise ich ab.»

«August? – Augustin?» rief erschrocken Herr Philipp Kristeller.

«Herr Oberst?» sprach erstaunt Fräulein Dorette Kristeller.

Aber der Landphysikus, sein Glas energisch zurückschiebend, rief: «Unter allen Umständen unmöglich, Colonel! Der Förster Ulebeule begegnete mir; er ist mit einer Einladung zum Mittagessen auf den Montag unterwegs, für den Dienstag erbitte ich mir die Ehre, am Mittwoch kommt die Reihe an den Pastor, am Donnerstage – doch da wollen wir den übrigen Herren nicht vorgreifen; jedenfalls lassen wir Sie unter keinen Umständen so rasch fort, Oberst. Wer einen seltenen Vogel wie Sie in den Händen hat, der hält ihn solange als möglich fest. Geben Sie mir noch einen ‹Kristeller›, lieber Kristeller, und

nehmen Sie auch einen, liebster Oberst; Sie
scheinen noch gar keine rechte Ahnung davon zu
haben, welche guten und angenehmen Dinge die
hiesige Planetenstelle produziert.»

XIII

Der Förster, der in diesem Augenblick in die Tür
trat, vernahm, was besprochen wurde, und redete
sofort mit den übrigen heftig und dringend auf
den alten tapfern südamerikanischen Krieger
ein. Dieser aber wehrte sich stumm nur durch
Gesten, zu gleicher Zeit das ihm kredenzte Spitzglas mit dem Kristellerschen Magenbitter gegen
das Licht haltend und durchäugelnd.

Jetzt setzte er den Becher an die Lippen –
schlürfte – hielt ein – probierte noch einmal mit
tieferer Andacht – goß den Rest mit einer gewissen wilden Inbrunst die Kehle hinunter – reichte
sofort das Glas zu neuer Füllung aus der dick-
bäuchigen grünen Flasche hin und rief: «Bei meiner Seele, das ist ja wirklich endlich – endlich
einmal ein *Getränk!*»

«Nicht wahr?» fragten der Förster und der
Doktor ernsthaft, während der Apotheker «Zum
wilden Mann» verschämt-glücklich der Schwester
über die Schulter lächelte.

«Bei den Göttern, das *ist* ein Getränk, Philipp!
Und du bist wahrhaftig davon der Erfinder? Und
du hast das Rezept dazu unter Schloß und Riegel? – Und du sitzest hier noch immer in diesem
verlorenen Winkel und drehst dem Doktor da
seine Pillen und rührst ihm seine Mixturen zu-

sammen? – Fräulein Kristeller, ich erbitte mir sogleich nach Tisch ein Privatgespräch! Meine Herren, dies ändert die Sachlage vielleicht; lieber Forstmeister, im Laufe des Nachmittags werde ich mir erlauben, Ihnen Nachricht zu geben, ob ich Ihre Einladung annehmen kann oder nicht.»

«Bravo!» riefen der Landphysikus und der Förster; der Apotheker sagte: «Du bleibst also ohne Bedingung, Lieber; und es war auch durchaus nicht notwendig, uns einen solchen Schrecken in die Glieder zu jagen. Es war nicht freundschaftlich und brüderlich, Augustin.»

«Ich bitte noch um einen ‹Kristeller›», erwiderte der Oberst. «Philipp, auf dein Wohl! Ich versichere dich, ich habe dich liebgehabt; aber jetzt tritt der Respekt zur Liebe; meine Herren, Sie haben diese dreißig Jahre durch einen großen Mann in Ihrer Mitte gehabt, ohne es zu wissen. Philipp, dein Schnaps ist wunderbar, was aber meine Abreise anbetrifft, so ist unsereiner stets mit Gewehr über auf dem Marsche, und man muß eben ein Weib nehmen und ein bürgerlich Geschäft treiben, um das Stillsitzen zu erlernen. Bei den hohen Göttern, dieses hier ist vielleicht noch rentabler als Fray Bentos! Kristeller, wir werden drüben den feurigen siebenten Himmel durch deinen Destillierkolben auf die Erde herunterholen. Fräulein Dorette, wir werden die Sonne und den Blitz auf Flaschen ziehen und unsere Preise danach stellen. Kristeller und Agonista – Sao Paradiso – Provinz Minas Geraes*, Kaiserreich Brasilien! Mit diesem Getränk unter dem Arm kommen wir durch bei allen Nationen rund um den Erdball. Wir kommen durch, Senhora, und wie gesagt, nach Tisch erbitte ich mir ein behagliches Plauderviertelstündchen im Hinterstübchen, Senhora Dorothea.»

Sie lachten alle, nur das Fräulein nicht. Was das Lachen des erfindungsreichen Hausherrn anbetraf, so machte das einen unbedingt ratlosen und hülflosen Eindruck. Ein Mensch aber, der ein Leben hinter sich hatte wie der Oberst Agonista, durfte in der Tat die Erde mit andern Augen sehen und mit andern Händen greifen als die Hausgenossenschaft und die Hausfreunde der Apotheke «Zum wilden Mann» und konnte auch, ohne dafür zur Rechenschaft gezogen zu werden, von den andern ganz naiv verlangen, daß man sich auf seinen Standpunkt stelle. Der Oberst Dom Agostin Agonista konnte wirklich seinen festen unerschütterlichen Entschluß darlegen, noch einmal, und zwar nach einem Menschenalter, das Glück und Schicksal seines Freundes Philipp Kristeller auf die andere Seite zu drehen, und zwar ohne auf irgendwelche Einwürfe und Gegenvorstellungen zu hören.

Da sich jetzt die Hausflur mit allerlei Kunden füllte, so begleitete der tapfere alte Soldat allein den Förster und den Doktor auf ihrem Wege ins Dorf zurück. Er ging zwischen ihnen, jeden unterm Arme haltend, und wer den dreien begegnete, stehenblieb und ihnen nachsah, der mußte es zugeben, daß jeder von den dreien in seiner Art «gut» war. Dazu aber hielt sich das Gespräch der Herren am alten Philipp und seinem «Kristeller»; und selbst auf diesem kurzen

Wege erhielt der brasilianische Gendarmerieoberst noch einige recht nützliche Notizen über die Apotheke «Zum wilden Mann» und kam, heiter pfeifend und die reine, frische Herbstluft wohlig einschlürfend, zurück – grade recht zum Mittagessen.

Man speiste; man hielt Siesta – der Oberst die seinige diesmal in seinem Ehrensessel im bilderbunten Hinterstübchen.

Punkt drei Uhr trat er erfrischt wiederum in die Offizin, um noch einen «Kristeller» zu nehmen. Dann wußte er den Weg in die Küche schon ganz genau und brauchte keinen Führer auf demselben.

«Fräulein Dorette», sagte er, «jetzt wäre der günstige Augenblick vorhanden. Soeben habe ich den guten Philipp auf seine Materialkammer geleitet, und wir beide, liebes Fräulein, haben hier unten das Reich allein. Kinder, Kinder, ich freue mich kindlich, so familienfreundlich mit euch zusammen zu sein! Und wir bleiben eine Familie – nicht wahr, wir bleiben *eine* Familie? – Es ist zu prächtig! Da draußen der deutsche Herbsthimmel, hier innen die deutsche Ofenwärme und – das liebe Brasilien wie das Land der Verheißung in der Ferne! Senhora, ich erlaube mir, Ihnen meinen Arm anzubieten.»

Er führte richtig die alte, ängstlich über die Schulter zurückblickende Dame in ihre eigene Stube, des Hauses Ehrengemach, und verblieb mit ihr eine gute halbe Stunde drinnen, und zwar in dringlichsten Verhandlungen, während der Bruder, um seiner Erregungen wenigstens etwas

Meister zu bleiben, in seiner Materialkammer sämtliche Kräutersäcke auf- und abtürmte und sämtliche Schubladen aufzog und zuschob.

Eine halbe Stunde kann selbst dem phlegmatischsten Menschen unter Umständen sehr lang erscheinen; das ist eine bekannte Wahrheit, muß hier jedoch dessenungeachtet wiederholt werden. Dem Apotheker «Zum wilden Mann» erschien der kurze Zeitraum *sehr* lang, Fräulein Dorette hingegen ging er ungemein rasch vorüber.

Schon öffnete der Oberst ihr höflichst die Tür ihrer Putzstube und – ließ sie heraus. Er blieb drin! – Sie hielt sich am Türpfosten wie von einem Schwindel befallen; sie hatte dem braven Kriegsmann einen Knicks machen wollen, allein es war ihr nicht möglich gewesen. Während sie aber draußen an der Wand lehnte und wie aus plötzlich erblindeten Augen um sich zu sehen strebte, war der Oberst drinnen leise pfeifend zum Fenster gegangen und hatte es geöffnet und sich drein gelegt.

Da lag er, schwer auf den Ellenbogen, stieß einen schweren Seufzer aus und blickte die Landstraße entlang, zur Rechten und zur Linken hin.

Das Fräulein draußen legte jetzt beide Hände an die Schläfen und stieß gleichfalls einen Seufzer aus und stöhnte dazu: «Großer Gott, ganz wie ich es mir gedacht hatte! O du lieber Gott, mein armer, armer Bruder!»

Von seinem Fenster aus rief der Oberst einen vorbeilaufenden Dorfknaben an: «Heda, miin Jung, kennst du den Herrn Förster Ulebeule, und weißt du, wo er wohnt?»

«Na?!» fragte der Bengel an der Hauswand empor, entrüstet ob der Naivität der Frage.

«Gut, mein Sohn. Ich warte hier mit fünf Groschen in der Hand auf dich. Lauf einmal zum Herrn Förster und bestell einen schönen Gruß von dem fremden Herrn in der Apotheke, und es würde dem Herrn Apotheker und dem fremden Herrn ein Vergnügen sein, am Montag bei dem Herrn Förster zu essen.»

Der Knabe vom Gebirge rannte und sah im Rennen verschiedene Male zurück, ob der weißköpfige Herr mit dem braunen Gesichte im Fenster auch wirklich Wort halte und mit dem gebotenen Honorar präsent bleibe. Drunten im Hinterstübchen, im Ehrensessel des brasilianischen Obersten, saß Fräulein Dorette Kristeller, stützte die Ellenbogen auf den Tisch und das Gesicht auf die Hände und ächzte leise: «Mein Bruder, mein armer Bruder!»

XIV

Am andern Tage war Sonntag, ein deutscher Dorfsonntag. Die Glocke läutete zur Kirche, und der Pastor Schönlank hatte seine Predigt fertig und bereit. Mit dem Gesangbuch seines Freundes Philipp unter dem Arme und würdig die Schwester des Freundes führend, ging auch der brasilianische Oberst Dom Agostin Agonista in die Kirche, und zwar in Uniform. Er hatte seinen Mantelsack und kleinen Reisekoffer vollständig ausgepackt und sein Äußeres festtäglich geschmückt. Er trug seine sämtlichen Orden und sah nicht nur martialisch, sondern wirklich prächtig und vornehm aus und störte die Andacht des Dorfes durch seine Erscheinung vollständig. Er sang auch mit. Der Pastor in der Sakristei vernahm ihn über die Orgel, den Kantor und die Gemeinde weg; ein so sonorer Baß hatte lange nicht die Wölbung des kleinen Gotteshauses erschüttert. Nach der Kirche hatte der fremdländische Krieger, wiederum Fräulein Dorette Kristeller am Arme führend, sozusagen die Parade der ganzen Gemeinde abzunehmen. Sie bildete Spalier auf seinem Wege, und gutmütig lächelnd und fort und fort an die Mütze fassend, schritt der Oberst zwischen der Hecke anstaunender Bauerngesichter durch.

Das Dorf sprach heute nur von ihm; Fräulein Dorothea kam aber sehr unwohl aus der Kirche nach Hause und fühlte sich gezwungen, sich zu Bette zu legen und den Rest des Tages darin zu bleiben.

Am folgenden Tage ging der Oberst mit seinem Freunde Philipp zum Förster Ulebeule auf einen Wildschweinskopf. Fräulein Dorette setzte sich vor die Rechenbücher des Hauses. Die Herren in der Försterei waren sehr heiter bei Tische; der Oberst erzählte wieder von der Herrlichkeit seiner neuen Heimat und brachte die Leute aus dem stillen Erdenwinkel fast außer sich durch seine Beredsamkeit und die Farbenpracht seiner Schilderungen. Diesmal forderte er den Doktor auf, mit hinüberzugehen und ein Millionär und Kaiserlicher Geheimer Hofmedikus zu werden, und schon bei der vierten Flasche hatte der

Landphysikus es dem Oberst fest versprochen und durch Handschlag sein Wort besiegelt.

«Mit Ihnen, lieber Pastor, wissen wir weniger da drüben anzufangen», rief Dom Agostin, «aber wir holen Sie vielleicht doch noch nach, wenn wir uns unsere eigenen Hauskapellen errichtet haben.»

Da hatte der geistliche Herr gelächelt, aber etwas kläglich gesagt: «Wir sind doch wohl zu einer solchen Emigration ein wenig zu alt, Herr Oberst. Auch würden Sie vorher vor allen Dingen mit meiner guten Frau reden müssen, teuerer Herr.»

«Weshalb sollte ich das nicht, wenn sonst die Bedingungen vorhanden sind?» fragte der Brasilianer.

Sie waren ungemein vergnügt bei dem Förster Ulebeule, und erst bei weit vorgeschrittener Dämmerung kamen Philipp und August Arm in Arm und Schulter an Schulter, angeregt und höchst lebhaft heim zur Apotheke.

«Von dem ‹Kristeller› erbitte ich mir ein Flakon auf den Nachttisch, lieber alter Junge», sprach der Oberst. «Er entzückt mich immer von neuem, auch nach dem Diner. Pereat Fray Bentos – dies hier nenne ich in Wahrheit eine konzentrierte Bouillon! Der Teufel hole alles Rindvieh in den Pampas; da wir diesen Feuertrank hier am Orte schon *so* kochen, wie wird er erst da drüben im Feuerlande ausfallen, Fi-lip-po!»

«De-li-kat!» erwiderte Herr Philipp Kristeller, worauf die beiden Freunde einander dreimal recht herzhaft abküßten.

Sie saßen übrigens an diesem Abend allein im Hinterstübchen, der Oberst und der Apotheker «Zum wilden Mann». Fräulein Dorette ließ sich durch das Hausmädchen entschuldigen und heruntersagen: sie habe arges Kopfweh.

Die beiden Herren ließen sofort hinaufsagen: das tue ihnen sehr leid und sie wünschten von Herzen eine baldige Besserung; nachher saßen sie noch bis gegen Mitternacht in der Bildergalerie zusammen und redeten, eingehüllt in Tabaksdampf, von ihrer Jugendzeit.

Als die Uhr zwölf schlug, stand der Oberst auf und sagte herzlich: «Du weißt doch nicht ganz, wie gut es mir hier zumute ist, Philipp. Wir wollen uns aber auch von nun an nicht wieder voneinander trennen, Alter! Wir wollen von jetzt an *ein* Schicksal und *ein* Glück haben, nicht wahr? Nicht wahr, nicht wahr, es bleibt dabei, Philipp?»

«Es bleibt dabei», stammelte Herr Philipp Kristeller, und dann ging der Oberst zu Bett. Er kannte jetzt den Weg zu seinem Schlafgemache bereits und brauchte kein Geleit mehr. Das «Flakon» mit dem «Kristeller» nahm er unter dem Arme mit wie am Sonntag das Gesangbuch seines Freundes. Aber vorher hatte er noch den Freund in den Ehrensessel niedergedrückt; und in dem Ehrensessel saß Herr Philipp noch eine Weile in der stillen Nacht und suchte zu überlegen, ehe auch er zu Ruhe ging.

Die Nacht war still, das Haus war still. Eben schlug es ein Uhr, als oben eine Tür knarrte und ein langsamer, leiser Schritt die Treppe herabkam. Aus dem Überlegenwollen des Hausherrn im Ehrenstuhl des Obersten war ein ziemlich fester Schlummer geworden. Aus diesem Schlummer wiederum auffahrend, horchte Herr Philipp: da war der gespenstische Schritt an der Pforte des Hinterstübchens...

«Wer ist da?» rief der Apotheker auftaumelnd und mit beiden Händen schwerfällig sich auf die Lehnen des Armsessels stützend.

«Ich bin es, Bruder», sagte Fräulein Dorette Kristeller, im langen weißen Nachtrock wie eine moralische Lady Macbeth* hereinschwankend. «Ich bin es, Philipp; ich habe keine Ruhe mehr im Bette, keine Ruhe im ganzen Hause. Ich glaubte, hier noch einen warmen Ofen zu finden; aber nun ist es mir lieb, daß auch du noch wach bist, lieber Bruder; o Bruder, Bruder Philipp, es ist wirklich und wahrhaftig sein Ernst!»

«Sein Ernst? Wessen Ernst?»

«Sein bitterer Ernst! Oh, ich habe es mir gleich so gedacht, als er dich zuerst so gemütlich auf die Schulter klopfte und ihr alle über seine wilden Pläne lachtet. Er meint es ja vielleicht auch gut mit uns; aber elend macht er uns doch. Philipp, er braucht Geld! Er braucht sein Geld, und er ist gekommen, es zu holen!»

Der Apotheker «Zum wilden Mann» sah das trostlose alte Jüngferchen plötzlich mit den glänzendsten, verständnisinnigsten Augen an.

«Er braucht sein Geld, und er ist gekommen, es zu holen? Aber Dorette, das wäre ja wundervoll!»

«Wundervoll?!»

Herr Philipp Kristeller knöpfte mit zitternder Hand, der kühlen Nacht zum Trotze, vor innerster Aufregung die Weste auf: «Dorette, wenn du recht hättest! – Herrlich, herrlich wäre es! Aber – wenn das so wäre, so würde er es mir doch wohl zuerst gesagt haben?!»

«Hat er das denn nicht? Und zwar auf jede nur mögliche Weise – fein und grob!»

Der Apotheker antwortete nichts hierauf. Er ging rasch in dem engen Raume seiner Bildergalerie auf und ab und rieb sich nach seiner Art die Hände und murmelte vor sich hin: «Der Gute, der Wackere – mein Gott, welch eine glückselige Nacht! – Und ich habe ihn ganz und gar nicht verstanden! Oh, diese Weiber, diese klugen Weiber! Dorette, wenn du recht hättest!»

«Ich habe recht!» ächzte jetzt das alte Fräulein fast böse. «So setze dich doch und nimm Vernunft an. Was soll denn aus uns werden, Bruder? Du bist diese dreißig Jahre lang deinen Liebhabereien und dem Geschäfte nachgegangen; aber ich habe die Bücher geführt und weiß, wie wir stehen. Oh, es reicht noch; aber es reicht auch nur grade hin – und, Philipp, ich bin fest überzeugt, er holt nicht nur das Kapital, sondern er kann auch die Zinsen gebrauchen, die Zinsen seit dreißig Jahren!»

«Das vergebe ich ihm so leicht nicht, daß er nicht sofort seinen Wunsch mir klar und deutlich ausgesprochen hat», murmelte Herr Philipp, der durchaus nicht imstande war, sich zu setzen, sondern der fort und fort auf und ab lief und das Wort der Schwester ganz und gar überhörte.

«O August, August, also endlich ist auch für mich die Stunde da, dir auf deinem Wege zum Glücke behülflich sein zu können!»

Von der ganzen Fülle dieser Vorstellung überwältigt, stand er jetzt still, und was er seit nicht zu berechnender Zeit nicht getan hatte, das tat er jetzt: er gab der Schwester einen Kuß – einen langen, herzlichen Kuß, und dann – nahm er sein Licht und ging seinerseits in seine Kammer. Er hatte das Bedürfnis, allein zu sein und sich in der Stille und Dunkelheit der Nacht den frohen nahen Morgen und seine erste Begrüßung mit dem Freunde, dem Obersten Dom Agostin Agonista, auszumalen.

Fräulein Dorette stand im Scheine ihres Nachtlichtes mit schlaff niederhängenden Armen und vor dem Leibe gefalteten Händen, blickte hinter ihm her und stöhnte: «Also da sind wir denn! – Oh, diese Mannsleute! Was soll aus uns werden? Lieber Herrgott, was soll aus uns werden? – Zu den Pottekudern*, seinen neuen Landsleuten, gehe ich für mein Teil nicht mit! Er wäre freilich imstande, uns in aller Güte und Zureden mit Haus und Hof mit sich zu schleppen und uns mitten in der Urwildnis hinzusetzen und eine Schnapsfabrik auf meines armen Bruders Namen und Likör zu gründen. Aber er soll mir kommen, der Kehlabschneider, der Scharfrichter, der Menschenschinder, der Henkersknecht. Für alle Freibilletts in der Welt geh' ich mit ihm nicht nach seinem Amerika; am Spieße brät er uns doch, wenn er uns drüben hat, und wenn er auch noch so schlau hier am Orte den Gemütlichen, den

Vergnügten und den biedern, treuherzigen Krieger spielt.»

Der Oberst Dom Agostin Agonista wurde durch das, was im untern Teile des Hauses «Zum wilden Mann» vorging, nicht in seinem Schlummer gestört. Er schlief abermals weit in den hellen Sonnenschein des Dienstags hinein, und die Flasche mit dem «Kristeller» stand auf seinem Nachttisch, und auch das Spitzglas, das dazugehörte, hatte der alte Soldat handgerecht zugerückt. Aber auf dem Stuhle am Bette saß um halb neun Uhr, seit einer Viertelstunde zärtlich lauschend, Herr Philipp Kristeller, das Erwachen des Gastes, Freundes und Wohltäters erwartend.

«Sobald der Gute erwacht, wollen wir überlegen, in welcher Weise es am angenehmsten und vorteilhaftesten für ihn einzurichten ist», hatte der Apotheker, auf den Zehen in die Kammer schleichend, geflüstert; und er hatte eine gute Stunde zu warten, ehe der Brasilianer die Augen öffnete, sich entsetzlich reckte, gewaltig gähnte und dann, sich überrascht aufrichtend, rief: «Diablo! Bist du denn das, Filippo? Ei, schönsten guten Morgen! Aber dieses ist einmal freundlich von dir!»

«Guten Morgen, August. Du erlaubst mir wohl, daß ich dich diesmal wieder August nennen darf; denn ich sitze hier und warte auf dein Erwachen, um dich recht tüchtig abzukanzeln.»

«Abzukanzeln? Weshalb? Wieso? Warum? Wofür?»

«Weil du meiner guten Schwester mehr Zutrauen bewiesen hast als mir, August.»

«Ah – so!» sprach der brasilianische Gendarmerieoberst ungemein gedehnt und legte sich wieder hin – nämlich mit dem Hinterkopfe in seine Kopfkissen. Nach einer Pause erst fügte er etwas gedrückt hinzu: «Und nicht wahr, du gibst mir recht! Dein Entschluß ist gefaßt; wir gehen zusammen über das Weltmeer, um goldene Berge für uns und unsere Nachkommen aufzuschütten?!»

Herr Philipp schüttelte melancholisch den Kopf.

«Meine Schwester Dorothea und ich doch wohl nicht, aber – mit dir ist es freilich etwas anderes. Nein, mein teuerer August, du wirst wieder allein gehen müssen.»

«Aber das macht mir wirklich einen Strich durch alle meine Berechnungen», brummte der Kriegsmann verdrießlich.

«Du nimmst unsere besten Wünsche mit hinüber; wir werden in Gedanken stets bei dir sein.»

«Danke!» sagte der Oberst womöglich noch verstimmter.

«Ich habe den Tisch vor deinem Stuhle bereits zurechtgerückt, mein guter August. Meine Hausbücher liegen zu deiner Einsicht bereit; du wirst mit meiner Schwester zufrieden sein, denn sie hat die Bilanz gezogen. Ich hoffe, du wirst finden, daß wir – meine Schwester und ich – unser – mein – dein Vermögen nach bestem Wissen verwaltet haben.»

«Ich komme im Augenblick hinunter, lieber Alter!» rief der Oberst, allen Mißmut sofort abschüttelnd und mit hellem Lächeln das rechte

Bein blitzartig unter dem Deckbette vorschnellend und mit dem Fuße nach des Apothekers Reserve-Ehrenpantoffeln auf dem Boden angelnd. «Im Moment – in zehn Minuten bin ich drunten bei dir. Philipp, du bist ein Prachtmensch! Und du wirst sehen, daß ich die Welt kenne und auch für dich das Nutzbringendste zu ergreifen verstehe.»

«Wir warten mit dem Kaffee auf dich, lieber August!»

«Mein schönstes Kompliment im voraus an deine Schwester! Im Augenblick bin ich bei euch. Nicht wahr, Philipp, dein Rezept für den ‹Kristeller› gibst du mir mit hinüber – nicht wahr, Alter?»

Der Erfinder des «Kristeller» versprach's, und nach einer Viertelstunde saß der Oberst Dom Agostin Agonista richtig bei dem Geschwisterpaar im Hinterstübchen, und zwar ohne alles vorherige Sträuben im Ehrensessel und vor den Haus- und Rechnungsbüchern der Apotheke «Zum wilden Mann»; Fräulein Dorette Kristeller hatte ihn dazu von Zeit zu Zeit zu fragen, ob ihm noch eine Tasse Kaffee gefällig sei.

XV

Einen Mann wie den Oberst stelle man einmal unter den Scheffel, wenn er in einer Gegend gleich der von uns geschilderten ankommt, das heißt aus den Wolken fällt. Auf Meilen in der Runde gingen bald die fabelhaftesten Gerüchte über ihn um. Ein wieder wie vor dreißig Jahren mit ein wenig Bangen gemischter Respekt begleitete ihn in jeglichem Blicke, der ihm nachgesendet wurde, klang in jedem höflichen Wort, das man an ihn richtete; nur tat er niemandem mehr leid dazu. Der bald so bekannte Fremdling entsprach in jeder Beziehung den Vorstellungen, die sich die Landschaft von einem «Wundertier» machte, und die Jovialität in seinem Wesen und Auftreten nahm der vertraulichen Scheu, die er den Leuten einflößte, nichts von ihrer Wirksamkeit. Er aber fühlte sich wohl unter dem Volke der Gegend, genoß die Gemütsbewegungen, die er unter ihm hervorbrachte, und – aß sich harmlos herum.

Nämlich es hatte sich herausgestellt, daß für die ersten Wochen an ein Verlassen der Gegend, an eine Abreise aus der Apotheke «Zum wilden Mann» noch nicht zu denken sei.

Der Oberst blieb, und sie luden ihn alle zu Tische. Nach den Honoratioren des Dorfes kamen die Gutsbesitzer und reichen Domänenpächter der Umgegend an die Reihe: der Oberst Dom Agostin Agonista fühlte sich immer behaglicher in seinem behaglichen Quartier in der Apotheke «Zum wilden Mann».

Wenn er aber viel abwesend von der Apotheke war, so blieb der alte Philipp Kristeller desto sedater in seinen vier Pfählen, schrieb viel, bekam viele Briefe von Bankiers und sonstigen Handelsleuten und trieb selber allerlei Handel. Er fing an, in Ländereien zu spekulieren, und zwar in seinen eigenen.

Und während der Oberst nicht das geringste

von seiner stattlichen Rundung einbüßte, wurde Fräulein Dorette Kristeller, die doch wenig einzubüßen hatte, von Tag zu Tage magerer, und auch der Apotheker fiel ab, soviel das noch möglich war. Das Geschwisterpaar wurde immer gelber und gelber; was den Dom Agostin anbetraf, so fingen die Leute an, ihm zu sagen: «Herr Oberst, die Luft hier scheint Ihnen gottlob recht gut zu bekommen.»

Sie bekam ihm wirklich, die Luft der Gegend, und das Gerücht von dem, was er vor einunddreißig Jahren an dem Besitzer der Apotheke «Zum wilden Mann» getan hatte, schwebte auch in der Luft über ihm und um sein weißes, munteres Haupt und verklärte ihn rosig. Die Frauen nannten ihn einen prächtigen alten Herrn, und die Männer nannten ihn einen Prachtkerl und fügten hinzu: «Unter Umständen fänden wir auch mit Vergnügen einen ähnlichen Burschen im Busch und Walde und suchten seine intimste Bekanntschaft zu machen. Selbst auf die Botanik könnte man in einem solchen Falle sich mit Pläsier legen.»

Auch der Oberst bekam im Verlaufe der nächsten Woche Briefe. Es langte ein Paket von Rio Janeiro an, eine Menge Dokumente enthaltend. Dieses Paket sendete Senhor Joaquimo Pamparente, sein Rechtsbeistand, und Dom Agonista fand sich bewogen, den Inhalt eingehend mit seinem Freunde Philipp Kristeller zu besprechen. Er, der Oberst, schrieb an Senhora Julia Fuentalacunas einen zärtlichen Brief, der aber doch zugleich auch ein Geschäftsbrief war; leider reichte die Zeit zu einer Antwort der Dame nun nicht mehr.

«Tut nichts», sprach der zärtliche Krieger, «es wird sich jetzt alles aufs beste und angenehmste arrangieren, wenn ich erst selbst wieder drüben bin.»

Am meisten verkehrte Dom Agostin in diesen ernsten Geschäftstagen mit dem heitern Doktor und Landphysikus Hanff. Beide vergnügte Gesellen hatten Brüderschaft miteinander getrunken, und der Oberst Agonista fuhr dann und wann des Spaßes wegen mit auf die Landpraxis. Jegliches Wetter war dabei dem tapfern alten Soldaten recht, und der Doktor, der doch auch das Seinige vertragen konnte, hatte auch hier seinen Begleiter als ein Mirakel zu bestaunen.

«Bei den Göttern beider Halbkugeln, du wenigstens gehst mit mir hinüber», rief der Oberst, gegen Ende Novembers auf einer dieser Fahrten den ersten Schnee des Jahres vom Fenster eines Dorfwirtshauses weit im offenen Lande beobachtend. «Ich habe dir bereits hundertmal das brillanteste Lebensglück garantiert, und ich verbürge mich auch jetzt wieder dafür. Sieh dir dieses Wetter an – ist das ein Klima für verständige, anständige und zu allem übrigen mit Vernunft und Weib und Kind begabte Menschen? Ist das eine Gegend, um siebenzig Jahre drin alt zu werden?»

«Meine Frau – meine Jungen», murmelte der Doktor.

«Werden sich sehr wohl dort akklimatisieren; ich rede dir ja eben grade vom Klima! Ein Jahr läßt du sie hier zurück, um dich drüben behaglich einzurichten. Im nächsten Herbst führe ich meine Frau nach Paris in die Honigwochen, und du begleitest mich, das heißt, du schlägst einen Winkel hierher und holst dein Hauswesen nach. He – was sagst du? Zum Teufel, sieh auf den Kirchhof dort im Regen und Schneegestöber und sage mir, ob es ein Vergnügen und eine Ehre sein wird, dort einst eine Sandsteinplatte zu haben mit der Inschrift: ‹Hier liegt der Doktor Eisenbart*›?!»

«Zum Henker, Bruder», ächzte der Landphysikus, «weißt du, was ich wollte?»

«Nun?»

«Ich wollte, du wärest geblieben, wo du dich so wohl fühltest. Mein gesunder nächtlicher Schlaf ist hin, seit du im Lande bist, und wie mir, so geht es der Mehrzahl meiner Bekannten. Du hast sozusagen der ganzen Gegend die Phantasie verdorben. Ich kenne auf drei Meilen in die Runde niemanden, der noch ruhig auf seinem Stuhle sitzen kann. Da ist nicht einer, der nicht hin und her rückt und überlegt und berechnet, was alles er bis dato im Leben versäumt habe.»

«Das mag für die übrigen gelten, aber in deinem Alter hat man noch nicht das geringste versäumt – da brauchst du nur mich anzusehen. Übrigens erlaube mir doch ein Wort: *ich* überrede niemanden! Diablo, wie käme ich dazu, mit diesem meinem weißen Haar, noch einmal von neuem anzufangen, die Dummheiten meiner Jugend zu wiederholen, um mir eine frische Last Gewissensbisse aufzuladen? In drei Wochen reise ich jetzt bestimmt – bestimmt, das sage ich dir! Bis dahin hab' ich mein altes Vaterland und sein Verhältnis zu mir wieder in Ordnung gebracht und mache mich auf den Weg und aufs große Wasser, auch für die alten Freunde in der Apotheke die Fortuna, die spanische Silberflotte, mit zu entern. Oh, die sollen bequem hier sitzen bleiben unter ihrem Zeichen ‹Zum wilden Mann› – ich werde für sie handeln, und die nächste Post, die ihr von mir erhalten werdet, wird das Weitere melden.»

«Er reist in drei Wochen!» seufzte der Doktor, hastig sein Glas hinuntergießend.

XVI

Er hatte, wie man zu sagen pflegt, immer auf dem Sprunge gestanden, der Kaiserlich Brasilianische Oberst Dom Agostin Agonista, aber diesmal reiste er wirklich, und zwar auf die Stunde zum angegebenen Zeitpunkt, nämlich am Mittage des dreiundzwanzigsten Dezembers. Man hatte ihn natürlich dringend von allen Seiten aufgefordert, wenigstens das Weihnachtsfest über noch zu bleiben, doch alles Bitten und Zureden war vergeblich geblieben.

«Quält mich nicht länger», hatte er gesagt, «ich kenne meine Natur und weiß, was ihr gut ist. Diese liebe Feier im gemütvollen Vaterlande, dieses holde Fest im sinnigen, gefühlvollen Deutschland würde mich zu weich stimmen, und es ist unbedingt notwendig, daß ich mich einige Zeit noch ein wenig härtlich halte.

Ich bin das nicht nur mir, sondern auch meinen guten braven Freunden in der Apotheke schuldig. Meine Verpflichtungen erfordern es, was mein Herz auch dagegen zu sagen haben mag.»

Damit verschwand er, verschwand spurlos, als jedermann bereitstand, ihm noch einmal die Hand zu drücken und sich ihm zu empfehlen. Der Abschied war so eigentümlich wie alles andere, was die Ankunft und den Aufenthalt des Mannes am Orte begleitet hatte. Sie kamen alle zu spät dazu: Herr Philipp aus seinem Laboratorium, Fräulein Dorette aus der Küche, der Doktor Hanff von seinem nächstliegenden Patienten.

Der Oberst hatte den Wagen an die Hintertür bestellt, war einfach eingestiegen und abgefahren; sein Gepäck hatte er vorausgeschickt, und die Gegend – sah ihm nach.

Die aus der Apotheke sagten nichts, sondern seufzten, der Doktor schlug sich vor die Stirn und rief ein wenig ärgerlich und enttäuscht: «Ich hätte ihm doch gern noch ein Wort über meine Projekte gesagt! Man bringt einem doch nicht so um nichts und gar nichts die Gedanken in Unordnung und das Blut in Wallung; Donnerwetter, dieses Brasilien!»

Die übrigen Freunde und Bekannten kamen nach und nach verwundert und erstaunt an das Fenster der Offizin.

«Er wollte vielleicht alles unnötige Aufsehen vermeiden», sagte Fräulein Dorette Kristeller kurz und tonlos. Ihr Bruder war selbst für den Pastor und für den Förster nicht zu sprechen.

Der Apotheker «Zum wilden Mann» fühlte sich durch die Trennung von seinem Jugendfreunde sehr angegriffen und wünschte einige Tage ganz sich selber überlassen zu bleiben. Die guten Bekannten begriffen das wohl und ließen das Geschwisterpaar in der Tat über das Fest allein.

Über das Fest allein! –

Da sitzen wir wieder unter den Bildern des Hinterstübchens der Apotheke «Zum wilden Mann», und es ist der Abend des vierundzwanzigsten Dezembers. Ein trübes Talglicht in einem schlechten Messingleuchter, den Fräulein Dorette mit sich ins Zimmer brachte, brennt auf dem Tische. Der alte Herr saß im Dunkel, bis die alte Schwester dieses Licht brachte; im trüben Scheine desselben sitzt er in dem Ehrensessel, und die alte Schwester hat sich ihm gegenüber niedergelassen. Sie sehen beide abgemattet-sorgenvoll aus; sie feiern beide eine betrübte Weihnacht.

Nach einem langen Schweigen sagte Fräulein Dorette: «Plagmann aus Borgfelde will die Kühe gleich nach dem Feste abholen.»

Sie sagte das mit einem tiefen Seufzer; denn Bleß und Muhtz waren ihre Herzensfreude und ihr Stolz, und sie mußte sich von beiden trennen.

Ihr Bruder nickte bloß und sprach nach einer Pause seinerseits: «Ich meine, so ungefähr am fünfzehnten Januar würde die beste Zeit für die Auktion sein.»

Und die Schwester nickte auch und stöhnte: «Jaja, mir ist's recht! Mir ist alles recht! O Gott!»

Nun versuchte der alte Herr, um doch etwas

für das Fest zu tun, wieder einmal heiter und ruhig auszusehen und rief: «Courage, Alte! Wer wird so den Kopf hängen lassen? Du sollst jetzt einmal zu deinem Erstaunen gewahr werden, mit wievielerlei unnützem Gerümpel wir uns allgemach auf unserm Lebenswege bepackeselt hatten. Daß wir die Landwirtschaft, die Sorge und den Verdruß um Wiese und Feld loswerden, ist im Grunde auch nicht so übel und jedenfalls nicht das Schlimmste. Offen gestanden, meine Knochen leisteten zuletzt doch nicht mehr das, was sie früher mit Lust taten.»

Der Trost war wohlgemeint, aber er half wenig. Plötzlich brach die Schwester in ein helles, krampfhaftes Schluchzen aus: «O grundgütiger Heiland, es wäre mir ja alles, alles recht, es kommt nur so sehr spät! Bruder, es kommt zu spät, dieses Elend! – Wäre dieser – Mann um zwanzig Jahre früher gekommen, so würde ich ja mit Freuden mit deinem Kopfkissen meine Bettdecke hingegeben haben; aber wahrhaftig, jetzt ist es für uns zu spät im Leben geworden! Die Hypothek, die auf dem Hause liegt, liegt auch auf mir wie ein Berg! Und dazu keinen – keinen Menschen, dem man seinen Kummer klagen kann, klagen darf – ja, klagen darf!»

«Nein», rief Herr Philipp Kristeller, allen Nachdruck seiner Seele in das Wort werfend, «nein, was wir hier tragen, das tragen wir für uns allein! Fremde Nasen dürfen wir gewiß nicht in unser jetziges Dasein hineinriechen lassen, Dorothea! Es wäre nicht zu rechtfertigen gegen den Freund – meinen Freund – meinen Freund vom

Blutstuhle! Ach, fasse nur Mut, liebe Dorette, und mache mir vor allen Dingen keine solchen verzweiflungsvollen Mienen, du sollst sehen, wir behalten den Kopf doch noch oben und führen auch unter den jetzigen Verhältnissen ein gutes und stilles Leben weiter. Was würde meine Johanne sagen, wenn sie bis heute mein Los mit mir geteilt hätte? Sieh, die Leute können wir denken und reden lassen, was sie wollen.»

«Und ich sehe sie schon vor mir, wie sie die Köpfe zusammenstecken, der Pastor und der Ulebeule, die Herren vom Gestüt, der Amtsrichter und der Doktor. Sie werden sich schöne Historien zusammenphantasieren und uns in einem bunten Lichte an die Wand hinmalen!»

«Laß sie! Möge es nur dem alten tollen Freunde mit seinem jungen Glück gutgehen! Ich sage dir, liebe Schwester, schon die Gewißheit, daß niemand es so herzlich mit uns meint als er, wäre mir ein Trost, wenn es mir vielleicht auch noch so kläglich zumute wäre. Jetzt glaubt er, mit vollen Segeln seinem und unserm Glücke entgegenzuschwimmen; sieh, Alte, und sein Geld hat doch wenigstens zum zweitenmal einem Menschen für eine Stunde Behagen gegeben, was man wahrhaftig nicht von jedem Gelde sagen kann, und wenn es auch wie hier zwölftausend Taler wären.»

Die Schwester erwiderte nichts hierauf, sondern zuckte nur die Achseln, welches ihr dann wieder Gewissensbisse machte. Sie stand auf, ging zum Fenster und sah in den nächtlich winterlichen, gleichfalls schwer mit Hypotheken belasteten Garten hinaus und wendete sich nach drei Minuten erst ins Zimmer zurück: «Es schneit tüchtig, Bruder. Weißt du wohl noch, Philipp, welch ein Vergnügen und welche geheime Behaglichkeit wir grade an diesem Tage am Schnee hatten?»

«Ei gewiß», rief der Bruder, «wie wären wir sonst wohl dies Menschenalter durch so gut miteinander ausgekommen? Dorette, heute sind wir doch die richtigen Narren gewesen, daß wir uns zum erstenmal nicht einen Tannenbaum mit Lichtern besteckt haben. Allem zum Trotz hätten wir das tun sollen! Nun, das nächste Mal! – Im nächsten Jahre...»

«Wenn dein Freund vom Blutstuhle das Schiff mit den Fässern voll Gold und Edelsteinen geschickt hat, als Abzahlung – wenigstens für das Rezept zum ‹Kristeller›! Oh, und dafür dreißig Jahre lang da seinen Lehnstuhl freigehalten zu haben!»

Das war echt weiblich und also nichts dagegen zu machen: der alte Herr Philipp hielt sich an sein eigen männlich und treu Gemüt, ließ sich das Wort nicht vor dem Munde abschneiden, sondern schloß seinen Satz: «...wollen wir das diesmal Versäumte desto herzlicher und herzhafter nachholen.» Der weiblichen Einschaltung wegen fügte er jedoch im stillen noch hinzu: «Wie es auch kommen mag.»

Was die Freunde der Umgegend anbetraf, so verwunderten sie sich in der Tat sehr, als im Laufe des Winters und Frühjahrs in der Apotheke «Zum wilden Mann» sich vieles sehr veränderte – als die Möbel aus den Gemächern abhanden kamen, das Vieh aus den Ställen verschwand, als der Blumengarten sich in einen Gemüseplatz verwandelte, das zierliche Dienstmädchen eine andere gute Herrschaft suchte, dem Knechte gekündigt wurde und es im Kreisblatte zu lesen stand, daß der Apotheker Herr Philipp Kristeller soundsoviel Morgen Wiesen und Ackerfeld an die und die Bauern der Gemeinde und Feldmark verkauft habe. Als aber die Auktion in der Apotheke selbst wirklich abgehalten wurde, boten sie kopfschüttelnd mit; und auf dieser Auktion erstand der Förster des Apothekers Bildergalerie, der Doktor die chinesische Punschschale und der Pastor den Ehrensessel des Obersten in brasilianischen Diensten Dom Agostin Agonista.

Ein kahleres Haus gab es nachher nicht im Orte. Nur der Inhalt der Büchsen und Gläser in der Offizin blieb verschont; die Freunde und Bekannten aber überlegten und mutmaßten nach allen Richtungen hin und kamen zuletzt sämtlich auf die nicht ganz unwahrscheinliche Vermutung, daß ihr Freund, Herr Philipp Kristeller, in schlechten Papieren ganz heimlich spekuliert und sich verspekuliert habe.

Natürlich rieten sie ihm dringend, sich doch umgehend an seinen Freund, den brasilianischen Obersten, zu wenden, und begriffen nicht, aus welchem Grunde er das so sehr hartnäckig ablehnte.

HORACKER

I

Einst war er sehr häufig auf den Gefilden Neuseelands anzutreffen, jetzt ist er erloschen. Den letzten, dessen man habhaft wurde, hat man ausgestopft und schätzt ihn als eine große Seltenheit; und wie ihn, den Vogel Kiwi – den letzten Vogel Kiwi –, sollte man eigentlich auch den letzten Konrektor ausstopfen und als etwas nie Wiederkommendes verehren. Was wir an gutem Willen dazu zu bieten haben, geben wir gern her; vielleicht liefern andere nachher das Stroh, den Draht und den Kampfer – letzteren gegen die Motten; denn was die Grillen anbetrifft, so wünschen wir dieselbigen uns selber zur Ausrottung vorzubehalten. Wir wünschen eine vergnügliche Geschichte zu schreiben, und wenn wir jemandem das schuldig sind, so ist unser alter Herr, *der letzte Konrektor,* der Mann. Er ist immer gegen das Lügen gewesen, wenn's ihm heulend vorgetragen wurde; eine gute Schnurre dagegen wußte er schon selber mit Behagen ungemein glaubwürdig zu machen. Über das, was ihm aufgebunden wurde, hielt er selbstverständlich nicht Buch; doch sollen heimtückischer- und frivolerweise andere Leute dann und wann Buch darüber gehalten haben, seine Kollegen zum Exempel, nicht bloß seine Schüler.

Wenn wir nun den höchsten Berg der Gegend – wenig mehr als achtzehnhundert Fuß über das Meer sich erhebend – besteigen, so begreifen wir mit einem Rundblick nicht nur den Horizont, sondern auch die Grenzlinie, über die er, Eckerbusch, nie hinauskam, abgerechnet die drei Jahre seiner Universitätszeit. Es ist eine Gegend, in der man schon mit erklecklichem Behagen geboren worden sein kann, eine recht schöne Gegend in der wirklichen Bedeutung des Wortes. Ein Fluß, der auch in Schillers «Xenien»* seine Stelle gefunden hat, schlängelt sich in mannigfachen Windungen hindurch. Bergland wechselt mit Wiesen und Ackerfeldern und Wäldern anmutig ab. Ein großer und gleichfalls nicht unberühmter Wald tritt auf einer ziemlichen Strecke bis dicht an den Strom heran und dehnt sich gegen Westen weit über den Gesichtskreis hinaus. Viele Kirchtürme, um die herum sicherlich die dazugehörige Politik getrieben wird, sind zu erblicken; uns jedoch fesselt vor allen einer, spitzig himmelanstrebend, schiefergedeckt; uns fesselt ein Wetterhahn, nämlich der, welcher sich glänzend vergoldet auf diesem Turme dreht und zu dem der Konrektor Eckerbusch aus den Fenstern seiner Sekunda emporblickt, wenn er ganz genau wissen will, woher der Wind weht. Der alte Herr führt seit mehr denn dreißig Jahren auch Buch über den Wind und ist für das Gemeinwesen eine geachtete Autorität in Witterungsangelegenheiten; sorgliche Hausfrauen, die Sonnenschein zum Wäschetrocknen brauchen, pflegen zu ihm zu schicken: «Ein Kompliment an den Herrn Konrektor Eckerbusch, und ob es morgen wohl regnete?»

Und der Alte hat immer eine Antwort zur Verfügung, und wenn es sich hernach herausstellte, daß er sich irrte, so ist er sicherlich niemals schuld daran, sondern stets «der verfluchte Kerl zu Haparanda, Hernösand* oder Konstantinopel, der wie gewöhnlich mit seinen meteorologischen Beobachtungen im Rückstand geblieben ist». Es muß schon weit gekommen sein, ehe von der Wissenschaft dem Wetter selber die Schuld an der Irrung aufgeladen wird.

Doch die Sonne liegt auf der Landschaft, während wir auf dem Gipfel des oben gemeldeten Berges stehen und uns umschauen. Wenn dann und wann ein kurios geformt und gefärbt Wolkengebilde über das Blau gleitet und seinen Schatten auf das Grün wirft, so kann das nur den Reiz des guten Tages erhöhen. Wir nehmen eine behagliche und jedwedem Erdending wohlgefällige Stimmung mit bergunter; und das ist es grade, ja ist es einzig und allein, weshalb wir uns eben so hoch – ganze achtzehnhundert Fuß hoch! – über der Menschen Häupter und Hausdächer erhoben. Wir steigen bergab und zuerst durch dichtes Haselbuschgewirr. Wir haben vorsichtig die Zweige zur Seite zu biegen, daß sie uns nicht in das Gesicht schlagen, oh, und wir erinnern uns deutlich der Zeit, da der Konrektor Eckerbusch hier im Busch saß und sich ganz etwas anderes schnitt als Pfeifen; denn als er seinen Abschied nahm, wurde er längst nicht mit «vollem Gehalt» pensioniert! – Durch den Hochwald geht unser

Weg, über reinliche schöne Waldwiesen, durch ziemlich schmutzige Dörfer, bis uns ein letzter, verwachsener und auch sonst nicht ohne Beschwerde zu erklimmender Hohlweg auf den Rand eines schroff abfallenden Abhangs bringt, unter welchem der Fluß rasch und lebendig dahinschießt und das einzig Langsame auf und an ihm das Schiff ist, das langsam kläglich zu Berg kriecht, geschleppt von den keuchenden Gäulen auf dem steinigen Schifferpfade. Der Hohlweg läuft nun rechtsab im Zickzack den Hügel hinab, geht in einen Feldweg über und führt uns zu einem andern Dorfe, dicht am Strom gelegen.

Da haben wir die Fähre und den Fährmann und schwimmen auf dem Wasser. Zwei eben dem Knabenalter entwachsende und ihren Röcken und Hosen anscheinend spargelhaft über Nacht entwachsene Jünglingsmenschen – Obertertianer oder Untersekundaner jedenfalls – fahren mit über, und der eine spricht zum andern: «Du, Karl, ich weiß einen, der wird sich heute über vier Wochen wundern.»

«Na?»

«Mein Alter naturellement! Trotz allem Büfeln und Ochsen ist das Vierteljahr durch kein Tag alle geworden, an dem er nicht behauptet hat, ich stänke vor Faulheit: uh, laß ihn mich nur erst mal nach diesen großen Ferien, heute über vier Wochen, riechen! Wenn er sich da nicht die Nase zuhält, so hat er sicher einen borstigen Schnupfen.»

Das andere Ideal einer zärtlichen Mutter, das sich so lang als möglich auf einer Bank des Fahrzeuges hingeflegelt hat, antwortet gar nicht im unendlichen Genuß des Daseins. Nur durch ein grunzendes Gestöhn gibt es seiner Billigung und seinem Behagen Ausdruck.

Die großen Ferien – die Hundstagsferien haben ihren Anfang genommen; die beiden holden Knaben kehren mit ihren grünen Botanisierkapseln und Turnäxten vom ersten freien Ausflug in die himmlische rand- und bandlose Natur unter das väterliche Hausdach zurück, und ach, was gäbe man darum, wenn man in der Haut und den Gefühlen eines der zwei Lümmel steckte! Am liebsten steckte man in den Gefühlen und Häuten beider; denn wer hat je der Lebensseligkeiten genug gehabt, wenn sie ihm mit vollen Löffeln geboten wurden?!

Machen wir wenigstens so rasch als möglich die genaue Bekanntschaft des letzten Konrektors Dr. Werner Eckerbusch! Die guten Gelegenheiten gehen alle vorbei und kommen selten wieder; die guten Tage in dieser Welt gehen alle hin; und in dem Augenblick, wo wir die Hand auf den alten Eckerbusch legen, nähern sich auch diese Hundstagsferien bereits wieder ihrem Ende und ist die Stimmung des Knaben aus dem Kahn durchaus nicht mehr die nämliche, die sie vor – vier Wochen war.

II

Nun bilden sich die Leser ganz andere Dinge ein, als in dieser Geschichte, die der Geschichtsschreiber geistig sehr miterlebte, vorkommen werden.

Da wird den Fenstern von tausend Leuten gegenüber ein neues Haus gebaut. Alle tausend Leute werden den Bau vom Ausheben der Kellerräume bis zum Einsetzen der letzten Glasscheibe mit Interesse verfolgen; aber neunhundertneunundneunzig von den tausend werden nur sagen: «Das Haus gefällt mir!» – oder: «Das Haus hat meinen Beifall nicht!» –, jedenfalls aber: «Das gäbe eine Wohnung für mich – da könnte ich mein Sofa – meine Bibliothek – meine Schränke aufstellen, und die Aussicht ist auch ganz hübsch!» –, und – unter den tausend ist einer, der wird sich und das Schicksal in ruhigem und etwas melancholischem Nachdenken fragen: «Was alles kann in diesem neuen Haus passieren?»

Dieser eine sieht aus seinen wohlgezimmerten vier Pfählen in die noch leeren Fensteröffnungen, die Zimmermannsarbeit und Maurerarbeit da drüben hinein, lehnt die Stirn an seine Fensterscheibe, die dünne Glaswand, die ihn von dem Drüben trennt, und denkt an Geburt, Leben und Tod, an die Wiege und an den Sarg, und für diesen einen schreiben wir heute und haben wir immer geschrieben. Wir wünschen uns aber viele Leser.

Es hat also sechsundsechzigundeinhalb geschlagen, der Norddeutsche Bund ist gegründet worden, und der letzte Konrektor ist ein mit der weltgeschichtlichen Wendung vollständig einverstandenes Glied des Norddeutschen Bundes. Zwei seiner früheren Schüler sind unter den Preußen bei Königgrätz gefallen, einer unter den

Hannoveranern bei Langensalza, und einer – «ein arger Schlingel, aber sonst ein guter Junge» – verscholl bei einem Angriff ungarischer Husaren in der Schlacht von Custozza.

«Dieser arme Schelm hat mich oft genug und bestienhaft genug bis zum Durch-die-Decke-Springen gebracht, und ich habe ihm oft genug mitgeteilt, daß er ein Nagel zu meinem Sarge sein werde, und – nun ist's mit ihm so gekommen!... Lieber Himmel, am Ende ist das doch das einzige, was ich ihm nicht verzeihen werde, denn nun zwingt er mich, mich dann und wann sogar im Traume mit ihm zu beschäftigen», pflegte der alte Eckerbusch zu sagen.

«Das hab' ich wenigstens fertiggebracht», sagte der Kollege oder vielmehr Halbkollege Windwebel, «in meinen Träumen habe ich *sie* mir bis dato vom Leibe gehalten.»

«Ja, Sie haben auch eine junge Frau, Kollege!» sprach der alte Konrektor.

Es war ein merkwürdiger Monat, dieser Monat Juli des Jahres achtzehnhundertsiebenundsechzig! Es war erstaunlich, was alles sich in der Welt ereignete und aufdringlich von der schon so konfusen Menschheit verlangte, in Obacht genommen und in Überlegung gezogen zu werden. In Paris befand sich die Weltausstellung im Gange, und Louis Napoleon, der dritte seines Namens, tat noch immer, als ob ihm ungeheuer leicht und so recht seelenvergnügt zumute sei, obgleich eben Max von Mexiko zu Queretaro vom schlimmen Juárez erschossen worden war.*
In den Chignons der Damen wurden die Grega-

rinen entdeckt, und Santa Anna, weiland Präsident der Republik Mexiko, starb auch in diesem Monat. Es versammelte sich zu seinen Vätern Heinrich der Siebenundsechzigste, regierender Fürst des Fürstentums Reuß jüngere Linie. Gera trauerte. Es verschied König Otto von Griechenland; doch blieb es unklar, ob Athen trauerte. Jedenfalls legte man keine Trauer in Deutschland an, als Thurn und Taxis sein vierhundertjähriges Postprivilegium niederlegte. Viele Bücher, Broschüren und so weiter erschienen immer noch über den Krieg von sechsundsechzig; doch das größte Wunder sollte gegen den Schluß des Monds eintreten: *die Türken erschienen am Rhein!* Sultan Abdul Aziz besuchte den König Wilhelm zu Koblenz.

Nun hätte man denken sollen, daß alles dieses und noch vieles andere nicht Aufgezählte vollkommen hingereicht hätte, die eben von uns vom hohen Berg aus überschaute Gegend hinreichend zu beschäftigen; aber – im Gegenteil!

Die Gegend kümmerte sich nicht im geringsten um die Pariser Weltausstellung, den Kaiser Napoleon den Dritten, den Kaiser von Mexiko, den Fürsten von Reuß-Schleiz, den Präsidenten Santa Anna und den König Otto von Griechenland: die Gegend kümmerte sich nur um – Horacker.

Horacker grassierte in der Gegend;

der Konrektor Eckerbusch aber ging am Donnerstag, dem fünfundzwanzigsten Juli, also am Tage nach dem türkischen Einfall, mit dem Oberlehrer Dr. Neubauer nachmittags zwischen zwei und drei Uhr in seinem Hausgarten auf und ab; wir sind darin – mitten drin, mitten –, kurz, in mediis rebus, wie die Lateiner sagen, und wir haben's zu tun mit den Lateinern. Oh, um unsere verschwitzte Gelahrtheit! Wir, die wir im Schweiße unseres Angesichts unser literarisch Brod essen, wissen, was es heißt, etwas gewußt zu haben!

III

Der junge Philologe sah etwas verschlafen und nicht wenig verdrossen aus, der alte sehr helläugig und munter, als sie beide auf der Schattenseite des Gartens an der Efeumauer auf und ab schritten.

«Also dazu hat mich der graue Halunke aus der süßesten Ferien-Siesta aufstören lassen?» murmelte der Junge.

«Mir genügen fünf Minuten des Nachdenkens nach Tisch, Kollege», sprach der Alte. «Nachher bin ich wieder zu allem fähig. Also Sie gehen mit nach Gansewinckel? He? Es ist vielleicht der letzte Ausflug in den Tagen der Freiheit. Sie wissen, wie bald das Elend und die Plackerei wieder angeht, und regnen kann es auch morgen.»

«Das weiß ich freilich», brummte der Oberlehrer, «und desto...»

Er vollendete den Satz nicht; aber der vergnügliche Greis wußte doch schon, was er sagen wollte, und ließ ihn heimtückisch-schadenfroh an einem abgerissenen Efeublatt eine Zeitlang weiterkauen, bis er schmeichelnd sagte: «Der Kollege Windwebel geht auch mit und wird hoffentlich sogleich erscheinen.»

«Das ist freilich das verlockendste!» ächzte der Oberlehrer, mit einem Ruck stehenbleibend und den bittern Stengel von Hedera helix* von sich speiend. «Nein, ich danke ganz gehorsamst! Nächstes Mal!... Ich bin wirklich für die letzten Tage der Vakanz anders beschäftigt.»

«Natürlich, und ungeheuer nützlich!» brummte der Konrektor, und bei sich fügte er hinzu: «O du frisch aufgestecktes Licht im Tempel der Weisheit! Seit sie uns dich von höchster Stelle hergeschickt haben, merkt man freilich erst, in welchem Duster man seinerzeit gelebt hat!»

Der elegante jüngere Kollege schien doch eine Ahnung von dem Kompliment zu haben, welches der ältere in seinem Busen umwendete.

«Götter, welche Kerle!» murmelte er seinerseits bei sich; und die Kollegenschaft in corpore hatte sich für den stummen Ausruf des Überdrusses eines großen und frisch aus der Hauptstadt in die Provinz versetzten Selbstbewußtseins zu bedanken.

Und nun hatte der alte Eckerbusch wiederum eine Ahnung von dem, was der Dr. Neubauer murmelte.

«Ei ja», meinte er ungemein vergnügt, «es ist freilich eine Art Eleusinischen Mysteriums*, daß die Welt uns dann und wann viel trivialer vorkommt, als sie in Wirklichkeit ist...»

«Und da kommt Ihr Kollege Windwebel!» sagte der Oberlehrer. «Unter uns, Herr Kollege, wenn ich eines nicht begreife, so ist's, wie Sie sich mit einem solchen hohlen, nichtssagenden Gesellen so vertraulich einlassen, ja auf den Fuß täglichen Verkehrs und intimer Freundschaft stellen können. Wo ich bei diesem Patron mit dem Knöchel angepocht habe, hat es mir noch immer hohl geklungen.»

«Wirklich?» fragte der alte Herr und hatte abermals zu dem lauten Wort eine stillere Anmerkung zu machen.

«Kleister!» begann er, «Pinsel!» fuhr er fort und schloß mit einem tief heraufgeholten Atemzug: «Na, es kann nicht jeder die Welt mit den Augen eines belesenen Buchbinders ansehen.»

Er zog dabei heftig an seiner Tabakspfeife und blies den Dampf durch spitzigst zusammengezogene Lippen in den fünfundzwanzigsten Juli hinein: «Na, was wäre ein Erdball, auf dem es kein Jucken und kein Kratzen gäbe! Willkommen, lieber Windwebel. Ich habe Sie lange nicht mit solcher Sehnsucht als in diesem Moment erwartet!»

Der Herr Oberlehrer riß ein neues Blatt von der Efeuwand, und der Kollege Windwebel trat reisefertig und lächelnd näher.

Er wird auch uns hoffentlich sofort nähertreten; er kam und kommt mit einem wirklichen Lachen auf dem Gesichte durch die Stachelbeerbüsche seines ältern Kollegen und dieser Historie.

Rasch trat er heran, hob den leichten Strohhut von der Stirn und rief: «Da bin ich, meine Herren, und habe hoffentlich nicht auf mich warten lassen. Eigentlich hätte aber doch nur meine

Hedwig auf sich warten lassen – Sie wissen, wenn man eine junge Frau sein nennt, so erfährt man, was es heißt, gute Verhaltungsratschläge mit auf den Weg zu bekommen. ‹Daß du mir nicht fällst! Daß du mir ja nicht kalt trinkst, wenn du erhitzt bist!... Daß du dir ja hübsch die Nase putzt! Und jetzt willst du gar ohne Kuß gehen, Viktor?... Höre, und klettre mir nicht zu wagehalsig! Mein einziger Trost ist nur, daß der Herr Konrektor Eckerbusch dich beaufsichtigt.›»

Der Herr Konrektor Eckerbusch lachte herzlich; aber der Kollege Neubauer schien es für seine Pflicht zu halten, um so ernster zu bleiben.

«Sehr ergötzlich!» sagte er, wahrscheinlich, um auch dadurch der Heiterkeit des Augenblicks noch mehr aufzuhelfen.

«Der Herr Doktor wird uns nicht begleiten, Windwebel; wir haben ihn umsonst aus seiner Nachmittagsruhe aufgestört. Sämtliche neun Musen haben ihn in den Klauen, und was uns zwei angeht, so wissen wir es gar nicht, wie gut wir mit unsern beiden Frauenzimmern dran sind: Sie mit Ihrer jungen Hedwig und ich mit meiner braven alten Ida. Kommen Sie herauf, Windwebel, und trinken Sie noch eine Tasse Kaffee vor dem Abmarsch. Kommen Sie mit, Freund Neubauer?»

«Ich muß wirklich höflichst danken», sprach der Oberlehrer mit einem Ton und einer Handbewegung, als ob in der Tat eben nur der weise Cicero fröhlich von seinem muntern Halsabschneider Marcus Antonius eingeladen worden sei, noch einen Augenblick mit heraufzukommen. Damit ging er, formaliter grüßend, und der Alte sah ihm nach, anfangs ein wenig verdutzt und grimmig, dann aber mit einem um so sonnigeren Grinsen.

«Nun, Windwebel, dann wollen wir ihn ruhig auf seinem Sofa liegenlassen. Steigen wir hinauf zu meiner Alten!»

«Mit Vergnügen, Herr Kollega», erwiderte der Zeichenlehrer des Gymnasiums und nahm den Arm des Konrektors. Der Dr. Neubauer jedoch ging nicht hin, um sich von neuem auf sein Sofa zu legen, sondern er setzte sich steif an seinen Schreibtisch, um zu einer ganz speziellen Tröstung mehrere Aphorismen zu Papier zu bringen. Wir wollen dieselben dem weisen Publico nicht vorenthalten, denn möglich ist's doch, daß sie irgendeinem unserer Leser gleichfalls zum Trost dienen, was uns denn recht freuen würde.

So schrieb der Herr Oberlehrer:

A. Wer imponiert? Nur der, welcher ruhig seinen eigenen Weg geht.

B. Wo das Tier zum Vorschein kommt, bleibt dem wirklichen Menschen nichts übrig, als unendlich geduldig zu werden.

C. Im Grunde begreift keiner die Tragik im Leben des andern.

D. Ich las gestern im Aulus Gellius über die Schwüre der Römer und Römerinnen.* – Beim Herkules schwören nur die Männer, beim Kastor nur die Weiber; aber beim Pollux beide Geschlechter. – Aedepol! Unter welchem Getier beiderlei Geschlechts hat man hier zu vegetieren!...

E. Gibt es nicht Nationen, in denen unbekannt

zu bleiben oder von denen vergessen zu werden eine Ehre ist? –

Mit dem Wunsche, das Unserige getan zu haben, daß der junge Mann, dieser Herr Oberlehrer Dr. Neubauer, *seiner* Nation nicht unbekannt bleibe, überlassen wir ihn für jetzt dem ungeheuern Ernste seiner Natur- und Lebensauffassung und steigen mit dem Konrektor und dem Zeichenlehrer hinauf in das Gemach der Frau Konrektorin, deren gutes altes Gesicht sich beim Anblick Windwebels jedenfalls nicht verdüsterte.

Von ihrem Strickzeug munter aufschauend und die Hornbrille auf die Stirn emporschiebend, rief die alte Dame:

«Mehercle, also Sie wollen mir richtig meinen Alten schon wieder einmal verführen, Kollege?»

«Mecastor heißt's!» sprach der Konrektor. «Diesmal bin ich mal wieder der Verführer. Herrjeses, Ida, was würdest du für eine Mutter der Gracchen geworden sein, wenn uns der liebe Himmel Kinder beschert hätte. Nun aber rasch, trinken Sie noch eine Tasse, Windwebel, und dann gehen wir. Eine Flasche Chateau Heidelbeere wird in die Tasche gesteckt; für das spätere Getränke sorgt Winckler in Gansewinckel.»

«Eckerbusch! Eckerbusch!» rief, den Kaffeetopf niedersetzend, die Matrone. «Windwebel, ich binde ihn Ihnen auf die Seele und das Gewissen! Daß er eine Reputation aufrechtzuhalten hat, wird ihm nur klar, wenn ein anderer es ihm klarmacht, und auch dann schlägt er gerade erst recht über den Strang. Ich bitte Sie, Windwebel, passen Sie mir auf ihn...»

«Verlassen Sie sich ganz auf mich, Frau Konrektorin.»

«Jawohl! Sie und Ihre Hedwig haben ihm nicht den Rheumatismus mit einem heißen Plätteisen aus dem Buckel zu bügeln, wenn er sich nach seiner Gewohnheit die feuchteste Stelle im ganzen Walde zum Sitz aufgesucht hat; also denken Sie an mich, und geben Sie mir zuliebe acht, daß er's diesmal nicht tut. Manchmal sucht er sich auch expreß einen Ameisenhaufen aus, um sich hineinzusetzen; und Sie wissen, wie wenig er seine Stellung zu berücksichtigen pflegt, wenn ihm etwa eine Horde von seinen Schülern begegnet!... Also passen Sie mir recht hübsch auf ihn – ich mache dann wahrscheinlich auch Ihrer kleinen Frau eine Visite und bewahre sie Ihnen vor Schaden.» Lachend fügte sie hinzu: «Und, o Gott, Horacker! Nehmen Sie sich auch vor Horacker in acht! Dieser Angstpfropfen steigt mir nun auch noch zu guter Letzt in der Kehle herauf!... Horacker! Es ist zwar dummes Zeug; aber hätte ich früher an den Kerl gedacht, so hätte doch keiner von euch beiden heute die Erlaubnis zu diesem Wege nach Gansewinckel bekommen!»

«Haben Sie den Chateau in die Tasche geschoben, Kollege?... Gut; dann lassen Sie uns machen, daß wir aus dem Hause kommen; dies ist ja ganz heillos! Sie, Windwebel, haben sich zu Ihrem Glück nicht mit der Metrik abzugeben und wissen also behaglich auch nicht, was ein Proceleusmaticus* ist und wie angenehm einem die Ohren klingen, wenn solch ein Frauenzimmer in lauter Proceleusmaticos ausbricht und sozusagen selber zu solch einem Untier von Rhythmus domesticus wird. Horacker, Rheumatismus, Reputation und kein Ende! Vale, Alte, hast du gar nichts an den Pastor und seine Frau Billa zu bestellen?»

«Grüße Sie, Eckerbusch. Und dann könnt ihr mich und Frau Hedwig demnächst dort auf eine saure Milch anmelden. Wollen Sie, lieber Windwebel?»

Der liebe Windwebel wollte selbstverständlich; und dann sah die Stadt den Konrektor und den Zeichenlehrer ihres illustren Gymnasiums auch diesen Feiertag benutzen; das heißt, viele Leute, die das Weichbild bewohnten, sahen ihnen nach und sprachen: «Da gehen die beiden hin.» Unter welchen Worten sich der geheime Wunsch verbarg: «Mit *den* zwei ging ich selber gerne. Daß der alte Eckerbusch heute wieder was erlebt, ist sicher.»

Auch der Doktor Neubauer trat mit der Feder in der Hand an das Fenster und sah die Kollegen dem Stadttor zu ziehen; und da es wieder einmal kein anderer tat, so tat er's selber und lobte sich ausnehmend dadurch, daß er ihnen fast beängstigend nachgähnte.

Nachher ließ er die Welt in dem Wahne, daß er sich auch heute – jetzt einer großen literarisch-dichterisch-philologischen Lebensaufgabe hingebe, und legte sich von neuem mit den «Blättern für literarische Unterhaltung»* auf sein Sofa.

IV

Wie ein Nest des Friedens lag Gansewinkel mit seinen Gärten, Wiesen und Feldern in den Wald hineingedrückt, und dann war natürlich die Kirche gekommen und hatte die Pfarrei als ein Nestei in die Idylle hineingelegt: wir aber bitten uns vom nächsten Osterhasen eine Belohnung für das liebliche Bild aus. Ach, wenn nur der braven alten Henne Ekklesia nicht so sehr oft Enteneier zum Brüten untergeschoben würden! Aus was für Eiern die Gansewinckler gekrochen sein mochten, augenblicklich waren sie sämtlich ihrem Pastor davongewatschelt und schwammen, plätscherten und tauchten lustig und höhnisch auf dem Sumpfe menschlicher Verderbnis, und der Pastor Winckler stand am Ufer oder lief dort auf und ab und ärgerte sich und ängstete sich sogar ein wenig – mit gesträubtem Gefieder, das letztere heißt, er hatte bereits seinen schriftlichen Bericht an das Konsistorium in der Feder.

Daß sie, die Gansewinckler Bauern, ein wenig sehr der Wilddieberei ergeben waren; daß sie dann und wann auch wohl sich selber (das heißt den Nachbar im Dorfe) bestahlen; daß ihre Händelsucht mehr als einen Advokaten redlich ernährte – das alles war ihre eigene Sache, und der alte Winckler wußte sie da wohl zu nehmen. Er hatte den Körper und den Geist dazu, hielt mitten im neunzehnten Jahrhundert den wackern Christian Fürchtegott Gellert* für einen Klassiker und hielt das abgegriffene Exemplar der «Fabeln» desselben in höchsten Ehren, sowohl auf seinem Schreibtische wie im Kopfe und nach beiden Richtungen hin im täglichen Gebrauch. Er verstand's, seinen Fürchtegott bei vorkommenden Gelegenheiten recht passend zu zitieren; er hat auch heute dem Vorsteher und den Ältesten der Gemeinde gegenüber damit zu wirken versucht, und – diesmal ist er abgeblitzt und sitzt, als wir ihm zu allen übrigen Verdrießlichkeiten auch noch über den Hals kommen, mit erloschener Pfeife, zusammengezogenen Brauen und innerlichem Geknurr an seinem Schreibtische. Die rechte Hand liegt geballt auf der Konkordanz, die linke schlaff und offen im Schoße. Hohngrienig sind seine Lämmer abgezogen; sie, seine Bauern von Gansewinckel, glauben ihn diesmal zu haben und zu halten. Jedenfalls haben sie ihn, Christian Winckler, in die äußerste Verblüfftheit versetzt und seine Frau Billa mit. In der Nußbaumlaube an der Gartenhecke, von der aus man den Weg nach dem nächstgelegenen Rande des Waldes übersieht, ist der Nachmittagskaffee schon vor einer Stunde kalt geworden, und es ist nur der Wärme des Julitages zu verdanken, wenn er nicht noch kälter wird.

«Pfähle mich, Frau Pastorin; wir haben's eben mit dem Herrn Pastor abgesprochen», hatte der Vorsteher Neddermeier, den Bauerngänsemarsch an der Küchentür der Pfarre vorbeiführend, der geistlichen Frau zugegrinset, und der Dickste der Deputation und im Dorfe, der Vollköter* Heinrich Degering, hatte sogar gelacht, ohne den Hut vor die «Flegelvisage» zu halten, und nun – saß die Frau Billa Winckler ihrem gebrochenen Eheherrn im Studierstübchen desselben gegenüber und hatte beide Hände schlaff im Schoße liegen: «O Krischan!»

Und der Pastor, mit der Linken nach dem Taschentuch suchend, um sich den Schweiß abzutrocknen, läßt die Faust abermals auf die Bibelkonkordanz fallen: «So wollte ich denn doch, daß – – –»

Wir kennen das hochwürdige Konsistorium, und so versagen wir es uns und den Lesern zum Besten des Gansewinckler geistlichen Hirten, für die Gedankenstriche die betreffenden Worte hinzusetzen. Das aber, was Krischan Winckler in diesem Augenblicke aus vollem Herzen und mit Hingabe aller seiner Gefühle gern wollte und wünschte, sprachen die von ihm keineswegs verschluckten Worte in vollstem Maße aus; darauf kann man sich verlassen.

«Da triumphieren sie hin, daß sie dich endlich einmal am Wickel haben, Alter», ächzte die Frau Billa. «Oh, könnte ich doch jetzt im ‹Kruge› zwischen sie fahren! Da sitzen sie nun und stecken ihre Dickköpfe über dich zusammen, und oh! wie sie sich auf den Sonntag und deine Predigt freuen werden! Und oh! wie ich mich darauf freue, wenn ich auch noch nicht weiß, ob ich ihn überleben werde! Selbst meine Haube mag ich nicht mehr über den Zaun zeigen, bis diese Geschichte entschieden ist! Willst du heute noch nach der Stadt, Winckler, und mit einem sachverständigen Menschen sprechen?»

«Erst muß ich selber meine Gedanken wieder zusammensuchen», stöhnte der Pastor, «wie kann ich mit einem andern darüber sprechen, ehe ich selber wieder weiß, ob ich auf dem Kopfe oder auf den Füßen stehe?... Das habe ich nun von meiner Herzensgüte!»

«Und was habe ich davon?» fragte die Gattin. «Da guck nur deinen Fußboden an! Nicht einer von dem halben Dutzend Lümmeln ist abgezogen, ohne mir drauf gespuckt zu haben. Ist denn der Kantor noch nicht in Sicht? Auf dessen Mienen nach diesen Enthüllungen bin ich doch auch gespannt. O Krischan, Krischan, du gratulierst, und Böxendal singt, und das Konsistorium kenne ich, das läßt ihn singen und dich gratulieren; aber ich sage dir, bis an den Landesherrn gehst du wegen der Sache, ehe es so weit mit mir und dir kommt, und das ist meine Meinung, und – da – kommt der Kantor durch den Garten! Hab' ich es nicht gesagt? Jesus, wie läuft der Mann und was macht er für'n Gesicht! Einer von *ihren* Jungen möchte ich bei ihm jetzt auch nicht sein.»

«Aber ich!» brummte der «treffliche Pfarrherr von Grünau»*. «Es ist immer noch angenehmer als Pastor zu Gansewinckel.»

In diesem Moment riß der Kantor von Gansewinckel die Stubentür auf: «Herr Pastor – entschuldigen Sie, Frau Pastorin; Herr Pastor, ich bitte Sie – ist es denn möglich?»

«Ich halte es bis jetzt auch noch für unmöglich, lieber Böxendal; aber die alten Pergamente besagen es leider Gottes: Sie pfeifen für Ihre Vierzeitengelder*, und ich tanze für die meinigen. Für die vier Pfennige alle Vierteljahre haben wir beide uns an jedem Neujahrstage persönlich bei jeglichem Hausvater in der Gemeinde einzustellen.»

«Und ich habe jedem Bauer einen Gesangbuchsvers vorzusingen?! O du Allmächtiger!»

«Und ich bin verpflichtet, einem jeglichen von ihnen in wohlgesetzter Rede alles Gute und Liebe zu wünschen. Böxendal, sie haben es schriftlich, und wir hätten etwas Klügeres tun sollen, als unsern Ablösungsantrag in betreff dieser verruchten Vierzeitengelder zu stellen.»

«Aber seit mehr als einem Säkulum muß das ja in Vergessenheit geraten sein. Herr Pastor, keiner meiner Vorfahren im Amte seit dem Siebenjährigen Kriege...»

«Deshalb nennt man das auch ein altes Herkommen!» fiel der Pastor seinem Kantor ächzend ins Wort. «Und wir selber haben es wieder aufgerührt; und ich kenne da meine Gansewinckler – o Böxendal, Böxendal, fragen Sie nur meine Frau nach meinen Betrachtungen des Falles...»

«Frau Pastorin, Sie sollten meine Frau über die Geschichte sehen und hören!» wendete sich der Kantor von Gansewinckel an die zerknickte Matrone.

«Ich komme einfach um», stöhnte die gute alte Dame. «Böxendal, wenn das Konsistorium kein Einsehen tut, überlebe ich den ersten Januar achtzehnhundertachtundsechzig nicht. Das geht mir freilich noch weit über Horacker!»

«Hören Sie, lieber Freund», sprach aber jetzo der Pastor zu seinem Kantor, «verdrießlich ist die Historie; aber einmal wenigstens möchte ich Sie doch für mein Leben gern vor dem Vorsteher und vor dem Vollköter Degering singen hören.»

Er schob dabei lächelnd sein schwarzes Samtkäppchen auf dem würdigen Schädel hin und her.

«Ja, so bist du, Winckler», sagte die Frau mit ernsthafter Entrüstung. «Ja, geh nur hin und gratuliere – ich für mein Teil hoffe, daß Horacker ihnen allen vorher noch den roten Hahn auf den Gehöften aufsteckt. Ich wünsche keinem Menschen was Böses; aber hier hört doch eben die Menschheit auf, und mir soll noch einmal einer aus dem Dorfe um meine Krampftropfen und von wegen meines Rezeptes gegen den Durchfall auf die Pfarre kommen!»

«Lieber Böxendal, auch unsere beiderseitigen bessern Hälften werden sich allgemach wieder beruhigen», meinte der Pastor, zu seinem Kantor gewendet. «Überlegen wir verständig und mit Bedacht, was zu tun sei, um dieser übeln Angelegenheit eine Wendung zum allseitigen Besten zu geben, und lassen wir vor allen Dingen Horacker und alle sonstigen unchristlichen Ideen aus dem Spiel!»

Was uns, den Autor, anbetrifft, so ist es gerade in diesem Moment unsere Pflicht und christliche Schuldigkeit, Horacker hineinzubringen – in das Spiel.

V

Es war ein Wunder, daß in diesem Sommer der Kuckuck nicht «Horacker! Horacker!» in unserm Walde rief, sondern bei seinem altgewohnten Ruf «Kuckuck! Kuckuck!» geblieben war. Er hielt's wahrscheinlich für überflüssig, auch seinerseits in den allgemeinen Schrei einzustimmen, und im Grunde hatte er darin recht: Dorf und Stadt, Berg und Tal hallten doch schon genug wider von dem kuriosen Wort und Namen: «Horacker! Horacker! Cord Horacker!»

Ein lustigerer panischer Schrecken hatte sich selten der Bevölkerung einer Gegend bemächtigt als hier von dem Tage an, seit Horacker aus Gansewinckel im großen Walde als kühner Räuber und blutiger Mörder sein Geschäft aufgetan hatte, also seit ungefähr vierzehn Tagen oder drei Wochen. Vergebens hatte der Staatsanwalt der Ortsgelegenheit sozusagen auf seine Ehre im Kreisblatt versichert, daß wenig oder eigentlich gar nichts an den fürchterlichen Gerüchten sei; vergebens versicherte er jedem, der ihn hören wollte, mündlich, daß wenn Horacker selbst kein Phantom sei, der *Räuber* Horacker unbedingt als ein Mythus aufgefaßt werden müsse: kein Mensch, kein Bauer und noch viel weniger irgendein Bauernweib glaubte seinen schriftlichen wie mündlichen Versicherungen, und selbst mit den Bürgern und Bürgerinnen seiner Kreisstadt hatte er seine liebe Not.

Oh, er, der Herr Staatsanwalt, hatte gut reden und schreiben, er saß sicher in seiner Amtsstube zwischen seinen Akten und konnte sich bei jedem Wege und selbst des Abends auf seinem Wege nach der Kegelbahn von seinen Landdragonern eskortieren lassen; sie aber, die Bauern der Walddörfer, konnten dieses nicht. Hinter jeglichem Busch hervor sprang Horacker ihnen, ihren Weibern und Töchtern auf den Nacken; und ihre Butter, ihren Käse, ihre Eier und ihre Hühner mußten sie doch in die Stadt schicken, und nichts war sicher vor dem neuen Bückler, Schinderhannes, baierschen Hiesel oder Hundssattler. In der Hinsicht trauten sämtliche Bauerschaften der Umgegend weit mehr dem Räuber als dem Herrn Staatsanwalt Wedekind. Von dem einen wußte man gewiß, daß er vorhanden sei, und der andere – hatte gut reden.

Aber nicht bloß in den Dörfern, sondern auch in der Kreisstadt wußte man und erzählte man von den mannigfaltigen Schandtaten Horackers. Wir waren vorhin dabei, als die Frau Konrektorin Eckerbusch ihren leichtsinnigen alten Eheherrn und den Kollegen Windwebel vor ihm warnte. Selbst die, welche über diese Mordgeschichten lachten, nahmen doch einen dickern Stock als sonst auf ihre Spazierwege mit und genossen am liebsten in möglichst großer Gesellschaft das Naturvergnügen und die Kühle der vor drei Wochen noch so harmlosen Schattenwege des großen Forstes. Und selbst dann, wenn sie sich einer auf den andern verlassen konnten und es im Gebüsch rauschte, blickten sie immer noch etwas scheu über die Achseln und faßten ihre Handstöcke fester.

Der Staatsanwalt hatte nur sein Kreisblatt, aber Fama verfügt, wie wir auch aus der Mythologie wissen, über viele tausend Zungen; und von Tag zu Tage nahmen die Horacker-Historien kühnere und grellere Formen und Farben an. Horackers

Taten bildeten das Gespräch in der Schenke wie im Klub der Honoratioren, Horacker wurde in der Küche und in der Putzstube verhandelt, von Horacker unterhielt die Gattin den Gatten, das Kind die Eltern, die Großmutter die Enkel und die Enkel den Großvater. Wenn der von einer Fahrt über Land heimkehrende Hausvater den Seinigen gesund, mit heilen Knochen und dem Geldbeutel in der Tasche wiedergeschenkt worden war, so wurde er von Weib und Kind nicht wie sonst gefragt: «Was bringst du uns mit?», sondern man hing sich an ihn und um ihn und schrie ihn an: «Ist dir Horacker nicht begegnet?» Und selten kam jemand nach Hause, dem Horacker nicht begegnet war, wenn auch nicht persönlich, so doch in den Mäulern der Leute. Selten waren in kürzerer Frist so viele alte Geschichten aus dem neuen «Pitaval» und aus Basses Verlag in Quedlinburg* aufgewärmt worden wie hier seit dem Tage, an welchem Horacker einem alten Butterweibe aus Dickburen unter den «Uhlenköpfen» über den Weg gesprungen war; uns aber überfällt es in diesem Moment heiß und kalt, daß wir den alten Eckerbusch und den Zeichenlehrer Windwebel bis jetzt allein im wilden Walde laufen ließen, ohne uns ihnen zur Begleitung mitzugeben; wie leicht können auch wir nachher es mit dem Staatsanwalt zu tun kriegen, wenn ihnen infolge unserer Vernachlässigung eine Unannehmlichkeit passiert ist und wir zum Beispiel nur noch ihre verstümmelten Leichname seitab vom Pfade in der Wildnis und auch nur vermittelst unseres Geruchssinns auffinden?

Vivat, noch leben sie! Vivant in saecula saeculorum!* Von der Stadt heraufwandelnd, hatten sie beide nach einem etwas mühseligen Marsche auf schmalem Wege zwischen einem ziemlich tiefen Hohlwege und weiten, recht sonnigen Ackerfeldern den Waldrand erreicht und damit das Hauptlustrevier des alten Philologen seit den frühesten Jugendtagen. Alles, was ihn im langen Leben bedrückte oder hemmte, hatte er diesen Hohlweg und diese Roggen- und Weizenbreiten entlang den drei Eichen entgegengetragen, die an der Waldecke einige Bänke, aus Feldsteinen aufgeschichtet, überschatteten. Nicht hundertmal, sondern tausendmal hatte er von diesen Bäumen, und nicht bloß im Sommer, Frühling oder Herbst, sondern auch am schärfsten Wintertage und -abend, auf die Heimatstadt hinabgesehen und dann allerlei – mit sich selber abgemacht.

Der Konrektor hatte viele gute Bekannte und Freunde in der Stadt und auf dem Lande; aber zu den besten gehörten doch die drei Eichen; und die Freundschaft war auch eine gegenseitige, was in solchen Dingen eigentlich das allerbeste ist.

«Da kommt er wieder!» riefen die Dryaden vergnügt, und die alten Bäume steckten lustig rauschend die Köpfe zusammen, und manchmal fragte es auch in den Wipfeln: «Wen bringt er denn heute noch mit?»

So heute; und...

«*Mα 'Απολλωνα**, den Kollegen Windwebel!» riefen alle drei klassischen Baumjungfern, noch vergnüglicher zwischen dem rauschenden Gezweig durch auf den Waldweg hin auslugend.

Auch der Konrektor Eckerbusch begrüßte seine drei Lieblingsbäume und saß einen Augenblick auf einer der Bänke nieder, um nach dem heißen Emporsteigen Atem zu schöpfen. Der Kollege stand und studierte die Beleuchtung der Berge jenseits der Stadt im Tale und des Flusses.

«Hier saß ich als Quartaner und präparierte mich auf den Cornelius Nepos*; und fragen Sie mal meine Ida, was noch alles ich hier getan habe. Windwebel, Sie sind weit in der Welt herumgekommen, ehe Sie zu uns hierhergelangten; Sie haben jedenfalls manche schöne Stelle kennengelernt, lieber Freund; was mich anbetrifft, so habe ich in keinem Klassiker eine schönere als diese hier ausfindig gemacht. Stellen Sie's sich nur vor; da, wo Sie stehen, stand ich auch einmal, und hier, wo ich sitze, saß meine nunmehrige langjährige Proceleusmatica. ‹Aura veni!* rief ich; denn es war ein sehr schwüler Sommerabend und ein kühlendes Lüftchen höchst erwünscht. Aber was sagte meine Prokris – nein, ich will doch lieber sagen meine Ida? ‹O Gott, Herr Kollaborator – lieber Werner, ist es denn wirklich und wahrhaftig dein Ernst? Nun dann habe ich auch nichts dagegen!...› Und, Windwebel, so purzelten wir aus den ‹Metamorphosen› nach Gottes Willen mitten hinein in die ‹Ars amatoria› und gingen hinunter in die Stadt und sagten es den Eltern. Gütiger Himmel, wie die Zeit hingeht! Jetzt lassen Sie uns aber auch weitermarschieren. Winckler, der damals als Hülfsprediger drunten in der Stadt hungerte, gab uns zusammen; Sie sehen es ihm jetzt in Gansewinckel nicht mehr an, wie dünn er damals an den Wänden hinlief. Ja, seine Frau und seine Bauern haben ihn recht ordentlich herausgefüttert.»

Der Zeichenlehrer sah nach rechts und links an sich herunter und überlegte sich, was seine Hedwig wohl bei seinem Gehalte und dem, was er sich und ihr durch Privatlektionen dazuverdiente, aus ihm machen werde.

«Hübsch ist es zwar, wenn ein Künstler nicht zu fett wird», murmelte er; «aber unbedingt nötig ist's grade nicht, daß er so mager bleibt wie ich jetzt.»

Sie gingen, und die Dryaden in den dunkeln Eichenwipfeln kicherten lustiger denn zuvor. Sie erinnerten sich gleichfalls ganz genau jener holden Sommerabendstunde, in welcher der Kollaborator Eckerbusch nach Kühlung zu ihnen emporrief und Fräulein Ida Weniger das klassische Zitat so sehr falsch und doch so ganz und gar richtig verstand.

Es war freilich eine lange Zeit hingegangen; aber solch eine Nymphe in so einer alten Eiche hat ein recht zähes Altjungferngedächtnis, und so erinnerten sie sich nicht allein an den Eutropius* und den Cornelius Nepos, sondern auch an den Publius Ovidius Naso, zumal der letztere sie mehrfach auch recht lieblich und liebenswürdig besungen hatte. – Einen angenehmeren Weg- und Waldgenossen als den Kollegen Windwebel konnte es für den Kollegen Eckerbusch nicht geben, und umgekehrt blieb die Sache ganz die nämliche. Was der eine nicht sah, roch und hörte, das hörte, roch und sah sicherlich der andere. Sie verfügten über – oder vielmehr standen alle zwei unter dem Bann einer Phantasie, die sie nicht selten zu einem Gaudium für gesetztere Leute machte, aber ihr eigen Gaudium an der Welt und ihren Erscheinungen ungemein erhöhte. Sie gehörten wahrlich nicht zu den achtungswerten Naturen, die jedesmal nach einer Brücke suchen, wenn sie einen lustigen Waldbach quer über ihren Weg springend finden.

«Man wird älter», seufzte der Konrektor. «Sonst pfiff kein Vogel in Busch und Bauer, dem ich nicht nachzupfeifen verstand; aber dazu gehören Zähne, und diese mangeln nunmehr allmählich. Es erinnert einen alles an das Grab – an das unausweichliche Menschenverhängnis, Windwebel.»

«Doch – in der Beschränkung zeigt sich erst der Meister»*, zitierte der Zeichenlehrer. «Als Hund und Katze im Kampfe werden Sie immer mustergültig bleiben. Ihre Leistungen als auf den Schwanz getretener Kater sind geradezu erschütternd.»

«Meinen Sie, lieber Freund?» fragte der alte Herr geschmeichelt. «Ja, denken Sie, grade dieses, wie ich selber glaube, nicht übel individualistisch durchgebildete kakophonische Kunststück gefällt meiner Frau am wenigsten, und wir bitten keine Abendgesellschaft mit Bowle zusammen, ohne daß ich vorher gebeten werde, die Dummheiten unterwegs zu lassen und mich und sie, nämlich Ida, nicht zum Narren zu machen. Na, nächstens sollen Sie uns mal Ihre Bauerfrau, die ein Ferkel in einen Sack zwängt, vorführen; und Ihr Weibchen, Ihre kleine Hedwig...»

«Hat es mir streng untersagt und knüpft mir nie das Halstuch um, wenn wir einer Gesellschaftseinladung folgen, ohne mich mit Tränen in den Augen zu bitten, mein Versprechen zu halten.»

«Bah, das sind Flitterwochenverbote und -versprechungen. Was habe ich in der Beziehung alles versprochen!... Quieken Sie nur ruhig zu; ich miauze und fauche auch. Stellen andere Menschen – Talente, stellt etwa der Kollege Neubauer sein Talent unter den Scheffel? Dichtet er nicht, und liest er uns seine Gedichte nicht vor? Lassen Sie ihn erst mal mit seiner ‹Sechsundsechzigiade› zu Rande sein, und warten Sie ab, was wir dann erleben. In Hexametern kann ich freilich meinen Hinz und meinen Pudel nicht zur Wirkung bringen.»

«Kollege», flüsterte der Zeichenlehrer dicht am Ohr des Konrektors und nach allen vier Weltgegenden scheu sich umsehend. «Kollege, wir sind hier mitten im Walde – unsere Damen sind nicht zugegen, der Herr Kollege Neubauer auch nicht – haben Sie schon einmal meinen asthmatischen Mops, der auf Fräuleins Sofa tat, was nicht hübsch von ihm war, vernommen?»

«Niemals!» rief der Alte, mit allen Gliedern vor Spannung zuckend. «Schießen Sie los! Schießen Sie los!»

Es war ein lauschiges grünes Plätzchen in der Wildnis, rund umgeben von hohen schlanken Buchenstämmen, schattig überwölbt. Zwei Eichkätzchen, die sich bis jetzt munter um die Stämme gejagt hatten, setzten sich fest hin und sahen und horchten kunstverständig zu; aber daß die Frau Ida Eckerbusch, die kleine Frau Windwebel und der Herr Oberlehrer Dr. Neubauer sich nicht unter dem Publikum befanden, als der Kollege Windwebel losschoß, war freilich besser. Es kam eine ganz ideale Schöpfung zum Vorschein!

«Hätte ich das Geld dazu, ich baute Ihnen ein eigen Theater, Windwebel!» kreischte der Konrektor. «Traute ich meinen alten Knochen noch, so schlüge ich rad auf der Stelle. Noch einmal, Bester, Einzigster! Kein Gedanke, kein Bild, die nicht vom Ton vollkommen gedeckt werden! Das ist das richtige melodramatische Kunstwerk, Windwebel! Ihnen gehört von jetzt an die Zukunft nach jeder zweiten Bowle! Ich habe bloß vom Berge Nebo* in die Kunst hineingesehen. Vivat der Mops und das Fräulein! Alle heraus!»

Die beiden Eichkätzchen entfernten sich in hastigen Sätzen; die beiden Weg-, Kunst- und Seelengenossen zogen fürder durch den Wald, der Konrektor mit den Butterbröten und der Zeichenlehrer Windwebel mit der Bordeauxflasche, dem «Schato Heidelbeere», hinten in der Rocktasche. Auf vielgewundenen und sehr verwachsenen Pfaden wanden sie sich durch; und da ein jeder jeder seiner Liebhabereien auf der Stelle nachfolgte – Farbenwirkungen, Wolkenfigurationen, Käfern und Pflanzen – und da beide in gleicher Weise Freunde von Champignons, Hahnenkämmen und sonstigen eßbaren Pilzen waren, so kam ihnen nicht selten jeder betretene Weg abhanden. Und als sie nun einmal wieder derartig im Busch steckten, und der alte Eckerbusch sogar ziemlich fest in einem zärtlichst sich anhäkelnden Dornenbusch, da bemerkte Windwebel: «Herr Kollege, jetzt wäre für ihn die günstigste Gelegenheit da. Wissen Sie, was ich wünsche?»

Mit einem Ruck seine Rockschöße dem Gestrüpp entreißend, erwiderte der Alte: «Sie haben mancherlei Wünsche und ich auch. Nun. Zeus wird wohl wissen, was zwei geplagten Schulmeistern an einem Nachmittag wie heute gegen das Ende der großen Vakanz am dienlichsten ist! Was zum Exempel wünschten Sie denn nun einmal wieder?»

«Wir stießen auf ihn oder er auf uns.»

«Auf wen? Auf was? He?»

«Auf Horacker natürlich! Stellen Sie sich den Triumph und das Erstaunen, die Anerkennung von oben und vielleicht gar das Allgemeine Ehrenzeichen von höchster Stelle vor, wenn wir ihn packten und die Gegend von ihm befreiten!»

«Windwebel?!» rief der Konrektor. «Das ist wieder ein Gedanke! Da haben Sie ja wahrhaftig wieder recht. Horacker!... Da hängen wir in der Wildnis fest und denken an nichts. Das wäre in der Tat ein Triumph, wenn wir beide ihn brächten – ihn dem Freund Wedekind auf der Kegelbahn zuführten! Horacker, Horacker! Vorausgesetzt, daß er nicht uns packt und die Gegend von uns befreit!... Einerlei! Ich gebe den Chateau dran! Rufen Sie doch mal, Kollege; wenn ich das

Vergnügen meiner Alten machen könnte – rufen Sie dreist! Rufen Sie laut! Es wäre eigentlich von Rechts wegen seine Schuldigkeit, uns den Gefallen zu tun; rufen Sie dreist, rufen Sie laut!»

«Horacker! Horacker! Horacker!» schrie der Kollege Zeichenlehrer in den Wald hinein, und...

«Kuckuck! Kuckuck! Kuckuck!» klang es zurück.

«Nun bitt' ich Sie, hören Sie den Schäker, den Cuculus – den Cuculus canorus*, Windwebel! Ist es nicht grade, als ob ihn uns Idchen und Hedchen – meine Alte und Ihre Junge meine ich – nachgeschickt hätten, um uns an unsere Pflichten als Gatten – und Sie auch als künftigen Papa zu erinnern? Ich sage Ihnen, Windwebel, weder Ihnen noch mir traut die Proceleusmatica den Verstand und die Vernunft des Kollegen Neubauer zu.»

«Der sitzt und skandiert.»

«Das gönne ich ihm!» sprach der Konrektor Eckerbusch mit Grabesruhe. ««Schrecklich metzelt jetzt Steinmetz Schweinsschädel erstürmend.*› Ob der Hexameter und die historische Tatsache richtig sind, weiß ich augenblicklich nicht und will ich auch nicht wissen. Unsere Aufgabe, Kollege, ist vorderhand, die Rotweinflasche nicht unentkorkt nach Gansewinckel zu bringen. Sehen Sie sich doch im Weiterwandern nach einem behaglichen Plätzchen um, Kollege Windwebel; den trocknen Proviant habe ich gleichfalls lange genug in der Rocktasche getragen.»

Der Gymnasialzeichenlehrer verstand auch sein

Latein. «Restauremus nos!»* sagte er, und der alte Eckerbusch, der das seinige gleichfalls noch nicht gänzlich an seine Sekundaner weggegeben hatte, schloß: «Winckler würde es uns nie verzeihen, wenn wir ihm nicht einen intakten Hunger und Durst mitbrächten: Restauremus nunc; das heißt, richten wir uns itzo ein wenig wieder auf, um uns demnächst in Gansewinckel vollständig herzustellen.»

VI

In diesem Waldgebirge einen Platz zu finden, der zu dem eben angegebenen löblichen Vorhaben der beiden Freunde ganz genau sich eignete, hielt nicht schwer. Eckerbusch und Windwebel aber verstanden es vor vielen andern, der eine als Gelehrter, der andre als Künstler, die schönsten Stellen aus einem klassischen Werke der Natur herauszufinden. Diesmal brauchten sie kaum umzublättern. –

Die Heide blühte!...

Auf einer sanft ansteigenden Waldblöße, rings umgeben vom dicht von niederm Gebüsch durchwachsenen Hochwald, fanden der Konrektor und der Zeichenlehrer mehrere behaglich zum Sitzen einladende Baumstumpfen und – in der blühenden Heide – allerlei Zeichen: zerknitterte ältere Zeitungsblätter und rotbelackte Pfröpfe, die darauf hindeuteten, daß schon einmal Leute hier «einen vernünftigen Gedanken» gehabt hatten.

«Wissen Sie wohl noch, wie wir zum letzten

Male hier saßen?» fragte der Konrektor, und der Kollege wußte es noch, da es kaum drei Wochen her war. Er lag bereits lang und gemütlich ausgestreckt in der blühenden Heide, und da eines der etwas fettigen Papierblätter ihm ziemlich nahe lag, ergriff er es mit spitzen Fingern und las: «Hirtenfelds österreichischer Militärkalender von 1867 gibt eine Zusammenstellung der Verluste der österreichischen Armee im vorigen Jahre. Es betrug hiernach bei der Nordarmee die Summe der Toten, Verwundeten und Vermißten 62 789, bei der Südarmee 8470 Mann, im ganzen 71 259 Mann.»

Der Konrektor, auf einem der Baumstumpfen sitzend, seufzte, die Rotweinflasche zwischen den Knieen: «Man hat eben in der Welt nichts Ordentliches und Verständiges ohne den dazugehörigen Jammer. Lassen Sie den Wisch, Windwebel, und halten wir uns an den Franzosen – diesen hier heute! So mir der schreckliche Ares helfe, ich habe doch hoffentlich den Pfropfenzieher nicht vergessen?»

Gottlob war das nicht der Fall, obwohl die beiden Herren auch dann wohl Rat gewußt hätten, das heißt dem Franzmann «einfach durch Naturgewalt» beigekommen wären, das heißt ihm den Hals abgeschlagen hätten.

«Hier haben wir den Moltke!» rief der Konrektor, und der Pfropfen wich verständig der höhern strategischen Intelligenz sowie in diesem Fall ganz speziell – dem deutschen Schulmeister.

Der Zeichenlehrer kaute bereits an einer Schinkensemmel.

«Proficiat, collega. Jovi Liberatori!»* sprach der Konrektor, durch den roten Saft der Trauben die Sonne betrachtend und sodann dem jüngeren Freunde zutrinkend. «Sie sind ein gut Stück in der Welt herumgekommen, Windwebel. Sie waren in England...»

«Als Drawingmaster an einem Erziehungsinstitut in Leeds. Das Vergnügen hätten Sie mal kennenlernen sollen!»

«Sie waren in der Schweiz...»

«Drei Wochen lang mit einem Schnupfen und ohne vor Nebel und Regen die Alpen gesehen zu haben.»

«Wissen Sie also etwas Besseres, als immer wieder von neuem bei solchem Wetter wie heute sich auf einem Flecke gleich diesem niederzulassen? Fragen Sie nur Neubauer danach! Das ist ein Mensch mit Weltumseglergedanken und poetischen Flünken, der sich auszudrücken weiß. Er war in Rom und hat mehr Glück gehabt als Sie in der Schweiz. Er hat richtig den Papst gesehen; und wissen Sie, was er mir neulich gesagt hat?»

«Keine Ahnung», sagte Windwebel.

Der Alte grinste und brachte sein ganzes Nachahmungstalent in Ton und Mimik zum Vorschein. Mit verdrießlichem Pathos sprach er: «Sie haben nicht unrecht, Herr Kollege Eckerbusch! In früheren Jahrhunderten mußte jeder, der geistig mitleben wollte, hinausgehen und sich persönlich in den Erdentumult mischen. Heute ist das anders. Heute sitzt man still, darf man stillsitzen, meine Herren; und die großen Wogen kommen doch zu einem und gehen einem mit ihrer

Ideenfülle – über den Kopf weg! Was will es am jetzigen Tage sagen, wenn jemand die Pyramiden maß oder in einer Schlacht stand? Meine Herren, das Nilquellenentdecken und Nordpolaufsuchen sowie das persönliche Abfeuern der Flinte will wenig mehr bedeuten gegen das inhaltvolle Stillsitzen des grübelnden Denkers. Gegen den elektrischen Telegraphen ist alles Selbsterleben oder Mitmachen von einer wunderlichen Unbedeutendheit...»

«Auf die ‹Sechsundsechzigiade› freue ich mich doch, und zwar ausnehmend!» rief der Zeichenlehrer, seinerseits jetzt durch den Weinbecher den Himmel anäugelnd, und der Konrektor ging ohne alles Pathos wieder zu dem Reiseproviant der Proceleusmatica über, indem er lachte: «Es ist doch möglich, daß es Horacker einfällt...»

In dem nämlichen Augenblick rauschte es hinter ihm im Busch, und er fuhr ebenso rasch herum, als sich der Wandergenosse aus dem Heidekraut aufrichtete.

Horacker!

Sie lächelten beide sich an, zogen aber nichtsdestoweniger ihre Spazierstäbe griffgerecht zu sich hin, und Windwebel nahm auch den Chateau in sichere Obhut, aber ganz mechanisch, ganz instinktiv.

Es wand sich in der Tat jemand langsam und, wie es schien, sehr vorsichtig durch das Buschwerk, und die Schritte näherten sich, durch das Laub raschelnd, den zwei Freunden. Eckerbusch setzte den Hut auf, und Windwebel erhob sich und stand lang und erwartungsvoll da, die Flasche in der Linken, den Stock fest in der Rechten.

«Parturiunt montes», murmelte der Konrektor, und – da war das Mäuslein!* Aus dem Haselnußdickicht kroch ein alt, alt, lumpig gekleidet Mütterchen mit einem irdenen Henkeltopf als einzigster Angriffs- und Verteidigungswaffe hervor und wurde von dem Gymnasialzeichenlehrer auf der Stelle für eine «extraordinär brillante Staffagepersonage» erklärt.

Als es die beiden Herren erblickte, erschrak es bei weitem heftiger als sie, stand zitternd, und nicht allein vor Alter zitternd, und stammelte: «Ach du barmherziger Heiland!»

«Salve Silvana!* Nur immer heran; wir fressen nur böse Schuljungen», rief der alte Eckerbusch gutmütig; der Kollege Windwebel griff nach seinem Skizzenbuch in der Brusttasche, jeglichen Lumpen und Fetzen auf dem armseligen Leibe des Mütterleins mit dem Auge des entzückten ausübenden Künstlers musternd und zugleich die Farbenskala seines Malkastens rasch überschlagend.

«Zauberhaft!» murmelte er. «Venus Aphrodite könnte da aus dem Busch geschlüpft sein und würde mir gleichgültig bleiben. Das ist ja ein wahrhaft hinreißender Abschreck. O Adrian Brouwer*, o dreimal gesegneter Rembrandt van Rhyn, dieses ist unbedingt entzückend scheußlich! Fünf Minuten nur bleiben Sie mir so stehen, liebe Frau; nachher hab' ich auch zwei und einen halben Silbergroschen für Sie.»

«Und ich ein Glas Chateau Milon», sprach der

Konrektor; jedoch die Brille zurechtrückend, rief er sodann: «Warten Sie doch einen Moment, Windwebel. Was hat denn die Alte? Sie zittert ja an allen Gliedern. Jesus, da legt sie sich hin! Haben wir ihr denn diesen Schauder eingejagt?»

Es schien so – es war so. Sprachlos vor Schrecken saß auch die Alte in der blühenden Heide, und beide Herren traten näher an sie hinan.

«Geben Sie doch einmal die ‹Erinnerung an Pyrmont› her», rief Eckerbusch, und der Zeichenlehrer reichte ihm den geschliffenen Glaskrug mit der eben erwähnten Devise.

«Courage, Mutter!» sprach der Alte ermunternd. «Was mich angeht, so spielen mir meine Herren Gymnasiasten mehr auf der Nase als ich ihnen; und der da packt Euch höchstens in sein Bilderbuch. Hier habt Ihr einen Schluck Rotwein. Probieren Sie, Silvia, und sagen Sie mir aufrichtig Ihre Meinung, ob Sie ebenfalls glauben, daß ich wie immer damit hinters Licht geführt worden bin. Da haben Sie auch eine Semmel und ein Stück Schinken. Na?!»

Die Alte griff erst nach dem Brod und Schinken; dann auch nach der «Erinnerung an Pyrmont», und dann brach sie plötzlich in ein lautes, heftiges Weinen, ja Geheul aus.

«Es hilft nichts, ich kann nicht – jeder Bissen und Trunk wendet sich mir im Leibe um... Liebe, liebe Herren, ich danke für die Barmherzigkeit – aber ich trag's nicht länger!... Dorten sitzt er, und hier sitze ich in Jammer und Angst... O du gottgeschlagen Leben, wenn ich doch sagen dürfte, wie mir ist und was mir die allerhöchste Seligkeit wäre!»

«Alle Hagel!» rief der alte Eckerbusch. «Wo sitzt wer? Jedenfalls sitzen wir hier, und meinetwegen – unsertwegen können Sie Ihrem Herzen nach allen Dimensionen Luft machen. Ich bin der Konrektor Eckerbusch, und dieser Herr da ist der Herr Gymnasialzeichenlehrer Windwebel; nehmen Sie einen Schluck Rotspon, und sperren Sie gefälligst die Karzertür auf.»

«Ach Gott, ich bin ja die Witwe Horacker!» stammelte das alte Weibchen, die hellen Tränen in die «Erinnerung an Pyrmont» laufen lassend; der Konrektor aber rief sofort zum zweitenmal «Alle Hagel!», und der Kollege Windwebel ließ das Skizzenbüchlein fallen und faßte den Baumstumpf, auf dem er sich wieder niedergelassen hatte, mit beiden Händen – es sind schon mehr Leute unter dem Eindruck uninteressanter Mitteilungen hoch in die Lüfte geflogen.

Aber bei der Alten waren alle Schleusen gebrochen; der Konrektor, dem seine Proceleusmatica längst im Trocknen saß, erinnerte sich an manchen Land- und Platzregen früherer jüngerer Jahre, und Windwebel durfte dreist sich an die Brauttränen seiner Hedwig erinnern; aber so etwas hatten doch beide nie gesehen und gehört.

Wenn das Volk weint, weint es ordentlich, und die Witwe Horacker heulte, als ob sie allen Jammer der Welt flüssig zu machen hätte.

«O die Herren, die Herren, wenn doch die Herren Barmherzigkeit mit uns haben wollten! Ach Gott ja, ich bin ja die Witwe Horacker, und drinnen im Busche steckt mein Junge und geht mir kaputt im Elend und Hunger; und er trägt es nicht länger, und ich nicht. Wie könnte ich hier sitzen und essen und trinken? Ich habe ihm in dem Topf eine Suppe heraustragen wollen; aber sie passen mir zu arg im Dorfe auf Schritt und Tritt. Wenn ich ihn glücklich wieder in der Besserungsanstalt hätte, so wollte ich Gott Tag und Nacht danken; aber er hat ja eine zu große Angst und schämt sich zu sehr, und so wird er mir zu einem wilden Menschen, bis sie ihn verhungert finden. O die Herren, die Herren – ich kann ja nichts dafür – ich bin die Mutter, und er ist mein einzigstes Kind – *soll er herauskommen aus dem Busch?* Wollen Sie ihm aus Ihrem guten, guten Herzen und um Gottes und Jesu Barmherzigkeit willen einen Bissen zu essen und einen Schluck von diesem roten Weine geben? Wollen Sie mich ihm bringen lassen, was Sie mir mitgeteilt haben? Oh, wenn Sie ihn nur sähen, so würden Sie wohl selber sehen, daß ich, seine Mutter, hier nicht sitzen und lustig sein und mir wohl sein lassen und essen und trinken kann.»

Der Konrektor schnob sich, putzte die Brille, faltete die Hände zwischen den Knieen, sah auf eine Raupe, die zwischen seinen Beinen an seinem Baumstumpf emporstieg, sah den Kollegen an und sprach: «Nicht wahr, jetzt möchten Sie wohl Ihre Hedwig hier haben, Windwebel? Ich für mein Teil wünsche mir Ida her.»

Und dann sich an die Alte wendend, schrie er wie wütend: «Jetzt soll Sie doch aber gleich dieser und jener holen, Sie – Sie – Witwe Horacker,

Sie – wenn Sie nicht sofort das Getute einstellen und das Glas austrinken.»

«Der Rest in der Flasche ist für Horacker!» rief der Zeichenlehrer.

«Der Rest in der Flasche ist für Horacker!» sprach der Kollege Eckerbusch. «Kalfaktor, lassen Sie Horacker eintreten! Das heißt – Sie, Alte – Sie, Mutter – Sie – sonderbare alte Person, holen Sie Ihren Jungen!... O Windwebel, endlich doch mal ein Erlebnis auf einer Ferienexkursion! Na, nun aber lass' mich einer nach Hause kommen.»

Währenddem war der Kollege der Mutter des großen Räubers behülflich gewesen, aus dem Heidekraut sich aufzurichten. Es kostete einige Mühe, sie wieder auf die Füße zu bringen; doch kaum stand sie, als sie mit möglichster Schnelligkeit dem Busch und Hochwald wieder zuhumpelte und mit kreischender, aber doch noch immer von Tränen halberstickter Stimme zeterte:

«Cord! Cordchen, mein Junge! Komm raus!»

Der Konrektor bemerkte, gegen den jüngern Freund gewendet: «Wenn dies keine Geschichte ist, Kollege, so – malen Sie mir eine! O ja, wenn wir doch unsere Weiber an dieser Situation teilnehmen lassen könnten! Oh, wenn ich doch unsern Kegelklub hier hätte!»

«Und den Herrn Oberlehrer Neubauer», meinte Windwebel.

«Hm», sprach der alte Eckerbusch, «ich weiß doch nicht. Haben Sie die vollkommene Überzeugung, daß er das auch so auffassen würde wie wir zwei, Windwebel?»

«Hm», murmelte der Kollege, «vielleicht würde er in diesem Moment die feste Überzeugung haben, daß uns die Mutter Horacker mit unserer ‹Erinnerung an Pyrmont› in die Büsche gegangen sei.»

In der Tat schien's sich so zu verhalten. Das Glas in der einen, die Semmel in der andern Hand, war die Alte in das Dickicht zurückgekrochen. Wohl hörte man sie noch rauschen im welken Laube des verflossenen Jahres, allein auch andere Leute als der Herr Dr. Neubauer würden ihr doch wohl, vorsichtigerweise, auf dem Fuße gefolgt sein.

Doch die zitternde Stimme im Walde sprach gegen alle mißtrauischen Vermutungen, wenn sie gleich nach und nach immer ferner klang: «Cord! Cordchen, mein Junge, mein Junge!»

Der Konrektor und der Zeichenlehrer blieben ruhig auf ihren Baumstümpfen sitzen, der erstere mit dem Kinn auf den Knopf seines Stockes gestützt, der andere mit dem Bleistift zwischen den Zähnen und dem Brusttaschenskizzenbuch in der Hand.

Es wurde ihnen plötzlich ganz merkwürdig still im Holze. Sie überhörten den Specht, der nicht weit von ihnen an einer Fichte hämmerte, und sie überhörten sogar den Kuckuck; der Mensch hat nur zwei Ohren, und wenn er zu angestrengt damit zu horchen wünscht, lassen nicht selten ihn auch die im Stiche.

«Hm», meinte der Konrektor, als nur noch das Schrillen der Grillen zu vernehmen war, aber das der Witwe Horacker gänzlich verstummt war, «jetzo wird sie mit ihm verhandeln, und er wird sich sträuben – keinem Menschen mehr trauen und unter keinen Umständen herauswollen. Hm, hm, die Sache ist, wie gesagt, höchst interessant, aber peinlich wird sie allmählich doch. Was meinen Sie, Kollege? Sie haben ein vertrauenerweckendes Wesen, so ein – nun, Sie verstehen mich schon! Wie wär's, wenn Sie einmal selber da hinter den Busch sich schlichen?!»

«Und totgeschlagen wieder herauskämen?» rief der Zeichenlehrer. «Mit Vergnügen, wenn es etwas helfen würde; aber wie ich die Menschheit kenne, so würde dieser Räuber und Mörder sich auf der Stelle in den weitesten Sprüngen weiter in die Wildnis hinein verflüchtigen. Still! Hören Sie?... Na, die Alte hat es doch durchgesetzt! Sie bringt ihn, und wir haben ihn! Herr Kollege, malen Sie es sich al fresco aus, was die Welt sagen wird, wenn Sie und ich ihn ihr bringen werden!»

«Hm, hm», murmelte der alte Eckerbusch, «halten Sie das in der Tat für unsere Schuldigkeit? Von dieser Seite habe ich das auch freilich noch nicht angesehen. Hm, Kollege, sagen Sie, wie wär's, wenn wir den Rest vom Proviant und den Rest vom Roten dem Verbrecher hierließen und uns vor seinem Erscheinen entfernten? Als wir neulich unsern – ich kann leider nicht sagen braven – Primaner Brase vom Gymnasio entfernen mußten, ist mir das schwer genug auf die Nerven gefallen; lieber Windwebel, sind wir es wirklich dem Staate schuldig, daß wir ihm Horacker einliefern? Selbst wenn er gutwillig ginge, wäre mir die Geschichte im hohen Grade unangenehm und – Ihnen, wie ich Sie kennengelernt habe, gleichfalls!»

«Die Frau Konrektor...», begann der Kollege seine Entgegnung, kam jedoch nicht über den Titel hinaus. Schon war ihm der Alte wieder in die Rede gefallen.

«Freilich, freilich! Sie nannte meine Stimmung gegen unsern, ich kann durchaus nicht sagen guten, Brase eine merkwürdige Schwäche; aber dessenungeachtet – was meinen Sie, wenn ich einen Taler hier neben die Flasche legte, bevor wir uns rasch auf dem Wege nach Gansewinckel weiterbewegten?!»

«Zu spät, Herr Kollege», sprach Windwebel, «hier haben wir ihn!»

Horacker, der Räuber, trat aus dem Dickicht; das heißt, er wurde, mit beiden Backen an der Schinkensemmel der Frau Konrektorin Eckerbusch kauend, von der Witwe Horacker am Jackenflügel aus dem Dunkel des Waldes hervorgezogen; und wenn der Frevler ebenso blutgierig als freßgierig war, so dürfen sich unsere Leserinnen auf eine fürchterliche Szene im nächsten Kapitel Hoffnung machen.

«Du liebster Himmel!» stammelte der Konrektor; die vorhin erwähnte braune Waldraupe stieg ihm ruhig und bedachtsam eben über die Weste und hob den Kopf und machte Miene, ihm über die Halsbinde in dieselbe hineinzusteigen. Die Gelegenheit dazu konnte ihr nimmer günstiger wiederkommen.

VII

«O du liebster Himmel!» rufen auch wir und finden uns vollständig in unserm Rechte. Hier sind auch wir mal wieder in der Stimmung oder Laune, ehern gefaßt von dem Bedürfnis, groß zu fühlen, ohne im geringsten wieder mal mit dem erhabenen Gefühl irgendwohin zu wissen! Und so geht es jedesmal, wenn uns das Bedürfnis kommt, in Blut und Brand, eroberten Städten, empörten Meeren, feuerspeienden Bergen, zerschmetterten Schädeln, spritzendem Gehirn und vorquellendem Eingeweide zu wühlen. Der Henker weiß es; wenn andere immer ihren Willen kriegen und ihr historisch-tragisch-romantisch Mütchen nach Belieben kühlen dürfen, so kümmert sich um unsere hohen Anwandlungen kein Teufel, kein Hund und keine Katze und am allerwenigsten Klio, die Muse der von den gebildeten Ständen der Gegenwart bevorzugten Geschichtsklitterung.

Das kommt davon, wenn man hell es achtzehnhundertsiebenzig hat schlagen hören, nicht in das Leere, das Klanglose hinein, sondern hinein in den Nachhall alter, feierlicher Glocken. Wie viele sind ihrer, die auf den Nachklang und Widerhall horchen unter dem scharfen Schlag der vorhandenen Stunde? – An dem Flügel einer grauen Jacke, wie sie die Landesbesserungsanstalten ihren Pflegebefohlenen liefern, hielt die alte Mutter ihr Söhnchen; und Horacker, der Räuber, folgte der hagern, zitternden Hand, selber sehr schwach in den Knieen – zitternd, abgezehrt, zerfetzt –, ein durch Hunger, Kälte, Feuchtigkeit und alles sonstige Ungemach eines längern obdachlosen Aufenthalts in der freien Natur zum Tiefsten heruntergebrachtes Menschengeschöpf! Ein lang aufgeschossener – auch noch aus der Besserungsanstalthose herausgewachsener Junge von neunzehn Jahren! Eine Jünglingsfigur, bei deren Anblick dem Künstler Windwebel wieder das Wasser im Munde zusammenlaufen konnte.

Sonderbarerweise aber ließ er, der Zeichner, nur die Arme schlaff hängen und starrte mit offenem Munde den Sohn der Wildnis* an, bis er sich so weit faßte, um den Kollegen Eckerbusch – auf den Banditen aufmerksam zu machen.

«Erblickt auf Felsenhöhn
Den stolzen Räuber wild und kühn»*,

stammelte er; und Eckerbusch, sich gleichfalls mit Mühe sammelnd, stammelte seinerseits:

«In des Waldes tiefsten Klüften und in
Höhlen tief versteckt,
Ruht der allerkühnste Räuber, bis ihn
seine Rosa weckt!»*

«Ja, ich bin die Witwe Horacker», jammerte die Alte, «und dieser hier ist er, und jetzt sehen Sie sich ihn nun einmal an, meine lieben, besten Herren, ob das nicht ein Anblick ist zum Verbarmen! Da muß man seine Mutter sein, um zu erfahren, daß man ein Herz hat und daß es sich im Leibe umwenden kann. So treibt er sich um im Holze und verschimpfiert die Gegend, seitdem er aus dem Korrigendenhause durchgegangen ist, allwo er doch ein so braves Testimonium hatte und in einem halben Jahre zum Heiligen Christ ganz losgekommen wäre und auf einen Schneider ausgelernt hatte. Da soll man eine Mutter sein, wenn die Polizei tagtäglich bei einem ist und ganz Gansewinckel und alle Dörfer sonst einem bei Tag und Nacht auf die Finger und die Wege passen. Da bringen Sie ihm einmal das Essen in den Wald und halten Sie ihn reinlich in der Wäsche!... O Cord, Cord, die Ewigkeit kann nicht so lang sein – als die Nächte, die ich wach um dich auf dem Strohsack gesessen habe!»

«Sie scheinen mir in der Tat ein sauberer Patron zu sein, Horacker», ächzte der Konrektor, und dann schneuzte er sich merkwürdig laut, und dann faßte er die Witwe am Arme und rief: «Setzen Sie sich, Mutter; setzen Sie sich da – da hab' ich gesessen, der Stumpf ist am bequemsten!... Windwebel, ich wollte, wir hätten unsere Weiber hier!»

«Oder den Kollegen Neubauer», murmelte der Zeichenlehrer.

Der Räuber heulte leise; die Alte saß und hielt das Gesicht in den Händen.

«Geben Sie ihr einen Schluck Roten, und geben Sie dem Schlingel, dem Zähneklapperer da, auch einen, Windwebel!» schnauzte der alte Eckerbusch; und die Witwe, die die «Erinnerung an Pyrmont» immer noch mechanisch im Schoße hielt, wehrte für sich ab und deutete bittend auf ihren Sohn.

«Geben Sie ihm noch einen Schluck, bester

Herr. Wenn Sie auch noch eine Mutter haben, soll's ihr bekommen! Das Fieber hat er nämlich auch, der Junge; und alles, was er sich selber mit Gewalt von der Menschheit genommen hat, ist ein Topf mit Schmalz gewesen, den er der Brinckmeierschen aus Dickburen aus der Kiepe genommen hat, als sie am Wege eingenickt gewesen ist, und dafür ist er nachher als Mörder und Jungfernschänder in die Zeitung gekommen, und der Herr Untersuchungspräsident ist bei mir gewesen, und zwei Dragoner haben mich zum Ortsvorsteher geholt. Dreimal haben sie in allen Dörfern im Walde von wegen seiner Sturm geläutet; und nun sehen Sie ihn an, und sagen Sie selber, meine besten Herren, ob so 'ne Kreatur aussieht, als ob sie tagtäglich ihren Mord begehe! Auch einen Herrn vom Gerichte soll er totgeschlagen haben, und mich haben sie in Gansewinckel totschlagen wollen, weil ich nicht eingestehen wollte, daß dies armselige Skerlett und Menschengerippe eine Bande von dreißig Mann hinter sich habe. Kein Sperling braucht sich doch vor ihm zu fürchten, wenn die Herren ihn in ihr Erbsenfeld stellen wollen; und jetzt, Cord – Unglücksjunge –, sag's den Herren selber, wie es dir zumute ist; ich bin zu Ende in meinem Elend!»

«Halt, Witwe Horacker», rief der Kollege Eckerbusch, der sich an dem entsetzlichen Räuberhauptmann gar nicht satt sehen zu können schien, «was an Vorrat noch vorhanden ist, wird erst in ihn hineingestopft! Halten Sie ihm die Flasche an den Hals, Windwebel! Oh, wenn ihn doch so meine Ida sehen könnte!... Geben Sie ihm gleich die ganze Flasche, Windwebel! Geben Sie ihm gleich die ganze Wurst... Mensch, Jammerbild, Horacker, sind Sie es denn wirklich?... In Öl wünsche ich ihn auch von Ihnen, Windwebel! – Jetzt liegt nun der Kollege Neubauer auf seinem Lotterbett und meint, er erlebe in seiner Phantasie was! Hat sich was!... O Horacker, Horacker!... Nehmen Sie sich Zeit, Horacker – es steht Ihnen alles bis auf den letzten Brocken zur Verfügung! Oh, hätte ich doch die Proceleusmatica hier!»

Der große Bandit schlang und schluckte, wie nur ein gänzlich Ausgehungerter das vermag. Dazu winselte und ächzte er leise gleich einem kranken Hunde. Zu sprechen vermochte er fürs erste noch nicht, aber die Tränen wischte er von Zeit zu Zeit mit dem zerrissenen Ärmel seiner Jacke von der hagern Backe und aus den roten entzündeten Augen.

«Sie können sich auch setzen, wenn's Ihnen bequemer ist, Horacker», schlug der Zeichenlehrer vor. «Hinter Ihnen steht der Stumpf. Langsam! So!... Nicht so hastig, nicht so hastig – das ist ja ein wahres Glück, daß dieser Mensch nicht bei der Speisung der Fünftausend zugegen gewesen ist, der hätte das ganze Wunder umgedreht! Fünftausend Brote reichen hier nicht für einen, und ich habe nichts weiter bei mir als eine Düte mit Pfefferminzküchelchen, die mir meine Frau in die Tasche gesteckt hat.»

«Stopfen Sie sie ihm ein», rief der Konrektor eifrig.

Der große Räuber saß auf seinem Baumstumpf, von den zwei Schulkollegen zur Rechten und zur Linken bedient wie ein krankes Kind von seinen Wärterinnen. Das Räubermütterchen aber saß ihm gegenüber mit gefalteten Händen und sah ihn essen und trinken, schlucken und schlingen, schluchzte immerfort und wußte dazu kein Ende seiner Segenswünsche für die beiden guten Herren zu finden. Sie konnte weder ihrem Gram noch ihrem Behagen, weder ihrer Angst noch ihrer Dankbarkeit genugtun: wenn wir einmal in den Schluchten des Apennins den Schlaf Rinaldo Rinaldinis schliefen, so würden wir uns jedenfalls lieber von ihr als von der allerschönsten Rosa wecken lassen. Auf die Witwe Horacker ist immer Verlaß, und wenn ihr auch ganz Gansewinckel auf die Finger paßt; unter welchen Bedingungen dagegen die schöne Rosa zu den Karabiniers übergeht und sich vom Rittmeister derselben hinten aufs Pferd nehmen läßt, ist noch nicht ganz sicher ausgerechnet.

«Cordchen! O Cordchen», murmelte die alte Frau, «siehst du, siehst du – oh, wärest du doch eher wieder aus dem Holze gekommen!»

Doch Cord Horacker stieß nur einen rauhen, fast tierischen Laut aus und sah scheu über die Schulter. «Herrgott!» rief die Alte. Es war ein Reh vielleicht, das fernab im Walde durch das Buschwerk rauschte und ihr den Angstruf abpreßte, trotz ihrer letzten Worte. Kein Mörder horchte je angsthafter als sie auf den Wind im Gezweig: das allerbeste Gewissen ist leider ja in dergleichen nervösen Aufregungen der Situation nicht gewachsen. Die Witwe griff einmal sogar nach dem Rockschoß des Konrektors Eckerbusch und ließ denselben erst wieder los, als der Kollege sich zwischen sie und den Meister Lampe stellte, der natürlich sofort kehrtum machte, als er die absonderliche Gesellschaft auf der Waldblöße zu Gesicht bekam.

«Nur ruhig Blut, Frau», sprach der alte Eckerbusch. «Da geht er hin nach der dritten Deklination lepus, leporis, lepori!* Ganz Epicoenum*! Ein grammatisches Genus, welches beide Geschlechter begreift, Sie und mich, Witwe Horacker!... Ja, gottlob, es war nur ein Hase; beruhigen Sie sich, Windwebel! Bleiben Sie sitzen, Lips Tullian*!»

Der Lips Tullian stammte aus dem Gellert des Pastor Winckler zu Gansewinckel, und zuerst jetzt ging dem Konrektor die Idee auf, seinen Räuber mit nach Gansewinckel zum Pastor Krischan Winckler zu führen. Er nannte das, verhältnismäßig erleichtert, «einen Gedanken»; und er hatte recht, es war einer.

«Uh, die Herren sollten nur einen Tag und eine Nacht das Leben führen, das ich drei Wochen lang ausgestanden habe, es würde ihnen guttun», ächzte jetzt Cord Horacker, zum erstenmal das Wort ergreifend, wenn man sein heiseres Keuchen so nennen wollte. «Der Mensch hat es zu gut im Arbeitshause. Weiter weiß ich nichts zu sagen.»

«Ach Cordchen!» winselte die Witwe.

«Zwei Jahre legen sie mir drauf, sowie sie mich wieder beim Fittich haben, und die alte Frau hat's auch nicht besser drum...»

«Es war nämlich von wegen der Liebe, meine Herren, daß er durchgegangen ist!» schluchzte die Witwe Horacker dazwischen; und der Räuberhauptmann legte die Arme auf die Kniee und den Kopf auf die Arme. «Das lassen Sie sich nur von der Frau Pastorin in Gansewinckel erzählen und von dem Herrn Pastor; die haben ja alles aufs beste eingerichtet...»

«Und hier sitze ich!» heulte Cord; der Konrektor Eckerbusch aber, dem es allgemach immer «fataler» zumute wurde, wendete sich mit einem höchst charakteristischen: «Nun Kollege? Begreifen *Sie* etwas, Kollege?» an den Zeichenlehrer.

«Nur noch einen Moment, Herr Kollege!» murmelte Windwebel, von seinem Skizzenbuch emporsehend. «Nur noch drei Striche, und ich habe ihn. Tun Sie mir den Gefallen, und heben Sie noch für eine Minute den Kopf in die Höhe, Horacker. Wie wird sich der Staatsanwalt freuen...»

Der Staatsanwalt!

Es würde besser gewesen sein, wenn der Kollege Windwebel dieses Wort nicht ausgesprochen hätte. Horacker, der Räuber, hob freilich daraufhin den Kopf in die Höhe, aber nur um den zeichnenden Künstler einen kürzesten Augenblick hindurch mit offenem Munde und weit aufgerissenen Augen anzustarren. Im nächsten Moment war er bereits aufgesprungen – war er fort – verschwunden – in drei Sätzen über den Baumstumpf, durch Heide und Ginster Hals über Kopf hinein in den Busch; mit offenem Munde seinerseits und auch sehr weit geöffneten Augen durfte ihm der Zeichenlehrer nachstarren.

Der Konrektor hatte in der Überraschung das Gleichgewicht auf seinem Sitzplatz verloren; die alte Frau stand mit hochgereckten Armen im höchsten Schrecken und zeterte nur: «Cord! Cordchen! Nimm Vernunft an!»

Doch nur weit, weit und fern im Walde rauschte es noch, und Cord Horacker nahm nicht Vernunft an.

«Da sehen Sie's nun», jammerte die Witwe, «so war er immer. Jetzt kann ihm nun die ganze Welt wieder nachlaufen, ohne ihn einzufangen. So läuft er nun wieder gut seine vier Wochen lang, und alles, alles, was es Grauliches gibt, wird ihm und mir wieder in die Schuh geschoben! So war er immer, und ich sage, er hat's von seinem Vater, wenn mir auch da keiner glauben will. Ach lieber, lieber, lieber Gott, und ich bin seine Mutter und kenne ganz einzig und allein in der weiten Welt sein gutes Herze!»

«Das ist ja eine ganz niederträchtige, eine ganz heillose Geschichte!» rief der Konrektor Eckerbusch, mit Mühe sich von neuem auf den Füßen feststellend. «Aber so sind Sie immer, Windwebel! Sie kennen doch Ihre eigenen Nerven! I, so wollte ich doch...»

«Meine eigenen Nerven?» schrie Windwebel. «Ei, so soll doch ein heiliges Kreuzdonnerwetter dreinschlagen!» Und sein Taschenskizzenbuch mit dem Albumblatt für den Staatsanwalt rasch in die Tasche schiebend, griff er nach seinem Weißdornstock und sprang nun seinerseits mit *einem*

Satz durch Heide, Ginster und Buschwerk dem Räuber Horacker nach.

«Jetzo wollte ich aber meinerseits mehr denn je, daß wir den Kollegen Neubauer hier mit uns gehabt hätten!» stammelte der alte Eckerbusch, matt sich von neuem setzend. «Der würde sicherlich den Schlingel ganz dingfest gemacht haben, ehe und bevor er ihm den Chateau zur Stärkung gereicht hätte. Hm, hm, langweiliger ist's, aber seine Vorzüge hat es auch, wenn so ein recht verständiger Mensch mitgeht, wenn zwei solche Burschen wie ich und der Kollege Windwebel von ihren Frauen losgelassen werden und in die freie Natur hinausdürfen.»

VIII

Im Pfarrhause zu Gansewinckel hielt die geistliche Frau immer noch ihren Kopf mit beiden Händen in der Gartenlaube vor dem kalt gewordenen Kaffee und der Pfarrherr den seinigen in seiner Studierstube vor der Abschrift des Dokumentes, das seinen Bauern zu dem vorhin geschilderten ganz nichtswürdigen Triumph über ihren Seelenhirten verhalf. Die Idylle war dieselbe geblieben, das Dorf und die Pfarrei sahen immer noch so hübsch aus wie vorher; aber die Aufregung der Frau Billa und der Stupor des braven Krischan Winckler hatten sich durchaus nicht gesänftigt; sie hatten sich im Gegenteil um so mehr gesteigert, je tiefer man nachdachte und je farbiger man sich die entstehenden Verhältnisse ausmalte.

Von Augenblick zu Augenblick versank die geistliche Hirtin hülfloser in die Zumutungen der Gemeinde, und je heftiger sich alle ihre Gefühle gegen diese Zumutungen sträubten, desto mächtiger arbeitete ihre Phantasie und malte ihr ihre Bauern samt den Weibern derselben vor die inneren Sinne. Sie, die Pastorin Winckler, ging sozusagen von Haus zu Haus im Dorfe und feierte den Neujahrstag im voraus.

«Da freue sich nun noch mal einer drauf!» ächzte sie und gab zum zwanzigstenmal den Versuch auf, eine gefallene Masche an dem wollenen Winterstrumpf, den sie für ihren Alten da oben strickte, wieder aufzunehmen. «Wenn das Konsistorium kein Einsehen hat, erlebe ich für mein Teil das heilige Christfest nicht. Das weiß der Herr, daß ich mich nie geziert habe, in ihren Krankenstuben herumzukriechen und an ihren Wochenbetten zu sitzen; aber was eine Bosheit ist, bleibt eine Bosheit in alle Ewigkeit, und hier kenne ich mein Gansewinckel in- und auswendig. In Chorrock und Beffchen – Böxendal hinter sich! Und sie haben es schriftlich – schriftlich; und wenn ein Bauer sich auf was Schriftliches setzt, so weiß die Welt, was das heißen will. Da kann der Papst und der türkische Sultan kommen, der Alte Fritz und der Kaiser Napoleon; sie kriegen ihn nicht herunter, wenn sie nicht was Schriftlicheres aufzuweisen haben, und auch dann noch lange nicht! Da kenne ich Gansewinckel! In der Hinsicht lernen die Dummen im Dorfe immer noch zu von den Dümmern, und die Dümmsten sind die Klügsten und stehen am festesten auf ihrem

Rechte. Böxendal singt, mein Alter gratuliert, ich komme um, und das hochlöbliche Konsistorium freut sich gar noch und spricht von einem innigern heilbringenden Verkehr zwischen dem Pastor und der Gemeinde. Oh, die Herren vom Konsistorium kenne ich auch!»

«Wenn ich nur nicht das Konsistorium kennte», seufzte in demselben Augenblick Krischan Winckler in seiner Studierstube. Er hatte das würdige Haupt eben aus den Händen genommen und die letzteren matt und schlaff auf die Papiere, die Kirchenregister und sonstigen Dokumente auf seinem Schreibtische gelegt. Er hatte sich mit allen auf seine Pfarrei bezüglichen Pergamenten umgeben und tastete sich von einem seiner Amtsvorfahren zum andern bis in die nebeligste Vergangenheit zurück, und aus seinem Fenster hatte er den Blick auf seine Kirche und auf die Grabsteine seiner Vorgänger im Amte, die Kirchenmauer entlang, bis in den Anfang des siebenzehnten Jahrhunderts.

«Da liegen sie, und hier sitze ich!» rief er, und dann schlug er plötzlich mit der flachen Hand auf die vergilbten Schriftstücke, daß der Staub von ihnen aufflog, und schrie: «Wenn's mir selber mein Dämon eingeblasen hätte, um diese lumpigen vier Pfennige den Moder der Jahrhunderte aufzurühren, so wollte ich gar nichts sagen. Ja, wenn ich's nur selber mir eingebrockt hätte!... Jetzt leugnet sie da unten in der Laube es natürlich ab, daß sie mich zuerst auf diese verruchte Ablösungsidee gebracht hat, und nachher kommt denn obendrein die landläufige Anschauung und will einem weismachen, daß man, wenn einen die ganze Welt verläßt und keinen Trost mehr gibt, denselbigen immer noch am Busen seines treuen Weibes finde. Trost? Busen? Dummes Zeug! Hat sich was! Aber den Kerl möchte ich in diesem Moment hier mir gegenüberhaben, der mir vor zwei und einem halben Säkulo um den schnöden Mammon den heutigen Nachmittag zusammengebraut hat. Der arme Teufel!... Großer Gott, was für einen entsetzlichen Hunger muß der Mann gehabt haben!... Na, ich kenne ja auch die Einkünfte der Gansewinckler Pfarre – da unten an der Mauer liegt er wahrscheinlich auch, also mag er in Frieden ruhen... Im Frieden! Wie gerne ruhte – lebte ich auch im Frieden; aber ist es denn möglich in diesem zänkischen Jammertal?»

Er seufzte schwer und schob sein schwarzes Käppchen hin und her. Sein Auge aber fiel auf seinen Lieblingströster, den alten Christian Fürchtegott, und so zitierte er denn:

> «Das Streiten lehrt uns die Natur,
> Drum, Bruder, recht' und streite nur;
> Du siehst, man will dich übertäuben;
> Doch gib nicht nach, setz alles auf
> Und laß dem Handel seinen Lauf,
> Denn Recht muß doch Recht bleiben»*,

und von neuem fiel seine Hand, jedoch diesmal zur Faust geballt, auf die Dokumente vor ihm: «Und leider Gottes haben sie recht, vollkommen recht, recht bis aufs letzte Tüpfelchen! Ich muß dran; Böxendal muß dran! Gansewinckel pfeift, und der Kantor singt, ich aber tanze; und nachher ruhe mir mal einer in Frieden in Gansewinckel, wenn nicht – da unten an der Kirchenmauer. Selbst der Konsistorialpräsident kriegte lebendig es nicht fertig, und wenn er mich übermorgen noch so süß, milde und pastoralklug anblinzeln wird: ‹Mein teurer Amtsbruder, danken Sie doch dem Höchsten dafür, daß sich Ihnen hierdurch kirchenamtlich ein neuer Weg zu den Herzen Ihrer Gemeindemitglieder eröffnet hat.› – Schöne Herzen! Und für den neuen Weg danke ich auch ganz gehorsamst. Von meinem Standpunkt aus mag er da sagen, was er will; von seinem aus hat er natürlich recht – uh, wenn ich doch ihn am nächsten ersten Januar zu den Bauern von Gansewinckel aufs Gratulieren ausschicken könnte!»

Dieser Gedanke, diese Idee oder Vorstellung, den Herrn Konsistorialpräsidenten an seiner Statt für die Gansewinckler Vierzeitengelder das erbauliche Äquivalent liefern und die von würdigen und frommen Vorvordern überlieferten Rechte und Pflichten der Kirche technetisch und metataktisch* aufrechterhalten und an künftige Generationen weitergeben zu lassen, mußte wohl für den gegenwärtigen Pastor von Gansewinckel etwas ungemein Heiteres und Fröhliches an sich haben. Er trat an das Fenster und überflog mit einem lächelnden Blick die Reihe der Grabsteine an der Kirchenmauer.

«Mehrere von ihnen würden mit Vergnügen aufstehen, um das zu sehen», murmelte er, und die Erquickung, die er auf diesem Seitenpfade seines Sinnens fand, war so bedeutend, daß sie ihm gestattete, von neuem nach der erloschenen Pfeife zu greifen und mit ihr an den Tabakskasten zu treten.

«Nachher hätten wir ihn denn natürlich zu Tisch hier auf der Pfarre», brummte er weiter, «und da kenne ich meine gute Billa... ich möchte ihr wohl den Genuß gönnen, den Herrn Präsidenten nach dieser Gratulation zu Tisch bei sich zu haben.»

«So komm doch endlich zum Kaffee, Mann! Kälter kann er nicht werden», rief in diesem Augenblick die Stimme der eben Apostrophierten aus dem Garten herauf, und der Gansewinckler Pfarrer rief mit fast vollständig wiedergewonnenem Behagen in Ton und Ausdruck zurück: «Sogleich, Liebste! Ich überlege nur noch, ob ich Vossens ‹Homer› oder Vossens ‹Luise› mit herunterbringe, um den Verdruß gänzlich zu dämpfen.»

Er drückte eben die letzten drei Fingerspitzen Knaster in den Pfeifenkopf, als ihn das Schicksal selber schon von neuem wieder unter den Daumen nahm: «Ne, Christianus Winckler, alter Knabe, später vielleicht, jetzt aber noch nicht! Der Mensch muß ja nicht immer weich und im Frieden sitzen wollen.»

Ein lautes Getöse ließ sich von den untern Räumen des Hauses her vernehmen. Es folgten schwere Tritte erst auf der Flur und sodann auf der Treppe; und zwischen das dumpfe erboste Gepolter von Mannesstimmen klang es wie ein lautes Weinen eines jungen Weibes.

«Nun bitte ich aber...», stammelte der Pfarrer von Gansewinckel, aber er hatte nicht die Zeit, seine Wünsche weiter kundzumachen. Schon wurde die Tür seiner Stube aufgerissen, und abermals hatte er das Vergnügen, sie vor sich zu sehen – die Ältesten seines Dorfes nämlich, die Dicksten, die Wohlhabendsten, kurz die, welche in der Gemeinde und dann und wann auf seiner Seele am schwersten wogen und lasteten.

Da waren sie wieder: die Vorsteher Neddermeier und Degering und Klatermann und Kumlehn und wie sie sonst mit ihren Höfen ihre Namen von ihren Vätern ererbt hatten. So drängten und schoben sie sich wiederum herein in das stille Studiergemach ihres gutmütigen Seelenhirten; und der Vorsteher, ein junges, zerzaustes Frauenzimmer von ungefähr achtzehn Jahren am Handgelenk sich nachzerrend, schrie: «Herr Pastor, jetzo oder niemalen haben wir Horackern fest! Das ist meine Meinung, Herr Pastor, die Ihrige unbesehen. Jetzt gibt der Sägebock Baumöl; diese hier – diese Landläuferin hier schafft uns den Vagabunden. Mach dein Kompliment, Mädchen, mach deinen Knicks, Lottchen Achterhang, und bedanke dich beim Herrn Pastor für gute Erziehung.»

«Allbarmherziger Vater, Charlotte?!» stammelte der gute Greis in einem Schrecken, in welchem er augenblicklich nach keiner Seite hin einen Halt und Stützpunkt fand. «Bist du es denn? Bist du es wirklich? Wie siehst du aus! Wo kommst du her? Und wie kommst du hierher?»

Er stotterte, hülflos im Kreise herumsehend,

den Namen seiner Frau, und das war das erste Moment rückkehrender Fassung.

«Billa! Billa!» rief er sodann mit lautester Stimme aus dem Fenster in den Garten hinab, und das war das zweite Moment.

«Jawohl», sagte der vierschrötige Dorfgewaltige gröblich, «rufen Sie nur die Frau Pastorin. So haben wir sie, ich meine die Vagabundin, hinter Haneburgs Hecke im Busch gefunden, krummgedrückt hinter der Hecke, die Schürze voll von Haneburgs gestohlenen Mohrrüben, was gewiß ein feines Essen ist für ein Musterkind, Herr Pastor. Ja, sieh mal, so kommt es zurück ins Dorf, Ihr Musterkind, Herr Pastor, und da es uns partu nicht Rede stehen will, so haben wir gedacht, es ist das beste, wir bringen es Ihnen stantepe auf die Stube, Herr Pastor, denn Sie werden doch ja wohl noch immer damit umzugehen wissen und ihm auch jetzt die Zähne voneinanderbringen, wozu wir auch die Frau Pastorin höflich einladen, auf daß wir endlich mit Horacker zu Stuhle kommen; denn daß Horacker da, wo das Mädchen ist, nicht weit weg zu suchen ist, das wissen wir leider Gottes seit Erschaffung der Welt, nämlich seit sie beide das Dorf und die Gemeinde verschimpfieren. Wenn einer weiß, daß ich unrecht habe, so kann er's meinetwegen sagen.»

«Ne, hier hat er recht!» brummten alle Bauern im Kreise; doch um so heller und verständlicher klang dann auch, grade in diesem Augenblick, die Stimme der Frau Pastorin Billa Winckler in dieses dumpf summende Gebrumm der Versammlung der guten Freunde, Nachbaren und Gemeindemitglieder hinein.

Sie hatte sich Platz zu machen gewußt durch den Andrang auf dem Vorplatze, und nun stand auch sie in dem Stübchen ihres Gatten mit dem innigen Wunsche, ganz genau zu erfahren, was nun wieder vorgefallen sei. Selbstverständlich übersah sie die Hauptperson, die sie über den neuen Lärm auf einmal aufgeklärt haben würde, in der ersten Aufregung ganz und gar und mußte erst durch eine wortlose Handbewegung ihres Christian auf dieselbe aufmerksam gemacht werden.

Mit einem langgezogenen Schreckensruf erhob Frau Billa die Hände.

«Jesus Christus – Lottchen! Und wieder in derselben Verfassung, wie wir dich aufgelesen haben vor zehn Jahren! Mädchen, Mädchen, hat diesmal das Dorf wirklich recht gehabt und ich unrecht? Ist das der ordentliche Mensch, den ich aus dir gemacht habe? Mädchen, o Mädchen, wo kommst du her, und was willst du heute in diesen Lumpen und sonstiger Verwahrlosung in Gansewinckel?»

Das unglückselige Geschöpf war aus Ermattung, Scham und jedenfalls aus überwältigendem Elend langsam an dem Lehnstuhl des Pastors niedergesunken und hatte schluchzend den Kopf auf die Arme gelegt; und ohne das Gesicht emporzuheben, schluchzte es jetzt weiter: «Der Herr Pastor Nöleke hat es ja aus der Zeitung vorgelesen, und – so komme ich von hinter Berlin her zu Fuße. Ja, ich habe mich versündigt gegen meine Herrschaft und gegen die Frau Pastorin Winckler und gegen den Herrn Pastor; aber – ich habe nicht anders gekonnt. Ich bin in der Nacht wie ein Dieb weggelaufen, nachdem der Herr Pastor es am Morgen aus der Zeitung vorgelesen hatte.»

«Kannst du einen Sinn da hereinbringen, Winckler?» fragte die Frau Billa, die Hände zusammenschlagend.

«Wenn das Kind zu Fuß von Berlin gekommen ist, so kann es natürlich nicht bei vollem logischen Bewußtsein sein. Nun, Lottchen, besinne dich einmal, nimm dich zusammen; sei noch einmal ein gutes Mädchen. Was hat der Kollege Nöleke aus der Zeitung vorgelesen?»

Mit einer fast wilden Bewegung erhob das arme Ding das sonnverbrannte, hagere, nicht sehr reinliche, tränenüberströmte Gesicht aus dem vorquellenden Pferdehaar des alten Polsterstuhls auf und sah dem guten alten Krischan Winckler in sein Gesicht, als ob es den besten Trost des Erdenlebens da suche.

«Daß sie Cord Horackern im Walde suchen! Daß Cord ein Räuber, daß Cord ein Mörder geworden ist! Und es ist aus einer Zeitung in die andere gegangen, und ich habe einen Brief in meiner Kammer auf meinem Koffer zurückgelassen und habe um Gottes willen um Verzeihung gebeten, weil ich ja gewiß und wahrhaftig niemand Schande machen will als mir selber. Und seit acht Tagen bin ich in keinem Bett gewesen und habe nichts zu essen gehabt, als was auf dem Felde wächst; nur ein Stück Brod hat mir einmal ein Kind gegeben und ein Soldat zwei Groschen auf der Chaussee, damit habe ich mir ein anderes Brod gekauft in einem Dorfe, als es dunkel war.»

Die Frau Pastorin legte die Hände auf den Rücken, wendete sich halb und betrachtete sich stumm einen Moment den Vorsteher von Gansewinckel. Dann sprach sie merkwürdig gefaßt, während ihr Eheherr vollständig die Fassung verloren hatte und sämtliche Bauern die Nase zwischen den Zeigefinger und den Mittelfinger nahmen, um ihren Unglauben durch ein allgemeines Geschneuze kundzumachen.

«Nun will ich Ihnen mal was sagen, Neddermeier, jetzt haben Sie das Lottchen Achterhang hier meinem Manne auf die Stube gebracht, und Sie konnten diesmal gar nichts Besseres tun. Wissen Sie aber, was jetzt das Zweitbeste ist, was Sie tun können?»

«Ne!» sprachen alle Bauern im Chor.

«Dann will ich es Ihnen gleichfalls eröffnen; Sie tun mir nämlich die Liebe an und lassen mich und den Pastor und das Mädchen fürs erste jetzo allein miteinander.»

«Ja, aber Horacker, Frau Pastorin...», wollte der Vorsteher einwerfen. «Ich bin doch von Amts wegen...»

«Von Amts wegen bin ich jetzt einzig und allein für das Lottchen Achterhang da. Ich allein! Verstehen Sie mich, Neddermeier? Ich bin nicht ohne Nutzen fast bis ans fünfundzwanzigjährige Amtsjubiläum ran Pastorin hier im Dorfe gewesen. Ja, gehen Sie nur leise auf der Treppe, Vorsteher; über das Neujahrsgratulieren sprechen wir beide auch noch ein Wörtchen zusammen. Da können auch alle andern lieben Freunde im Dorfe sich heute schon gratulieren; ich komme jedenfalls nächsten ersten Januar und werde nicht umsonst von Haus zu Haus im Dorfe gehen. Oh, ich habe meine Wünsche und Sprüchlein heute schon parat! Ne, ne, die Geschichte ist mir auch ganz lieb so, wie sie ist; *die* Gelegenheit hat mir immer gefehlt! Verlasset Euch darauf, Nachbaren; die Pastorei wird sich von jetzt an nichts mehr von der Gemeinde schenken lassen; Ihr zahlt, und ich und mein alter lieber Christian da, wir kommen und bedanken uns. Oh, ich habe mich seit langer Zeit auf nichts so sehr gefreut als auf den nächsten Neujahrstag! Für jetzt aber tut mir auch die Liebe an und geht nach Hause; wenn ich Sie, Vorsteher, auch für diesen jetzigen Fall heute noch brauchen sollte, so schicke ich...»

Wenn nun der Pastor von Gansewinckel, Herr Christian Winckler, alles dieses, und zwar in einem ähnlichen Tone wie sein Eheweib vorgetragen haben würde, so würden wir uns ganz gehorsamst dafür bedanken, irgendeine Bürgschaft für den Erfolg der Rede zu übernehmen. Uns steht es sogar ganz fest, daß die Bauernschaft von Gansewinckel mehreres eingewendet, anderes anders aufgefaßt hätte und sicherlich fürs erste noch nicht gegangen wäre.

So aber, auf die Rede ihrer Seelsorgerin, ging sie – drängte sie sich sogar in einen Klumpen – rückwärts schreitend aus der Tür zur Treppe hin.

Nur der Vorsteher wagte sich noch mit einem Wort hervor: «Daß Sie alles besser wissen als wir alle, Frau Pastorin, wissen wir alle; und wenn der Herr Pastor Ihrer Meinung ist, so sind wir's auch. Das gilt für Lotte Achterhang und Cord Horacker. Was nun das Vierzeitengeld betrifft, so haben wir das Ding nicht aufs Tapet gebracht, und wenn Herkommen Herkommen ist, so sind auch wir nur hier hergekommen mit unserm Schriftlichen von Vorvaterzeiten, weil doch, was dem einen recht, dem andern billig ist und nichts für umsonst in der Welt, und das wissen wir Bauern am besten – nichts für ungut. Sie aber, Frau Pastorin, sind mir immer angenehm auf dem Hofe wie ein Regenwetter zur richtigen Zeit, und gratulieren Sie mir, so gratuliere ich Ihnen; und mit unsern Deputaten und Leistungen und Pfarrzehnten und sonstigen Auflagen sind wir niemalen rückwärts gewesen, solange Gansewinckel steht. Was aber Recht ist, bleibt Recht, bis es anders ausgemacht wird, und daß ich als Vorsteher mich vors allgemeine Beste stelle, das ist meine verfluchte Pflicht. Das wäre mir ein richtiger gewählter und von der hohen Behörde bestätigter Ortsvorsteher, der ganz gutwillig hinginge und der Gemeinde den Kopf zwischen den Fäusten und Knieen hielte, wenn mit einemmal ganz auf den Plotz einer kommt und ihr ihre gute Berechtigung an Pastor und Kantor aus der Nase ziehen will, woran seit tausend Jahren keiner gedacht hat.»

«Schön, schön, Neddermeier!» keuchte Frau Billa. «Verlaßt Euch drauf; ich bin sicherlich am ersten Januar da, wenn mein lieber Alter hier verhindert sein sollte; und der Herrgott wird gewißlich meinen guten Wünschen Folge und Gedeihen schenken. Im Notfall nehme ich dann auch Böxendals Verpflichtung auf mich und singe Euch einen recht schönen Vers aus dem Gesangbuch. Nummer und Vers schwanen mir schon – lieber Gott –

> ‹Ungezähmt sind meine Triebe,
> Unerleuchtet mein Verstand,
> Leer mein Herz von deiner Liebe,
> Meine Pflicht mir unbekannt›*,

wie denn unter den Buß- und Bekehrungsstücken manch ein schönes Lied steht. Sprechen Sie mir von Ihrer Pflicht, Neddermeier, so spreche ich Ihnen auch davon; nichts für ungut!»

«Hui... uh!» sagten alle Bauern draußen vor Krischan Wincklers Studierstube, und zum erstenmal ging ihnen eine Ahnung auf, daß sie sich durch das Neubeleben ihrer alten Pergamente und Gerechtsame von Kirchen wegen keine ganz sanfte Rute aufgebunden haben könnten. Sie verteilten sich merkwürdig geduckt zu ihren friedlichen Hütten und überließen wirklich fürs erste Lottchen Achterhang ihrem Pastor und ihrer Frau Pastorin. «Kein Mensch muß müssen», sagt Lessing*; aber hier mußten die Gansewinckler Bauern doch.

IX

Christian kannte seine Billa. Er hatte in den langen guten Jahren seines Ehestandes des öftern Gelegenheit gehabt, sie immer genauer kennenzulernen; man sollte meinen, wenn alles seine Grenze habe, so müsse das auch hier der Fall sein; allein dem war nicht so: Krischan Winckler wunderte sich immer noch von neuem über sein Weib. Die Gelegenheiten dazu rissen nicht ab.

Augenblicklich saß er, vorgebeugt mit dem Oberleibe, die Füße unter den Stuhl gezogen und die Hände auf den Knieen, und sah auf sein Weib, lächelnd, aber mit einer Runzel mehr auf der ehrlichen, heitern Stirn, bewundernd mit der Neigung behaftet, sein Käppchen noch einmal von einem Ohr auf das andere zu schieben.

Und als sich die Tür hinter seinem guten Freunde und Ortsvorsteher Neddermeier geschlossen hatte, sprach er: «Hm – ich muß es wieder sagen, Billa, du verstehst es.»

«Das ist meine Ansicht auch, und ich tue mir auch etwas darauf zugute, aber das ist jetzt nicht die Hauptsache», erwiderte die treue Gattin. «Jetzt komm du mal her, Lotte! Gesichterschneiden verbitte ich mir; also steh auf, zeige dem Herrn Pastor das Gesicht, das dir der liebe Gott hat anwachsen lassen, und sage uns kurz, was du zu sagen hast, nämlich ausführlich, wie es sich deinen christlichen Wohltätern gegenüber gehört. Hältst du mir hinter dem Berge, so kennst du mich und weißt, daß ich weiß, wie man einen dahinter vorlockt.»

«Gott, o Gott!» schluchzte die Angeredete, das Gesicht womöglich noch tiefer in das Stuhlkissen des Pastors von Gansewinckel drückend.

An ihrer Statt aber stand Krischan Winckler auf, legte beschwichtigend die Hand auf den

Arm seiner Frau und sagte ganz leise: «Liebe, ich glaube, dieses verstehe ich am besten.»

«Es ist ein ekler Anblick, wenn man eine Spinne die andere fressen sieht», sagt der am Schluß des vorigen Kapitels beregte Gotthold Ephraim in einem seiner Briefe antiquarischen Inhalts. «Keine Spinne muß müssen» sagt er hier nicht. Ach, die Welt ist eben ohne jegliche Rücksicht auf das Sittengesetz und die Ästhetik ganz antiquarisch, das heißt vom Anfang an darauf gegründet, daß eine Spinne die andere frißt!

Und dann ist da das kleine, so leicht gesprochene, so schnell geschriebene, so flüchtig ins Ohr klingende, gedruckt kaum ins Auge fallende Wörtchen: man!

Wer ist *man?* Man sieht nicht gern eine Spinne die andere verspeisen; man ißt gern Austern; man gründet ein Geschäft, durch welches man gern jedermann Konkurrenz macht bis zum Äußersten. Man hat gegründete Aussicht, demnächst im Amt vorzurücken, da man sagt, daß der Mann, dessen Platz man gern einnehmen möchte, schwerkrank am Nervenfieber liegt und sicher demnächst mit Hinterlassung einer großen Familie dran glauben wird. Man möchte unbeschreiblich gern das beste Bild in der Kunstausstellung aufhängen; man möchte im Wettkampf um die Herstellung des Monumentes des jüngst gestorbenen großen Menschen der Nation alle Mitbewerber schlagen; man möchte dies; man möchte das, und – man ist dazu berechtigt; «denn wozu», fragt man, «ist man sonst da in der Welt?»

Und man ist da – seltsamerweise!... Und dann und wann heißt man Cord Horacker oder Lotte Achterhang, und selbst wenn man tagtäglich im Dorfe zu hören bekommt, daß es besser sei, wenn man nicht da wäre, so glaubt man dieses noch lange nicht; dafür aber hat man einen grimmigen Hunger, und alles, was man außerhalb seiner Haut um sich her sieht, gehört einem andern.

Im Pfarrhaus sagt man wohl: «Billa, du mußt dich einmal wieder um das Kind der Achterhang bekümmern, und ich habe mir auf heute nachmittag wieder einmal den Racker, den Cord Horacker, herbestellt. Schicke der Witwe doch meine abgelegte Winterhose – der Junge läuft mal wieder wie ein untätowierter Indianer herum, das geht so nicht! Das geht so nicht! Man kann es nicht mehr ansehen.»

Aber im Dorfe sagt man um dieselbige Stunde: «Diese Nacht sind sie mir wieder im Kohl und unter den Kartoffeln gewesen. Lebendig schinden möchte man die Schwefelbande. Selbstschüsse darf man nicht legen, und in der Schlinge, wie die Hasen, fängt man sie nicht.» O über das schreckliche, das wundervolle, erhabene kleine Wort: *man!*

Es ist der fliegende lichtbeschienene Schaum der Oberfläche; es ist die unbewegte schwarze Tiefe: Fahren *wir* fort, die wir schaudernd und schämig, den Königen dieser Erde gleich, es nicht wagen, das Wort «Ich!» zu schreiben. – Man rechnet einem oft als greuliche Unverschämtheit an, was nur die zarteste Scheu vor Überhebung ist.

Als an dem letzten Überbleibsel der ärmsten Häuslerfamilie des Dorfes hatte das Pfarrhaus vor Jahren ein gutes Werk an dem Lottchen getan. Aus argem Schmutz und völliger geistiger und körperlicher Verkommenheit hatten die zwei braven Leute, Christian Winckler und sein Weib Billa, das Kind in ihr Haus genommen und es erst im Feld und Garten, sodann aber in der Küche angestellt und das, was die Frau Pastorin «einen Menschen» nannte, aus ihm gemacht. Nur unter einer Zucht und in einer Lehre wie die der Frau Billa Winckler konnte das Erziehungsexperiment gelingen, und es gelang wider alles Erwarten von Gansewinckel.

«Gedacht haben wir's nicht, aber fertig hat sie's gebracht – ein ganz nett Ding ist aus dem Vieh geworden!» sprach das Dorf.

Ja, wenn Cord Horacker nicht gewesen wäre! Nachher hätte alles glatt ab- und weiterlaufen können.

Aber Cord Horacker existierte und hatte bereits anderthalb Jahre existiert, ehe Lottchen Achterhang das Licht der Welt erblickte, und war von seinem Anfang an – wie ihre Eltern längst – ein Skandal für die ganze Gemeinde gewesen. Die Witwe Horacker hatte sich eines Tages allein mit ihrem Jungen in der Welt gefunden; und – Gesellschaft muß der Mensch haben, und wenn es auch die allerschlechteste wäre. – Die Witwe Horacker und die Familie Achterhang hielten sich zueinander, da sich sonst niemand weiter zu ihnen halten wollte.

Man sucht sich nicht selber die Weise und

Gelegenheit aus, unter welcher man die Nase in die Welt steckt. Daß Cord Horacker heute, im neunzehnten oder zwanzigsten Lebensjahre, aber überhaupt noch eine Nase aufzuweisen hatte, war schon an und für sich ein Mirakel. Seine Dorfgenossen, alt wie jung, hatten ihm oft, sehr oft darauf geschlagen, und dieses dann und wann bei recht mangelhafter Berechtigung dazu. Eine vaterlose Waise – klingt ganz hübsch, zumal wenn die Mama eine wohl oder auch nur annähernd behaglich gestellte Witwe ist; allein die nichtsnutzige Krabbe der Witwe Horacker durfte in Hunger, Frost und Krankheit weniger Anspruch darauf machen, rührend in ihrer Hülflosigkeit gefunden zu werden.

So war es denn zuweilen nur die bittere Notwendigkeit, die den Jungen zwang, sich selber zu helfen, auch wohl der Süßigkeit der Rache wegen (andere Süßigkeiten kamen nicht viel an den armen Gesellen) eine kleine Tücke in den Handel zu geben.

Unser Manuskript beweist es, daß wir nichts Übles von dem guten Pastorenhause zu Gansewinckel reden wollen; aber gegen ihre Neigungen vermögen wenige Menschen viel auszurichten. Und das Pastorenhaus hatte eben seine Neigung dem Lottchen zugewendet. Der Pastor Krischan Winckler machte sich nachher wenigstens Vorwürfe genug darüber, und kein anderes Glied seiner Herde erschien ihm so häufig als Cord in seinen Träumen, wenn er im Winter vom warmen Ofen bis zu dem verhangenen Fenster auf und ab wandelte oder in der erquicklichen Jahreszeit beim Spargelstechen. Jedesmal hielt er dann inne im Wandel oder Gartengeschäft: «Heute will ich doch auch wieder mal von wegen des Schlingels, des Cord, an Freund Trolle schreiben.»

Die betreffende Staatsbehörde hatte nämlich zuletzt ihrerseits sich des verwahrlosten Knaben und der Gansewinckler Gemeinde angenommen. Sie hatte den alten Jungen genommen, ihn gewaschen, gekämmt, ihn in ein reinlich grau Kostüm gesteckt und behielt ihn zum Frommen der Weltentwicklung in der nächstgelegenen Besserungsanstalt unter scharfer Aufsicht bei genügender Arbeit und nur angemessener Kost. Man mußte es der hohen Behörde lassen; auch in geistiger Hinsicht vernachlässigte sie ihren schmalen Kostgänger nicht. Wenn der Gansewinckler Pfarrherr wirklich sein Vornehmen ausführte und an den Anstaltskollegen «von wegen Horackern» schrieb, so kam immer eine Antwort zurück, und die letzte lautete zum Schluß, nachdem der ehrwürdige Korrespondent im Anfang natürlich von allen möglichen andern Dingen gehandelt hatte:

«Deinen Horacker anbelangend, kann ich Dir gottlob nur Gutes mitteilen. Das Subjekt macht und hält sich immer noch löblich. Auch die gewöhnliche Institutsmelancholie (in meiner persönlichen Abwesenheit notabene unter sich sind die Burschen heiter zur Genüge) hat sich bedeutend gelegt, und ich bin psychologisch und physiologisch mit dem Blicke seiner Augen ganz zufrieden, wenn ich ihm sage: ‹Jetzt sieh mir grade ins Gesicht, Horacker!› Verhoffe also, Dir seinerzeit ein durch Deinen unwürdigen alten Hallenser Stubenbursch, vulgo Hausknochen, der Menschheit zurückgewonnenes Individuum zuschicken zu können. Bitte dagegen vorher noch um eine neue Abschrift Deiner Rheumatismussalbe; die meinige habe ich auf der letzten Pastorenkonferenz weitergegeben und kann mich nicht entsinnen, wem.

Mich der Kollega bestens empfehlend
     in alter Freund- und Blutsbruderschaft
          Dein *Trollius*

P. scr. Hast Du lange nichts von dem Dritten in unserm Bunde, unserm guten Nöleke, hinter Berlin, vernommen?

Ob er wohl auch so grauköpfig als wir beide geworden ist? Glaube und verhoffe es nicht; dahingegen manifestierte er bereits in Halle Anlage zu einer Glatze, und die wird er wohl jetzo recht ordentlich aufzuweisen haben.

NB., erinnerst Du Dich wohl noch, wie er schmelzend die Flöte in den Mondschein hinein zu blasen pflegte und für den Heiligenschein San Filippi di Neri* schwärmte? Hat sich wohl beides gegeben.»

Ei ja, Nöleke! Der Name ging vorhin schon durch unsern Bericht, und sein Träger ist von nicht geringer Wichtigkeit in dem letzteren. –

«Das hilft nun alles nichts, siehst du wohl, Christian. Daß du einiges am besten verstehst, bezweifle ich nicht; aber hier hilft fürs erste nichts, als daß wir *es* sich ausbrüllen lassen.»

Also sprach die Frau Pastorin zu ihrem Gatten, nachdem er eine Viertelstunde zu der heimgekehrten Heimatlosen geredet hatte.

«Alles Menschenmögliche soll ich freilich in der Welt erleben», fuhr die gute Frau fort. «Was es gibt an Verdruß und Angst und Plage, das fällt mir hier in Gansewinckel auf den Kopf, und nachher kommt dann noch einer, wie neulich der Herr Oberlehrer Neubauer, den Eckerbusch mitbrachte, und will mir einreden, mein und dein Dasein, Winckler, sei eine Idylle – die reine Pfarrhausidylle! O ja, eine nette Idylle, Winckler!»

«Der Oberlehrer Neubauer sah uns eben subjektiv an, Billa», brummte der Pastor. «Er hat auch das Englische auf dem Gymnasio in der Stadt und liest wahrscheinlich gegenwärtig mit seinen Jungen den ‹Vicar of Wakefield›*.»

«Objektiv, substantiv oder perspektiv, das ist mir ganz einerlei. Ich sehe aber ohne Brille, dich, mich und Gansewinckel, und das dumme Ding hier mit dem Kopfe in deinem Lehnstuhl, Alter, gleichfalls. Du hast nun lange genug Vernunft gesprochen, ohne daß es was genutzt hat, Alterchen; und jetzo halte ich es nicht länger aus und werde mit der Unvernunft reden. Du hast mir deinen Gellert oft genug als Muster hingestellt. Hörst du, Lotte Achterhang, jetzt bitt' ich's mir ernstlich aus, daß du endlich aufstehst, die Hände vom Gesicht nimmst und dich da auf den Stuhl am Ofen setzest und mir nach Möglichkeit fest in die Augen siehst. Durch albernes Geheule wird nie was in der Welt gebessert, und ein anständig Aussehen, einen gekämmten Kopf und einen heilen Rock wirst du dir auch nicht anheulen.»

«Billa!» murmelte der geistliche Herr, den Kopf schüttelnd; doch die Gattin hatte in der Tat wieder das Wort fest gefaßt.

«Ei was, Winckler! Siehst du, da steht sie und da sitzt sie! So, Mädchen – die Hand von den Augen! Warte nur nicht noch länger ab, daß ich mich auch für dich auf einen Gesangbuchsvers besinne wie vorhin für den Vorsteher, den Gemeinderat und die andern aus dem Dorfe.»

«Guter Gott, guter Gott», winselte das arme Kind, jetzt mit beiden gefalteten Händen zwischen den Knieen und wirklich auf dem Stuhl am Ofen. «Ich will ja alles sagen wie ein Schriftgelehrter, wenn ich mich nur selber erst wieder besonnen hätte. Da steht dem Herrn Pastor sein Tabakskasten, und da hängt die Kreuzigung an der Wand, und da ist das Sofa, und unten im Haus ist mir durch meine Tränen Wackerlos* begegnet und hat mich gewiß noch gekannt! Alles, alles im Haus ist noch so wie an dem Tage, als Sie mich in die Fremde taten, und nun komme ich so zurück durch Hitze und dunkle Nächte und die weite Welt – hinter Berlin her. Wie soll ich mich besinnen? Ich hätt's ja zu gern getan; jedes gute Wort vom Herrn Pastor ist mir wie eine glühende Kohle vom Herd auf dem Herzen gewesen, aber ich muß ja ersticken in meiner Schande, daß ich *so,* so wieder da bin! O du liebster Herrgott, ich bin ja nicht bei mir selber gewesen seit dem Morgen, da ich mit dem

Kaffeebrett hereinkam, als der Herr Pastor Nöleke alles aus der Zeitung vorlas. Ich habe den Präsentierteller noch auf den Tisch gesetzt, aber da ist mir der Boden unter den Füßen und die Decke über dem Kopfe weggekommen; ach, wenn er mich, mich allein doch totgeschlagen hätte! Überleben tu' ich's ja doch nicht, wenn sie ihn köpfen. Wenn ich hundert Jahre alt würde, so könnte ich den Morgen nicht überleben, als der Herr Pastor vorlas, daß hierzulande der Räuber Cord Horacker gesucht werde von der Polizei und den Gendarmen und Soldaten und von dem Aufgebot in den Dörfern. Oh, lieber, lieber Herr Pastor und Frau Pastorin, ich will's keinem andern Menschen und gewiß keinem Mädchen und keiner Frau wünschen, daß sie auch erleben, was ich erlebt habe auf dem Wege hierher nach Gansewinckel! Nur ein einziges Mal habe ich mich unterwegs in einem Wasser besehen, aber dann nicht wieder; ich habe mich zu arg erschrocken.»

«Na, ich werde dir nachher doch noch einmal den Spiegel vorhalten», murrte die gute Hirtin, jedoch wahrscheinlich nur, um ihr steigend Mitgefühl hinter dem Brummwort zu verstecken. Christian Winckler vesteckte dagegen sein Gefühl ganz und gar nicht.

«Man weiß nicht, was man sagen soll; man sieht nur immer tiefer in die Natur und den Menschen hinein», murmelte er. «Es ist ein Schrecken und ein Segen in dem Blick!»

«Und je näher ich an Gansewinckel herangekommen bin, desto elender ist mir zumute geworden. Ich bin doch hier in meiner schlechten Jugend im Walde aufgewachsen sozusagen; aber gewußt habe ich nicht, wie dunkel er von seiner Natur aus ist, bis der erste Buchenbaum diesmal seinen Schatten auf mich hingeworfen hat. Da bin ich selbst wie ein Mörder und Dieb gewesen, und doch habe ich rufen müssen; keiner kann wie ich wissen, wie es ist, wenn man so im Holze hat rufen müssen. Aber kein Cord Horacker hat Antwort gegeben; ich bin mit meiner Stimme ganz allein geblieben und dachte doch, alles wimmele von Gendarmen und Dragonern und – von ihm!»

«Diese Geschichte wird noch mal gedruckt auf dem Jahrmarkt verkauft!» ächzte Frau Billa. «Ich kaufe sie mir selbst zum ewigen Angedenken, das steht fest.»

«Der Wind, der Igel im Busch, der Rehbock, der mir über den Weg gegangen ist, sind fast mein Tod gewesen, denn es konnte doch Cord sein oder was Schlimmeres. Nun bin ich hier. Ich wollte mich erst in der Nacht ins Dorf schleichen; aber Haneburgs Hannchen ist meiner doch vorher ansichtig geworden, und da haben die Jungens geschrieen; und dann haben mich die Bauern bei hellem Tage gebracht, und das ganze Dorf ist hinter mir drein gewesen und hat sein Pläsier und seinen Hohn über mich und Cord Horacker gehabt. Und nun bin ich wieder hier um Gottes Barmherzigkeit willen, und ob Sie mir glauben werden, daß ich immer noch ein ehrlich Mädchen bin, und dieses auch an den Herrn Pastor Nöleke schreiben werden, kann ich nicht wissen und nicht bitten. Wenn ich von Cord Bescheid wüßte, so wollte ich gern sterben und vorher auch ohne Lohn beim Herrn Pastor Nöleke meine Schande abdienen; aber in mein Grab gehen kann ich nun nicht eher, als bis ich weiß, ob sie ihn schon haben und ob sie ihm seinen Kopf schon abgeschlagen haben. Nachher kann ich ruhig sein, glaube ich.»

«Aber vorher wirst du doch wohl erst eine Tasse Kaffee trinken, du alberne Trine!» rief die Pfarrfrau von Gansewinckel mit merkwürdig belegter Stimme. «Winckler, ich bitte dich!»

«Hat er seinen Kopf noch? Um Jesu Christi willen sagen Sie es mir doch erst!» schrie Lotte Achterhang, von neuem in die Knie sinkend und mit wilder Energie die Hände gegen den Pfarrherrn und seine beßre Hälfte emporringend.

«Du Närrchen, freilich hat er ihn noch!» schrie der Pastor mit gleichem Nachdruck. «Seinen nichtsnutzigen, dummen Tölpelkopf hat er freilich noch! Du hast es ja selbst gehört, durch dich erst hoffen sie den Schlingel bei dem Kamisol zu nehmen. Daß er dir nicht antwortete, als du nach ihm im Walde riefest, muß einen andern Grund haben als seine gewöhnliche Kopflosigkeit. Vielleicht war er zu weit weg. Er dreht ihnen – uns noch immer aus dem Holze eine Nase. – Billa, Billa, der Herr redet heute noch auf den Straßen der Welt! Er setzt sich immer noch zu den Sündern und Geistesarmen; und wir, wir studieren auf den Universitäten und machen unsere Examina und kriegen unsere Anstellung, wenn wir nicht durchfallen, und ärgern uns an den

Adiaphoris* und streiten uns um die Parochialgebühren*, weil wir nur mit der Kreiskasse zu tun haben möchten wegen unseres Gehaltes. Was wollen wir tun in diesem Jahrhundert, um uns wieder zurechtzufinden diesen Kindern gegenüber?»

«Ich weiß es auch nicht; aber – aber ich halte es immer noch gar nicht für eine Geschichte aus diesem Jahrhundert», sagte die gute geistliche Frau und schneuzte sich. Es war ihr kribbelnd vom Herzen in die Nase gestiegen.

«Doch!... Ja!... Ja, wahrhaftig!... Gottlob ja, es ist doch eine aus ihm!» sprach Krischan, und dann stand er auf von seinem Stuhl und half seinem Lottchen Achterhang beim Aufstehen. Es hatte während der letzten Worte zwischen Mann und Frau das Vaterunser gesprochen und war eben bei der letzten Bitte angekommen. Der Pastor aber hatte recht mit seinem Ausruf.

Man kann auch heute noch mancherlei Beruhigendes erfahren und erleben, man warte nur immer möglichst ruhig die nächste Stunde ab!

X

Zum zweitenmal im Leben führte die Frau Pastorin Winckler ihr Lottchen ins Waschhaus zu einer gründlichen Reinigung vom Staub der Pfade dieser Welt. Doch diesmal besorgte sie das Geschäft mit Kamm und grüner Seife nicht selber, sondern reichte Kamm und Seife nur in die Tür; denn «jetzt war das Mädchen groß genug dazu». Aber persönlich zugreifend, steckte sie die in solcher absonderlichen Weise Heimgekehrte in ein abgelegtes Kleid, welches «auch nicht auf diesen Zweck gewartet hatte», und während alledem war – der gute Krischan endlich, endlich zu seinem kalten Kaffee in der Laube an der Hecke seines Gartens gekommen. Daß er kalt rauche, konnte man gleichfalls nicht mehr sagen, denn er blies tüchtige Dampfwolken in den Spätnachmittag und unter das Mückengesindel des Sommertages. Sowohl Vossens «Luise» wie Vossens «Homer» hatte er ruhig droben in seiner Stube im Bücherbrett belassen. Er bedurfte keineswegs mehr einer literarischen Stütze für die vorbeischreitende Stunde; die Sonne Homers lag ihm warm und gütig auf dem wackern, würdigen Graukopf; und das ist gerade das Wahre, daß es einen in solchem Moment gänzlich gleichgültig läßt, auf wie viele Ionier vor so langen Jahren die Sonne auch schien.

«Ah!» seufzte der Pfarrherr von Gansewinckel, blies eine neue Wolke von sich und einen langen Atemzug derselben nach und legte die Hand auf die Zeitung von gestern, die ebenfalls auf dem Tische vorhanden war.

Die Sonne Homers schien auch auf die Luxemburger Frage*, doch nicht weniger auf die Frau Billa, die in diesem Augenblick, den Gartenhang entlang, zwischen den Buchsbaumeinfassungen vom Hause herschritt, und der Pastor legte die Zeitung von gestern wieder hin.

Sie, die Gattin, trat in die Laube, ließ sich auf die grüne Bank sinken, legte die Hände matt in den Schoß und seufzte:

«So!»

«Hm!» erwiderte der Pfarrherr.

Nach einer geraumen Pause fuhr die Pastorin fort: «Sie war sehr hungrig. Das arme Geschöpf! Jetzt liegt's wie in Betäubung und schläft. Es ist uns unter den Händen eingeschlafen, mir und der Minna. Es ist nur ein Glück bei allem, daß wir ihr glauben können. Ja, ich glaube, daß sie uns nichts vorgelogen hat; was glaubst du, Christian?»

«Ich glaube dir meine Ansicht bereits droben auf meiner Stube mitgeteilt zu haben, Beste. Ich glaube auch. Ich glaubte es gottlob vom ersten Wort des Kindes an.»

«Hm!» sagte jetzt Frau Billa; dann aber richtete sie sich unter einem neuen tiefen Seufzer auf, griff nach ihrem Strickzeug und sprach: «Ja, wir sind doch im Grunde gute Leute, wie auch das Dorf darüber denken mag. Weißt du, Alter, uns fehlt nur eines, nämlich, ich müßte dir manchmal meine Brille und du mir die deinige leihen können.»

«Tun wir denn dieses nicht jeglichen Tag?» erlaubte sich der alte Herr zu fragen; doch die Gattin schüttelte den Kopf und versetzte: «Lange nicht oft genug!»

Und es entstand wiederum eine Pause, während welcher die Frau Pastorin ihre Stricknadeln in Ordnung brachte und Krischan Winckler die Luxemburger Frage von neuem aufnahm. Nach fünf weitern Minuten legte der Pastor die Zeitung von neuem hin: «Billa!»

«Was denn, lieber Alter?»

«Ich werde dir das Resultat eines langen, wiederholten, reiflichen Nachdenkens vorlegen: Manches – vieles – sehr vieles würde uns in diesem Leben und hier in Gansewinckel nicht passiert sein, wenn uns nicht der Höchste in seiner Weisheit das Glück versagt hätte – eigene Kinder zu haben.»

«Ach, du himmlischer Vater!» stammelte die Frau Billa Winckler; doch der Gatte fuhr fort, ohne sich durch den Ausruf stören zu lassen: «Eigene Kinder, liebes Weib! Wir sind eben eine Abnormität unter der Amtsbruderschaft! Wir haben Zeit – Muße, wie du es nennen willst, für alles. Wir sind leider Gottes ja immer nur uns selbst die Nächsten gewesen, und so haben wir uns nie anders helfen können, als uns des Fernern anzunehmen. Es ist etwas an dem Zölibat, Billa.»

Die lutherische geistliche Frau faltete die Hände über ihrem Strickstrumpf.

«Gregor der Siebente* war nicht nur ein frommer, sondern auch ein kluger Mann, Billa. Er wußte der Menschen Schwächen zu taxieren. Wir, du und ich, als kinderlose Eheleute, wir leben wenigstens in einem halben Zölibat, und so ist es um so mehr unsere christliche Pflicht und Schuldigkeit, uns mit ganzer Seele den Aufgaben zu widmen, für die uns die Vorsehung besonders geeignet gefunden hat. Die Ratschlüsse des Schöpfers sind wunderbar, und die Wege, die er uns zur Selbstbefriedigung führt, verschieden.»

Die Gattin hatte ihr Strickzeug vom Schoß über den Tisch gleiten lassen, legte beide Hände auf den Tisch und sah ihn, den Gatten, an, wie sie ihn nur einmal im Leben angesehen hatte, nämlich am zehnten Sonntage nach Trinitatis im Jahre nach Christi Geburt eintausendachthundertundsechsundfünfzig von ihrem Kirchenstuhl aus, als er mitten in seiner Predigt innehielt und statt des Sacktuchs eine ihrer weißen Nachthauben hervorzog, um sich damit die Stirn zu trocknen: «Krischan?!»

«Ich sage, Billa, die Vorsehung...»

«Und ich sitze hier starr und sage nur, mach's mit dem Doktor Luther ab, was du eben vom Papst und dem Zölibat gesprochen hast. Was das Konsistorium dazu sagen würde, mußt du selber am besten wissen; was aber die Vorsehung angeht, so sollst du ganz und gar recht haben, Winckler, sobald ich ganz genau weiß, daß sie bei dem, was sich zuträgt, auch mal einen persönlich im Auge hat und nicht immer einzig und allein das ganze Dorf.»

«Billa?!... Aber Billa?»

«Der Herr Doktor Neubauer stimmte für das ganze Dorf. Ich habe es wohl gehört, da ich ab und zu ging, als er neulich mit Freund Eckerbusch hier war. Ihr hieltet ihm natürlich das Widerspiel; aber es schien mir doch, wenn du es mir nicht übelnehmen willst, Alterchen, als wenn er euch alle beide ganz gehörig unterkriegte. Du gabest zuerst den Streit auf und gingest hin, um persönlich nach der Bowle zu sehen, und so weiß ich nicht, wie der Konrektor mit dem Herrn Oberlehrer fertig geworden ist und was sie ausgemacht haben über die Vorsehung, während ich Zucker schlug und du dich im Keller aufhieltest.»

Der Pastor von Gansewinckel nahm die Luxemburger Frage vor die Nase und murmelte etwas von: einem oder einer einen Floh ins Ohr setzen.

«Ja, murmele nur!» rief die Gattin, und wer weiß, was nun noch alles in der Gartenlaube an der Hecke des Gansewinckler Pfarrgartens verhandelt worden wäre, wenn nicht ein am heitern Sommernachmittagshimmel emporsteigendes neues Phänomen sowohl Philemon wie Baucis* von neuem ganz und gar von den Füßen gehoben hätte.

Dieses Phänomen trug einen leichten grauen Schulferienrock, einen breitkrempigen Strohhut und eine Brille in Horneinfassung. So kam es den Feldweg vom Walde her, und zwar eilig. Im Laufen trocknete es sich den Schweiß ab und schickte zu gleicher Zeit mit dem Taschentuch höchst aufgeregte Zeichen der Laube zu.

«Ist denn das nicht Eckerbusch?» fragte die Frau Pastorin, und Christian Winckler, aufspringend und über seine Hecke schauend, rief: «Freilich ist er es, und zwar im Hundetrab, nein, im vollständigen Galopp! Billa, *da ist noch etwas vorgefallen!* Wie rennt der Alte! Was winkt er denn?... So sieh doch nur seine Hampelmännereien, Frau! Das ist ja ein wahres Glück, daß er seiner Sekunda nicht so als galoppierende Windmühle ins Auge und unter den Bleistift fällt.»

Das geistliche Ehepaar winkte nun gleichfalls über die Hecke dem guten Freunde entgegen, und der Pastor öffnete ihm die Tür in der Hecke. Im vollen Laufe stürzte der Konrektor herein, den Hut, das Sacktuch und den Stock schwingend.

«Menschenkinder! Menschenkinder, ei-nen Stuhl!» Er fiel auf den nächsten, vollständig zu Ende mit seinen Kräften.

«Menschenkinder, was kann dem Menschen passieren! Was kann der Schulmann erfahren auf einem Ferienausfluge!»

«Billa soll dir sofort ein Glas Grog bereiten! Du wirst Ida einen kranken Mann nach Hause bringen, wenn du nicht sofort, similia similibus*, etwas ganz Heißes zu dir nimmst», rief der Pastor.

«Ja, erkälten Sie sich nicht, Eckerbusch», rief die Pastorin. «Ich bin sofort in der Küche; aber erst – sagen Sie rasch, was Ihnen eigentlich begegnet ist und was Sie sowohl als Mensch wie als Schulmann erfahren haben.»

«Windwebel ist hinter ihm drein», keuchte der Konrektor, allmählich wieder Atem schöpfend. «Um den Grog bitte ich in der Tat, beste Freundin. Ich und die Witwe haben unser möglichstes getan, ihn zurückzurufen. Eine halbe Stunde lang haben wir uns die Lungen aus dem Halse geschrieen: ‹Windwebel! Horacker! Windwebel! Ho…›

«…racker?!» stammelten Krischan Winckler und sein Weib Billa wie aus einem Munde.

«Wer denn anders als Horacker? Horacker, der Räuberhauptmann!… Wir – Windwebel und ich und er und die Witwe haben zusammen eine Flasche Chateau Milon getrunken.»

«Mit Horacker?»

«Mit Horacker und Horackers Mutter, ganz vergnügt und friedlich wie bei einem Picknick im Walde mit Damen und Kindern. Es ist mir selber jetzt wie ein Traum; aber ein Zweifel an der Wirklichkeit des Faktums bleibt mir doch nicht übrig. Es war so!... Wir würden auch einträchtiglich Arm in Arm zusammen ins Dorf herniedergestiegen sein, wenn nicht der Narr, der Windwebel, unbedachtsam den Schlafwandler angerufen und ihn mit dem Staatsanwalt in das Gehölz zurückgescheucht hätte. Nun ist er, der Kollege, hinter ihm, Horackern, dreingesprungen, als er uns entsprang – die Witwe ist auf ihrem Baumstumpf sitzen geblieben wie ein anderer Klotz, und ich habe es endlich für das beste gehalten, hierherzulaufen und dich zu fragen, Christian, ob es nicht unsere Pflicht sei, noch einmal das Dorf aufzubieten und einen reitenden Boten nach der Stadt zu schicken.»

«Jedenfalls dreht sich um mich das Weltall. Es ist in der Tat betäubend. Wir haben das Lottchen, und – er – hat den Cord – beinahe gehabt! So sage doch endlich was, Billa.»

«Erst muß er vollkommen wieder bei Atem und bei klarer Besinnung sein und dann noch einmal ganz von vorn an erzählen. Solange ich mich nicht um das Weltall drehe, sehe ich gern so klar wie möglich und lasse mir vor allen Dingen keine Traumgesichter aufbinden.»

«Ganz wie die Proceleusmatica!» sprach der Konrektor Eckerbusch.

«Wem Gott ein braves und kluges Weib beschert, der ist gepflanzet wie ein Baum an den

Wasserbächen»*, murmelte der Pfarrherr von Gansewinckel.

«Manchmal auch wie eine Mühle!» murmelte der Konrektor; dieser aber bekam trotzdem seinen Grog und erzählte dem Pfarrhause von vorn an und ganz der Reihe nach, was ihm und seinem Kollegen Windwebel im Walde Sonderliches aufgestoßen war.

XI

Wenn es nicht der Mensch war, der dem Auswurf der Menschheit durch die Nußbüsche nachsetzte, so war es ganz zweifelsohne der Künstler, der den malerischen deutschen Rinaldini bis auf ein Dritteil fertig auf dem Papiere hatte und sich eben den Rest nicht entgehen lassen konnte. Und die Natur hatte den Kollegen Windwebel mit den gehörigen Beinen für eine solche Jagd nach dem Pittoresken ausgestattet. Lang, fleischlos, aber muskelkräftig waren sie ihm tadellos für solche und ähnliche Aufgaben gewachsen; und er gebrauchte sie: «Halt den Dieb!»

Vor sich in einer Entfernung von einigen hundert Bockssprüngen hörte er den Räuber rauschen; und über Bach und Morast, durch Gebüsch und Hochwald ging die Jagd immer tiefer hinein in die Wildnis. Trotz seiner langen Beine und trotz der Hinfälligkeit und Verkommenheit des armen Teufels vor ihm hatte der Zeichenlehrer all seine Spannkraft zusammenzunehmen.

Aber nichts beflügelt die Schritte und die Siegesgewißheit des Verfolgers so sehr als eben dieses Rauschen im Busch, die Angst des Ausreißenden, sei es Mensch oder Tier. Alle Jäger, Kriegsleute, Advokaten und schöne junge Damen wissen das und wissen daraufhin zu laufen; letztere natürlich nur mit Billigung und unter der Oberaufsicht der Mama.

«Jetzt soll der Racker dran!» keuchte der Kollege. «Und wenn's mich den letzten Zipfel der Lunge kosten würde. He, Horacker, Horacker, gib's auf, Canaille!»

Das war nun wieder recht unpolitisch. So leise als möglich soll man hinter dem Jagdstück hersetzen. Einen Mund mit einem Schloß davor soll der Krieg, die Diebeshetze und die Liebe in der Fahne führen: in hoc signo vinces.*

Noch einmal beflügelte der letzte Zuruf die Schritte des Flüchtlings auf das bedenklichste für den Verfolger. Das Rascheln tönte ferner, und Windwebel hatte die Beine noch länger zu strecken, während er die Zähne zusammenbiß.

Sie waren jetzt ziemlich tief in das Unwegsame geraten; rundumher war der Wald still, und die sinkende Sonne füllte ihn mit drückender Schwüle. Ohne sein mehrwöchentliches Fasten würde der Räuber auch diesmal wieder entkommen sein, doch alles, wie gesagt, hat sein Ende in der Welt, in dieser angstvollen Welt des Hintereinanderdreinlaufens. Noch fünf Minuten lang rannte der Bandit; allein auf einer neuen Waldblöße bekam ihn Windwebel zu Gesichte, und damit war der Wettlauf entschieden.

Sie flogen beide mit langausgestreckten Hälsen

über diese Blöße; dann bauete sich eine steile, von Heidelbeeren und Brombeeren überzogene Berglehne vor ihnen auf. Zwischen dem überwucherten Geröll eines alten verlassenen Steinbruchs ächzte Horacker noch zwanzig Fuß an dem Berge aufwärts, dann stürzte er zu Boden inmitten dieses Steinbruches, und Windwebel, über ihn hinschießend, gleichfalls, und zwar auf die Nase; aber der Räuber blieb liegen, wie er lag, während der Gymnasialzeichenlehrer so rasch als möglich wieder auf die Füße kam und mit der Nase zwischen dem Daumen, dem Zeigefinger, dem Mittelfinger und dem Ringfinger wütend ächzte: «Auch das noch für die Kunst!...»

Es war ein kühler Fleck an dem heißen Tage, diese in den Sandstein des Berges hineingearbeitete Höhlung. Die Vegetation hatte bereits seit langem wieder Besitz davon genommen und die Spuren der menschlichen Tätigkeit nach Möglichkeit verwischt. Buschwerk beschattete den Ort von den Felsentrümmern herab. Große Farrenkräuter wucherten zwischen dem Moose der Steine, und von einer Seite tröpfelte und perlte es feucht hernieder: ein winziges Quellchen hatte sich einen Weg durch den Schutt und das Geröll gebahnt und suchte ihn in Miniaturwasserfällen weiter zu Tal. Auch die hohen Buchen weiter aufwärts der Berglehne warfen noch einen Teil ihres erfrischenden Schattens auf den Platz.

«Die landschaftliche Umgebung paßte mir», sagte der Kollege Windwebel, auf einem der Steinblöcke sich niederlassend und mit dem Auge des Künstlers umherschauend.

Er saß: aber zu seinen Füßen lag der Räuber Horacker immer noch mit dem Gesichte im feuchten Grase und Moose, die Füße weit von sich streckend, mit den Händen sich an die alte Mutter Erde anklammernd, «gerade als ob er sich gutwillig hingelegt habe, um das ihm Gebührende von mir in Empfang zu nehmen», wie der immer noch atemlose Künstler meinte.

«Lust hätte ich wohl dazu, und die Haselgerten wachsen mir gleichfalls in die Hand. Horacker, Sie Ungeheuer, liegen Sie nicht allzu verlockend da; bauen Sie nicht allzu fest auf meine angeborene Gutmütigkeit. Ich kenne die Leute zu Dutzenden, die in meinem Fall bereits in voller Tätigkeit auf Ihrem Hinterteil sich befänden. Wälzen Sie sich wenigstens auf die Seite, Mensch!»

«Uh–uh!» stöhnte der Verbrecher, das Gesicht womöglich noch tiefer in den Erdboden vergrabend.

«Jawohl uh, uh, uh! War das der Dank für den guten Tropfen, auf den man Ihretwegen verzichtete, Sie Lump? Was für eine Tarantel stach Sie plötzlich, Horacker? Kennen Sie eine Tarantel?... Eben teilt man noch seinen letzten Bissen mit solch einer Kreatur, und im nächsten Augenblicke – geht sie hin – geht sie durch und zwingt einen, mitten in den Hundstagen, ihr nachzurennen...»

«Es passiert gewiß nicht noch einmal! Von diesem Platze stehe ich nicht wieder auf!» ächzte der Räuber, in den Grund beißend.

«Sie stehen nicht wieder auf von diesem Platze?»

«Nein, lieber Herre. Gehen Sie nur ruhig ins Dorf und holen Sie die Bauern; ich bleibe Ihnen sicher liegen. Gehen Sie dreist nach der Stadt und holen Sie Ihre Gendarmen und Ihren Herrn Staatsanwalt; ich lasse mich abholen wie einen Klotz. Ich schwöre es bei dem allmächtigen Gott, ich habe es satt und laufe nicht weiter.»

«Dann hätten Sie mir auch diese letzte Jagd sparen können, Horacker», brummte der Kollege, mit einem Farrenkrautwedel sich soviel Kühlung als möglich zufächelnd. «Sie sind ja ein ganz gemütlicher Hahn, Horacker; ein Gewissen haben Sie wohl nie gehabt?»

Der Räuber schluchzte leise in das Moos und Gras hinein, und der Zeichenlehrer sah mit immer ratloserer Miene auf den armen Kerl hin.

«Am Ende geht das denn doch über allen Spaß», murmelte er. ««Zähle immer erst langsam fünfzehn, ehe du mir auffliegst›, sagte Hedwig, ‹wir fallen ja immer noch früh genug in das Lachen der Leute hinein, Viktor!› Und das Herze hat recht – selbstverständlich. Nun hat mich hier meine Leichtfüßigkeit wieder einmal in eine recht nette Situation gebracht. Gütiger Himmel, was fange ich jetzt mit diesem Narren an? Das ist ja fast noch schlimmer als ein ausgesetzter Säugling vor der Tür einer alten Jungfer! Der Specht da oben in der Tanne ist der einzige Vernünftige hier; er bekümmert sich eben nur um sein Geschäft und hat noch nicht ein einziges Mal einen Seitenblick auf uns hier im Loche geworfen. Und kein Mensch weit und breit, den man um seine Meinung fragen könnte... Wenn ich nur den Kollegen Eckerbusch zur Hand hätte, aber der sitzt und tröstet die Witwe Horacker, wenn er nicht bereits ruhig mit ihr auf dem Wege zum Gansewinckler Pastor ist. Muß es denn gerade stets unsereiner sein, der alle halbe Stunde einmal in derlei Verdrießlichkeit, um es nicht stärker auszudrücken, hineinplumpst?! O Hedwig, Hedwig, so hat er mich richtig in den Klauen, der Räuber Horacker, und du hast mich nicht ohne Grund vor ihm gewarnt beim Abmarsch!»

Er nahm den Kopf in beide Hände und versuchte es, zu überlegen. Zu dem Schweiße der Anstrengung und des heißen Tages trat ihm beinahe auch noch der Angstschweiß auf die Stirn; Cord Horacker blieb liegen, wie er lag.

«Wenn er mir nicht unter der Nase aus purer Bosheit verendet, höre ich ihn nächstens schnarchen. Dieser Mensch ist zu allem imstande! Horacker – heda! Holla, Horacker; zum allerletzten Male fordere ich Sie nun auf, mir wenigstens noch einmal Ihr liebes Gesicht zu zeigen. Horacker, ich prügle Sie wirklich, wenn Sie sich nicht wenigstens noch mal fünf Minuten lang auf die Seite drehen.»

Dieser Nachdruck half endlich. Der fühllose Bösewicht stöhnte wiederum aus tiefster Seele und wendete sich halb auf die Seite, dem Zeichenlehrer somit seine ungewaschene, verwilderte, abgehungerte Physiognomie zukehrend.

«Nachher spreche mir einer noch von einem

andern Menschheitsjammer!» murmelte der Kollege Windwebel. «Den Doktor, den Apotheker und ein paar barmherzige Schwestern, aber nicht die Gendarmerie und die Gansewinckler Bauernschaft haben wir hier nötig. Hm, Horacker – Cordchen, einen Schluck Rotwein kann ich Euch leider nicht mehr bieten; nun sagen Sie, das war also Ihre Frau Mutter, die alte Dame, die Sie am Jackenzipfel uns aus der Wüste zuführte?»

Da heulte der Räuber unter strömenden Tränen heraus: «Hier ist mein einzigster Hosenträger, der noch am Knopf hält; den andern hab' ich schon bei einer andern Jagerei im Busch gelassen. Hinge ich nicht schon längst dran am ersten bequemen Ast, wenn die Alte – und – noch – eine andere nicht wäre?»

«Noch eine andere?» flötete Windwebel. «Oh, wenn doch jetzt der Kollege Neubauer hier säße! Dem Kollegen Neubauer gönnte ich den Genuß im ganzen und vollen, und der Kerl wäre auch der richtige Mann, sich nicht die geringste Nuance des Erlebnisses entgehen zu lassen. Das wäre ein Stoff für eine Idylle! Daraus würde sich etwas machen lassen in Hexametern! Noch eine andere?»

«Ja, noch eine andere!» knirschte der Räuber zwischen den Zähnen. «Mein Lottchen! Ob sich was draus machen läßt, weiß ich nicht; aber es – das Lottchen Achterhang und die alte Frau und ich, wir sind drei. Die ganze andere Welt rechne ich nicht mehr.»

«Grüße mein Lottchen, Freund»*, murmelte der Zeichenlehrer und zeigte sich durch das Zitat wenigstens als ein klassisch gebildeter Mensch in seiner Ratlosigkeit. «Also ihr drei seid eins?... Ich wollte, ich hätte Hedwig hier; aber die steckt zu Hause frische Gardinen auf.»

Ein heller, lieblicher Strahl aus seinem zierlichen jungen Heimwesen glänzte in die unbehagliche Verstörtheit der Stunde. Windwebel schüttelte sich, und dann schlug er mit der Faust auf den nächsten Steinblock und rief: «Wenn ich Verse drauf machen könnte, würde es mir sicherlich gleichfalls gemütlicher zumute sein; aber selbst mein Skizzenbuch gebe ich hier auf. Horacker, wir sitzen hier leider Gottes gänzlich ungestört, Ihren Atem haben Sie zum Teil auch allgemach wiedergewonnen, es drängt mich immer mehr, mehr an Ihre Harmlosigkeit als an Ihre Ruchlosigkeit zu glauben. Erzählen Sie mir von sich und Ihrem Lottchen. In das Arbeitshaus kann jeder kommen; aber auf die korrupte Idee, in einer Gegend und unter einer Bevölkerung wie die unsrige sich als Räuberbande zu konstituieren, fällt doch ein gewöhnlicher Mensch nicht jeden Tag. Ich schwatze nicht aus der Schule; darauf können Sie sich verlassen, mein Bester.»

«Und Sie gehören gewiß und wahrhaftig nicht zum Gerichte?»

«Wie wir Ihnen vorhin bereits mitteilten – durchaus nicht! Zu einem Schulmeister hat uns der liebe Gott in seinem Zorn gemacht.»

«Und mich zu einem Schinderhannes, obgleich ich auf die Schneiderei gelernt habe!» rief Cord Horacker und setzte sich aufrecht: «Liebster, lieber Herre, was kann einer dafür, wenn einer was wird, was er werden soll? In die Schule und in die Kirche gehen hilft gar nichts dagegen.»

«Ich wünsche den Kollegen Neubauer immer inniger hierher», murmelte Windwebel. «Er nennt mich, weil er das *n* grammatisch für richtiger hält: Herr Zeichnenlehrer; und er ist ein Philosoph und versteht sich auf alle Nuancen in der Welt. Er würde mir sagen können, was er von diesem Philosophen da hält.»

«Ich will es Ihnen selber sagen, was ich von mir halte, so gut ich es eben weiß, Herr Lehrer», sagte Horacker. «Andere Leute kennen einen doch nicht ganz genau, nicht einmal die Herren Gerichtsherren, nicht einmal der Herr Pastor Winckler. – In die Besserungsanstalt aber kam ich von Rechts wegen. So einem wie unsereinem ist das am Ende auch ganz egal, und wie ich das Mädchen kenne, so wär's dem auch einerlei, zumal da es doch auf meine Besserung auch für es abgesehen war. Ich habe auch mit Vergnügen die Schneiderkunst in der Anstalt gelernt, obgleich ich von Natur nicht dazu angestiftet bin im Dorfe. Oh, ich wollte mir heute schon dadurch forthelfen in der Welt und meiner Alten auch. Sehen Sie, lieber Herr, unsereiner hat manchmal auch seine Gedankenspiele, wenn die auch nicht so fein sind als die der gelehrten Leute und der reichen Bauern. Das ist wie Hanfzwirn und Seidenzwirn; Zwirn bleibt's doch; und der Herr Korrigendenpastor hat mir selber mit abwickeln helfen, daß ich erst in meinem Sinn und dann nachher auch in der Wirklichkeit wieder ein ordentlicher Mensch würde. Nämlich da wäre ich, wenn ich mit einem guten Zeugnis herausgekommen wäre, zuerst in die weite Welt gegangen auf die Wanderschaft, damit daß ich den Arbeitshausgeruch aus dem Rocke verloren hätte, oh, und es hätte mir schon gelingen sollen! Dann hätte ich mir in der Fremde, und wenn's in dem Amerika hätte sein müssen, eine gute Reihe harter Taler zusammengearbeitet, und wenn das Mädchen auf mich gewartet hätte, wie es mir das tausendmal fest versprochen hat, so – ja so – so...»

Das Denken an das, was hätte sein können, überwältigte den armen Schlucker vollständig. Er weinte bitterlich und wischte sich die hellen Tränen mit den hagern Schmutzhänden und dem Jackenärmel ab. Körperlich verschönerte er sich gar nicht dadurch; aber geistig wurde er immer hübscher in den Augen Windwebels.

«Nehmen Sie sich Zeit, Horacker», sagte der Zeichenlehrer. «Unsereiner hat's auch nicht ohne seine Kämpfe zu seiner Stellung in der Welt gebracht:

‹Ach Schatz, lieber Schatz, die Wanderschaft
Ist kein Spazierengehn!›*»

«Kennen Sie den Vers auch? Ja, Sie haben wohl gut singen! Sie haben ein Taschentuch in der Tasche, mit dem Sie sich bedienen können; mein Lottchen hatte sich grade das erste halbe Dutzend in seinem Leben gekauft, als mich der Dragoner nach der Stadt abholte.»

«Vierhundert Taler Gehalt und ein Taschentuch in der Tasche!» murmelte der Kollege Windwebel. «Oh, hätte ich doch Hedwig hier!»

Und er sah die Sonne über die Blumentöpfe in sein Fenster scheinen und vernahm leise das fröhliche Stimmchen, das ihm nachrief: «Du hast doch nichts vergessen, Viktor? Gestern bist du ohne Halstuch ausgegangen!» – Er hatte wirklich von neuem Gelegenheit, sich mit dem Taschentuch die Stirn zu trocknen, denn es ging auch ihm mancherlei durch den Sinn, was von früheren, ziemlich verwahrlosten Jahren redete, wo auch er auf der Wanderschaft war unter der festen Überzeugung, daß er es doch noch zu etwas bringen werde in der Welt.

«Erzählen Sie weiter, Kollege», sagte er ein wenig zerstreut, und der Räuber fuhr fort in seiner Generalbeichte.

«Was alles der Mensch auf seiner Haut und in seiner Seele erdulden mag, das war mir so ziemlich bekannt, und Gansewinckel hatte mir das Maß dazu genommen, seit ich drin jung wurde. Hunger, Durst, Frost, Hitze, Wehtage, Grobheit, Prügel und Verschimpfierung war mir allgemach wie auf den Leib gearbeitet; aber auf eines war ich noch nicht eingerichtet, nämlich verrückt zu werden. Und da war ich nahe dran, grade als es sich mit mir zum Besten wenden wollte. Was hätten Sie denn gesagt, wenn da einer gekommen wäre und hätte Ihnen ins Ohr geflüstert: ‹Hier sitzest du, Rindvieh, und besserst dich auf Staatsunkosten, und draußen geht *sie* in der Freiheit herum und kümmert sich den Teufel um dich. Oh, konträr, sie lacht nur über dich und heißt dich einen Zuchthäusler, von dem ein rechtliches Mädchen, das jeden Tag heiraten kann, nicht schlecht genug denken kann. – Der Pastor Winckler und die Frau Pastorin haben ein für dich Lumpen viel zu feines, frommes Ding aus ihr fertiggebracht – Cord Horacker, sie pfeift jetzt nur noch auf dich!› – Nun sagen Sie wohl, bester Herr Lehrer: ‹Weshalb haben Sie sich denn nicht genauer erkundigt, Horacker?›, aber – erkundigen Sie sich mal in einer Besserungsanstalt genauer! – Der Herr Direktor und der Herr Inspektor und der Herr Prediger und die Aufseher sind doch auch nur Menschen, und keiner sitzt ganz in dem andern. Alles ist mit Worten auszurichten in der Welt, das Gute und das Schlechte – das Schlechte und Schlimme aber zuerst. Fragen Sie nur mal als ein Korrigende Ihren Direktor oder Prediger nach Ihrem Mädchen und hören Sie die Antwort, die Sie kriegen. Nachher wenden Sie sich doch lieber an den Halunken, der Ihnen, ohne daß Sie ihn bitten, ins Ohr flüstert, und wenn er auch nur lügt, weil es ihm selber schlechtgeht und er selber rabiat ist. Der mich rabiat gemacht hat, liegt am Nervenfieber auf dem Kirchhof; aber ich bin durchgegangen, um mit meinen eigenen Augen zu sehen und mit meinen eigenen Ohren zu hören, wie mein Lottchen zu mir stehe und daß er gelogen habe. Wenn er noch lebte, müßte ich ihn wie einen tollen Hund totschlagen, und es ist sein Glück, daß er weg ist. Lieber Herr, der Mensch erträgt mit Pläsier, daß man über ihn weint; aber daß man über ihn lacht, verträgt er nicht; und sie haben zuviel über mich gelacht in der Anstalt, hinter dem Rücken des Herrn Predigers und des Herrn Direktors und des Herrn Inspektors, und so bin ich hier und liege hier um des Lachens wegen, und ist das nun nicht schrecklich und lächerlich?! Sagen Sie selber.»

«Sie sind ein ganz kurioser Gesell, Horacker», sprach der Zeichenlehrer, seinen Banditen mit dem Kinn in der Hand höchst ernsthaft betrachtend. Er, Viktor Windwebel, gehörte gleichfalls zu den Leuten, über die man sich «königlich amüsierte», und zwar auch bei Gelegenheiten, wo ihm gar nicht lächerlich zumute war; und also war er jedenfalls wohlberufen, an dieser Stelle ein überlegtes Urteil abzugeben.

«Lächerlich kommen Sie mir eigentlich nicht vor!» meinte er.

Er sah sich auf seinem Wege durch die Welt und fand allerlei sauern, süßen und bittern Nachgeschmack auf der Zunge. Man wird nicht ohne allerhand Anstöße ein mittelmäßiger Maler und ein guter Zeichenlehrer.

«O Hedwig, was haben *wir beide* umeinander ausgehalten!» wimmerte er. «Mein armes, kleines Mädchen, wie hat das Fatum *uns* den Weg in unser Behagen und unsere vier Pfähle mit Dornen besteckt! Was würde noch heute aus uns in dem nichtswürdigen Neste da hinter dem Busche werden ohne den alten Eckerbusch? Dem Kegelklub würde es heute noch den allergrößten Spaß machen, uns in die Wildnis hinauszulachen, mich als Rinaldo und dich als meine Rosa! Ja, es ist so, Horacker; auch ich habe mit dem alten Wedekind und den andern Herren im Klub über Sie gelacht; geben Sie mir die Hand, Kollege; für unsereinen ist das Leiden, daß es viel zuviel verständige Menschen auf der Erde gibt; hätten wir die Oberhand, wären wir in der Mehrzahl, so würde es sicherlich ordentlicher, ruhiger und solider da zugehen. Jetzt aber tun Sie mir den Gefallen und rappeln Sie sich auf! Es wird wirklich Zeit, daß wir nach Gansewinckel herunterspazieren und die Welt nehmen, wie sie ist, und die Leute drin, wie sie sind.»

«Ich komme dem Herrn Pastor nicht wieder unter die Augen und der Frau Pastorin noch viel weniger. Ich bleibe hier liegen!» heulte Cord.

«Weil alles, was der Kollege Ihnen im Arbeitshause zugeblasen hatte, erstunken und erlogen war? Weil die guten Leute im Pfarrhause sich den weichsten Sitz in ihrem Himmel an Ihnen und Ihrem Lottchen verdient haben?»

«Herr, Sie sind schlimmer als alle andern und wollen das wohl gar noch Erbarmen nennen!» schluchzte der Räuber. «Grade weil alles erstunken und erlogen war und grade weil das arme Lottchen durch die Güte des Herrn Pastors und der Frau Pastorin drei Meilen hinter Berlin auf mich wartet bei guten Leuten, bin ich jetzo wie der Stein da und wie der Himbeerbusch dort und will mich selber gar nicht mehr fühlen und will gar nichts mehr und bleibe liegen, bis sie mich tot abholen. Meine Mutter hätte mich doch längst aus dem Walde ins Dorf hinuntergebracht, wenn's angegangen wäre! Mit einem Vierteljahr und ein paar Wochen heraus, frei und ein ehrlicher Kerl – und – jetzt so! In den Mäulern der Leute, von den Gendarmen gehetzt, schimpfiert über alle Umgegend weg als Mörder und Mordbrenner! – Und da soll einem dann nicht alles einerlei sein?!»

«Wenn ich nur wüßte, was ich an seiner Stelle täte!» sagte der Kollege Windwebel in der Tiefe seiner Seele zu sich selber; laut sprach er: «Sie sind ein Esel, Horacker. Nehmen Sie es mir nicht übel.»

«Das können Sie leicht sagen», stöhnte der Räuberhauptmann und schien die beste Absicht zu haben, die Nase von neuem tief in das Moos und Gras des alten Steinbruchs zu drücken. «Sie sind ein Honoratiore und wissen ebensogut als ein Gansewinckler fetter Bauer, wie Sie sich helfen können. Mich aber bringen keine zehn Pferde mehr aus meinem Elend in die Höhe, und sechs Landdragoner sollen zum mindesten dazu gehören, um mich nach der Stadt zu schaffen, und wenn ich auch nur ein verhungerter Schneider bin. O Lottchen, mein Lottchen!»

«Meine Hedwig hat auch über ihn gelacht, jedesmal wenn ich ihr eine neue Geschichte von ihm nach Hause brachte», rief der Zeichenlehrer. «Der Kollege Konrektor hatte die Absicht, ihn im Winter auf dem Liebhabertheater im Kasino vorzuführen, und jetzt – sitze ich hier *so* mit ihm!... Also, Horacker, Sie wollen nicht mit mir ruhig und vernünftig in das Dorf hinuntergehen?»

Horacker schüttelte stumm den Kopf.

«Gut! Auf dem Buckel kann ich Sie nicht hinschleppen; ich gehe also allein nach Gansewinckel und zeige der Frau Pastorin an, wo Sie zu finden sind. Die kann Ihnen ja dann den Kantor Böxendal, Ihren alten Schulmeister, herausschicken, um Sie nach Hause zu holen.»

«Den Herrn Kantor?» stotterte Horacker, der Räuberhauptmann.

«Den braven Kollegen Böxendal. Er hat Sie ja auch noch in der Schule gehabt... Was? Sie wollen doch lieber mit mir gehen?»

«Ja! Lieber als mit dem alten Böxendal!» heulte Horacker dumpf; und der Kollege Windwebel sprach: «Sehen Sie, das ist brav von Ihnen. Sie sind ja ein wahrer Prachtkerl; wenn auch nicht der erste, den vermittelst der Phantasie die Courage von hintenher überkommt!»

XII

Um fünf Uhr nachmittags ungefähr war der Konrektor Eckerbusch vom Walde her in den Pfarrgarten hineingehüpft. Eine Viertelstunde später war der Vorsteher Neddermeier vom Pastor Christian Winckler über die Hecke weg angerufen worden, um die allerjüngste Neuigkeit in Sachen Horackers zu vernehmen; und um sechsundeinhalb Uhr abends bereits sagte eine Gansewinckler Feldmaus unter dem Tore der Kreisstadt zu einer natürlich sehr schreckhaft die Ohren spitzenden Stadtmaus: «Wissen *Sie* es denn noch nicht? Horacker hat heute bei uns im Holze einen alten Schulmeister totgeschlagen!»

Wir aber, ehe wir die entsetzliche Nachricht in ihrer Verbreitung über das eben noch im Abendsonnenschein ruhig hindämmernde Gemeinwesen und in allen ihren Wirkungen auf dasselbe weiterverfolgen, haben uns doch noch ein wenig eingehender mit den Vorgängen in der Gansewinckler Pfarrei zu beschäftigen. Das ist gerade das Nette an jeglichem Gerüchte, daß man es ruhig sich selber überlassen kann; es wuchert im Guten wie im Bösen weiter auch ohne das Zutun dessen, der sich durch es weder in seinen Geschäften noch in seinen Meinungen und Ansichten stören lassen will.

Augenblicklich waren sie im Pastorengarten dabei, Windwebel zu loben, und zwar ausbündig.

«Es ist ein guter Mensch», sagte die Frau Pastorin.

«Das ist er», bekräftigte ihr Ehegespons.

«Eigentlich ist es ein zu guter Kerl!» meinte Eckerbusch. «Ich sage euch, seit er an unserm illustren Gymnasio angestellt worden ist, habe ich mich ihm gegenüber von Tag zu Tag mehr in die Gefühle, Ängste und Nöte einer alten Wartefrau hineingearbeitet. So habe ich ihn in der Phantasie immer hinten am Hosenbund und suche ihn vor Schaden zu behüten. ‹Nehmen Sie sich in acht, Windwebel! Beinahe hätten Sie wieder auf der Nase gelegen. Da hätten Sie sich aber schon wieder an dem Philister da gestoßen! Richtig, jetzt purzelt er mir über den Kollegen Neubauer! Habe ich es nicht gesagt?› – Und so wie ich mit ihm, so hat meine Alte mit seiner Jungen ihre liebe Not; was aber den Kollegen Neubauer mit angeht, so gratuliere ich seiner zukünftigen Frau, der Edle wird sich an seinem silbernen Hochzeitstage sicherlich an die Mücke erinnern, die ihn biß, als er seine Liebeserklärung machte.»

«Na, endlich verschone uns einmal mit deinem ewigen Kollegen Neubauer, Eckerbusch!» rief der Gansewinckler Pfarrherr sogar ein wenig unwirsch.

«Mit Wonne, wenn er mich nur verschonen wollte; aber der Bursch hat ja eine ebenso innige Zuneigung zu mir gefaßt als ich zu Windwebel. *Ihn* habe *ich* im Wachen und im Traum als Wartefrau hinter mir – den Sackermenter! Der Narr ist noch nicht ein einzigmal im Leben zu dem Bewußtsein gelangt, wie viele gute Stunden der Mensch durch seine eigene Schuld verliert; hat er aber auch gar nicht nötig, denn sein Vergnügen hat er doch; nämlich dadurch, daß er andern Leuten alle guten Augenblicke so oft als möglich verdirbt. Ein Heidenspaß aber ist sein Verkehr mit meiner Proceleusmatica, und deshalb allein schon wird er stets zu meinen liebsten Hausfreunden zählen. Es ist zu himmlisch, wie die beiden in ihrem Umgang mit Liebenswürdigkeit, Gift, Ironie und Wut aufeinander einzuwirken suchen.»

«Und dann machen Sie wohl auch immer noch Anspruch drauf, ein guter Mensch zu sein, Eckerbusch?» fragte Frau Billa Winckler. «Oh, ich sollte Ihre Ida sein!»

«Was meinst du dazu, Krischan?» meinte der Herr Konrektor, und der Pastor hielt sich wiederum, doch diesmal lächelnd, an das Käppchen auf seinem Kopfe, wendete sich an den noch immer in der Laube gegenwärtigen Vorsteher und fragte: «Nicht wahr, mein lieber Nachbar und Freund, daß wir in einer Welt der Wunderlichkeit und Verwirrung leben, wissen wir, daß es aber nicht gar zu schwer ist, sich am Ende drin zurechtzufinden, wissen wir hoffentlich auch?»

«Wie gut wir zwei uns anjetzo bald ein halb Jahrhundert lang ineinander zurechtgefunden haben, Herr Pastor, das ist mir, Ihnen und der Gemeinde, Ihre liebe Frau eingeschlossen, freilich Gott sei Dank bekannt, und ich erhoffe, daß es auch fernerhin so bleiben wird.»

«I, sehen Sie mal, Neddermeier», schloß die Frau Pastorin. «Nun, ich hoffe, daß es Ihr Ernst ist, Vorsteher. Mir wird es lieb sein, und Sie kennen mich auch draufhin, daß ich meinesteils stets mein möglichstes tue, Frieden und Eintracht aufrechtzuerhalten. Jetzt aber wieder zu Horacker!»

«Ja, das wird freilich vorderhand das wichtigste sein», meinte der Vorsteher. «Alles zu seiner Zeit; wenn's zu Neujahr ein Knitterfrost wird, brauch' ich drum in den Hundstagen noch lange nicht zu heizen.»

«Sollten wir nicht doch am Ende dem Herrn Zeichenlehrer mit einigen ruhigen und ordentlichen Gemeindemitgliedern in den Wald nachfolgen, Neddermeier?» fragte der Pastor.

«Ne!» sprach mit dem größtmöglichen Nachdruck der biedere Vorsteher von Gansewinckel. «Hübsch ist es von dem Herrn, daß er, wie die Herrschaften sagen, dem Spitzbuben nachgesetzt ist; aber darum jedoch auch soll er nun ihn auch allein bringen, wenn's möglich ist. Es ist einem ja eine wahre Beruhigung, daß sich auch einmal ein anderer die Beine nach ihm abstrappeziert. Für das Dorf stehe ich, daß es dazu das Seinige getan hat, da ist in der Hinsicht keiner unter uns, der sich nicht das Allgemeine Ehrenzeichen verdient hat. Wenn nun einer aus purem Wohlgefallen und Herzensgüte sich auf die Jagd nach solchem Racker gibt, so ist es nach meiner Meinung seine eigene Liebhaberei, und in seiner Liebhaberei soll man niemanden verstören, wenn's nicht damit auf einen Gemeindeschaden oder sonstige Beunruhigung hinausläuft. Durchgehen wird uns der Herr Lehrer wohl nicht mit der Canaille, wenn er sie wirklich packt. Er soll sie uns nur ruhig bringen; nachher wissen wir schon amtlich, was wir mit ihr anzufangen haben.»

«Das Kind schläft wohl immer noch?» fragte der Pastor sein Weib, das während der längeren Rede des Vorstehers ins Haus gesehen und gehorcht hatte und nun wieder in die Laube zurückkehrte.

«Wie eine Tote!» war die Antwort.

«Nachher wird das Aufwachen um so vergnügter sein, wenn der Herr Lehrer mit dem Halunken ankommt und wir beides Vagabundenpack miteinander konfrontieren werden», meinte der Vorsteher, und...

«Wir werden Sie sicherlich dazu herbitten, Neddermeier», sprach die Frau Pfarrherrin von Gansewinckel mit einer ganz merkwürdigen Höflichkeit, die der Brave aber leider nur nach der einen, und zwar der höflichen Seite hin zu würdigen wußte.

Daß der Konrektor Eckerbusch in dem Gansewinckler Pfarrhause eine eigene lange Pfeife stehen hatte, verstand sich von selber. Augenblicklich hatte er dieselbe bereits zum zweiten Male gefüllt und dampfte stark weiter, immerfort mit der Hand das aromatische Gewölk von den Augen wegfächelnd, um über die Hecke nach dem Walde hin auszuschauen; und der Wald warf immer längere Schatten über die Wiesen und Felder, die ihn umgrenzten.

«Wenn mir nur die Alte, die da sicherlich immer noch auf ihrem Baumstumpf hockt, aus dem Sinne wollte!» seufzte der alte Eckerbusch. «Da meint der Mensch, er habe sich nun wohl allgemach in der Verdrießlichkeit und der Mangelhaftigkeit des Tages mit dem nötigen Humor sowohl zum Weiterleben wie zum Abschiednehmen versorgt und eingerichtet; aber hat sich was! – Alle Augenblicke kommt etwas Funkelnagelneues, auf welches er durchaus noch nicht gefaßt war. Dagegen sind die Streiche, die das Wetter dem Witterungskundigen spielt, gar nichts! Nun sitze ich hier, nachdem ich mich acht Tage lang auf das Hiersitzen gefreut habe, und habe auf dieses nichtswürdige Pfefferkorn von altem Weibe beißen müssen! Und dann das kleine Mädchen da im Hause, dessen Historie ihr mir vorgetragen habt; soll das den Sommerabend etwa behaglicher machen?... Und Windwebel!... Wenn ich nicht seiner kleinen Frau für ihn verantwortlich wäre, so möchte er meinetwegen laufen, so weit er wollte; aber das würde eine schöne Geschichte werden, wenn ich ohne ihn nach Hause käme. Leute, ich sage euch, es braucht jemand durchaus nicht an Gespenster zu glauben und kann im richtigen Moment und in der rechten Stimmung doch am ersten besten weißen Handtuch hinter der Tür oder der nächsten alten Weide irre werden. Was ist denn die Glocke?... Menschenkinder – wenn – er ihn umgebracht hätte?!»

«Aber Eckerbusch?!» rief das Gansewinckler Pastorenhaus.

«Gut stehe ich nicht dafür!» sprach der Vorsteher von Gansewinckel.

«Seht ihr wohl, der da übernimmt schon keine Bürgschaft», fuhr der Konrektor mit dem Zeigefinger deutend immer erregter und hastiger fort. «Ich will gar nicht sagen, daß er's aus dem Blutdurst, den ihm die Gegend und Umgegend zutraut, getan hat; aber traue einmal einer einem Menschen in der Verwirrung! Ho, fragt da nur meine Jungen, wozu der Gutmütigste in der Aufregung fähig ist! Bei vollständig klarer Besinnung warf ich auch noch keinem den Vater Zumpt, den Onkel Madvig oder meinen Cicero de officiis an den Kopf.*»

«Jawohl, dieses kenne ich auch, dieses verhält sich so», versicherte der Vorsteher gravitätisch. «Unsereiner nimmt aber gewöhnlich lieber die Mistgabel oder einen Zaunpfahl, um der Welt Verstand beizubringen.»

«Mein Mann nimmt in solchen Fällen das Wort Gottes, die Heilige Schrift, Neddermeier», rief die Frau Pastorin. «Ich aber, lieber Eckerbusch, ich und Ida, wir nehmen alle unsere Geduld zusammen und suchen durch Vernunftgründe einzuwirken, Eckerbusch!»

«Wenn nur nicht jede Bestie von Untier, die auf zwei Beinen geht und Nase, Auge und Maul am richtigen Flecke hat, sofort dächte, sie sei ein Mensch», brummte der Vorsteher. «Jetzo unter uns Verständigen haben Sie gut reden, Frau Pastorin; aber es kommt alles zu seiner Zeit und nach seinem Gesetz, die Fliegen im August und die Wütenhaftigkeit, wenn sich sonst der Mensch keinen Rat mehr weiß. Erinnern Sie sich nur, Frau Pastorin...»

«Ich werde es Sie sofort wissen lassen, wenn ich mich in Ihr Wissen und Weissagen verliebt haben werde, Neddermeier», entgegnete Frau Billa Winckler scharf, schneidig und kurz. «Bitte, Sie waren mit Ihren Beängstigungen noch nicht zu Ende, Eckerbusch. Aus was für einem Grunde, meinen Sie, könnte Horacker unserm Freunde Windwebel den Hals umgedreht haben?»

«Aus heller, purer Angst, Beste! Ich versetze mich ganz in seine Haut hinein und überlege, wozu ich nach allen seinen Erlebnissen und in seiner elendigen Verkommenheit fähig sein würde. Sie kennen mich, Winckler kennt mich, und ich kenne euch beide. Wer aber kennt überhaupt das Tier auf zwei Beinen, von dem der Vorsteher eben sprach? Jagen Sie mich, liebe Freundin, oder lassen Sie sich jagen, und jeder von uns zweien wäre imstande, wenn es möglich wäre, seinen eigenen Kopf dem Verfolger zwischen die Füße zu werfen, um ihn zum Stolpern zu bringen. Nun setze ich den Fall, dieser unglückselige Horacker glaubt in meinem langbeinigen Kollegen Windwebel das Jüngste Gericht und unsern Freund Wedekind obendrein hinter sich zu haben; Verzweiflung packt ihn, und er packt den Kollegen! Gütiger Himmel, was sollte ich seinem allerliebsten Weibchen sagen, wenn ich nach Hause käme ohne ihn? Und meine eigene Frau!... Medius fidius*, würde die mir ein Gesicht machen, wenn ich ihren Freund Windwebel nicht mit heilen Knochen und ganzer Haut heimbrächte! Mehercle, ein anderes ist es, auf der Kegelbahn über einen unzurechnungsfähigen Menschen mit den übrigen Philistern zu lachen, und ein anderes ist's...»

«Im Gansewinckler Pastorengarten drum ausgelacht zu werden», sprach die Frau Pastorin. «Nehmen Sie es mir nicht übel, Eckerbusch, aber die Welt hat wirklich eine Kuriosität an Ihnen, und die Regierung begreife ich nicht; es ist jedenfalls sehr unrecht von ihr, daß sie, wie Christian da sagt, die Konrektoren eingehen lassen will.»

Nun lachte der Pastor von Gansewinckel, Christian Winckler, auch; aber es kam doch gedrückt heraus.

Er hatte sonst ein gutes, braves, lautes Lachen an sich; und zu reden und sein Wort ins Gespräch zu geben, wußte er auch. Heute jedoch war und blieb er still und seufzte mehr, als daß er sprach und lachte. Was er sagte, machte immer den Eindruck, als ob er dabei an hunderterlei andere Dinge denke, und er dachte doch nur an eines. Mühsam erhob er sich nun, ließ den Freund im muntern Gefecht mit der Gattin und schlich seufzend und kopfschüttelnd dem Hause zu; sie aber – sprachen sofort von ihm.

Als er dann zurückkam und schweigsam seinen Platz wieder einnahm, warteten sie gewissermaßen scheu, daß er die Unterhaltung von neuem aufnehme, und hatten längere Zeit zu warten.

Endlich bemerkte er: «Das Kind schläft immer noch; aber sehr, sehr unruhig.»

«Als ich vorhin bei ihm war, lag es still», meinte Frau Billa.

XIII

Nun wird uns aber unsere Geschichte selber fast zu bunt und sozusagen zu einer auf uns einstürzenden Wand! Die vielfarbigen Mauerstücke poltern über uns her, und fast vergebens arbeiten wir keuchend und lehnen uns mit Buckel und Ellenbogen an, um nicht unter dem flimmernden Schutt begraben zu werden. Oh, was waren voreinst die Holländer auf den Molukken für kluge Handelsleute! Sie verbrannten lieber eine ganze Ernte Muskatnüsse, ehe sie das edle Gewürz im Preise sinken ließen. Nehmen wir uns ein Exempel an ihnen, und behalten wir wenigstens zwei Drittel von den guten Dingen, die uns in diesem jetzigen Kapitel in die Hände wachsen, für uns!

Mäßigen wir uns, mäßigen wir uns in der Fülle der Ereignisse und vor allen Dingen in der Schilderung derselben! Seien wir so glaubwürdig, wie wir wahr sind; es werden ihrer immer doch genug vorhanden sein, die ein ehrlicher Handwerk als wir zu treiben glauben. Merkwürdig freilich bleibt es dabei, wieviel ihrer sind, die in jeglicher Frage, welche sie aufwerfen, in allem, was sie sonst sagen und als ihre Ansicht hinstellen, ganz unbefangen und natürlich auch ganz unbewußt zur Familie Windmacher gerechnet zu werden wünschen; wir rechnen vom Staat bezahlte Leute, sehr respektable, wohlsituierte Leute dazu, Leute, die das Ihrige vor sich gebracht haben und die um keinen Preis den Kopf irgendeines beliebigen andern auf den Schultern tragen möchten, aber seinen Rock noch weniger.

«Horacker hat wieder gemordet! Ein Mann aus Gansewinckel hat's eben dem Färber Burmester am Neuen Tor erzählt!... Horacker hat einen alten Schulmeister totgeschlagen!... Horacker hat zwei Schulmeister totgeschlagen!»

«Haben sie es denn schriftlich bei sich gehabt, daß sie Schulmeister waren, Herr Nachbar?...»

«Kann ich Ihnen nicht sagen, Nachbar; vielleicht hat man es ihnen angesehen.»

«Ja, sie haben sie mit eingeschlagenen Köpfen im Dickicht gefunden – es ist was Schreckliches gewesen! Und einen Zettel am Busch, auf welchem der Mörder sich noch lustig über sie macht.»

«Eine alte Frau aus Dickburen hat sie beim Holzstehlen gefunden, und dann hat man sie auf Tragbahren ins Dorf getragen. – Einer soll noch eine Viertelstunde gelebt haben, und der Vorsteher von Gansewinckel hat selber eben die Scheußlichkeit zu Pferde in die Stadt gebracht, und der Bürgermeister und die Herren vom Gerichte wissen auch schon davon, ich aber möchte wohl wissen, was sie jetzt sagen und ob dieses noch der Menschheit angehört?! Ist das Zivilisation? Ist dieses überhaupt nur menschenmöglich bei den Steuern, die wir zahlen? Und der Bildung in den Schulen? Bitt' ich Sie, wozu hilft mir denn der Staat und die Polizei, wenn es ihnen vielleicht gar noch Spaß macht, daß Ihnen so was mitten in unserm Jahrhundert immer noch passieren kann? Ja, fegen Sie mal nicht zu richtiger Minute vor Ihrer Tür, da brauchen Sie freilich nicht zu zweifeln, daß es eine von Gott eingesetzte Obrigkeit über Ihnen gibt!... Na, zuletzt bin ich es gar nicht, der es Horackern verdenkt, wenn er es immer bunter macht!»

«Da haben Sie wohl recht; aber zuallerletzt möchte man doch seinen eigenen Hund beneiden, der ruhig und unbesorgt spazierengehen kann, wenn er seine Steuermarke am Halse hängen hat!...»

Also ging die grause Mär mit den dazugehörigen und daraus erwachsenden Kommentationen herum in dem in holdestem Abendsonnenschein daliegenden Städtchen. Seit den böhmischen Schlachten des verflossenen Jahres hatte Fama auf dieser Erdstelle nicht wieder derartig von allen ihren Organen Gebrauch gemacht. Von Haus zu Haus, von Gasse zu Gasse flog das Gerücht, nur dann und wann ein Haus oder ein Individuum überspringend wie eine Feuersbrunst bei heftigem Winde. Und sie, die nimmer schlafend spähet, sie, die jüngste Tochter der Erde, im Zorn von ihr geboren zur Rache an den Göttern, des Mordes der braven Söhne, ihrer lieben Giganten, wegen, sie, Pheme, die Göttin der Sage und des Rufes, erspähte richtig auch unsere wirkliche Freundin Hedwig Windwebel und flüsterte ihr den jüngst erzeugten Unsinn in das Ohr.

«O Gott, mein Viktor!» rief die kleine Frau, mit den Olympiern für den Sturz der Riesen büßend. «*Er* ist es ja, der mit dem Herrn Konrektor hinaus ist in den Wald!»

Bewahren wir den Namen des guten Freundes, der ihr die Mitteilung machte, der Nachwelt auf. Ühleke hieß der Mensch, und er durfte wohl mit den Wirkungen seiner Nachricht zufrieden sein. Es ist immer etwas für einen Esel, durch das Weitergeben eines Gerüchtes auch einmal interessant zu werden und sich selber so vorzukommen.

Mit zitternder Hand ihr Sonnenschirmchen zuziehend, sah die arme Kleine noch einen Augenblick in das behaglich wohlwollend heimtückische Philistergesicht, um sodann auf schwankenden Füßen von dannen zu stürzen; selbstverständlich nicht nach der eigenen Wohnung, sondern nach dem Hause des Konrektors Eckerbusch.

«Die arme Frau», sprach kopfschüttelnd der biedre Freund und Nachbar, der Davoneilenden nachstierend. «Na, ich für mein Teil halte die ganze Geschichte immer doch noch für dummes Zeug. Die Leichtgläubigkeit der Leute ist zu groß! Na, morgen wird ja wohl das Ausführlichere im Tageblatt stehen; ich für meinen Teil kann darauf warten; mir für meine Person eilt's nicht damit, aber – neugierig ist man freilich immer doch ein bißchen.»

Ein bißchen neugierig wie alles, was in der Weltgeschichte oder einer Geschichte wie diese hier Epoche machen soll, sah die Nase, welche die Frau Konrektor Eckerbusch über das Blumenbrett vor ihrem Fenster erhob, auch aus. Aber was auch der alte graue Sünder, der Kollege Eckerbusch, darüber sagen mochte: es war eine der wackersten Nasen in Stadt und Land und dazu, wie wir bereits wissen, keineswegs unbekannt in Stadt und Land.

«Was ist denn das auf einmal für ein Köpfezusammenstecken und Gerenne und Gelaufe?» fragte die Frau Ida, die Hornbrille von dem Nasenbein abhebend und das Strickzeug im Schoße ruhen lassend. «Mein Gott, es brennt doch nicht irgendwo? Nein – gottlob! –, denn da würde man ja doch wohl auch schon die Glocke und das Tuthorn gehört haben. Jesus, was fällt denn dem Kinde, der Windwebeln, mal wieder ein? Der predige eine Vernunft und einen sedaten Schritt in der Gasse! Nun sieh, wie sie wieder stürzt; und doch hab' ich es ihr schon hundertmal gesagt, daß sie sich dadurch nur das ganze Nest auf die Hacken bringt. Oh, die und mein Mann! Von ihrem eigenen Mann will ich gar nicht reden; denn bei dem versteht sich das Gezappel von selber. Nun, sie ist wenigstens auf dem Wege hierher, und so werden wir denn in Ruhe zu hören bekommen, was dem Sommerabend auf einmal durch den Sinn gefahren ist.»

Und ein Weib, das ruhig seinen Strickstrumpf wieder aufnahm, obgleich es von seinem Fenster aus die ganze Welt in Aufregung versetzt sah, nannte der alte Eckerbusch seine Proceleusmatica:

∪ ∪ ∪ ∪!

Und in der Tat ein wenig verwildert – schreckensbleich in das Zimmer der Matrone stürzend, rief die jugendliche Kollegin mit kaum halb wiedergewonnener Stimme: «Liebste – beste – Frau Konrektorin; Sie sitzen hier, und ich vergehe!... Horacker!... Zwei Schullehrer totgeschlagen! – Und mein Mann und Ihr Mann – oh, hätte ich doch den meinigen heute zu Hause behalten! O mein Viktor, mein Viktor, mein armer Viktor!... Sie haben sie beide, von Horacker totgeschlagen, mitten im Holze gefunden!»

«Dummheit!» sprach die alte Dame, stramm sich mit dem Oberkörper aufrichtend. «Da scheint es sich ja diesmal um eine wirklich ganz ausbündige Dummheit unter den Leuten zu handeln. Wissen Sie was, Närrchen? Wenn Sie sich auch gesetzt und vollständig Atem geschöpft haben, dann erzählen Sie's mir ganz genau, was für einen Unsinn Sie sich haben aufbinden lassen. Zuerst also mit einem Wort, von wem haben Sie ihn?»

Auf den nächsten Stuhl sinkend, atmete Hedwig den Namen des Unglücksvogels heraus, und...

«Ühleke!» wiederholte die Frau Konrektorin Eckerbusch mit wahrhaft vernichtender Verachtung über diesen Namen. «Nun, Kleine, den Mann hätte ich mir unbedingt ebenfalls dazu herausgesucht, wenn es doch einmal sein mußte, daß die Menschheit ihre Einfalt an mir auslasse.»

«Aber er hat es ja nicht aus sich selber!» schluchzte das unglückliche junge Weib, mit gerungenen Händen von neuem aufspringend. «Sehen Sie doch nur aus dem Fenster! Sie sehen es ja in jeder Haustür, daß die ganze Stadt hinter ihm steht. Gucken Sie nur, wie die Leute nach Ihnen gucken! Sind das Gesichter und Mienen, bei denen man stillsitzen kann? O Gott, Gott, wenn es nur nicht schon seit Monaten schwer und bange über mir gehangen hätte!»

«Albernheiten, Kind!» murrte die alte Dame halb sympathisch, halb ärgerlich. «Wegen der letztern Zustände habe ich Ihnen schon längst geraten, alle unnötigen Aufregungen nach Möglichkeit zu vermeiden. Ich bitte Sie, Hedwig, nehmen Sie doch Vernunft an. Wie können Sie sich einbilden, daß mein Mann, der alte Eckerbusch, auf einem Spaziergange zum Pastor Winckler in Gansewinckel totgeschlagen werden könne? Die Idee ist zu lächerlich!»

«Aber mir nicht! Mein Mann ist mit ihm gegangen, und meinen Viktor kenne ich. Kein Mensch wird es komisch von ihm finden, daß er in Mörderhände geraten ist; jedermann wird es ihm glauben, und ich – oh, ich, ich komme um!»

«Ich auch allgemach; aber vor Ärgernis», murmelte die Matrone.

«Sehen Sie – sehen Sie nur, da läuft schon der Auditor Nagelmann mit dem Wachtmeister

Fünfrad. Die Steine, die Wände und Fenster und jede Tür schreien es mir von allen Seiten zu. Dort – dort, wie sie in Müllers Laden sich drängen und die Hände zusammenschlagen. O Viktor – mein Viktor!»

«Passiert ist was», murmelte die alte Dame. «Was aber, das mag der liebe Gott wissen. Nun, wir wollen es sogleich in Erfahrung bringen. Wenn es nur nicht wieder ein Streich von meinem Alten ist. Er sah mir diesmal noch viel verdächtiger aus als sonst beim Abschiednehmen. Der Herr behüte uns, wenn er es ist, der uns wieder einmal durch eine neue Eskapade in die Mäuler der Leute gebracht hat. Oh, er hat sicherlich wieder einen Unsinn ausgehen lassen; ich habe es schon lange gemerkt, es war ihm schon lange viel zuwenig von ihm die Rede in der Stadt!... Es ist kein Zweifel, nun haben wir's wieder mal! Linchen – Lin-chen!»

Sie hatte nicht nötig, zum drittenmal nach der Jungfer zu rufen, denn dieselbe stürzte bereits mit rotem Kopfe ins Zimmer.

«Bist du da, Linchen? – Gut, so laufe mal hinüber zum Kaufmann Müller und frage mit einem Kompliment von mir...»

«Ich bin ja schon da gewesen – o du liebster Herrgott, Frau Konrektorin», jammerte das Mädchen. «O Gott, Gott, Gott, es ist alles richtig so, wie es erzählt wird. Unser armer Herr! Im Wirtshause in Gansewinckel liegt er auf dem Tische ausgestreckt. Der Förster vom Birkenhofe hat ihn im Holze gefunden, aber mit ausgelaufenem Gehirn; und der Herr Windwebel hat zwanzig Schritte weit von ihm gelegen und ist noch viel schlimmer zugerichtet gewesen. Einer von ihnen hat aber noch eine halbe Stunde gelebt und hat es zu Papiere gegeben, daß Horacker es gewesen ist. Die Landreiter sitzen schon auf, und das Gericht hat eine Extrafuhre beim Posthalter bestellt; und heute mittag hat er mich noch von wegen des Kalbsbratens belobt, unser armer Herr – oh, wer uns das doch da vorausprophezeit hätte, Frau Konrektorin! – Selbst die Soße war ihm diesmal recht; aber es hat auch die letzte für ihn sein sollen.»

«Wenn er dies hörte, ginge er mir auseinander vor Vergnügen», sprach die Proceleusmatica.

«Das Gehüpfe hier in meiner Stube möchte ich dann sehen!... Du liebster Himmel, hätte ich nur nicht das Kind da in halber Ohnmacht und in ganzen Krämpfen und noch dazu in ihren Umständen!... Aber Hedwig, so nehmen Sie doch endlich Vernunft an und betragen Sie sich als eine verständige Frau! Begreifen Sie es denn noch immer nicht, daß es einzig und allein mein Alter ist, der hinter diesem Aprilwitz steckt?»

«Und von meinem – wo meiner jetzt liegt, haben sie bei Müllers nichts gesagt?» rief die jammernde junge Frau, mit beiden zitternden Händen den Arm Linchens umklammernd.

«Nein, Frau Zeichenlehrerin, aber doch wahrscheinlich auch im Wirtshause. Als der Bote von Gansewinckel abgegangen ist, ist erst unser Herr, der Herr Konrektor, im Dorfe angekommen gewesen.»

«Ah!» stöhnte Frau Hedwig jetzo, mit dem

tränenüberströmten Gesicht der guten ältern Kollegin an den Busen sinkend.

«Sie pensionieren ihn mir für diesen Aufruhr, ob er von ihm herrührt oder nicht», murmelte Frau Ida. «Diesmal schlagen sie ihren Haken ein und werden ihn los, als wonach sie sich schon jahrelang gesehnt haben! Und weit und breit kein kühler Kopf, der einem in dieser Tollheit unter die Arme greift – nicht einmal ein Doktor für dies arme Närrchen hier!... Das Kind kriegt's am Ende fertig, mich auch rappelig zu machen... Ich will nicht sagen, was alles ich für einen kühlen, vernünftigen Menschen geben würde.

«Da geht der Herr Stadtrat Bockböse, fragen Sie doch den nur, Frau Konrektorin», rief Linchen am Fenster. «Sie wissen ja, ich kenne ihn – ich kam aus seinem Dienste hierher –, das ist ein kühler Mann, und sein drittes Wort zu Hause an die Frau Stadträtin ist: ‹Ich lasse mir den Kopf nicht warm machen.›»

«Der Schafskopf! Nächstens machen sie Ühleken zum Bürgermeister», sagte die Kollegin Eckerbusch, setzte die jüngere Kollegin sanft auf dem Sofa nieder, schob ihr Linchen vom Fenster weg und sah nunmehr selber nach einem kühlen Kopfe über ihre Rosen- und Geraniumstöcke weg aus.

«Guten Abend, lieber Stadtrat. Ein Wort – was halten Sie denn von dem dummen Gerede in der Stadt?»

«Ich, Frau Konrektorin? Nun – Sie wissen, ich halte mir gern so lange als möglich die Stirn kalt; aber – leider – sagt man diesmal wirklich so!»

«Bitte, empfehlen Sie mich Ihrer lieben Frau», erwiderte die Proceleusmatica, wendete sich zu den beiden in dem Gemache zurück und rief: «Da habt Ihr es! Hab' ich ihn nicht richtig taxiert?» In ihrer Seele aber setzte sie dumpfgrimmig hinzu: «Irgendwo hört der Mensch einmal auf, und diesen vergnügten Abend vergebe ich meinem Alten nicht.»

In demselben Augenblick bog der Kollege Neubauer um die Marktecke und kam ausnahmsweise ganz zur rechten Zeit – auch für die Kollega, Frau Ida Eckerbusch.

Der Mensch lebt wahrlich nicht in dem Getöse, was er um sich herum macht oder hört, sondern in der Stille, die er sich in seinem Busen erhält; und wer den Herrn Oberlehrer Neubauer mit den Händen auf dem Rücken, unbewegter Miene und ruhighellen Auges dahingehen sah, der mußte sich sagen, daß hier in der Tat ein Mann schreite, der sich schon aus Prinzip seine Gemütsruhe unerschüttert zu erhalten wünsche. Den letzterzeugten Hexameter der «Sechsundsechzigiade» auf der Rückfläche der linken Hand nachfingernd und das Wort «Predsmirzitz» nochmals nachkostend hineinskandierend, kam der Kollege um die Ecke, wenn nicht so schön, so doch mit der gesamten göttlichen Verachtung des Fernhintreffers Apollo um die Nasenflügel.

«Da kommt der Kollege Neubauer!» rief die Frau Konrektorin Eckerbusch, zum allererstenmal bei seinem Anblick aufatmend. «Der kommt mir wie gerufen! Der ist wahrscheinlich außer mir wirklich noch der einzig kühle Mensch in der Stadt! Der Mann ist mir bis dato immer ein Greuel gewesen; aber – so geht es! Das Schicksal hat mir ihn wahrscheinlich nur deshalb hierher ans Gymnasium geschickt, um mir an ihm zu beweisen, was alles zu einer Birne für den Durst werden kann... Herr Oberlehrer! Herr Kollege! Herr Kollege! Ich bitte, auf einen kürzesten Augenblick. – Nun aber, Hedwig, nehmen Sie sich zusammen, machen Sie sich und mich nicht lächerlich vor dem Doktor Neubauer. Sie kennen ihn so gut als ich; also seien Sie ein liebes, verständiges Kind; da haben Sie ein frisches Taschentuch, jetzt trocknen Sie sich Ihre Tränen und sehen Sie wie eine räsonnable Frau aus. Ich höre ihn schon auf der Treppe – tapp, tapp! Das ist der einzige Mensch, der sich nicht aus seinem Tempo bringen läßt. So – das ist recht, Kleine! Für mich selber habe ich den Mann wahrhaftig nicht gerufen. Klopf, klopf! Da ist er!... Herein, lieber Neubauer! Oh – der alte Sünder, der Werner, soll mir nur nach Hause kommen!»

Der Oberlehrer Dr. Neubauer, durch den merkwürdig freundlichen Anruf vom Fenster der Kollegin Eckerbusch auf seinem poetischen Wege nach Sadowa aufgehalten, hatte natürlich erst nach allen vier Weltgegenden hin umgeschaut, ehe er sich dem Orte zuwendete, von welchem ihm die Bitte erscholl, doch einmal heraufzukommen.

Den hohen schwarzen Hut erhebend und wieder sinken lassend, hatte er das wohlgelockte Haupt geneigt: «Mit dem größten Vergnügen.»

Dazu aber zitierte er:

«Ja, glauben muß ich Armer, was unglaublich scheint,
Sabellerbannspruch dröhnet dumpf ins Herz hinein,
Und wie von Marsermurmel ist zersprengt mein Haupt:
Was will sie denn?»*

Er zitierte aber lateinisch, während er die Treppe im Hause des Kollegen Eckerbusch emporstieg.

«Ich habe Sie eigentlich nur dieses Kindes wegen heraufgebeten, lieber Doktor», sagte Frau Ida. «Mein Vernunftreden hilft zu nichts. Nun reden *Sie* ihr einmal zu, Neubauer. Für diesmal sind Sie mein Mann; und als Sie da eben um die Ecke bogen, war's, als ob ganz Griechenland und Rom mir zuriefen: ‹Wir hätten gleich zu ihm geschickt! Von vornherein hätten wir zu ihm geschickt.›»

«Sie sind zu freundlich, liebe Frau Kollegin», sprach der Oberlehrer mit seinem liebenswürdigsten Lächeln. «Und sobald ich weiß...»

«Sehen Sie doch nur das Kind an. Da liegt es außer sich wegen des umlaufenden albernen Gerüchtes.»

«Welches Gerüchtes wegen, wenn ich fragen darf, meine Damen?»

«Daß Horacker ihr ihren Mann totgeschlagen hat und mir meinen Eckerbusch obendrein», sagte die alte Dame, den Herrn Oberlehrer doch ein wenig von der Seite ansehend.

«Wirklich? Ich habe zu einiger Verwunderung

dieses soeben auch vernommen», erwiderte der Kollege, den Halskragen zurechtzupfend. «Nun, hoffentlich bestätigt sich das Gerücht nicht.»

Die Frau Hedwig wimmerte leise; Frau Ida starrte den Kollegen mit immer größern Augen an: «Sie halten die Geschichte nicht wie wir – wie ich – für eine nichtswürdige, niederträchtige, abgeschmackte Fabel?»

«Sie erlauben wohl, daß ich mich setze, beste Frau», sagte der Doktor Neubauer sanft und tonlos. «Wann war es doch, als wir zuletzt über Horacker scherzten? Wenn ich nicht irre, neulich abend: Ihr Herr Gemahl, unser guter Konrektor, gab uns nachher noch in seiner schalkhaften Weise seinen vielbelachten geklemmten Kater zum besten! Sie, verehrte Kollegin, wenn ich mir erlauben darf, Sie so zu nennen, sind hoffentlich überzeugt, daß ich mich Ihrer Meinung in betreff dieses drolligen Abenteuers vollkommen anschließe; aber...»

«Aber?» rief Frau Ida Eckerbusch, nur mühsam ihre Ungeduld im Zaume haltend.

«Aber in der Tat, wie ich auf meinem Wege durch die Stadt, natürlich ohne der Sache viel Aufmerksamkeit zu schenken, ebenfalls vernommen habe, stieg der Herr Staatsanwalt samt seinem Protokollführer eben vor der Posthalterei in den Wagen, um nach Gansewinckel hinauszufahren.»

Einen hellen Schrei stieß die junge Frau heraus und lief mit gerungenen Händen durch die Stube.

«Habe ich es nicht gesagt?» rief Jungfer Linchen; die Kollegin Eckerbusch aber sprach grimmig lächelnd: «Nehmen Sie es mir nicht übel, Neubauer, aber ein bißchen zu gelassen bleiben Sie mir jetzt doch! Ich hätte es mir übrigens gleich denken können, daß Sie auch in diesem Falle schlimmer als alle andern sein würden.»

«Ich halte es nicht aus! Oh, ich halte es nicht mehr aus!» jammerte die arme Hedwig. «Ich fahre auch nach Gansewinckel! Ich will auch nach Gansewinckel – ich laufe zu Fuße nach Gansewinckel! O mein Viktor, mein lieber, lieber Viktor!»

«Ihr habt sämtlich euern Kopf drauf gesetzt, mich verrückt zu machen», rief die alte Dame. «Ist es denn möglich, daß die Menschheit so dumm und zugleich so boshaft sein kann?»

«Boshaft im höchsten Grade – dumm auch», flüsterte der Herr Oberlehrer womöglich noch milder und freundlicher. «Man muß nur Philologie studieren, man braucht nur ein Schulmann zu sein, um täglich die Erfahrung – nicht zu machen, sondern sie zu vermehren.»

«Nach Gansewinckel, o Gott, nach Gansewinckel!» wimmerte Frau Hedwig; und jetzt fing auch Frau Ida Eckerbusch an, die Hände zu ringen und im Zimmer auf und ab zu laufen.

«Ich habe manches in meinem Leben und mit Eckerbusch erlebt; aber dieses habe ich doch nicht für möglich gehalten», rief sie. «Wie ein Fieber steigt einem das Geschwätz zu Kopfe! Und Sie, Neubauer, hätte ich alte Närrin auch ruhig seines Weges weiter storchbeinen lassen sollen. Da Sie aber einmal da sind, so halte ich

Sie auch, mein Guter, und – *Sie fahren mit nach Gansewinckel!*»

Schon hing ihr das junge Weib des Zeichenlehrers Viktor Windwebel am Halse und schluchzte krampfhaft: «O ja, ja, ja – bitte, gleich, gleich –, lassen Sie uns gleich fahren, lassen Sie uns fahren, wie wir sind!»

Und die alte Dame, einen matronenhaft sachverständigen Blick auf die niedliche, jammergeschlagene, tränenfeuchte, zitternde Flitterwöchnerin werfend, murmelte: «Sie reibt sich auf, und ich habe sie zu lieb, um nachher *alle* Verantwortlichkeiten allein zu tragen.»

Laut sprach sie ärgerlich-weinerlich: «So beruhigen Sie sich doch jetzt, Gänschen. Ich sage es Ihnen ja: wir fahren. Ich will Ihnen zuliebe wirklich einmal so dumm sein wie die übrigen. Uh, finde ich aber meinen alten Eulenspiegel noch am Leben, so... Besorgen Sie auch uns auf der Stelle einen Wagen, Kollege Neubauer.»

Der Kollege Neubauer, der sich allen menschlichen Insinuationen in göttlicher Indifferenz gewachsen glaubte, stand augenblicklich gänzlich fassungslos.

«Ich? Ich, meine Beste? Mich wollen Sie mit sich hinausnehmen nach Gansewinckel?»

«Ja, Sie, Neubauer! Sie werden uns zwei arme Würmer unter solchen Umständen sicherlich nicht allein in die Nacht und den Wald voll von Mördern und Horackers hinauskutschieren lassen. Einen Trost will ich mir doch an Ihrem Gesichte auf dem Wege gegenüberhaben. Beeilen Sie sich; Fricke soll uns fahren. Linchen, geh lieber gleich mit dem Herrn Doktor, daß sie ihm ja nicht die grüne Karrete mit den gelben Rädern aufhängen.»

XIV

«Allmächtiger, erfüllen sich nicht alle meine Ahnungen?! Da kommen sie doch mit ihr angerumpelt!» rief die Frau Konrektorin, als die «Grüngelbe» trotz erhobener Verwahrung mit dumpfem Gepolter um die Ecke wackelte. «Hab' ich es mir nicht gedacht? Aber das Schandfuhrwerk paßt eigentlich ganz zu der übrigen Affäre und Expedition.»

«Der Herr Posthalter lassen sich höflichst entschuldigen, Frau Konrektorin; es war aber unsere letzte Kutsche auf dem Hofe», rief Fricke vom Bocke zu dem Fenster hinauf. «Aber ich vergarantiere eine gute Schmiere, und die Polster hab' ich auch gestern geklopft und in der Sonne gehabt. Keine Spur mehr von Motten; keine Idee mehr von Festkleben auf dem Sitze.»

«Wir haben unser möglichstes getan, Frau Konrektorin», rief Linchen, von ihrem Sitze neben Fricke herabspringend, «ich und der Herr Oberlehrer. Mit der Braunen ist der Herr Staatsanwalt Wedekind fort, und eine ist zu einer Hochzeit und eine zu einer Taufe, und an der mit dem blauen Kissen ist der Sattler. Der Herr Doktor Neubauer sitzen drin.»

Der Herr Doktor Neubauer saßen freilich drin und steckten jetzo ein ziemlich klägliches Gesicht aus dem Fenster der Grüngelben.

«Der Kutscher meint, wir würden kaum noch vor Dunkelwerden in Gansewinckel anlangen, meine Damen.»

«Meinetwegen möchte es jetzt schon stichdunkel sein», brummte die alte Dame aus ihrem Fenster hernieder. «Das vierrädrige Untier ist doch mein Tod; die Schande, drin durch die Straßen rumpeln zu müssen, nicht einmal gerechnet. O Eckerbusch, Eckerbusch! Daß du mir nur ja ordentlich auf das Haus achtgibst, Mädchen. In fünf Minuten sind wir drunten bei Ihnen, Kollege. Nehmen Sie ein Tuch von mir, Hedwig; unmöglich können wir mit diesem Stadt- und Landskandal noch bei Ihnen vorfahren.»

«Ich will nur so rasch, so rasch als möglich zu meinem Mann», schluchzte die Kollegin Windwebel.

«Ich jetzt auch!» sprach mit Energie die Frau Ida; und nach zehn Minuten saßen sie wirklich ebenfalls in der Grüngelben, hatten den Oberlehrer Neubauer ergeben, verdrossen sich gegenüber und fuhren ab und dem Tore zu, nachdem die Frau Konrektorin vorher noch gefragt hatte: «Weshalb habt Ihr nicht wenigstens das Verdeck niedergeschlagen, Fricke? Ersticken soll man auch wohl noch bei dem wunderschönen Abend?»

«Kriegen Sie's mal herunter», hatte Fricke erwidert. «Probieren Sie einmal an der Equipage, was gegen ihren Willen ist. Alles an der Kreatur bockt, als ob's lebendig wäre. Keine Idee von Nachgiebigkeit, Frau Konrektorin. So ein Machwerk setzt am Ende geradesogut als unsereiner seinen Kopf auf seine Pensionierung. Na, die Räder sind ja gottlob noch so ziemlich in Ordnung, und mit Gottes Hülfe – na, ho – hott, hott –, da sind wir schon unterwegs!»

Sie waren unterwegs; und die halbe Stadt nahm teil an ihrer Abfahrt, und zwar ohne diesmal der alten, stadtbekannten Grüngelben die gewohnten Glossen und Scherze mit zum Tor hinaus zu geben. Die Gemüter waren doch zu sehr nach einer andern Richtung hingerissen, und diese Fahrt der beiden Frauen in den Abend hinein erhöhte selbstverständlich die Erregung um ein beträchtliches; Horacker hatte, wie wir wissen, schon mehr als einmal die Gefühle von Stadt und Land merkwürdig umgequirlt, aber so wie diesmal doch noch nie.

Alles – Freund wie Feind – war in den Gassen, durch welche die Grüngelbe polterte, an den Fenstern und Türen. Man fing bereits an, die Ermordeten über die Gebühr zu loben; uns aber ist es nur Bedürfnis, das zu wiederholen, was Ühleke in höchster Verwunderung meinte.

«Jeses, nun höre einer mal an», sagte er. «Ich meinesteils habe den Herrn Konrektor Eckerbusch doch auch gekannt und ästimiert, aber nach dem, was sie sonst von ihm gehalten und gesprochen haben und wie sie sich über ihn mokiert haben, habe ich wirklich bis heute nicht gewußt, was für eine Zierde, was für ein braver und gelehrter Mann er gewesen ist! Es würde ihn gewißlich selber freuen, wenn er jetzo noch vernehmen könnte, wie gut man über ihn überall denkt und wie leid er uns allen tut. Da kann man die Welt schon ihr Pläsier und Amüsement an sich haben lassen, wenn das nachher so kommt!... Höre sie nur einer!... Und auch die Frau Konrektorin tut mir leid, und dann die arme junge Frau; der Herr Zeichenlehrer war freilich noch ein bißchen neu bei uns. Es ist aber ein Trost, daß sie den neuen Herrn Oberlehrer Neubauer in dem alten grünen und gelben Chausseeschrecken bei sich haben; ‹das ist ein klarer Kopf›, sagt man, ‹und wird sie nach dem Buch zu trösten wissen›. Guck nur, was an Gymnasiastikern in der Stadt in den Ferien vorhanden ist, läuft hinter dem alten Rumpelkasten her und säße am liebsten hintenauf; bloß weil er sich so viel Liebe unter ihnen erworben hat. Na, dies ist das letzte! Wenn dies Horackern nicht den Boden einschlägt, dann kann er dreist und ruhig nächsten Sonntag den Herrn Generalsuper'denten auf dem Wege nach der Kirche kaltmachen! Die arme kleine Dame sehe ich bis an mein seliges Ende zittern und beben. Für die sitzt dieser so sehr kluge und gelobte neue Herr Oberlehrer auch mit zu meinem eigenen Troste mit im Wagen.»

Wir lassen die Stadt und Ühleke und folgen der «Schäse», wie Fricke das Ding zu allem übrigen auch noch bezeichnete. Die Kreatur, der Rumpelkasten, der Chausseeschrecken, die grüngelbe Stadtschande rollte jetzt ziemlich glatt auf der guten Landstraße, der Staubwolke, die der Herr Staatsanwalt hinter sich aufwirbelte, nach. Es schlug eben dreiviertel auf acht; noch schwebte die Sonne über dem Horizonte, aber nicht lange mehr. Der Abend war wundervoll;

jedoch eine dahin bezügliche Bemerkung zu machen, war der Oberlehrer Dr. Neubauer nicht imstande. Er begann die Reiseunterhaltung überhaupt nicht; die Situation, in welche er so plötzlich und unvermutet hineingeraten war, stimmte durchaus nicht mit ihm; es gehört schon viel Menschenelend dazu, um an die Gefühle eines Ironikers, der sich selber lächerlich vorkommt, heranzureichen.

Und der Herr Doktor kam sich sogar ungemein abgeschmackt vor. Er hätte ohne die geringsten Gewissensbisse die beiden Weibspersonen da erdrosseln können. In mehreren Residenzen Deutschlands besaß er gleich ihm von der Trivialität der Alltagswelt frei entbundene Freunde aus den besten Ständen, und sein Ärger ließ sie ihm alle in die Grüngelbe lächeln. Schaudernd hüstelte er hinter dem feinen weißen Taschentuche nach einem abermaligen Blick in das kluge, aber durchaus nicht aristokratische Gesicht der ältern Kollegin.

«Hätte ich denn nicht tun können, als habe sie einen andern gerufen?» dachte er und dachte geradeso wie, zum Exempel, Sie, liebe Nachbarin und verehrter Herr Nachbar, wenn Sie gleichfalls einem freundschaftlichen Winke zu bereitwillig Folge geleistet hatten und es bereueten.

«Von heute an höre ich in diesem verruchten Neste nichts mehr. Ja noch mehr! Hier gelobe ich mir, selbst nicht einmal den Mund mehr...»

«Soll ich Ihnen sagen, Neubauer, was Sie in diesem Augenblick denken?» fragte die Frau Konrektorin ganz unvermutet.

«Ich?... Sie?» stotterte der in der Aufreihung seiner guten Vorsätze so plötzlich Unterbrochene. «Ich – würde mit dem größten Interesse...»

«Gut! Wenn Sie aber nachher sagen: ‹Eckerbuschen, Sie haben unrecht›, so lügen Sie einfach. Nämlich Sie überlegen sich ganz simpel, wie gerade Sie – Sie mit in diese Geschichte hineingeraten –, solch ein oberhalb allem stehender, kluger und nur aus Zufall zu uns geratener junger Mensch!... ‹Wie komme ich denn dazu?› denken Sie; ich aber sage Ihnen, ich habe Sie gerade deshalb mitgenommen, und wenn ich die Wahl gehabt hätte, so würde ich mir doch keinen andern als Sie ausgesucht haben, und jetzt machen Sie nur ruhig ein vergnügtes Gesicht! Sie kommen nicht davon, heute zahlen Sie mir Ihren Beitrag, sowohl für die Komödie wie für das Trauerspiel.»

«Meine Beste...»

«O mein Guter, der Kultus soll Sie nicht umsonst zu uns geschickt haben. Dazu sind ja die Menschen auf Erden, daß sie voneinander was lernen; und da Bescheidenheit ein Schmuck ist, so sage ich Ihnen ganz offen, daß ich einen Menschen wie Sie bis jetzt freilich noch nicht kannte, aber daß es mir eine wahre Freude ist, Sie bei jeder Gelegenheit besser kennenzulernen. Was ich und mein Alter Ihnen dagegen an uns zu bieten haben, steht Ihnen längst zu freier Verfügung, und daß Sie auch bereits recht lustig davon Gebrauch gemacht haben, wissen Sie ja selber am besten.»

Der Herr Doktor hatte als ein eleganter Philologe in Berlin, Heidelberg, Karlsruhe und München mit den allerfeinsten Leuten verkehrt. Wirkliche Geheimräte hatten ihn «mein Lieber» genannt, wirkliche Geheimrätinnen «lieber Doktor», und Komtessen hatten von ihm als «unserm jungen interessanten Gelehrten» geredet. Nun nannte ihn diese schauderhafte Person, die Konrektorin Eckerbusch, «mein Guter», und er hatte in diesem Moment nicht eine Waffe gegen die scheußliche Alte. Gebückt, mit zusammengezogenen Schultern saß er in der schwülen Kutschenatmosphäre und schlug im Buche seiner Welterfahrung fieberhaft hastig Blatt um Blatt um, ohne was zu finden, wodurch sich der Absurdität imponieren ließ.

Diesmal – hier in der Grüngelben auf dem Wege nach Gansewinckel – war die Proceleusmatica jedem seiner Geheimräte, jeglicher seiner Komtessen, seiner christlichen und hebräischen Bankiersdamen und Geheimrätinnen gewachsen; das fürchterliche alte Weib hätte selbst den Juvenal und M. Henri Heine – von den allermodernsten Satirikern gar nicht zu reden – aus der Fassung gebracht! Der geklemmte Kater des Kollegen Eckerbusch war gar nichts gegen den geklemmten Oberlehrer, wie ihn die Frau Kollegin zur Darstellung zu bringen wußte, und zwar Knie gegen Knie mit dem dargestellten Opfer.

Uh, das war eine Fahrt! Und diese alte Spinne, diese Canidia*, diese Giftmischerin, schien sich wahrhaftig schon monatelang darauf gefreut und darauf vorbereitet zu haben! Da sie einmal angefangen hatte, ihre Meinung zu sagen, so hörte sie eine geraume Zeit hindurch nicht damit auf.

«Hab' ich es nicht von Anfang an gewußt, was für eine Rhapsodin im Sinne der Alten ich an ihr erwischt habe? Nicht wahr, Kollege, die versteht sich aufs Improvisieren? Das nenne ich dreist ein Talent, das sich auf offenem Markte und nicht bloß in der Kutsche hören lassen darf?! Nicht wahr, Neubauer, das fließt doch noch über die ‹Sechsundsechzigias› hinaus?» – also würde, die Hände reibend, der alte Eckerbusch gekichert haben, wenn er dabeigewesen wäre.

Der Herr Dr. Neubauer, der dabei war, war fürs erste nicht imstande, irgend etwas auszusprechen als in der Tiefe seiner Seele das Wort: «Ich würde einen Taler Trinkgeld an den versoffenen Kerl auf dem Bock wenden, wenn er uns in den Graben kippte!»

Dieses aber äußerte er als innigen Vorsatz und Wunsch natürlich in dem nämlichen Augenblick, als sich Frau Ida zum ersten Male von ihm ab und zu der armen kleinen, scheu in ihre Ecke geduckten Begleiterin wendete: «Und nun, mein Herz, wie befinden Sie sich denn?»

«Oh, gut, gut! Wenn wir nur erst angekommen wären.»

«Gut? Gut? Jawohl, das sieht man Ihnen freilich an!... Und nun, Neubauer, frage ich Sie noch einmal: Spüren Sie immer noch keine Gewissensbisse? Tut es Ihnen noch immer gar nicht leid, daß Sie das Letzte dazu getan haben, dieses arme Geschöpf, das arme, liebe, alberne

Kind hier, das von Rechts wegen jetzo ganz still und behaglich auf seinem Sofa liegen müßte, in die Nacht, in die Wildnis, in die Dummheit hinausgeelendet zu haben? Haben Sie wirklich keine Mutter gehabt? Sind Sie wirklich reinewegs vom Monde in die Philologie, in die Poetenkunst mit Hexametern und in diesen neuen Norddeutschen Bund ausgewachsen heruntergefallen?»»

Der Kollege Neubauer verspürte nichts als einen heftigen Stoß der Grüngelben und den noch heftigeren Wunsch, die Frau Kollegin und Konrektorin Ida Eckerbusch ohrfeigen zu dürfen: «Ich bitte Sie, was habe ich denn...»

«Nichts haben Sie! Ihre Autorität, Ihre merkwürdige Autorität haben Sie nicht auf meiner vernünftigen Seite in die Waagschale werfen wollen. Ihren Spaß haben Sie, wie gewöhnlich, sich mit uns machen wollen, und da sitze ich denn jetzt mit Ihnen und mit der Kleinen mitten in der besagten Dummheit, und hier haben wir den Wald und die einbrechende Dämmerung! Oh, warten Sie nur, mein Guter, der Stoß war noch nichts! Jetzo geht der Weg erst an; oh, Sie sollen mir an diese Pläsierfahrt nach Gansewinckel mit der Konrektorin Eckerbusch noch denken, lieber Kollege!»

Sie hatten in der Tat den Wald erreicht, und die Landstraße war nicht so gut geblieben, als sie im Anfang versprochen hatte; noch viel weniger aber war sie besser geworden. Sie gewann mehr und mehr eine ausnehmende Ähnlichkeit mit dem Wege des Lasters, der, dem Liede nach, gleichfalls im Anfange ein «breiter Weg durch

Auen» ist, dessen Fortgang jedoch allerlei Gefahren bringt und dessen Ende in «Nacht und Grauen» ausläuft.*

Zärtlich und sorglich legte jetzt die alte Dame den Arm um die jüngere Schutzbefohlene.

«Nur ruhig, ruhig, Kind! Fricke kennt mich und weiß, wen er fährt. Und mit wem er's zu tun kriegte unter Umständen, weiß er glücklicherweise gleichfalls. Heda, Fricke!»

Sie hatte sich bei dem letzten Worte aus dem Wagenfenster gebogen, und Fricke beugte sich von seinem Sitz zurück und zu ihr nieder: «Was soll's denn, Frau Konrektorin?»

«Hier sind wir nun im Holze, Alter; und nun geht's los, daß das Wegebauamt sich seines Weges recht herzlich schämen sollte; und dann, Fricke, was bedeutet denn das Quietschen hinter mir von unten her?»

«Seien Sie ganz ruhig, Frau Konrektorin. Das Gequietsch kommt nicht von Ihnen und aus dem Wagen. Ich hab's von hier auch allbereits vernommen; es ist nur das infame linke Hinterrad; aber wir haben die verdammte brüchige Speiche recht ordentlich verschienen lassen vom Stellmacher. Der Weg läuft ja auch noch ganz schmeidig hin, und erst von Förster Rauhwedders Kreuze an setzen Sie sich, Frau Konrektorin, mit den beiden andern Herrschaften wohl gefälligst ein bißchen fester auf den Sitz. Da spielt das Wasserrinnsel vom Berg linker Hand einem oft den leidigen Satan.»

«Dich soll man auch nur im höchsten Notfall um Trost angehen», brummte die alte Dame, mit einer abermaligen Vermahnung zum Langsamfahren und sonstiger Vorsicht den Kopf zurückziehend.

«Seien Sie ganz still, Frau Konrektorin», rief ihr Fricke noch nach. «Ich kenne mich ja als befahrenen Kutscher an der Stelle! Wenn es zum Schlimmsten kommt, lege ich uns ganz sanfte links hin an den Berg. Rechts herunter den Berg, Hals über Kopf in den Fallgrund paßt es mir selber weniger.»

Nun war Förster Rauhwedders Kreuz zu jeder Zeit ein bedenkliches Zeichen am Wege, für diesmal ein höchst bedenkliches.

Vor ungefähr fünfzehn Jahren war an dieser Stelle der reitende Förster Rauhwedder, von einem Wilddieb erschossen, aufgefunden worden, und das hohe schwarze Gedenkzeichen reckte an dem Mordort immer noch seine unheimlichen Arme aus dem Gebüsch, das längst wieder den voreinst freigelegten Rundplatz überzogen hatte. Aber gerade dies halbe Versteckspiel machte das Ding noch schreckhafter, und niemand aus der Gegend zog des Weges hier, ohne unwillkürlich mit dem Blicke zur Seite das Kreuz im Busch zu suchen und, sobald er's gefunden hatte, lieber doch gradaus zu sehen und an etwas anderes zu denken als an die greuliche, verjährte Untat.

«Nun muß mir auch das noch am Wege stehen!» seufzte Frau Ida Eckerbusch leise. «Ich für meine Person mache mir trotz hundert Horackers und der Abenddämmerung nicht das mindeste draus; was mich anbetrifft, so fahre ich mit ruhigem Gewissen durch jeglichen Wald voll Mörderkreuze, und wäre es selbst das neapolitanische Räubergebirge mit dem Namen wie ein Schnupfen – die Abruzzen meine ich. Aber die Kleine da, mit diesem abgeschmackten Horacker auf der Seele, hätte ich doch gern darüber weg. Nun, hoffentlich macht es sich durch rechtzeitige Geistesablenkung!»

«Fricke!» rief in dem nämlichen Moment der Herr Oberlehrer Neubauer, sich seinerseits aus dem Wagenfenster lehnend.

«Was steht Ihnen zu Befehl, Herr Doktor?»

«Sobald wir an der Mordstätte sind, ich meine an dem Denkmal jenes totgeschossenen Jägersmannes, so halten Sie freundlichst einen Augenblick...»

Mit einem leisen Jammerton sah die junge Frau die ältere Freundin an und faßte ihren Arm.

«Ich wünsche der Vorsicht wegen auszusteigen und neben dem Wagen herzugehen. Möglichenfalls, meine Damen, kann ich dann werktätiger zugreifen, wenn es sich darum handelt, dieses wirklich immer seltsamere Töne von sich gebende Fuhrwerk auf die linke oder rechte Seite zu legen. Begriffen, Kutscher?»

«Sehr wohl, Herr Doktor! Sehr schön, Herr Oberlehrer!» rief Fricke vom Bocke rückwärts; die Frau Konrektorin Eckerbusch aber, die während der letzten anderthalb Augenblicke vor Ärger und Entrüstung wortlos gesessen hatte, gewann es – das Wort nämlich – in verdoppelter Energie zurück.

«Nirgends wird angehalten! Niemand steigt

aus! Hören Sie, Fricke? Verstehen Sie? Verstehen – Sie – mich?» rief sie aus ihrem Fenster. «Sie fahren zu und halten nicht eher als in Gansewinckel vor dem Pastorenhause. Haben Sie mich verstanden, Fricke? Den Wagen hier habe ich bestellt, und der Herr Oberlehrer bleibt auf seinem ihm angewiesenen Platze, ob die Karrete hinten oder vorn bricht, hinten oder vorn quiekt.»

«Sehr schön, Frau Konrektorin», schnarrte Fricke zurück, und der Herr Oberlehrer blieb in der Tat sitzen, aber mit einem Gesicht, wie es Pallas Athene nur dem dümmsten seiner und ihrer Schulbuben im Stadium der alleräußersten Perplexität und Hirnleere verlieh.

«Aber meine Beste...»

«Jawohl, mein Guter, die ganze Welt hat mich bis jetzt als eine ausnehmend ruhige und phlegmatische Frau gekannt, und mein Mann hat mir nur deshalb allein den kribbligen Spitznamen ausgesucht; aber hier sollte ja selbst unser Vater im Himmel die Geduld verlieren. Weil mir das Kind da in seiner närrischen Angst halb vergeht, scheint Ihnen die Gelegenheit natürlich immer günstiger, sich Ihre frivolen Späße mit uns zu machen. Nicht wahr, am liebsten holten Sie Rauhwedders Kreuz uns in die Kutsche herein? Oh, kommen Sie mir nur damit! Das sage ich Ihnen aber gleichfalls, Kollege Neubauer: wo die Güte und Barmherzigkeit aufhört, fängt der Witz noch lange nicht an, und wenn dieses eben ein Witz sein sollte, so haben dergleichen leider Gottes ziemlich viele Leute bei der Hand. Sie brauchen sich, das weiß der Himmel, nur ja nicht einzubilden, daß Sie allein mit einem Privilegium dazu begabt worden seien. Haben Sie mich verstanden, guter Doktor?»

Das war nun eine Frage! Der gute Doktor, der es sonst natürlich unter allen Umständen für sehr gemein hielt, zu pfeifen, pfiff leise die erste beste Melodie, die ihm zwischen die Zähne kam. Auf eine Antwort und genügende Rede zur Wahrung oder vielmehr zur Wiederaufrichtung seiner Würde und Selbstachtung besann er sich wiederum vergeblich. Die Frau Konrektorin Eckerbusch aber widmete sich für die nächste Viertelstunde einzig und allein ihrer Begleiterin.

«Kümmere dich nicht um das alberne Kreuz, Herz», flüsterte sie. «Und um den nüchternen, frivolen Gesellen da auf dem Rücksitz noch weniger. Mit unsern Männern hat der selige Förster Rauhwedder nicht das geringste zu tun – den Bösewichtern werden wir in einem Stündchen schon selber ihr Kreuz nach Gebühr aufladen. Den Neubauer aber hat mir die Rachegöttin in Person in diese unsere Grüngelbe gesetzt; auf die Gelegenheit, ihn so mir gegenüberzuhaben, habe ich schon lange gepaßt. Und wenn er von nun an auch meinetwegen mit verdoppeltem Hohn auf meines Alten Pensionierung wartet – es ist mir ganz einerlei! Laß ihn nur sich hinsetzen auf unsern Stuhl! Laß ihn nur nach seinem Belieben fertig werden mit dem Konrektor Eckerbusch; mit der alten Eckerbuschin soll er fürs erste noch nicht fertig sein! Da schwatzen sie immer drauflos, daß der Schulmeister die Schlacht bei Königgrätz neulich gewonnen habe; aber nun frage ich dich, Hedwig: Welcher denn? Der alte oder der junge? Meines Wissens nach doch einzig und allein der alte!... Das soll sich erst ausweisen, was für ein Siegergeschlecht die neuen heraufziehen mit ihrem

> ‹Stramm, stramm, stramm;
> Alles über einen Kamm.›

Mir und meinem Alten kann's ja einerlei sein. *Wir* haben gottlob den Humor dazu, uns an vielem zu freuen; aber die armen Jungen dauern mich, die nun den Exerziermeister in irgendeiner Form ihr ganzes Leben lang nicht loswerden, von der Wiege über die Schule hinaus bis in ihr numeriertes kühles Grab. Oh, ich weiß es gut genug, daß sie mir meinen alten Werner den Letzten der gelehrten Mohikaner nennen, und daß er der letzte Konrektor ist, weiß ich auch. Zum dritten aber weiß ich ganz genau, daß er schon als Untersekundaner mit auf die Wartburg* hinaufgestiegen wäre, wenn er damals das Postgeld und die sonstigen Moneten zu der Fahrt hätte aufbringen können und sie ihn mit hinaufgelassen hätten, und daß dazu vielleicht mehr heller Sinn, Nachdenken und Freudigkeit gehörten, als heute mit hunderttausend andern in Reih und Glied in gleichem Schritt und Tritt zu marschieren.»

«Ich will nur meinen lieben, lieben Viktor gesund wiederhaben! Ich kann nur an meinen Viktor und an Horacker denken», stöhnte Frau Hedwig Windwebel; worauf Frau Ida ganz abrupt sich gegen den Oberlehrer wendete, und zwar mit der sehr unvermuteten hellen und ruhigen Frage: «Weshalb sitzen Sie denn so mundfaul da, lieber Neubauer? Sie haben ja Ihren braven Horacker munter zur Hand, und um jemand anders brauchen *Sie* sich doch keine Sorge zu machen.»

Nun waren es in der Tat lauter Proceleusmatici gewesen, in denen sich der Strom ihrer seltsam abschweifenden Beruhigungsrede ergossen hatte; aber trotz dem Flüstertone hatte der Doktor doch einen guten Teil davon an den Fingern nachskandieren können, möglicherweise nicht zum prosodischen Schaden der ‹Sechsundsechzigiade›.

Es war ein Mirakel, wie der Oberlehrer auch in dem Tone und Ausdruck seiner Antwort einem vollständig moralisch zerschmetterten Knaben seiner Klasse ähnelte; und ein Mirakel war es, daß er dabei nicht mit der Rückseite seiner Hand erst über die Augen und sodann unter der Nase herfuhr.

«Haben Sie doch, verehrteste Frau, bis hierher die Unterhaltung aufs beste geführt», lallte er. «Ich konnte doch einzig und allein nur hören – hören – immer hören. Wer versteht es gleich Ihnen, so das Angenehme mit dem Belehrenden zu verbinden? Wäre die Luft hier im Wagen nicht so unsäglich schwül, so würde ich diese drollige Fahrt unter den heitersten Erinnerungen meines Lebens aufbewahren. Aufbewahren werde ich sie aber sicherlich.»

«Das hoffe ich», sprach die Kollegin Eckerbusch; und der Kollege Neubauer bewegte im innersten Busen den innigsten Wunsch, der nichtswürdigen alten Hexe auf der Stelle den Hals umdrehen zu dürfen.

«Und das nennt sie ihr Phlegma!» murmelte er. «Und was nenne ich denn nachher das meinige?»

So kamen sie glücklich und wohlbehalten an Rauhwedders Kreuze vorbei. Der geduckte Oberlehrer warf nur einen Blick darauf hin; aber die Frau Ida setzte sich sofort sehr aufrecht und meinte: «Geben Sie sich keine Mühe, Kollege, wir haben auch noch unsere Augen im Kopfe.»

Die Dämmerung nahm immer mehr zu; der Abendwind, wenngleich warm und sanft, fing doch an, im Walde zu rauschen, Eulen und Fledermäuse begannen ihren Flug, ihre Jagdreviere absuchend, und Fricke auf dem Bocke sprach: «Es soll mich doch wundern, von welchem da hinter mir ich heute abend das ordentlichste Trinkgeld verdiene. Na, es war ja eine recht hübsche, lebhafte Unterhaltung und Katzbalgerei unterwegs, was die Frau Konrektor anbetraf; aber anjetzo scheint auch da die Mühle angehalten zu sein. Das ist ja merkwürdig still und ordentlich in der Karre geworden, und ich sage nur, wenn's mir nicht um die kleine, verweinte Frau wäre, so hätte ich jetzo wohl Lust, hier vom Bocke aus die Rede auf Horackern zu bringen. Den Herrn Konrektor kenne ich aber daraufhin; das wird ein Hauptspaß, wenn ich ihm mit dieser seiner häuslichen Kompanei angefahren komme und er sich nicht das mindeste davon vermuten läßt. Nicht um das allerordentlichste Trinkgeld möchte ich diesmal die Gesellschaft nicht gefahren haben! Na, in einer Viertelstunde sind wir ja mit Gottes Hülfe in Gansewinckel beim Pastor Winckler. Und das Beste mit oder ohne Horacker ist, daß das da ein recht ehrwürdig und anständlich Haus ist, wo sie einen nicht trocken vorm Hause halten lassen, sondern eine Einsicht haben und wissen, was sich schickt, und daß es sich nicht schickt, nur an sein Pläsier inwendig in der Stuben zu denken. So'n richtiger alter Kutscher tut doch immer das Seinige zu so 'nem freudigen Wiedersehen über Land; nämlich die Hauptsache tut er dazu; und das Geküsse nachher und das ‹mein Herz› hier und ‹mein Herz› da und das ‹Seid Ihr denn endlich da?› – das können sie besorgen und doch die Jungfer mit'n Präsentierteller an den Bock hinausschicken; im Winter mit was Warmem und heute abend mit dem, was die Gelegenheit gibt. Wer's nicht mag, der kann ja danken.»

Wenn wir nun über Puff und Knuff, den unser Kleeblatt in der Grüngelben körperlich sowohl wie geistig auf der fernern Fahrt, das heißt im letzten Sechstel der abenteuerlichen Expedition, noch auszustehen hatte, Buch führen wollten, so würden wir sicherlich nicht vor Mitternacht mit der heitern Gesellschaft in Gansewinckel anlangen. Und es drängt uns doch allgemach sehr, daselbst anzukommen. Ob Mondschein im Kalender stand, können wir nicht sagen; aber der Himmel wie die Erde hatten sich nach und nach ganz in holdeste Sommernachtsdämmerung gehüllt, was den Wald und den Weg freilich grade nicht heller machte. Dazu lief die Landstraße einige Male ziemlich scharf bergab und noch dazu dann jedesmal um eine scharfe Waldecke. Dazu gab wie die Wildnis so der «nichtswürdige Kutschwagen» immer unheimlichere Töne von sich, und als der letztere einmal so beängstigend «Krack!» sagte, daß sogar der Herr Oberlehrer Neubauer «O lieber Jesus!» rief und Frau Hedwig Windwebel laut aufkreischte, sagte Frau Ida Eckerbusch: «Was zu arg ist, ist zu arg! Bald bin ich soweit, daß ich diesem Schlingel von Horacker mit Vergnügen die Leiter halten werde, wenn man ihn wegen seiner Übeltaten an den Galgen hängt!»

«Gansewinckel, meine Herrschaften!» rief Fricke vom Bock. Der Doktor fuhr rechts, die Kollegin links mit dem Kopfe aus dem Fenster, und beide sahen ein Licht vor sich durch die Bäume flimmern.

«O mein Viktor!» murmelte die junge Frau.

«Na, Eckerbusch – Eckerbusch!» brummte die alte Dame.

Der Kollege Neubauer nieste, was manche Leute jedesmal dann tun, wenn sie sich seelisch erleichtert fühlen.

XV

Ein richtiger Geschichtenerzähler ist doch noch ein ganz anderer Potentat als vordem solch ein bramarbasierender König von Hispanien mit seinem lumpigen: «In meinem Reiche geht die Sonne nicht unter!»*

Daß die wirkliche Sonne, die wahre Weltsonne in unserm Reiche nie ganz untergehen darf, versteht sich von selber; und die andere – ja die andere, die lassen wir eben nach unserm Belieben auf- und untergehen.

In diesem Augenblick scheint sie noch, wenn auch im Sinken, auf Gansewinckel und auf das schwarze Sammetkäppchen unseres gegenwärtigen Patriarchen beider Indien, nämlich des Gansewinckler Pastors Krischan Winckler. Es ist noch keine halbe Minute vergangen, seit er aus dem Hause zurückkam und die Gesellschaft in der Gartenlaube benachrichtigte: «Das Kind schläft immer noch, aber sehr unruhig.»

«Als ich vorhin bei ihm war, lag es ganz still», hat die Frau Billa bemerkt; und wir – wir folgen dem schönen, roten, feurigen Strahl, den unsere zwei Sonnen in ein niedrig Fensterchen des Pastorenhauses zu Gansewinckel, ein Fensterchen dicht unter der Dachrinne, senden.

Da liegt das Kind, das eben ganz still lag und im Moment darauf recht unruhig schlief; in dem Augenblick, wo wir ihm nahe treten, liegt es wieder still, aber mit offenen Augen – auf der Seite, die Hände vor sich gefaltet, ganz regungslos. Es sieht; aber was sieht es? Wer weiß uns das Rechte zu sagen über diesen furchtbaren Ernst im Auge der Tiere, der Kinder und des Volkes, diesen schrecklichen Ernst, der uns Gebildete gewöhnlich nur dann wirklich überrascht und für längere Zeit bedenklich stimmt, wenn wir ihm in dem Auge eines Unglücklichen oder einer Unglücklichen unseres eigenen Standes begegnen?

Lottchen Achterhang sah gradeaus in den schönen Strahl, der von dem Meer von Sonnenuntergangsglanz da draußen über Wald und Feld, die Dächer des Dorfes, die Bäume des Pfarrgartens in die kleine Kammer glitt. Zerstückelte Bilder von wirklich Gewesenem und Geschehenem und dann wieder von bloß Erträumtem drängten sich durch ihren armen Kopf. Und je toller dieser Bildertanz war, desto unglaublicher erschien es ihr, daß sie je wieder Hand und Fuß arbeitsam, werklustig, dienstfertig, eilig, hastig, fröhlich werde rühren können wie vor so langer, langer Zeit.

Ja, vor so langer Zeit! Wie fern lag das alles zurück, was gewesen war, ehe sie diesen schrecklichen Weg antrat über die weiten, weiten Länder voll fremder Völker, von jenseits Berlin her bis hierher – zurück nach Gansewinckel, bis hinein in dies Kämmerchen, das ja auch vor so langer, langer, undenklicher Zeit ihr angewiesen Bereich gewesen war.

Jetzt fühlte sie ihre Füße, die auf der endlosen schrecklichen Landstraße sich so brav gehalten hatten. Sie schmerzten nun sehr; und die Sonne unterwegs hatte es fast zu gut gemeint – die Nächte waren freilich um so kälter trotz dem Sommer und dunkler trotz der Sterne gewesen.

Was sagte doch der alte Mann, der sich in der verfallenen Ziegelhütte mit einem Male aus dem Stroh aufrichtete?

«Er redete mich mit seiner heisern Stimme ‹Kamerad!› an, in der grauen, frostigen Morgendämmerung. Vielleicht hatte er es in seinem eigenen Elend gar nicht so schlimm gemeint mit seiner heisern Stimme; aber es war doch ein schrecklich Laufen durch das hohe feuchte Kornfeld auf dem schmalen Wege...»

«Das war der Weg, wo der Hamster sich aufrecht hinstellte und schnatterte und gegen *mich* anspringen wollte...»

«Es sind schlimme Tiere, wenn sie böse sind, hat Cord gesagt, aber der wußte all solch Ungeziefer zu nehmen; das war noch das einzige, wofür ihn das Dorf gelten ließ...»

«Da schrie ich und rannte quer durch den Acker und trat das Korn nieder – der liebe Gott mag mir die Sünde verzeihen! Und der Nebel war so dicht. Da war doch die heiße Sonne wieder ein Labsal, als sie von neuem herauskam...»

«Jetzt stehe auch ich schon in den Zeitungen! Ganz gewiß! Der Herr Pastor Nöleke muß mich hineingesetzt haben! Ach Cord, Cord – jetzt werden wir gottlob beide zusammen mit den andern Spitzbuben in der weiten Welt gesucht!... Mein lieber Cord!» –

«Also, bis hierher und nicht weiter, Sie Ungetüm?!» rief ganz um die nämliche Tageszeit der Zeichenlehrer Herr Viktor Windwebel unter den letzten Bäumen des Waldes, sich mit beiden Händen auf den Griff seines Stockes stützend. «Da sieht man mal wieder recht, was für ein Jammer es ist, wenn man einen Menschen zu gut auswendig kennenlernt! Ohne dieses würden mir

Euer Liebden sicherlich immer noch Prügel zu verdienen scheinen. Nun, Mutter Horacker, was meinen Sie denn? Nehmen wir Rücksicht auf seine schamhafte Blödigkeit, oder zerren wir ihn ohne alle Rücksicht weiter?»

Das greise, zerlumpte Mütterchen, das den schlotternden Räuber auf der andern Seite mit seinen letzten Kräften aufrecht hielt, blickte den Zeichenlehrer mit einem gar kläglich bittenden Ausdruck an und meinte: «O liebster Herr, Sie lachen ja doch nur über uns, weil Sie in Ihrer Seele über uns weinen, Sie dürfen dreist Ihr ganzes Leben lang Ihren Spaß über mich haben – Sie will ich doch nicht vergessen in meiner Sterbestunde wegen Ihrer Güte. Was haben Sie für eine Mühe gehabt mit dem Jungen – und mit mir in den Kauf den ganzen Weg über von Mäusebergs Bruche her! Wer in der weiten Welt sonst hätte sowenig wie Sie dafür genommen, solch einem Schmutzfinken, solch einem Lüderjahn, ja solch einem armen Menschen so ohne Ekel unter den Arm zu greifen? Aber dafür denken Sie an mich, wenn es Ihnen selber mal schlechtgeht und schlimm zu Sinn ist; ja, lieber, lieber Herr, wenn Sie an keinen König und keinen Kaiser mehr denken mögen, dann denken Sie nur an die Witwe Horacker!... Und jetzt, lieber Herr, tun Sie das letzte an uns in der Barmherzigkeit: lassen Sie uns hier sitzen, mich und meinen Cord, gehen Sie die paar Schritte allein nach dem Dorfe und zeigen Sie dem Herrn Pastor an, *daß wir da sind!*»

Der Kollege Windwebel nieste, was dann und

wann jemand aus sonderbarer Verlegenheit tut, jedoch ohne sich im mindesten seelisch dadurch zu erleichtern. Übrigens war es nicht zu leugnen, daß er von Mäusebergs Bruche an noch seine liebe Not mit seinem Freunde Horacker gehabt hatte; und ohne die Witwe wäre die Drohung mit Böxendal doch mehrfach nicht kräftig genug gewesen, den Lumpen weiterzubringen. Aber sie fanden die alte Frau noch auf dem Baumstumpf, und das war am Ende doch die beste Hülfsgenossenschaft, die der Kollege auf seinem Wege nach Gansewinckel mit dem Räuber antreffen konnte. Die Alte gab ihre Tränen zur Aufmunterung im reichlichsten Maße drein, als sie sofort von der «andern Seite» zugriff.

«Hätte ich uns drei, wie wir damals Arm in Arm einherstolperten, in Lebensgröße in Öl, so wärest du heute die Frau eines der berühmtesten Männer der deutschen Nation, Hedwig!» hat nachher noch oftmals der Zeichenlehrer, sein Skizzenbuch durchblätternd, geseufzt. Wahrscheinlich jedoch nur, um noch einmal die Erwiderung zu vernehmen: «Du bist mir auch so recht, Viktorchen.»

Mit Stolpern, Fallen und Aufstehen gelangten sie, wie wir nun schon wissen, an den Rand des Waldes, und der Zeichenlehrer hatte nicht ein einziges Mal Zeit gefunden, sich mit den Lokalfarben und sonstigen Dinten der Landschaft zu beschäftigen. Erst das Licht, das vom freien Felde durch die letzten Baumstämme leuchtete, entrang ihm unwillkürlich den Ausruf: «Gott, wie erquicklich!»

Was dann gesprochen wurde, haben wir berichtet. Der Räuberhauptmann lag wiederum lang ausgestreckt mit der Nase auf dem Boden, die Witwe Horacker kauerte neben ihm, immerfort einen Zipfel seiner Jacke haltend, und der Zeichenlehrer Windwebel erklärte sich – nachdem er zur Erleichterung geniest hatte – bereit, voranzugehen und Seiner Ehrwürden Christian Winckler zu verkünden, daß, wie die Witwe Horacker sagte, «wir da sind...».

Langsamen Schrittes, erregt und stets noch über die Schulter zurückblickend nach dem zurückbleibenden Paar, stieg der Kollege vom Waldrande in den gegen das Dorf und zu der Heckentür des Pfarrgartens hinführenden Hohlweg hernieder. Aber sein Gang beflügelte sich um so mehr, als er das Holz weiter hinter sich ließ. Er hatte seinen langen Beinen am heutigen Nachmittage schon manches zugemutet; jetzo aber muteten sie ihm etwas zu, sie fingen ihm an von selber zu fliegen, und erst viel später hat er sich gefragt: «Wenn ich nur wüßte, weshalb ich damals so gelaufen bin?»

Seine langen Beine liefen in der Tat mit ihm weg und sein noch viel längerer Schatten ebenso eilig ihm vorauf.

«Da kommt er! Und wie ich es mir gedacht habe – solus – und als ob der Böse hinter ihm sei!» rief plötzlich der Kollege Konrektor Eckerbusch, von der Bank in der Laube emporfahrend, und alle fuhren ihm nach und mit den Köpfen in gespanntester, aufgeregtester Erwartung über die Hecke.

«Er stürzt!... Da liegt er!... Nein, gottlob!... Da ist er!»

Der Pfarrherr von Gansewinckel hatte seine Gartenpforte so weit als möglich auf- und dabei fast aus den Angeln gerissen; mit einem letzten, sechs Schritt weiten Satze schwang sich der neue Ankömmling, den Hut schwingend, herein: «Hurra!»

«Was?... Hurra?...» fragte die anwesende Gesellschaft.

«Hurra!» wiederholte Windwebel, und dann stürzten sie sich sämtlich auf ihn, packten ihn hier und da, zogen ihn hierhin und dorthin, während ein jeder schrie: «So laßt ihn doch! Laßt ihn doch zu Atem kommen!»

Am gierigsten, ja sozusagen am giftigsten bohrte natürlich der alte Eckerbusch auf ihn ein. Der hatte ihm seine beiden Daumen sofort in die obersten Knopflöcher der beiden Rockklappen geschoben und sich, wie es schien, auf Nimmerwiederloslassen an ihm festgekrallt. Und als ihn alle übrigen endlich freigegeben hatten, sägte er noch immer mit ihm – vorwärts und rückwärts schiebend, in die ereignisschwangere Gegenwart hinein: «Haben Sie ihn wirklich, Kollege?»

«Ich habe ihn!»

«Ah!» sagte das Gansewinckler Pfarrhaus.

«Wo haben Sie ihn?» ächzte der Kollege Eckerbusch, und Frau Billa, von neuem ganz nahe sich andrängend und den Gastfreund am Rockflügel nehmend, rief: «Ja, das möchte ich auch wohl wissen. So lassen Sie doch aber das Schütteln, Eckerbusch!... Und Sie, lassen Sie uns nun nicht länger zappeln, Windwebel! Wo haben Sie ihn, wenn Sie ihn, wie Sie sagen, haben?»

Nach Luft schnappend, deutete der Zeichenlehrer mit einem seiner Daumen über die Schulter gegen den Wald hin, und sämtliche Augen folgten der Richtung.

«Ah!» sprach die Gesellschaft zum zweiten Male, aber jetzo mit einem so drolligen Gemisch der verschiedenartigsten Gefühle und Empfindungen, daß es an dieser Stelle mehr als an irgendeiner andern bedauert werden muß, daß eben sämtliche Leser nicht persönlich bei der Geschichte anwesend gewesen sind.

«Und darum schreien Sie so?» ächzte Frau Billa Winckler.

«Hm, hm», murmelte der Pastor loci, an seinem Käppchen rückend, und fügte lächelnd nach einigem Nachdenken hinzu: «Ei freilich, dort haben auch wir ihn in der Tat schon seit drei Wochen.»

«Ne, so was!» sprach Neddermeier, der Ortsvorsteher. «Ja, so sind die Herren aus der Stadt! Aber diesen Witz hat Böxendal, unser Kantor, auch schon losgelassen, Herr Zeichenprofessor.»

Was den Konrektor Eckerbusch anbetraf, so setzte der mit einem letzten Stoß den Kollegen fast in die Hecke des Gartens, ließ seinen Rockkragen mit einem letzten grimmigen Ruck los und setzte sich selber – ganz stumm.

«Ich bitte dringend um etwas Anfeuchtendes. Es ist mir absolut unmöglich, mich vorher auf irgendwelche Einzelheiten einzulassen. Das Nachlaufen war gar nichts, Herr Kollege; aber das Herschleppen – ich sage Ihnen, meine Herrschaften, das hatte seine Schwierigkeiten», sprach der Kollege Windwebel mit aller Würde eines großen, aber noch verkannten Vollbringens. «Schleift, schiebt, hebt, schleppt, zieht und zerrt ihn mir einmal gefälligst von Mäusebergs Bruch bis dort an den Rand des Urwaldes. Ohne die Beihülfe der Witwe würde augenblicklich kaum noch etwas von mir übrig sein.»

XVI

Er, nämlich der liebe Windwebel, hatte sich sehr geirrt in der Wirkung seiner letzten Worte. Wenn er, bevor er sich eines weitern äußerte, stumm die trockene Zunge gezeigt haben würde, so sind wir versichert, daß wenigstens Frau Billa Winckler noch einen Rest von Interesse für ihn selber zur Verfügung gehabt hätte. So aber hatte er alle freundschaftliche und gastfreundliche Teilnahme gründlich von sich abgelenkt und einem andern zugewendet. Sie fielen nur von neuem über ihn her, aber wahrlich nicht mit den Erquickungen, die Tisch, Haus und Keller boten; wahrlich nicht seinetwegen stürzten sie sich zum zweiten Male auf ihn, und zwar in ganz bedeutend gesteigerter Erregung: «Wie? Wo? Was?... Ne, so was!... Ist es denn möglich!... Windwebel, Sie flunkern uns nichts vor?... Sie sind gewiß, daß nicht der heiße Tag, daß kein Waldspuk dabei im Spiel ist?»

«Ja, schütteln Sie mich nur; alles, was abfällt, steht zu Ihrer Verfügung», lachte der Kollege

Zeichenlehrer. «Stellen Sie mich auch auf den Kopf, wenn es gefällig ist; das Faktum bleibt doch unumstößlich stehen: ich bin's, der's gewesen ist! Ich war es, der ihn brachte! Dort am Rande des Waldes sitzt er mit seiner Mama; und nun – laßt endlich ein verständiges Wort mit euch reden.»

«Reden Sie! Reden Sie, Windwebel!» riefen der Pastor, die Frau Pastorin und der Konrektor Eckerbusch wie aus einem Munde; der Vorsteher sprach zum drittenmal: «Ne, so was!»

Der Kollege Windwebel aber trocknete sich von neuem den Schweiß ab, und vergnügt von einem zum andern blickend, hielt er in der Tat eine kleine Ansprache, seltsamerweise dieselbige zum größten Teil an den Vorsteher richtend.

«Lieber Neddermeier», sagte er, «wenn mein seliger Vater sich über die Menschen oder, noch schlimmer, über einen Menschen ärgerte, so pflegte er fürchterlich zu schimpfen. Kein Wort war ihm zu hoch und keines zu tief, keines zu gut und keines zu schlecht, um seinem Ingrimm Luft zu machen. Uh, der Alte wußte mit den Injurien umzugehen; ganz Gansewinckel konnte ihm nur mit dem Kopfe zwischen den Schultern angeschlichen kommen! Und doch frage ich Sie, Vorsteher, wie schimpfte er? Ganz einfach: ‹*Wir* nichtswürdigen Bestien kommen da wieder einmal aus der Schule?! *Wir* verfluchtes Pack! *Wir* heillose Halunken! *Wir* abgeschmackte Narren!› – Das war das Schöne, daß er sich nicht ausschloß, nie ausschloß und immer mit in der Schule gewesen sein wollte. Ich aber bin meines

Vaters Sohn, Herr Neddermeier. Nun bin ich aber mit dem grausamen Räuberhauptmann Horacker Arm in Arm aus der Schule und aus dem Holze gekommen, und *wir* (die Witwe Horacker eingeschlossen) haben uns zusammen ausgesprochen, und *wir* sind zu dem Resultat gelangt, daß es für *uns* und alle am besten sein würde, wenn man weiter kein unnötiges Aufsehen errege, vor allen Dingen keinen Lärm im Dorfe schlage, den Gemeinderat und die liebe mutwillige Jugend *unsertwegen* nicht nach dem Walde hinauf bemühe – kurz, wenn man uns nehme, wie *wir* uns jetzt in aller Freiwilligkeit gegeben haben, nämlich ganz in der Stille.»

«Ohne allen Skandal», brummte der Konrektor Eckerbusch. «Fahren Sie fort, Kollege; ich lerne Sie eben wieder einmal von einer andern Seite kennen.»

«Ohne allen Skandal.»

«Lieber Windwebel, darf ich Ihnen, ehe Sie weitersprechen, wirklich nicht erst eine Erquickung anbieten?» fragte die Frau Pastorin loci mit wahrhaft mütterlicher Zärtlichkeit.

«Ich bitte! Also – ohne allen Skandal als ganz arme Sünder, lieber Vorsteher. Sie sind in diesem Moment und in dieser Angelegenheit der wichtigste Mann im Norddeutschen Bunde, und nur an Ihnen liegt es nun, das Beste dazu zu tun und den Hecht ans Land zu bringen, indem Sie uns Gansewinckel ganz und gar vom Halse halten und selber Ihren Hut hinlegen und sich so fest als möglich auf den Stuhl da setzen. Er hat es sich ausgebeten, daß der Herr Pastor allein kommt, um ihn zu holen. Kommt das Dorf mit, so geht er wieder ab und durch und nimmt uns mit der Angel auch die Leine mit. Ihm in den Teich nachgucken kann dann, wer will; ich für mein Teil nehme meine Puppe und gehe nach Hause.»

«Darf ich dich bitten, Billa, mir meinen Hut und Stock zu holen!» sprach der Gansewinckler Pastor.

«Ich bin schon auf dem Wege, Alter!» rief die Gattin, die wirklich bereits auf dem Wege war.

Neddermeier brummte: «Ich sitze hier ja wohl recht gut, insoweit ich Sie verstanden und begriffen habe. Was ich mir bringen lassen kann, hole ich mir gewißlich nicht selber, Herr Zeichenpräzeptor.»

Der Konrektor Eckerbusch schritt, seine Brillengläser mit dem Taschentuche putzend, zwischen den Buchsbaumeinfassungen des nächsten Gartenpfades auf und ab. Er ruminierte; wir aber, wenn wir das lateinische Wörterbuch nachschlagen, finden daselbst: rumen, der Schlund – ruminare, wiederkäuen, etwas hin und her bedenken, erwägen, reiflich überlegen. Er ruminierte hörbar, bis er plötzlich mit einem Ruck die Brille wieder aufsetzte, sich weitbeinig und fest vor dem Wandergenossen aufstellte, ihn abermals an den Rockklappen faßte und mit Nachdruck sprach: «Kollege, ich gratuliere von neuem unserm Lehrerkollegio zu der an Ihnen gemachten Akquisition!»

Und Kinn, Nase und bebrillte Äugelein gen Himmel richtend, setzte er, sich mit seinem

Wohlgefallen an den abendlichen Zeus wendend, hinzu: «Nein, er ist ein ganz kurioser Kerl!»

Vier bedächtige, verständige, wohlüberlegende Männer ließ die Frau Billa in der Gartenlaube zurück, sich selber natürlich auf dem Wege schon und noch mehr vom Eintritt in das Haus an allen Eingebungen des Augenblicks und des Gemüts überlassend.

Nach seinem Hut und seinem Stock hatte sie ihr Christian ausgeschickt; sie aber wäre wahrlich kein Weib, wie unser Herrgott es will, gewesen, wenn sie sich einfach darauf beschränkt hätte, das zu holen und zu bringen, was man ihr aufgetragen hatte.

Sie verlor einen Pantoffel auf der Treppenstufe der Hauspforte und nahm sich nicht die Zeit, sich nach ihm zu bücken und ihn wieder anzuziehen. Alles hatte Zeit, nur ihr Bedürfnis nicht, ihren Gefühlen Raum zu schaffen! Worte – Lärm – Skandal, Feuer im Dorf! Ei ja, da saß der Biedermann, der Vorsteher – da saß der wackere Nachbar Neddermeier ruhig genug bei den andern Herren in der Laube und wartete sogar ausnehmend phlegmatisch auf den Hut und Stock seines geistlichen Hirten. Horacker? Was sollte er, Neddermeier, sich jetzt noch viel Mühe geben, Lärm zu machen in Gansewinckel?

«Horacker!» ächzte die Frau Pastorin unter der Haustür. In die Küchentür hinein rief sie nur: «Daß sich mir keines hier von der Stelle rührt; in einer Viertelstunde bringt *ihn* mein Mann! Wenn was kommen soll, so kommt alles über einen Haufen!»

Damit war sie bereits auf der Treppe, die zu dem Oberstock des Hauses emporführte; im nächsten Augenblick griff sie in der Stube ihres Alten den Hut vom Nagel und den Stock aus dem Winkel.

Es führte eine andere, noch mehr leiterartige Treppe zu den Dachkammern und Bodenräumen des alten Dorfpfarrhauses; und einen Moment bedachte sich Frau Billa, mit der Hand auf dem gebrechlichen Geländer; aber die Versuchung war zu mächtig.

«Wenn sie nur noch schliefe!» flüsterte die Gute. «Am besten wäre es, wenn das dumme, närrische Ding ruhig weiterschliefe. Das Gezeter fehlte mir gerade noch.»

Und schon war sie auch die zweite Treppe emporgeschlichen und öffnete so leise als möglich die Tür des Kämmerchens. Vorsichtig schob sie den Kopf hinein ...

«Ach du lieber Himmel!» rief sie, als sie dem aufrecht sitzenden Lottchen geradeaus in die weitoffenen Augen sah. «Hab' ich es mir doch gedacht! Munter wie eine Eule, wenn's Abend wird!»

Es war aber auch Abend geworden. Der purpurne Strahl lebendigen Lichtes war aus der kleinen Kammer entwichen; und Lottchen Achterhang hatte schon seit längerer Zeit aufrecht auf dem Bettrande gesessen. Freund Wedekind mit seiner Begleitung war eben an Förster Rauhwedders Gedächtniskreuze vorbeigerollt, die Frau Konrektorin Eckerbusch mit ihrer Gesellschaft in der Grüngelben erreichte eben, von der Stadt her, den Rand des Waldes; und es liegt uns viel daran, in den Zeitbestimmungen möglichst genau zu sein; wie wir denn auch die Leser auffordern, uns durch eigenes Nachrechnen und Zurückblättern ein wenig zu Hülfe zu kommen.

Wenn der Staatsanwalt in Gansewinckel anlangt, befindet sich Krischan Winckler eben mit Horacker und der Witwe Horacker vom Waldrande auf dem Wege dahin. Wenn die Frau Konrektorin mit dem Kollegen Neubauer und der Kollegin Windwebel ankommt, so hat er – der Arm der Gerechtigkeit – ihn – den Verbrecher – bereits beim Kragen; und die Geschichte ist, wie viele Leute sagen werden, eigentlich so ziemlich zu Ende.

«Wenn ich meinen Hut haben will, meine Herren, so werde ich, wie ich glaube, ihn mir selber holen müssen, wenn ich nicht noch ziemlich lange auf ihn warten soll», sagte der Pastor zu Gansewinckel.

Der Pastor Krischan Winckler wartete auf seinen Hut, unsere Leser und Leserinnen warten auf das Ende unseres Berichtes; und – einem ruhig in den Wirrwarr der Welt und des Lebens Hineinschauenden macht seine Umgebung immer den Eindruck, als warte sie auf etwas. Und worauf wartet sie? Natürlich nur auf das Eintreten oder Hereinfallen irgendeiner, oft merkwürdig geringfügigen und nahegelegenen, aber stets unbedingt notwendigen Tatsache. Das und das, dieses und jenes nur braucht zu geschehen, sich zu ereignen, und man wird von da an in alle Ewigkeit hinein sehr vergnügt und vollkommen zufrieden mit sich und der Welt zu allem übrigen Verkehr auf Erden bereit sich finden lassen: wir aber, wir haben gefunden, daß es stets einen gewaltigen Eindruck macht, ein Menschenwesen zu finden, das *nicht* wartet, ja das nur den Eindruck macht, als ob es nicht auf etwas warte. Vorzüglich die Augen eines solchen ruhig gewordenen Individuums pflegen stutzig zu machen; es ist etwas drin, was auch dem gewöhnlichen, dem gleichgültigen Betrachter auffällt und ihn zwingt, seine Überraschung auszusprechen.

«Mein Leben, Mädchen, wie siehst du mich an?» rief Frau Billa Winckler.

Eine Antwort ließ sich schwer auf die Frage geben; die Frau Pastorin erwartete aber eine solche auch gar nicht.

«Das ist Verrücktheit, einen so dumm anzustieren, Kind. Hab' ich dich darum ausschlafen lassen, damit du alberne Trine mir solch ein Jüngstes-Gericht-Gesicht schneidest? Courage, Mädchen – Lottchen! Wenn du wieder auf den Beinen bist, so komme herunter in die Küche; ein ordentliches Abendessen wird dir besser als alles andere tun. Was den albernen Jungen, den Cord – deinen Schlingel, den Horacker – angeht, so hat der wahrscheinlich sofort deine Ankunft in Gansewinckel gerochen. Droben an der Waldecke sitzt er und ziert sich nur noch ein bißchen, noch weiter herunterzukommen. Seit die Jungfer Schnelle meinen Alten zum letzten Trost rufen ließ, als ihr der Doktor ein Lavement* verordnet hatte, ist so was nicht dagewesen. Mädchen – der Herr Pastor möchte persönlich kommen und ihn holen, hat er hersagen lassen, und drunten in der Laube wartet mein Alter auf seinen Stock und seinen Hut. Meiner Meinung nach genügte der Stock allein; ich würde mit demselbigen hinter dem Rücken ganz einfach geduldig, still und ruhig meine Zeit an der Gartentür abpassen.»

«Billa, wo bleibst du denn?» rief in diesem Moment die außergewöhnlich ungeduldige Stimme des sonst so geduldigen guten Hirten.

«Hier!... Im Augenblick!» rief die Hirtin zurück, und in aller Eile trippelte sie die Treppen wieder abwärts, ohne sich danach umzusehen, in welcher Verfassung sie, aller ihrer Gutmütigkeit zum Trotz, ihren Schützling auf dem Bettrande zurückließ. Glücklicherweise hatte auch der Pastor Christian keine Ahnung hiervon, als er so schnell, wie es ihm die Jahre erlaubten, auf dem Feldwege dem Walde zustieg.

Die beiden Augen, die vorhin auf nichts mehr warteten, hatten sich jetzt für eine geraume Zeit ganz geschlossen.

XVII

Nun fängt die Idylle mehr als an irgendeiner andern Stelle an, einem wirklich schönen Buche zu gleichen. Ein solches muß nämlich so geschrieben sein, daß ihm weder eine Handvoll Druckfehler noch eine miserable Ausstattung noch alberne Reklamen und dumme Kritiken etwas anhaben können. Aus allem Wust und Unsinn, aus der Welt Verständnislosigkeit, aus allem umdrängenden Wirrwarr von Haß, Neid,

Ärger und Zorn taucht es immer von neuem auf, freudig und unbefangen, und – nun sehe einmal einer Gansewinckel daliegen! Sieht es nicht noch immer aus wie eine Idylle? Bleibt es nicht ein holdselig Ding trotz allem, was wir daraus und darüber zu berichten hatten?

Welche Leidenschaft kam nicht zu ihrem bösen Rechte, den Nachmittag über? Von welcher Schandtat war im Laufe der holden, lächelnden Stunden nicht die Rede, und welche von den vielleicht doch von uns übersehenen traute sich das diesen Erdenwinkel bewohnende Menschenvölklein nicht selber zu?

Haben wir etwa nicht von Vergewaltigung, Raub und Mord vernommen? Summte es nicht von Eifersucht und Liebesgram durch das Vögelgezwitscher? Sahen wir das gelbe Auge der Schadenfreude nicht durch das Blättergrün flimmern? Streckte nicht selbst die Vergangenheit aus vermoderten Pergamenten ihre hagern, staubigen Tatzen hervor und griff, Ärgernis, Böswilligkeit von Haus zu Haus schaffend, in die liebliche Sommerwitterung hinein?

Wurde nicht fast zuviel Hunger und Herzeleid auf einem langen Wege von «hinter Berlin her» erduldet, und – wurde nicht zwischen dem allen durch an der ‹Sechsundsechzigiade› gedichtet, und zwar von dem Kollegen Oberlehrer Dr. Neubauer?

Fast zu viele Fermente in dem episch-tragischen Sude, zu viele Errata in der Idylle, und doch, doch, welch eine Idylle! Welch ein wolkenloser Äther über der Welt Kribbelkrabbel;

und hier und da durch ein Herz welch ein kühl und friedlich Wehen aus einer ganz merkwürdig andern Welt ohne Errata, Reklamen und Kritik!

«Wie konstruieren Sie die Verba der Affekte und Affektsäußerungen: gaudeo, delector, admiror, glorior, gratulor und gratias ago*, Windwebel?» fragte der Konrektor «träumerisch», und Windwebel erwiderte lachend: «Da fragen Sie mich zuviel.»

«Sequens! Weißt du es noch, Winckler?»

Und der Pastor von Gansewinckel sprach gleichfalls lächelnd: «Mit quod, wenn ich nicht irre, Eckerbusch.»

«Oder dem Akkusativ cum infinitivo. Leute, welch ein wundervoller Abend! Zu Käse mit Zucker möchte man werden, wenn man sich genau überlegt, daß man sich da hinsetzt und seine Schulhefte korrigiert, das Universum rundum voll von Schnitzern und Schönheit! Übergeschnappt? Nein, nur außergewöhnlich bewegt und seelenvergnügt! Sie schieben das natürlich auf Ihre Landluft, Vorsteher, obgleich Sie so gut als ich wissen, daß der weise Seneca in einer seiner Episteln sagt: ‹Ideo peccamus, quia de partibus vitae omnes deliberamus, de tota nemo deliberat.›*»

«Ich schiebe nichts auf nichts, Herr Konrektor», sprach Neddermeier. «Und was die Episteln angeht, so kenne ich die nur von unserm Kantor, unserm Herrn Pastor in und aus dem Neuen Testamente her. Fragen Sie mich ganz ruhig deutsch, wenn Sie wollen, daß ich auf Ihr Lateinisches antworten soll.»

«Deshalb fehlen wir, weil wir über des Lebens Einzelheiten alle uns den Kopf zerbrechen, um das Ganze aber niemand sich kümmert», sprach der Kollege Eckerbusch.

«Soll das etwa ein Stich auf mich als Ortsvorsteher hier im Dorfe sein?» fragte Neddermeier.

«Bewahre! Nur auf mich hat es der heimtückische Heide Lucius Annäus* gemünzt. Sehen Sie nur, wie der Pastor da lacht. Oh, der hat gut lachen.»

Die Sonne war hinter den Wald hinabgesunken; aber die süße Helle des Sommerabends blieb noch eine Weile in der Luft hängen.

Der Staatsanwalt Wedekind und das arme kleine Mädchen, die Frau Hedwig Windwebel, rollten Gansewinckel zu; aber Krischan Winckler bekam zuletzt doch seinen Hut und Stock, und zwar mit den Worten: «So! Jetzt geh mit Gott, Alter; und laß uns nicht zu lange warten. Es wird wirklich Zeit, daß der Komödie ein Ende gemacht wird. Dem Lottchen habe ich bereits angedeutet, daß du nun die Sache in die Hand genommen hast, Winckler.»

Dieses letzte Wort hätte den guten Mann beinahe doch noch für eine Weile aufgehalten; aber nach einem bedenklichen Blick auf seine Frau und einem zweiten Blick zu dem kleinen Fenster unter dem Dache empor schritt er ohne weiteres Abschiednehmen rasch aus der Gartentür.

«So deutlich als heute habe ich in meinem ganzen Dasein noch nicht zu merken gekriegt, wie kahl und jämmerlich mancher Fleck auf Erden aussehen würde, wenn kein Unkraut darauf wüchse, Kollege», sprach der Konrektor, zu dem Zeichenlehrer gewendet. «Grün bleibt doch immer grün! Nun guck einer, wie er dahinstiefelt auf dem Feldwege. Ich bin fest überzeugt, es gibt in Gansewinckel kein braves Gartengemüse, kein solides Feldgewächs, was ihm in diesem Momente solch ein wehmütig Pläsier macht als dieses nichtsnutzige Zeug, das ihm zwischen seinem Kohl und seinen Rüben aufwucherte. Der Satan hat es ihm dazwischengesäet, Neddermeier? Sagen Sie ihm das einmal! Ich lasse meinen Kopf drauf, er dient Ihnen mit dem graden Gegenteil und bedankt sich bei seinem Herrgott für das Vergnügen, und – bei den unsterblichen Göttern, ich auch! Und der Teufel bleibe hier still sitzen! Lieber drei Tage Karzer!... Holla, Winckler!»

Schrie's, griff seinerseits von neuem nach Hut und Stock, die er sich glücklicherweise nicht holen zu lassen brauchte, und stiefelte dem greisen Freunde nach.

«Natürlich!» sprach Frau Billa. «Mir soll keiner behaupten, daß ich nicht schon lange darauf gewartet habe!»

Wir aber, warten wir nun mit ihr, dem Vorsteher und dem Kollegen Windwebel ruhig in der Laube auf die Ankunft des Staatsanwalts, oder gehen wir mit dem Pastor und dem Konrektor Eckerbusch?

De tota vita deliberamus! Wir gehen mit dem Herrn Konrektor und dem Pastor.

«Holla, Winckler!» rief der Konrektor. «Bei besserer Überlegung bin ich in diesem Falle gegen Trennung von Kirche und Schule, wie auch sonst meine Meinung darüber sein mag. Da bin ich und gehe mit dir. Weshalb auch nicht?»

«Wenn Horacker keine Einwendungen dagegen erhebt», sagte der Pfarrherr lächelnd, den eiligen kurzbeinigen Freund erwartend und ihm dann den Arm bietend. «Ich nehme, wie du weißt, mein Lieber, auf allen Wegen deine Begleitung mit Vergnügen an.»

«Und wir sind schon im Laufe der Jahre auf manchem Wege zusammen Arm in Arm gewandelt, Christian, du zwar meistens als Mentor und ich als Telemach, aber dann und wann doch auch umgekehrt. Wie hättest du es ohne mich so lange in Gansewinckel und ich es ohne dich ebensolange da in dem verfluchten Nest hinterm Walde ausgehalten!»

«Wir haben einander freilich dann und wann in allerlei Not und Ungemach beigestanden, Werner.»

«Und weißt du, was das Schönste dabei ist, alter Bursch?»

«Nun?» fragte der Pastor einigermaßen erwartungsvoll.

«Daß man keinem von beiden die erlittenen Drangsale ansieht.»

«Glaubst du?» fragte der Pastor sehr zweifelhaft.

«Ich glaube es nicht bloß, ich weiß es ganz gewiß. Übrigens geht kaum eine Woche vorüber, ohne daß jemand mir sein Vergnügen an meinem muntern Äußern und Innern in der schmeichelhaftesten Weise kundgibt. Wir sind jung geblieben; ich versichere dich, Krischan Winckler, wir sind jung geblieben, der Vergänglichkeit aller Dinge, unsere Weiber nicht ausgeschlossen, zum Trotz!»

«Und wieviel von dieser merkwürdigen Jugend kommt auf die Rechnung unserer guten Frauen, mein Lieber?»

«Nun sieh einmal; daran hab' ich noch nicht einmal gedacht!» sprach der Kollege Eckerbusch, auf der Stelle stehenbleibend und nachdenklich die Hände vor dem Unterleibe übereinanderlegend. «Vivat die Proceleusmatica!»

«Du gibst mir doch recht, lieber Freund?»

«Selbstverständlich! Erst gestern noch hab' ich die Liebliche vorgekriegt und sie auf allerlei, was ihr am Jüngsten Gericht passieren kann als Fleisch von meinem Fleische, aufmerksam gemacht.»

«Zum Exempel?»

«Zum Exempel habe ich ihr gesagt: ‹Denke an deinen Tod, Ida. Denke daran, daß es eine ewige Gerechtigkeit gibt. Hast du wohl schon darüber nachgedacht, was du antworten wirst, wenn dich dermaleinst unser Herrgott fragt: ‚Nun, Ida Eckerbusch, geborene Weniger, wie hast du denn das Glück benutzt, daß ich dir so einen fidelen Menschen zum Manne gab?'›»

«Und was hat sie dir geantwortet, Werner Eckerbusch?»

«Uh, die Alte!» stöhnte der Konrektor.

«Ging sie hin, um in der Stille über die Frage nachzudenken?»

«Nachdem sie die Tür hinter sich zugeschlagen

hatte? Nein, diesmal nicht. Sie wurde ganz ruhig grob, hielt mir den Finger unter die Nase und erwiderte: ‹Bitte, mein Kind, guck mal!› – ‹Na?› sage ich. ‹Ja›, sagt sie und macht mir den Eindruck, als ob ich Klotho, Lachesis und Atropos, alle drei Parzen zugleich in ihrer Person zum Traualtar geführt habe, ‹ja, Eckerbusch, betrachte einmal, wie ich mir so peu à peu im Laufe der Zeit den Trauring weggearbeitet habe, bloß damit du ganz ungestört deinen Narrheiten nachlaufen und mich und dich zum Hanswurst machen konntest.›»

«Vortrefflich!» rief der Pfarrer von Gansewinckel, seinerseits stehenbleibend.

«Wenigstens gut gegeben. Jaja, Christian, wir haben uns nicht ohne genügende Gründe auf unsere Liebhabereien – ich mich auf die Witterungskunde und du dich auf den Christian Fürchtegott Gellert – gelegt. Den auch sonst ganz unzuverlässigen Wetterkerl in Haparanda konnte ich nun augenblicklich nicht zu Hülfe rufen; aber glücklicherweise klopfte eben der Kollege Neubauer an, und so rief ich eilig ‹Herein!› und half mir dadurch aus der Verlegenheit, daß ich dem idealen Knaben alles mögliche ästhetische, gefühlige, literarische Porzellan an den Kopf warf und um die Ohren fliegen ließ.»

«Und als er sich wieder empfohlen hatte, Werner?»

«Empfahl ich mich selbstverständlich ebenfalls so rasch als möglich und ging ab zum Kegeln. Offen gestanden aber, preiswürdig schob ich diesmal nicht, und mehr als ein Sandhase und Pudel kam auf die Rechnung des närrischen Weibsbildes zu Hause.»

«Und als du wieder nach Hause kamest?»

«Oh, da hatte ich alle Taschen so voll Stadtklatsch und Horacker-Historien, daß von unsern Privataffären nicht mehr die Rede war.»

Horacker-Historien! Das Wort führte sie eine Weile lang wieder in einem raschern Tempo dem Walde zu, und zwar nachdenklich stumm, bis Winckler mit einem Male sagte: «In der Stadt geht es noch an; aber was würde aus mir hier in Gansewinckel ohne meine Billa geworden sein? Es sind da fast zu viele Bedingungen, die ich mit in den Kauf nehmen muß, um mein Leben nur dann und wann für mich zu haben. Müßte ich mit allen einzelnen Widerwärtigkeiten zu rechnen anfangen, so wäre ich von Grund aus verloren, selbst mit dem Professor Gellert in der Tasche. Was für ein Glück ist das nun, daß der eine Mensch da mit Behagen in seinem Elemente plätschert, wo dem andern sofort der Atem entgeht! Ohne eine Tribulation von außen her hält es meine gute Billa höchstens eine Woche lang aus. In der zweiten Woche erscheint sie unbedingt mit einem Tuche um die Stirn und leidet an nervösem Kopfweh; jedoch meistens nur bis spätestens zum Mittwoch, denn bis dahin hat sich gewöhnlich gefunden, was uns fehlte; wir wissen wieder, daß wir noch einmal irgend etwas auszufechten haben auf Erden; das weiße Tuch verschwindet, und die Kriegsfahne weht jedenfalls bis zum Sonnabend, wo ich meine Predigt mache und es bis jetzt, Gott sei Dank, noch immer still im Hause gewesen ist. – Ach ja, lieber Eckerbusch, so spukt uns immer und immer gegen unsern besten Willen in das Wichtige das Unwichtigere, das Gleichgültige hinein. Nun nimm einmal wieder diese vertrackte Gratulations- und Vierzeitengeldergeschichte! Hier gehen wir, um diesen bejammernswerten Cord Horacker in die Zivilisation zurückzuholen; das ganze Herz ist mir voll von diesem so eigenartigen Menschenelend, und doch – doch werde ich die Frage nicht los: Auf welche Weise werden wir mit dieser Dummheit fertig werden, wie werden wir uns aus diesem neuen, lächerlich erbärmlichen Dorngestrüpp loswickeln? Hier gehen wir, eine der vielen gewaltigen Erdentragödien nach besten schwachen Kräften abzuwickeln, und mit wahrer Angst denke ich fortwährend daran: jetzt sitzt sie nun wieder da unten in der Laube dem Neddermeier gegenüber. Ach, Werner, wir tragen eben den Frieden wie ein Gewand...»

«An dem wir vorn flicken, während es hinten entzweireißt. Ich kenne deine Schlafröcke, Christianus! Du sitzest sie durch, und Billa setzt die Flecken dann und wann nebenzu. Ei wohl, es ist ein kurios Ding um den Frieden in diesem irdischen Jammertale. Der Stoff hält sich eben nicht. Ich für meine Person trage ihn in den muntersten, buntesten Mustern; aber die Wattierung kommt mir wahrhaftig auch nicht bloß an den Ellenbogen zum Vorschein. Ja, die Wattierung! Die Bilder und Vergleiche drängen sich da, und wir wollen lieber abbrechen, Krischan, ohne den

Kultus und das Konsistorium in die Schneiderei hereinzuziehen. Was nun aber deinen jetzigen Krakeel mit deiner frommen Gemeinde angeht, so kannst du dich immer noch glücklich schätzen, daß du mich nicht als Vollköter oder Kotsassen unter deinen Lämmern mitzuzählen hast. Du solltest mir schon, wie Mose zu dem Herrn, um der Frösche willen schreien.* Diese Geschichte paßt mir ganz und gar in meine Humore, und der Kollege Böxendal würde jedenfalls vor einem Kenner seinen Neujahrsgesang anstimmen. Da steh' ich ganz auf der Seite des Vorstehers und deiner Bauern. Oh, ihr solltet mir schon kommen, ihr solltet mir wahrlich nicht die Parochialgebühren ohne die von den Altvordern stipulierte geistige und künstlerische Gegenleistung schlucken, das versichere ich dich.»

«Ist durchaus nicht nötig, Eckerbusch», sprach der Pfarrherr von Gansewinckel, dem Begleiter auf die Schulter klopfend. «Da brauche ich deine weitere Versicherung nicht; ich würde wahrlich deine Stimme laut genug im Sumpfchor durchhören. Sehr grün und breitmäulig würdest du mir aus dem Schilfe vorgucken; und um dich zum Unterducken zu bewegen, würde Billa freilich wohl an Ida schreiben müssen. Aber da sind wir am Walde angelangt; brechen wir ab von dieser Verdrießlichkeit. Da kommt die Witwe hergehinkt; o Werner, was sollte ich nun diesem Horacker gegenüber beginnen, wenn mir nicht mein Weib, meine Billa, das Lottchen zu einem so braven Mädchen herangezogen hätte?!»

Der Pastor von Gansewinckel hatte da eine

nachdenkliche und verfängliche Frage gestellt; der Konrektor aber gelangte nicht einmal zum kürzesten Besinnen auf eine Antwort; denn die Witwe Horacker hinkte sehr rasch herbei, tränenüberströmt, schluchzend, winselnd.

«Herr Pastor! Herr Pastor! Da ist er!... Oh, guten Abend, Herr Pastor! Haben Sie uns wirklich und wahrhaftig auch diese Güte angetan und sind herausgekommen? Da liegt er, wie er's dem andern guten Herrn versprochen hat, und will alles über sich ergehen lassen. Was sagen Sie nun?»

«Was ist mir Hekuba*?» murmelte der Konrektor, der etwas sagen *mußte*. «Um Gottes willen, beruhigen Sie sich – beruhigen Sie sich nur, alte Dame! Alles läuft ja noch gut aus!... Da frage noch mal einer, was hier Hekuba ist, wenn so was in dieser Welt herumläuft!»

Der Gansewinckler Pastor, der von der Witwe gefragt worden war, erwiderte nichts; er nahm nur sanft ihre Hand und trat mit ihr unter die ersten Bäume des Waldes zurück.

«Cord!... Cordchen!» kreischte die Witwe Horacker, und der zu Kreuze kriechende, zu Kreuze gekrochene arme Sünder wimmerte: «Hier!»

«Da bist du freilich, Cord», sprach der Pastor, «und das Herz blutet mir, wenn ich dich ansehe.»

> «Piget, pudet, poenitet,
> taedet atque miseret»*,

brummte der Konrektor, den Oberkörper hin- und herwiegend. «Ein nettes Durcheinander von

Gefühlserregungen! Alles mit dem Akkusativ der affizierten Person! O du lieber Gott!»

Die erste Fledermaus flatterte durch das Abendgrau; Horacker erhob sich aus dem Grase auf die Kniee und streckte die abgemagerten Arme aus: «Der lustige Herr hat's Ihnen richtig bestellt, daß mir nun alles einerlei ist vor Hunger und Elend? Ich bedanke mich, daß Sie ihm geglaubt haben, Herr Pastor, und herausgekommen sind ohne die Bauern. Da steht die Mutter und heult! Nun sagen Sie mir nur alles auf einmal raus! Die ganze Welt kann nun auch auf mich losschlagen – meinetwegen. Aus Pläsier bin ich kein schlechter Kerl geworden; aber da ich es nun einmal geworden bin, so will ich es auch sein!... Verflucht soll...»

Der Pastor von Gansewinckel hatte den einen der hagern Arme seines Gansewinckler verlorenen Sohnes am Handgelenk gepackt.

«Cord Horacker!» rief er, und die ruchlose Kreatur hob den andern Ellbogen über den Kopf, als ob nun wirklich der Schlag erfolgen werde, der ihr ein verdientes Ende mache.

Aber der Schlag erfolgte nicht. Krischan Winckler nahm seinen Stab unter den Arm, klopfte dem Sünder auf die Schulter und sagte: «Weshalb du dich an mich gewendet hast, wirst du wissen, mein armer Junge. Wir gehen ruhig zusammen in das Dorf hinunter, du, der Herr da, die Mutter und ich. Den Herrn da kennst du bereits, mich auch. Wer soll verflucht sein, Cord Horacker? Die ganze Welt? Zu der gehöre ich auch als ein alter Mann, der gekommen ist, um mit dir zu reden wie ein guter Kamerad zu dem andern – wie ein Vater zu seinem Sohne...»

«Zu seinem Schlingel von Sohne!» murmelte der Konrektor Eckerbusch. «Als ob ich diesen Ton nicht kennte und nicht wüßte, was er nützt! Aber nur zu; ich komme mir ganz doppelt vor: stehe vor den Bänken und rede dem Jungen ins Gewissen und – sitze mit dem Räuberhauptmann hier auf der Bank und lasse mich in aller Zerknirschung rühren und herumkriegen.»

«Nun komm, Cord Horacker», sagte der Pfarrherr, lächelnd sich überlegend, daß er noch nie so deutlich wie jetzt empfunden habe, welch ein schlechter Redner er sei, und daß sicherlich die Schuld an ihm selber liegen müsse, wenn seine Pfarrkinder ihn so häufig in einer leeren Kirche predigen ließen. «Komm, mein Kind, wir wollen dir wo möglich ohne überflüssige Worte aus der Not und dem Elend, aus dem Walde auf den gebahnten Weg helfen. Es wird Dämmerung; da unten zünden sie nun bald die Lichter an. Sieh noch einmal zurück, und dann laß uns wieder zu den Menschen gehen, wie sie sind; es ist am besten so. Das Dorf kocht seine Abendsuppe und lauert dir nicht auf. Da sitzt meine Frau und der Herr Zeichenlehrer Windwebel...»

«Und der Vorsteher Neddermeier und Jungfer Lotte Achterhang», rief der Kollege Eckerbusch; und Horacker, der Räuber, klammerte sich an den Arm Christian Wincklers.

«O du mein Gott, das Lottchen?!» rief die Witwe Horacker.

«Sie ist ihrer Herrschaft deinetwegen fortgelaufen», schnarrte Eckerbusch. «Wenn du wieder ein anständiger, ordentlicher Mensch geworden bist, so sollst du das Recht haben, dich bei ihr dafür zu bedanken. Allons, nach Hause! Wie ich für mein Teil heute noch nach Hause kommen werde, das mögen die Götter wissen.»

«Mutter, Mutter, hört sie denn dieses?» schluchzte Cord.

«Ja, mein Junge.»

«Ist es denn wahr, gewißlich wahr, Herr Pastor?»

«Es ist wahr, ihr ganz heillosen Vagabunden! Sie hat uns sehr in Verwunderung gesetzt. Ich aber hoffe, daß du als ein braver alter Mann sterben wirst, nachdem du ein langes gutes Leben durch Zeit gehabt hast, dem närrischen Mädchen das Leben leicht und die Wege eben und sanft zu machen.»

Nun stiegen sie gottlob wirklich endlich abwärts durch die Felder voll zirpender Heimchen. Der Rauch stieg gradauf empor aus den Schornsteinen des Dorfes Gansewinckel, und es roch angenehm nach allerhand angenehmen Dingen. Der Kollege Eckerbusch sog zu verschiedenen Malen den Duft mit großem Vergnügen ein.

XVIII

«Die Schuhe trägst du mir auf der Stelle aus dem Hause und wirfst sie in den Dorfbach zu dem übrigen abgelegten Lederzeug der Gemeinde. Es ist zwar bald genug der alten Stiefel und Topfscherben, und ich habe mich auch manch liebes Mal drüber geärgert, wenn ich drüber weg muß; aber diese unglückseligen Lederfetzen mag ich selbst bei unserm Kehricht nicht wissen. Du schaffst sie mir auf der Stelle aus dem Hause in den Bach; drei Tage lang bleibt mir das arme Geschöpf ja doch still im Bett.»

Also hatte Frau Billa Winckler ungefähr eine Stunde nach der Ankunft Lottchen Achterhangs zu ihrer jetzigen Magd gesprochen, und selbstverständlich war ihr Gebot ausgeführt worden. Die beiden Schuhe, das heißt die kläglichen Reste davon, die beiden Schuhe, in denen das «arme Geschöpf» seinen weiten Weg zurückgelegt hatte, lagen längst in der Dorfgasse im Dorfbach bei den andern abgelegten Fußbekleidungen von Gansewinckel; und noch nie, selbst in keiner Zeit auf dem Wege von hinter Berlin her, hatte das Kind in dem Dachkämmerchen ein Paar Schuhe – seine Schuhe, ja auch diese beiden Schuhe in seinen Gedanken so nötig gehabt wie jetzt.

Über ein Schlachtfeld nach einem Gaul zu rufen und ein Königreich dafür zu bieten klingt wohl tragischer, ist es jedoch unter Umständen für den in eigener Tragödie auf der Lebensbühne Auftretenden keineswegs. Ein Königreich für ein Pferd* – die ganze Welt für ein Paar Schuhe! –

Wir wissen, daß die frühere Magd des Pfarrhauses unter dem Eindruck der atemlosen Benachrichtigung von dem Bevorstehenden die Augen fest geschlossen hatte, daß die Frau Pastorin aber mit derselben Eile das Kämmerchen verlassen hatte, wie sie es betrat. Die zwei Freunde Winckler und Eckerbusch wandelten längst in der beschriebenen Weise und unter dem gleichfalls mitgeteilten anmutigen Gespräch zum Holze hinauf, ehe sich Lottchen Achterhang wieder auf die Erde und ihre Angelegenheiten besann: «Sie bringen ihn!...»

Da saß sie aufrecht, und ihre Augen waren nun von neuem weit geöffnet; aber die erstaunliche Ruhe des Nichtwartens war wahrlich nicht mehr in ihnen. Mit zitternden, tastenden Händen griff das Mädchen nach den Kleidern, die ihr aus der Garderobe der weiblichen Bewohnerschaft des Hauses zusammengesucht worden waren. Sie stand schwankend und schwindelnd auf den Füßen; jedoch ohne die geringste Müdigkeit und Schwäche in den armen, doch so übermüdeten Gliedmaßen.

«Sie bringen ihn!...»

«Sie bringen ihn!...» Sie murmelte das Wort immerfort, während sie sich mit bebendem Herzen und zitternder Hand ankleidete; und wer von uns hat sich nicht schon in diesem Worte ganz und gar zum Volke gezählt und sich nicht mitten unter dem Volke wie die andern auf die Zehen gestellt: «Jetzt bringen sie ihn!»

Wann hat der Ruf in Wut oder Hohn, in Liebe oder Haß, im Scherz oder Ernst je seine Wirkung auf die Masse und den einzelnen verfehlt? Wer ist nicht schon mit ganzer Seele und mit ganzem Gemüte irgendwie und irgendwo dabeigewesen, wenn – sie ihn endlich brachten?!

Selbst auf der Schaubühne verfehlt der Moment, im Trauerspiel wie in der Posse, auch in dem schlechtesten Stück selten seine Wirkung auf das Publikum vom Parkett bis zu der höchsten Galerie; aber jede wirkliche Haustür und Straßenecke, jeder Kirchhof, jeder Markt und jede Gerichtsstätte bieten freilich ein ganz anderes Theatrum für diesen lauten Ruf, dies Geflüster: «Jetzt bringen sie ihn!»

Es duldet einen kaum dabei auf dem Stuhl, an der Hobelbank, dem Küchenherd oder dem Schreibtisch. Der weise Sokrates ging immer hin, wenn sie jemand brachten; Kant legte sofort die Feder nieder und trat ans Fenster; der Schreiber dieses reckt stets bei der Gelegenheit den Hals so lang als möglich über die Köpfe der vor ihm Stehenden empor; Lottchen Achterhang in dem ganz speziellen Fall kümmerte sich nicht um ihre fehlenden Schuhe, fühlte ihre wunden Füße gar nicht auf der steilen Treppe, als sie, mit beiden Händen an den Ohren, hinabschlüpfte, um auch – dabeizusein, wenn – sie *ihn* brachten.

Von niemand im Hause wurden ihre leisen Fußtritte vernommen. Unentdeckt gelangte sie über die Hausflur, und so stand sie denn plötzlich («wie ein Gespenst!» meinte nachher die Frau Pfarrerin) in der Laube vor den beiden Herren, dem Vorsteher Neddermeier und dem Zeichenlehrer Windwebel, entlockte der Frau Billa ein leises Gekreisch und weinte und brachte nur sehr unverständlich mit größter Mühe die Worte heraus: «Oh, bitte, bitte, lassen Sie mich dabeisein, wenn er gebracht wird! Oh, bitte, bitte,

bitte. Ich komme um, wenn ich nicht dabeisein darf.»

«O mein Leben, welch ein Aufzug! Aber Lottchen?» rief die Frau Pastorin, sobald sie sich zum notdürftigsten ob der unvermuteten und doch nur allein durch sie selber herbeschworenen Erscheinung gefaßt hatte. «Mädchen, wie siehst du aus? Wie kannst du mir so unter die Leute gehen? Das ist ja ein Elend, daß wir keinen Spiegel da oben in der Kammer haben! Das ist ja schlimmer als ein Schuhu! Auf der Stelle packst du dich wieder ins Haus und kriechst ins Bett. Lachen Sie nicht, Neddermeier, das rate ich Ihnen, und wenn Sie tausendmal meinen Kleiderschrank da auf einer Vogelscheuche wiedererkennen! Liebster Herr Windwebel, ich bitte Sie um Gottes willen!»

Der Vorsteher rieb sich mit den Handknöcheln die Nase und lachte wirklich nur, wie er in der Gegenwart und auf das Wort seiner Seelenhirtin zu lachen wagte, das heißt, er grinste ausnehmend. Es war wiederum der ungebändigt laut auflachende Kollege Windwebel, der die richtige Lösung für die trostlose Situation fand.

«Das also ist das Kind – der Schatz – die Jungfer Lotte Achterhang?» rief er, stufenweise aus der größten Heiterkeit in den größten Ernst übergehend. «Das ist das berühmte Lottchen? Nun, dann paßt es ganz zu meinem Freund und Fang in der Wildnis, und mir – ist es schön genug ausstaffiert! Nein, Schatz, mein Herz, mein gutes Mädchen, du bist natürlich die Hauptperson und unter allen Umständen – dabei! Kein anderer hat hier ein größer Recht dazu, und die Frau Pastorin hat auch gar nichts dagegen, daß du dabei bist, wenn er mit dem Herrn Pastor kommt. Gebracht aber wird er nicht, Lottchen, da ich auf das Vergnügen verzichtet habe, ihn zu bringen. Geholt wird er, und zwar vom Herrn Pastor; und nun gucke du nur dreist mit uns über die Hecke. Wer weiß, Neddermeier, wann sie uns einmal in irgendeiner Weise bringen? Mir würde es unbedingt ein Trost sein, wenn Hedwig dann dabei wäre, liebe Frau Billa.»

«So will ich dir wenigstens ein Paar alte Pantoffeln holen, Mädchen», rief die Pfarrherrin von Gansewinckel. «Das muß wohl mein Schicksal sein, Lotte! Du weißt, es ist nicht das erstemal, daß du mir barfüßig vor die Nase läufst. Auf meinem Kleiderschrank stehen ein Paar abgelegte von meinem Manne.»

«Na jetzt aber Vivat! Da kommt, mein Seel, der Triumphzug richtig her vom Gehölze!» rief der Vorsteher, nach der Höhe des Feldweges deutend. «Der Herr Konrektor vorauf mit der Fahne – ja, so gehört es sich für diese Gelegenheit! Soll ich nun vielleicht auch noch die Illumination im Dorfe ansagen?» Und der abgelegten Pantoffeln des guten Christians wurde fürs erste nicht weiter gedacht.

Auf der Höhe des Feldes tauchte der Kollege Eckerbusch zuerst auf; und was der Vorsteher eine Triumphfahne nannte, das war nur der Hut, den der Kollege hoch in der Luft auf dem Knopfe seines Stockes als ein Signal des letzten, vollständigen Gelingens der Expedition trug.

Hinter dem Konrektor schritt der Pastor, den Sünder Horacker am Arm führend, und den Beschluß des Zuges machte die Witwe Horacker. Scharf zeichneten sich die vier Gestalten auf dem graublauen, nach jener Weltgegend hin ruhig klaren Abendhimmel ab.

Auch der Kollege Windwebel schwang wieder einmal seinen Hut in die Luft: «Hurra!»

«Nun sage mir einer, was ich sagen soll!» sprach die Frau Pastorin, gänzlich willenlos sich an die fernern Ereignisse hingebend.

«Ich nenne es doch und dessenungeachtet einen greulichen Umstand», brummte Neddermeier; und Lottchen Achterhang – ging wiederum durch, und zwar mit einer Hast, als ob der lange böse Weg von «hinter Berlin her» nicht bereits hinter ihr liege.

«Lassen Sie sie – bitte!» rief Windwebel, die Hand fassend, mit der Frau Billa Winckler nach dem flatternden Rock des Mädchens greifen wollte.

Auf dem Feldwege hatte auch der Pastor seinen Gemeindetaugenichts freigelassen und war mit dem Konrektor stehengeblieben, während Cord lief. Die Witwe Horacker setzte sich auf einen Ackergrenzstein und nahm den Kopf zwischen die Hände – solch eine alte, durchs ganze Leben einem eingedrückte und angequälte Gewöhnung wird man eben so leicht nicht wieder los, und die durchgreifendsten Menschenerzieher und Moralisten erziehen und moralisieren da oft ganz und gar vergeblich an sich selber.

Und es ist doch ein zart und schön Wesen um

die Flamme und das Licht in dieser Welt von Lehm und Ton! Fünf Minuten ließen sie allesamt dem Vagabundenpaar Zeit, um sich zu grüßen; und es sind wenige Kunstwerke auf der Erde vorhanden, die sich mit dem Lächeln, mit welchem der alte Winckler und der alte Eckerbusch dem Dinge zusahen, vergleichen lassen; wir aber beschreiben es nur, wie uns die Feder in die Hand hineingewachsen ist: «Oh, du!» schluchzte Lottchen Achterhang.

«Ja, siehst du wohl – oh, du?!» heulte Horacker, der Räuberhauptmann; und dann schienen sie vollständig fertig zu sein; uns aber überkommt das bedenkliche Gefühl, als hätten wir im Laufe der Zeiten viel Worte unnütz an manch einem Orte verloren.

Ja, seht ihr?!... Unser einziger Trost ist jetzt, daß alle Vorsicht und Fürsorge nichts geholfen hat, daß das ganze Dorf plötzlich doch weiß, daß Horacker wieder da ist, und daß wir mit unsern Privatgefühlen uns unbeachtet unter den Gefühlen der Menge verlieren können.

Wer aber war es, der Gansewinckel nun doch aus der Feierabendruhe durch den Ruf auf die Beine brachte: «Sie haben ihn! Sie bringen ihn! Sie haben Horacker, Horacker ist wieder da!»

Niemand hätte natürlich bei etwaiger späterer Nachfrage eine Auskunft zu geben gewußt. Ein Schlag in den Sumpf bringt mit einem Male sämtliche Frösche zum Schweigen; ein Steinwurf nach dem Düngerhaufen alle Spatzen zum laut kreischenden Aufflattern.

Es kam sozusagen alles in Gansewinckel wieder auf die Füße, und zwar mit den Menschen das Vieh! Aus den Häusern stürzte alt und jung; sämtliche Hunde der Gemeinde waren wie außer sich, in den Ställen brüllte das Rindvieh; die müdesten Ackergäule erhoben die Köpfe. Gänse und Enten zischten und schnatterten, und ein jeglicher Bauerhahn führte seine bereits zu Bett gegangenen Damen wieder die Hühnerstiege hinunter, um gleichfalls an der allgemeinen Aufregung teilzunehmen und zu erkunden, was denn eigentlich vorgefallen sei.

«Juchhe, er ist da! Und daß das Lottchen Achterhang, die Musterprinzessin, noch obendrein und ganz von freien Stücken hergelaufen gekommen ist, das ist das allerschönste!... Im Pfarrhause sitzen sie beide; die Frau Pastorin hat gesagt, es sei eine wahre Rührung, und den Herrn Pastor kennen wir; aber der Vetter Neddermeier ist gottlob auch noch vorhanden, um sich der Sache anzunehmen. Morgen werden sie wohl ganz woanders sitzen, und der Mensch hat endlich mal wieder Ruhe vor ihnen.»

«Im Pfarrhause sitzt er, mein hochverehrter Herr», sprach der Kantor Böxendal, mit aller küsterlichen Gravität und Höflichkeit an den Wagenschlag des ins Dorf einfahrenden Staatsanwalts tretend. «Ich kenne ihn von Jugend auf; er hat meinen Unterricht genossen, und daß er den Herrn Konrektor Eckerbusch und Herrn Zeichenlehrer Windwebel totgeschlagen habe, war nur ein Gerücht. Ich bin fünfzig Jahre allhier Lehrer, geehrter Herr, und kenne sie alle – o ja, kenne sie alle – alle!»

«Nach der Pfarre!» rief Freund Wedekind seinem Kutscher zu, und sich zu seinem jungen juristischen Begleiter wendend, sprach er: «Sie kennen den alten Winckler in Gansewinckel noch nicht? Nun, dann werden Sie ihn mit Vergnügen kennenlernen und künftig nie einer amtlichen oder außeramtlichen Spritze zu ihm aus dem Wege zu gehen suchen. Ich bin gleichfalls seit langen Jahren Beamter hier in der Gegend und kenne sie alle – o ja, ich kenne sie alle – alle. Weder Horacker noch Krischan Winckler sind die Schlimmsten unter ihnen!... Und Freund Eckerbusch! Und der Hasenfuß, der Zeichenlehrer – wie heißt er doch –, Freund Windwebel!... Das wird ein ganz außergewöhnlich gemütlicher Abend, verlassen Sie sich auf mein Wort, lieber Freund! Mir in meiner Stellung geht nichts in der Welt über solch eine Exkursion in den braven Voß, den alten Gellert, den Vater Gleim* und den ‹Wandsbecker Boten› hinein. Sie freilich, Kollege Nagelmann, sind noch jung, schwärmen für Heine und haben in der Tat erst noch einige Jahre älter zu werden, um für eine Amtstour wie diese ganz reif zu sein.»

XIX

Im großen und ganzen verhält sich die Menschheit den Weltgeschichten gegenüber wie eine gute Hausfrau ihren häuslichen Vorkommnissen. Pathos kommt nur in sie hinein, wenn die Feiertagsglocke läutet und der Kuchen auf dem Tische steht oder wenn der Sarg auf die schwarzen Bänke gestellt wird. Dann geht es los; aber bis dahin rackert sie sich sehr unpathetisch ab und würde es auch gar nicht in diesem bänglichen Dasein aushalten, wenn dem nicht so wäre. Dem einzelnen freilich kommt dann und wann das Pathos schon unter den Vorbereitungen auf die großen Stunden und Krisen des Lebens. Werfen wir noch einen Blick in die dreiviertel Stunden nach der Ankunft des Staatsanwalts in das Dorf einwackelnde andere Kutsche: seit Fricke, vom Bock sich niederbeugend, mit dem Peitschenstiel auf das erste Licht der Dämmerung von Gansewinckel gewiesen hat, ist Frau Hedwig Windwebel vollständig außer sich. Gänzlich von ihren Gemütsbewegungen überwältigt, liegt sie in den Armen der Frau Konrektorin Eckerbusch, die, im höchsten Grade gleichfalls aufgeregt, ihrem Pathos gleichfalls Raum gibt, aber ihrem ganz eigenen Pathos.

«Sie schwitzen, Neubauer, ich auch! Schwitzen Sie nur gefälligst weiter, Kollege; ich wollte, Sie müßten bis heute übers Jahr Angstschweiß schwitzen! Hier hängt mir das Kind ohnmächtig am Halse, und was zu arg ist, das ist zu arg. Hedwig, Hedwig, nur noch fünf Minuten lang Fassung! In fünf Minuten fahren wir den zwei frivolen Landstreichern auf die Köpfe, und meine Ansprache weiß ich gottlob auswendig. Verlassen Sie sich drauf, Neubauer; habe ich Ihnen den Weg über heiß gemacht, so werde ich jetzo auch meinen alten Catilina* in der Laube im Pastorengarten drankriegen. Er soll schon in jeder Cicerostunde an mich und den heutigen Abend gedenken.»

«Ich auch!» murmelte der unglückliche Oberlehrer und Reisebegleiter. «Zugrunde geht ein jeder; aber wünschenswert bleibt es, daß es auf die einem jeglichen gemäße Art und Weise geschieht. Daß ich an dieser Lamia*, dieser Venefica*, zugrunde gehe, ist bei Gott zuviel, ist Götterhohn, ist Parzenheimtücke!»

Lauter, aber ungemein schüchtern sprach er: «Sie werden in der Laube kein Wort zuviel sagen, teuere Frau Kollegin, und jedes Wort werden Sie mir aus der Seele reden.»

«Was werde ich? Dummes Zeug! Nichts werde ich Ihnen aus der Seele reden! Wie mir der Schnabel gewachsen ist, werde ich sprechen. – Halt, Fricke! Halt Er einmal an. Heb den Kopf in die Höhe, Hedwig! Da sitzen die ersten beiden Gansewinckler auf den Bohlen bei der Sägemühle. Heda, ihr da! Hier mal her! Wer von euch kann mir Auskunft geben, was hier heute mit Horacker passiert ist?»

Es war ein Gansewinckler Liebespärchen, das der schrille, inquisitorische Anruf der Proceleusmatica von dem Eichenstamm bei der Sägemühle aufscheuchte und das nach einigem Zögern auch wirklich durch die Dämmerung an den Wagen herantrat: «Na, was soll's nun? Haben Sie uns vielleicht gerufen?»

«Wie es mit Horacker steht, frage ich.»

«Oh, mit Horacker!… Den haben sie, Madam! Der sitzt!»

«Der sitzt?»

«Ja, in der Küche im Pfarrhause. Das wissen Sie doch wohl, daß das Lottchen Achterhang auch von hinter Berlin her mit einem Male wieder dagewesen ist? Es sitzt auch in der Frau Pastorin ihrer Küche.»

«Und der Herr Pastor und die Frau Pastorin? Und die – die Herren – aus der Stadt?»

«Die sitzen alle bei der Lampe in der Laube an der Gartenhecke. Das ist ja ihr Vergnügen so.»

«Sämtlich lebendig?»

«Man hört sie ziemlich weit über das Feld hin. Sie gehören wohl auch dazu?»

«Ein wenig!» sprach die Kollegin Eckerbusch. «Fahrt zu, Fricke, und fahrt womöglich leise. Was eine Überraschung sein soll, das muß auch eine bleiben bis zum Ende. Nun, Hedwig?»

Die kleine Frau antwortete fürs erste nicht. Sie schluchzte ganz leise an der Brust der guten alten Freundin, bis sie sich mit einem Male aufrichtete, gradesetzte und mit einem langen, tiefen Seufzer rief: «Oh, es ist abscheulich; aber – ich bin zu glücklich!...» Nach einer Pause setzte sie hinzu: «Ich werde es Viktor aber doch sagen.»

«Ei sehen Sie mal, Liebe!? Habe ich es Ihnen nicht schon gesagt? Qwusqwe abbutterei Patienziam Catilinam?* Sie werden es noch lernen müssen, Herz, mit mehr Ruhe als heute Patience im Ehestand zu legen. Seien Sie aber mal ein halb Jahrhundert an unserm Gymnasium mit angestellt, so werden Sie Ihr Leben allmählich wohl auch wegkriegen und Ihre alten Griechen, Römer und sonstigen Klassiker zitieren lernen. Es ist leider Gottes leichter, als man es sich als junges Mädchen vorstellt. Nun, Sie junger Klassiker da auf dem Vordersitz?!»

Der junge Klassiker auf dem Vordersitz, Rhapsode der «Sechsundsechzigias», Oberlehrer und Doktor der Philosophie Neubauer, hatte sich gleichfalls aufrechter hingesetzt. Die Arme über dem Busen ineinanderschlagend, überlegte er folgendes: «Scheußlich! Wahrhaft lächerlich scheußlich! Aber auch dieser entsetzliche Nachmittag war mir an meiner Wiege vorausgesungen. Zusammengepfercht mit diesen beiden abgeschmackten Kreaturen, Knie an Knie mit all dieser Weiberimpertinenz und Thalamusverzweiflung* habe ich den bestens motivierten Selbstmord nicht begangen, und totus, teres atque rotundus*, unversehrt, glatt und rund geht der Weise auch aus diesem Gezeter und Gewinsel hervor. Aber nun kriege mich eine dran! Vates sum et poeta, ein Herzenskündiger und Dichter; geheiratet wird nicht – nie – nimmer! So führt das Schicksal die Berufenen durch die Trivialität der Tage zur Erkenntnis. Ein vollständig liebenswürdiger Ehemann kann nur der sein, welcher seinen ganzen Egoismus in seiner Frau konzentriert, und so ist ein wirklicher Poet noch nie ein ganz und gar liebenswürdiger Gatte gewesen, sondern gewöhnlich ganz das Gegenteil. Schützet auch fürderhin euern Sohn, alle ihr Musen; die alte Schachtel und Stadtkupplerin da läßt mir jetzt nur noch einmal kommen mit ihren Andeutungen, Anspielungen, Vorschlägen und Insinuationen! Bei einem lächelnden Abwehren wird es wahrlich in Zukunft nicht verbleiben. Trocken werde ich ihr meine Meinung über ihr insipides Geschlecht sagen, und – so bin ich jedenfalls nicht ganz ohne Nutzen von diesen zwei Gänsen mit nach Gansewinckel geschleift worden.»

Währenddem war Fricke weiter durch das friedliche Dorf gefahren und fuhr nun durch den Dorfbach, und zwar über die armen Schuhe, die Lottchen Achterhang auf ihrem mitleidswürdigen Wege durchgelaufen hatte. Noch ein Ruck, Knarren und Ächzen, und die Grüngelbe hielt vor dem Gansewinckler Pastorenhause. – Frau Hedwig Windwebel hatte schon längst den Griff der Wagentür mit zuckender Hand gehalten. Ehe die beiden Gäule zum Stillstand gebracht waren, hatte sie die Tür aufgeworfen und war im Begriff, zuerst sich hinauszustürzen, als sie von der ältern Kollegin am Rock ergriffen und zurückgezogen wurde: «Sachte, Kindchen! Daß *er* noch da ist, wissen Sie ja jetzt auch; und jetzt lassen Sie ruhig zuerst den Herrn Kollegen aussteigen; es ist immer ein Trost, einen gewandten, liebenswerten Menschen als Kavalier bei sich zu haben. Vorsichtig, Neubauer! Nehmen Sie mir die Kleine in acht!... So, da stehen wir, und Sie fahren ohne alles Aufsehen so still als möglich nach dem ‹Kruge›, Fricke. Euch aber, Kinder, bitte ich nun um Gottes willen, verderbt mir den Effekt nicht; leise, leise durch das Haus, Hedwig. Auf den Zehen – bitte, auf den Zehen, Neubauer, daß wir ihnen wie der Weltuntergang über den Hals kommen. Oh, jetzt will ich *ihn* beproceleusmaticussen! Sie machen ganz hübsche Verse und Gedichte, Kollege, also bitte ich Sie, gehen Sie auf den Zehen, tun Sie mir die Liebe an und gehen Sie leise, wie die Rache kommt, auf daß Sie uns nachher recht ordentlich in der Poesie und Metrik anbringen können. Die ganze Gesellschaft sitzt richtig in der Laube und denkt mit keinem Gedanken an uns, und es würde ein Jammer sein, wenn sie uns nun noch zuallerletzt auf dem Hausflur vorauswitterten. Leise, Kinder, leise, auf daß wir doch irgend etwas für die Blamage haben und teilweise wenigstens auf die Kosten für den Weg kommen. Sie sitzen, Gott sei es gedankt, bei der Lampe, daß ich das Gesicht meines Alten sehen kann. Du lieber Himmel, bis jetzt habe ich wahrhaftig gar nicht gewußt, daß es solche Gefühle wie die meinigen jetzt in solcher Vollkommenheit in der Welt gibt!»

«Ich auch nicht! Ach Gott, ich bin zu glücklich!» schluchzte Frau Hedwig.

«So halte deine liebe Seele nur noch einen einzigen, winzigen Augenblick zusammen, Herz. Was in ihr vorgeht, brauchst du mir nicht weitläufig auseinanderzusetzen. Ja, wir haben sie noch auf dem Halse, und sie werden uns das Leben hoffentlich noch recht lange sauer machen. Bitte, auf den Zehen, Neubauer, und dann wie ein Donnerschlag ihnen über die Köpfe.»

«Sie wissen, wie ich alle Ihre Gefühle teile und mit welchem Vergnügen ich allen Ihren Intentionen folge», lächelte der Kollege Neubauer, und es war gottlob wieder sein altes Lächeln. Es muß auch solche Lächler geben, und es wäre wirklich recht schade gewesen, wenn es ihm auf dieser Fahrt nach Gansewinckel gänzlich abhanden gekommen wäre und ihn niemals wieder dem Kreise seiner Bekanntschaft so unwiderstehlich angenehm und behaglich gemacht hätte.

Nun schlichen sie in der Tat über die Flur des Gansewinckler Pastorenhauses: die beiden Damen voran, der Kollege hinterdrein! Ungehört und ungesehen gelangten sie durch das Haus. Niemand sprang zu ihrer Begrüßung vor, und wir – wir lassen sie schleichen und halten es für das beste, uns gleichfalls mit den übrigen in der Laube von ihnen überraschen zu lassen. Daß es auf dem Wege rechtens geschieht, davon sind wir sämtlich hoffentlich fest überzeugt. –

Sie brachten ihn inmitten einer bunten Gruppe in die Laube des Pfarrgartens und somit wieder unter Menschen – Horacker nämlich. Sie umdrängten ihn alle und hätten ihn beinahe wieder einmal, noch einmal, über den Haufen geworfen. Eine Hauptperson jedoch – das Lottchen nämlich – ließ sich nicht von ihm abdrängen; sie hielt ihn umfaßt und aufrecht, auch dem Vorsteher Neddermeier und der Frau Billa gegenüber.

«Entsetzlich! So habe ich ihn mir doch nicht gedacht!» kreischte die letztere, die Hände über dem Kopfe zusammenschlagend. «Menschenkind, Menschenkind, das sollte ja einen Stein erbarmen, wie du aussiehst! Christian, ich bitte dich! Vorsteher – Sie, Eckerbusch, ist es denn möglich?»

«Es ist sehr vieles in der Welt möglich; wir in unserer Abgeschiedenheit erfahren nur nicht immer etwas davon», sagte der weise alte Eckerbusch. «Fragen Sie nur Windwebel darnach; der ist weit herumgekommen.»

«Er muß gleichfalls auf der Stelle zu Bett! Es muß augenblicklich ein Bote nach dem Doktor geschickt werden; und du, Lotte, da du, was auch ein Wunder ist, noch oder wieder auf den Beinen bist, laß nur sofort in der Küche von neuem unterheizen und soviel Wasser als möglich aufstellen. Halt! Wir wollen lieber gleich im Waschhause Feuer anmachen. In der Küche soll mir sofort für eine Hühnersuppe gesorgt werden. Laß nur gleich drei abkehlen; denn dies sollte doch wirklich einen Stock zum Heulen bringen; mein Lebtage denke ich nicht wieder in der Kirche an etwas anderes beim Gleichnis vom verlorenen Sohn, Christian!»

«Im Spritzenhause wird er wohl am sichersten aufgehoben sein, bis er nach der Stadt an die Behörden avisieret ist», meinte der Vorsteher; aber schon war er beiseite geschoben – der Vorsteher Neddermeier nämlich.

«Im Spritzenhause?!... Hätten Sie selber ihn sich aus dem Holze geholt, meinetwegen. Im Spritzenhause? Fürs erste habe *ich* ihn hier auf der Pfarre. Im Spritzenhause! O ja, zu Neujahr können wir ja darüber weiterreden; aber jetzo setzen Sie sich gefälligst wieder hin, Vorsteher, und kümmern Sie sich nicht um Dinge, die Sie augenblicklich gar nichts angehen. Setze Sie sich auch, Horackern; *Sie* ist die Mutter, und ich weiß wahrhaftig, was das heißt unter diesen Umständen. Drängt doch nicht alle so heran! Sei vernünftig, Lotte. Sprich du ihr doch zu, Christian.»

Das versuchte nun Christian Winckler nach bestem Vermögen, und auch Eckerbusch und Windwebel gaben manch gutes Wort dazu; aber es blieb eine Viertelstunde lang doch nur ein Hineinreden in ein verworren Getöse. Die Hausgenossenschaft nahm natürlich vom ersten Moment an den innigsten Anteil an allen Vorgängen; und dann brach – wie gesagt – auch das Dorf herein: «Horacker ist wieder da!»

Kopf an Kopf guckte es über die Hecke, und der Gemeinderat kam, Böxendal kam, und Lottchen Achterhang schluchzte nicht ohne einigen Grund: «O Cord, lieber Cord, wenn sie uns umbringen, so bringen sie uns beide um. Schäme dich nur nicht, Cord; ich schäme mich auch nicht. Laß sie uns nur totschlagen: ich bin auch nur dazu so weit hergekommen, als du aus der Zeitung vorgelesen wurdest, Cord. Der Herr Pastor und die Frau Pastorin sind mein Zeuge.»

«Ich bezeuge gar nichts, als daß du eine Gans bist, Lotte...»

«Und ein gutes Mädchen», fiel der Pfarrer von Gansewinckel ein, «und jetzt, lieber Neddermeier, wer von uns beiden ist wohl am ersten imstande, unsere guten lieben Nachbaren und Freunde zu versichern, daß sie jetzt alles gesehen haben, was fürs erste hier zu sehen war, daß unser Horacker in der Tat wieder zu uns zurückgekehrt ist und daß Sie und ich unbedingt dafür sorgen werden, daß er nicht ohne Nutzen für sich und die Gemeinde – ja, nicht ohne Nutzen...»

«Diese Abwechslung in unser idyllisches Dasein gebracht hat!» rief der Konrektor Eckerbusch. «Erlaube, Krischan, bemühen Sie sich nicht, Vorsteher; ich wünsche endlich doch auch einmal wieder zu einem Worte zu kommen! Führen Sie den Räuberhauptmann, den Furcifer* Rinaldini und seine Rosa ruhig ab in die Küche, nehmen Sie die Witwe Horacker mit; atzen Sie, waschen und frisieren Sie ganz ruhig das Untier, wie Ihr freundliches Herz Sie treibt, Frau; die paar freundlichen Worte, die hier coram publico, vor dem Dorf und dem umliegenden Universo, zu sprechen sind, nehme ich auf mich. Helfen Sie mir auf die Bank, Windwebel, daß die Leute mich auch sehen können.»

«Unsereiner ist doch heute wie gar nicht auf der Welt», brummte Neddermeier.

«Wenn du es wünschest, lieber Eckerbusch», sprach der Pastor ein wenig bedenklich, «so rede du.»

«Ja, reden Sie, Eckerbusch! Sprechen Sie mir mal recht aus der Seele, alter Freund. Sie kann ich gebrauchen!» rief die Frau Pastorin, den Räuber und mit ihm das Lottchen, die Witwe sowie Pfarrknecht und Pfarrmagd dem Hause zuziehend.

«Steigen Sie dreist auf den Tisch, und sprechen Sie deutlich, Eckerbusch!» rief sie noch von den Stufen der in den Garten führenden Tür zurück, und – Eckerbusch stand bereits auf dem Tische und redete wirklich recht verständlich zu dem versammelten Gansewinckel. «Die Vorsehung hat ihn persönlich an dem Tage zu uns geschickt», sprach späterhin noch sehr häufig das

Gansewincker Pfarrhaus. «Er versteht es.» – «Daß sie ihm ohne gegründete Ursachen in den obern Regionen so sehr aufsässig sind, ist doch wohl auch nicht anzunehmen», pflegte der alte Krischan kopfschüttelnd und lächelnd hinzuzufügen. «Nämlich daß er zu reden versteht, wenn er will, das ist ja bekannt.»

Daß der Herr Konrektor Eckerbusch mit dem Talent begabt war, allerlei menschliche und tierische Kreaturen nachzuahmen und sie in Leid und Freude zur Darstellung zu bringen, ist uns gleicherweise bekannt: einem krähenden Hahn hatte er noch nie so sehr geglichen als jetzt in diesem spannungsvollen Moment.

«Gansewinckler!» krähte er los. «Anwesende Bevölkerung von Gansewinckel; in Kaschmir, wo die Wiege der Menschheit stand – ne, das ist doch wohl ein wenig zu weit hergeholt und würde uns ebenso ein wenig zu weit wegführen! Denn nicht bloß um zu reden, rede ich zu euch, sondern auch, um von euch angehört und womöglich verstanden zu werden. Daß ihr allesamt, soviel ihr euch die Nase putzt oder euch putzen laßt, gewiegte Leute seid, weiß die Welt, und in Kaschmir haben wir nichts zu suchen. Also, liebe Freunde und alte gute Bekannte, tut mir die Liebe und haltet wenigstens fünf Minuten lang den Mund. Vor allen Dingen drängelt nicht zu sehr, und ihr da jenseits der Hecke laßt das Johlen, und dann laßt mir wenigstens einen Augenblick lang die Jungfern in Ruhe; das Kreischen und Gekicher kann kein Mensch aushalten. Wo ist Böxendal?»

«Hier, Herr Konrektor Eckerbusch», sprach der Gewünschte aus dem Haufen hervor. «Womit kann ich Ihnen dienen?»

«Treten Sie gefälligst hervor, Kollege, kommen Sie gefälligst näher hier an den Tisch. Auf den Stuhl will ich Sie aus pädagogischen Rücksichten nicht steigen lassen. Sie, der Sie durch Generationen das Dorf von der Rückseite kennen und erzogen haben, muß ich unbedingt in diesem Moment mir gegenüberhaben. Erlauben Sie mir, lieber Kollege, daß ich auf Sie hindeute und die Anwesenden frage: ‹Kennt ihr ihn?...› Ich sehe Gesichter um mich, welche ‹ja› sagen. Ich sehe trotz der zunehmenden Dämmerung mehr als einen, der die Schultern zusammenzieht und mit der Hand nach dem – Rücken greift und glaube nicht, daß dieses ‹nein!› heißen soll.

Gansewinckler! Hier unter den Augen eueres würdigen, wohlverdienten Herrn Lehrers, hier vor der Nase meines werten, lieben Kollegen, eueres trefflichen, von seinen vorgesetzten Behörden so hoch und von euch leider Gottes lange nicht genug geschätzten Herrn Kantors Böxendal habt ihr wirklich die bodenlose – Unbefangenheit, euch über meinen Freund und euern profugus* Horacker zu erheben?! Hier vor Böxendals Nase wagt ihr es wirklich, von Halunken, Schubbejacks, Spitzbuben, Taugenichtsen zu reden?! Reden Sie, lieber Böxendal!»

«Mein hochverehrter Herr Konrektor, wenn ich behaupten sollte...»

«Sagen Sie kein Wort, Kollege! Ich weiß, was Sie sagen wollen, und das genügt. Jetzo ist es freilich Abend, und die Dunkelheit nimmt zu; aber ich bin wahrhaftig oft genug bei Tage, bei hellem, lichtem Tage, sonntags und alltags, hier nach Gansewinckel herausgekommen zu meiner Erquickung, und ich habe mich jedesmal erquickt. Ich kenne die Visagen rundum hier in der Dämmerung sämtlich. Treuherzige Natürlichkeit, biedere Offenherzigkeit, ungeschminkte Ehrlichkeit, ursprüngliche Einfalt, ungesuchte Artigkeit und vorzüglich Unschuld und Tugend lächeln mich vor allem an; und – mein werter Kollege Böxendal – oft, oft, wenn auch ich gezwungen war – weil es gar nicht anders ging – drunterzuhauen, habe ich an Sie gedacht und – Stärke aus dem Gedanken an Sie geschöpft, Kraft mir draus geholt!

O Ho-racker und kein Ende! Hier stehe ich und frage euch noch einmal in aller Güte: Kennt ihr den alten Eckerbusch? Wollt ihr nun gefälligst euch ohne Aufsehen einer hinter dem andern wegschleichen, oder wünscht ihr wirklich, daß ich noch deutlicher werde? Da sehe ich zum Exempel den Vetter Schaper grinsen. Na, na, soll ich dem mal genauer auseinandersetzen, was ein Holzhandel ist und daß doch auch so ein alter Stadtschulmeister am Ende noch den Unterschied zwischen Malter und Klafter kennt? – Da geht er hin nach Hause!...

Kinder, Kinder, daß ich in den Literaturen Bescheid wissen muß, das seht ihr mir an der Brille an; aber was Dorfgeschichten sind, weiß ich auch recht gut, und vergeblich bin ich nicht meine ganze Lebenszeit hindurch zu euch hinaus gelustwandelt. Wißt ihr, was dabei herauskommt, wenn man einen Schulmeister zu sehr ärgert? Da steht Böxendal, mein Kollege. Sprechen Sie mal, Kollege.»

«Wenn ich behaupten dürfte, verehrter...»

«Hintenauf! Da haben Sie vollständig recht! Und mit Nachdruck. Ich bin da ganz Ihrer Ansicht. Jawohl, meine Lieben, auch ich könnte auf der Stelle von diesem Tische heruntersteigen und auch mehr als eine Dorfgeschichte schreiben, und zwar nach Gebühr, Recht und Billigkeit und mit Nachdruck mehr als einem von euch hintenauf!... Herrje, Base Guckup, sehe ich Sie auch einmal wieder? Habe ich das Vergnügen? Nun, meine Frau läßt Sie recht schön grüßen, und wenn Sie mal wieder einen recht alten, tranigen Gänserich* zu verhandeln hätten, so möchten Sie doch ja – da geht sie hin; und ich erfahre auch heute noch nicht, wie sie es eigentlich angefangen hat, die unmenschliche Menge Kleie zur Verbesserung des Gewichtes dem unglücklichen, nichtswürdigen Gerippe von Vandalenkönig in den Bauch zu praktizieren! O ja, Horackern haben wir gottlob wieder; aber ich erblicke da in der zunehmenden Dunkelheit hier und da jemanden, der uns leider Gottes noch niemals abhanden gekommen ist; und damit bin ich auf dem Punkte angekommen, allwo ich den Vorsteher, meinen alten Freund Neddermeier, der sich da eben hinter dem Ohre kratzt und mir recht gibt, die Frage vorlege, von wem in seiner Gemeinde hier in Gansewinckel er mit Gewißheit weiß, daß er dermaleinst als Engel auffliegen werde?! Nehmen Sie sich Zeit zum Besinnen, Neddermeier, und vergessen Sie ja nicht sich selber in der Berechnung.»

«Herr Konrektor, in meinem ganzen Leben...»

«Ist es Ihnen noch nicht so klar wie jetzt geworden, daß die Statistik eine ganz besondere, eine ganz kuriose Wissenschaft ist. Windwebel, der Pastor steht hinter Ihnen – treten Sie beiseite und lassen Sie mir meinen alten Freund Krischan Winckler heran...»

«Jetzt aber bitte ich dich, Eckerbusch...», rief der Gansewinckler Pfarrherr, kam aber auch nicht weiter.

«Bitte mich nicht, sondern sei versichert, daß es ein wahres Glück für deine Gemeinde ist, daß die Finsternis der Nacht die beschämten Wangen der dir anvertrauten Herde deinen Blicken allgemach entzogen hat. Gansewinckler, wer von euch jetzo noch sich wegschleichen will, der tue es rasch; denn nunmehr werde ich ein Wort über den einzigen Engel unter euch reden – da geht er schon hin, wahrscheinlich um in der Küche nachzusehen, was sie da eigentlich mit Horacker anfangen! – Und die Nacht kann gar nicht zu dunkel werden, um euere Schande zu bedecken, ihr dreidoppelten Horackers von Gansewinckel!... Gottlob, daß er gleichfalls abgegangen ist! – Nun sind wir unter uns, und einer braucht sich seinetwegen keinen Zwang mehr auferlegen. Also – noch einmal zu euch, Geliebte! Was? Einem Menschen wie dem, der uns da eben den Rücken wendet, weil er sein

Lob nicht anhören will, wollt ihr das Vergnügen, an euerem irdischen und ewigen Heile zu arbeiten, noch ein bißchen mehr verderben? Wollt ihr sein Leben, das er unter euch abzuarbeiten hat, noch saurer machen, als ihr es ihm bis dato gemacht habt?! Weil er nach seinem braven Herzen kein Mammonsgelüst fürderhin sich zwischen ihn und euere hartgesottenen Sündergemüter drängen lassen will, kommt ihr ihm mit euern alten Papieren und Gerechtsamen? Rückt ihr seinem guten Weibe, euerer euch von Gott vorgesetzten Seelenhirtin, auf die Stube und verderbt ihr den Charakter noch mehr?! Verlassen Sie sich darauf, Kollege Böxendal, ich helfe Ihnen zu Neujahr singen. Verlaßt euch darauf, meine Teuern rund um den Tisch, zu Silvester bin ich da und gratuliere mit! Mit einem Stück Papier werde ich wahrhaftig nicht zwischen euch und meinen alten Freund Krischan Winckler kommen. Habe ich etwa nicht auch Theologie zustudiert, und hing es nicht etwa nur an einem Haar, daß – ich, der alte Konrektor Eckerbusch, Pastor allhier zu Gansewinckel wurde? Wahrlich, ich sage euch: wie ein anderer dann und wann sich sehnt, mit der Sonne über dem Kopfe sich im Gras, Klee und Thymian zu wälzen, so lechze ich bei dieser Gelegenheit, mich wieder mal so recht in – was andres zu legen... Da gehen sie hin!... Alle! Und sie wissen alle recht gut, weshalb sie sich wegschleichen!... Wollen Sie wirklich uns auch schon verlassen, Neddermeier?»

«Wenn ich gewiß wüßte, daß Sie mich noch nötig hätten, so bliebe ich wohl noch – alle Wetter noch mal!» brummte der Vorsteher. «Sie können's freilich, Herr Konrektor; das muß Ihnen jedermann lassen. Aber da ja wenigstens Horacker jetzo in guten Händen ist, so meine ich, wir lassen das übrige auf sich beruhen; denn da ist meine Meinung, daß da jede Partie sich Zeit nimmt und erst einen Affokaten und dann ihr Gewissen fragt.»

Er ging und nahm den Rest des Dorfes mit.

«Mir haben Sie vollkommen aus meiner Seele gesprochen, verehrter Herr Konrektor», sprach der Kantor Böxendal. «Sie wissen wirklich, was der Mensch ist und welche große Geduld der Herrgott, sein Schöpfer, mit ihm haben muß. Sie wissen genau, wo der Punkt ist, allwo die Rachsucht in die Dämlichkeit übergeht, und nur zwei Punkte tun mir leid.»

«Und was für zwei Punkte, Herr Kantor?» rief der Kollege Windwebel.

«Erstens, lieber Herr, daß wir den alten Unrat überhaupt umgewendet haben; und zweitens, daß meine Frau nicht anwesend war, um dieses mit anzuhören. Auch sie ist außer sich.»

«Ob unsere Weiber in dieser Stunde wohl gleichfalls außer sich sind? Was meinen Sie, Windwebel?» fragte Eckerbusch. «Die Proceleusmatica hätte ich übrigens in der Tat ebenfalls gern hier gehabt, um – dieses anzuhören.»

«Wie kommen wir nach Hause? Wann kommen wir nach Hause? Und was werde ich meinem armen Mädchen sagen?» murmelte der jüngere Ehegatte in nicht ungerechtfertigter Beängstigung.

«Da fragen Sie doch lieber erst Ihr Gewissen und nachher erst – mich!» grinste der ältere, abgehärtetere Bösewicht, dieser – mit einem Wort –, dieser «Eckerbusch», den leider «die ganze Stadt richtig taxierte», wie die soeben innig herbeigesehnten bessern fünf Sechstel seines Daseins dann und wann behaupteten.

Aber seine Gartenlampe unter weißer, geschlossener Glaskuppel tragend, tritt jetzt der Pastor wieder aus dem Hause. Er leuchtet in den lieblichen Sommerabend hinein und verbirgt sein Erstaunen, seinen Garten leer und den Freund Eckerbusch, den Kollegen Windwebel und seinen Kantor allein noch in der Laube vorzufinden, nicht. Er leuchtet nach allen vier Weltgegenden hin und sodann mit hochgezogenen Augenbrauen seinem Freunde Eckerbusch in das freundliche, aber etwas verkniffene Antlitz. Zögernd setzt er zuletzt seine Lampe auf dem Tische ab; und endlich sagt er: «Unser Horacker schlingt noch immer. Ich sah ihn fressen, und der Anblick hielt mich fest. Was aber ist hier vorgegangen, lieber Böxendal? – Eckerbusch, ich befürchte...»

«Befürchten Sie nichts, Herr Pastor», rief der Kantor. «Es war nur schade, daß Sie nicht blieben, als der verehrte Herr Konrektor auf Sie kam! Ich bin überzeugt, auch die Frau Pastorin würde sich gefreut haben, wenn sie es mit angehört hätte. Die Leute sind ganz still nach Hause gegangen, nachdem der Herr Konrektor über Sie und mich sowie auch über das Vierzeitengeld das Notwendige bemerkt hatte, und es war wirklich Zeit, daß die Gemeinde endlich einmal auf das Notwendige aufmerksam gemacht wurde.»

«Ich habe ganz einfach dich unmenschlich herausgestrichen, Krischan, und deiner Bocksherde, deiner Gansewinckler Bauernschande mit möglichstem Phlegma angedeutet, daß ich an deiner Stelle ihr sicherlich die Pansflöte in einem andern Tempo vorblasen würde. Wie du siehst, hat das Wort meines Mundes gefruchtet. Daß deine Frau nicht anwesend war, tut mir selber leid.

Der Pfarrherr schob immer bänglicher das Käppchen auf dem Schädel hin und her: «Bist du ganz sicher, Eckerbusch, daß du mir da kein Gericht zusammengerührt hast, an welchem ich bis zu meiner Emeritierung zu würgen haben werde?»

Der Konrektor murmelte etwas von «Reisbrei mit Orgelklang», und bedenklich war es jedenfalls, daß jetzt plötzlich auch Böxendal, aus würdigst-ernstem Nachsinnen sich erhebend, mit gravitätischem Kopfschütteln um die Erlaubnis bat, sich gleichfalls nach Hause begeben zu dürfen.

Er ging. Er schritt hinweg und machte von der Tür der Kantorei aus, wie erzählt wurde, dem einfahrenden Staatsanwalt die ersten Mitteilungen über die augenblicklichen Zustände Gansewinckels.

«Nun, eine Beruhigung wenigstens nimmt mir keiner», sagte der Pastor. «Wir haben meinen armen Horacker in Sicherheit, und das ist die Hauptsache. Das übrige wird sich mit Gottes

Hülfe und dem alten Gellert wohl auch allgemach zurechtlegen lassen. Ich danke Ihnen vor allem nochmals recht freundlich, lieber Windwebel.»

«Mir?» fragte der Zeichenlehrer im äußersten verwundert. –

«In Ihrer Küche haben Sie ihn sitzen, Frau Billa?» fragte nur ein wenig später am Abend der Staatsanwalt. «Famos! Und hoffentlich hat sich ganz Gansewinckel durch Okularinspektion überzeugt, daß wir ihn haben?! Die ganze Umgegend müßte man eigentlich von Amts wegen herzurufen!... Guten Abend, Eckerbusch. Guten Abend, mein bester Herr Windwebel; das sieht hier ja ganz gemütlich aus, Winckler! Weiß denn der Vorsteher Bescheid, meine Herren?»

«Den hat Eckerbusch längst nach Hause geschickt», rief die Frau Pastorin. «So sicher wie in seinem Spritzenhaus ist er unter unsern vier Augen gleichfalls aufgehoben, außerdem daß auch seine Mutter und mein Lottchen mit auf ihn passen. Was will denn Neddermeier mit seinem Spritzenhause, was ich nicht ebensogut besorge zum Besten der öffentlichen Sicherheit und allgemeinen Moralität?»

«Sie scheinen mir in der Tat nicht zu wissen, Beste, was man in der Stadt behauptet.»

«Nun?»

«Man weiß es sogar ganz gewiß, daß er nicht nur den Herrn Konrektor Eckerbusch, sondern auch den Herrn Zeichenlehrer Windwebel totgeschlagen hat.»

Der Konrektor Eckerbusch tat einen Sprung; der Kollege Windwebel jedoch setzte sich: «Barmherziger Himmel – *Hedwig!*»

«Lassen Sie uns demnach zur Aufnahme des Protokolls schreiten, Nagelmann», sprach der Staatsanwalt, sich melancholisch zu seinem jüngern juristischen Amtsgenossen wendend. «Den Vorsteher werden wir uns doch wohl wieder herzitieren lassen müssen; meinen Sie nicht? Man führe mir den Verbrecher vor!... Das ist in der Tat ein balsamischer Abend, Winckler.»

XX

«Leise, leise, leise», flüsterte die Proceleusmatica. «Sie haben auch sonst mehreres von einem Leisetritt an sich, Neubauer, also – auch diesmal auf den Zehen wie ein blutdürstiger Indianer, Kollege. Einer in die Fußtapfen des andern, Hedwig, und dann – über sie her wie drei Tigertiere... Da sitzen sie um die Lampe – weiß Gott – und der Staatsanwalt schon mit einer Zitrone in der Hand, die Billa mit dem Zuckerhammer; und mein Alter hat selbstverständlich den Punschlöffel und das große Wort. Was sagt er? Von mir spricht er? Und er stößt deinen Windwebel mit dem Ellbogen an und deutet mit der Schulter ins Unbestimmte?... Kind, sie mokieren sich sogar noch über uns! Keinen Zwang mehr! Alle drauflos! Du auf den Deinen, ich auf den Meinen, und Sie, Neubauer, auf die ganze Bande!... Oh, ihr Sünder, ihr ruchlosen, gewissenlosen, gottverlassenen Sünder, haben wir euch? Das nennt ihr

Totgeschlagensein? Eine von deinen Hanswurstereien nenne ich es, Eckerbusch, und du – du – ja du hast den Bauern instruiert und in die Stadt geschickt und dich als gemordet ausgegeben, Eckerbusch! Oh, daß ich darauf nicht gleich gefallen bin!»

Jedenfalls waren sie drüber hergefallen, und die Überraschung war vollkommen gelungen. Nimmer hatte die friedliche Laube des Pfarrgartens zu Gansewinckel einen solchen Aufstand gesehen.

Schluchzend und totküssend hing Frau Hedwig Windwebel an ihres Viktors Halse. Am Kragen hielt Frau Ida ihren Eckerbusch. Der Staatsanwalt saß mit seiner halbierten Zitrone in den Händen sprachlos. Christian Winckler saß einfach starr, Nagelmann dienerte im Dunkel, und Frau Billa Winckler erhob die Hände zum dunkeln, wenn auch wolkenlosen Gansewinckler Äther: «Dies geht über alles, was ich heute erlebte! Kommt ihr durch die Luft? Fallt ihr aus der Nacht herunter?»

«Oh, Hedwig, mein Herz, mein Kind, mein armes süßes Weib, ich weiß es ja jetzt – seit einer halben Stunde –, wie – du dich um mich hast ängstigen müssen!» stammelte Windwebel. «Es hat dir doch nichts geschadet?»

«Nein, nein, o nein, ich bin so glücklich; ich habe dich ja noch!» schluchzte die junge Frau.

«Dümpfe mich nicht, Alte. Du hast mich ja ebenfalls noch», grinste Eckerbusch.

«Gestehe es, daß du den Gansewinckler Spitzbuben aufgewiegelt, instruiert, angestempelt und zu dem Schabernack uns in die Stadt geschickt hast.»

«Bereuen Sie es noch, lieber Nagelmann, zufällig, pflicht- und berufsmäßig heute abend mit mir nach Gansewinckel hinausgefahren zu sein?» wendete sich der alte Wedekind an seinen jungen juristischen Begleiter. «Hab' ich es Ihnen nicht gesagt, daß man bei meinem Freund Krischan immer mit – Leuten zusammentrifft?»

«O Viktor», flüsterte Hedwig, «war es nicht eigentlich doch zu böse von dir?»

Der Kollege Windwebel suchte von *seinem* Halse die umklammernden Hände seines Weibes gleichfalls, wenn auch sanft, zu lösen; es gelang ihm aber fürs erste sowenig wie seinem Konrektor.

«Dümpfe mich nicht? Freilich werde ich dich ‹dümpfen›!» rief die Frau Konrektorin. «Habe ich dich noch? Leider habe ich dich noch, du – du, o du – Ho-racker! Frage den Neubauer da, was ich gelitten habe um dich frivolen Sünder, und frage ihn, was er unterwegs bis hierher ausgestanden hat, und dann – verlange noch einmal, daß ich jetzt schon mit dir fertig sein soll. Oh, und das will den Jungen Weisheit, ein gediegenes Wesen, Ordnung und – kurz und gut Verstand beibringen?! Ja, frage nur deinen Kollegen Neubauer, wie ich ihm unterwegs einmal über das andere in mehr als einer Hinsicht Abbitte geleistet habe.»

Der Oberlehrer Dr. Neubauer war bis jetzt noch nicht imstande, seinerseits in den Lärm einzugreifen. Er pflegte grundsätzlich da zu schweigen, wo er seinen Charakter nicht vollständig intakt aufrechterhalten konnte. Nur die höchste Bildung sieht in jeder Lage und unter jeglichem Geschrei, Gewirr und Gewinsel das eigene Leben als eigenes Kunstwerk und behält den Faden in der Hand, an welchem, sonderbarerweise, das Schicksal auch sie hält. Der Kollege Neubauer blieb auch auf die soeben mittelbar an ihn gerichtete Frage lächelnd stumm und ließ sich ruhig von dem immer vergnügter werdenden Gansewinckler Pastor die Hand zum Willkommen schütteln.

«Sie lieben ihn nicht zu süß, Doktor», rief der Pastor, seine Punschschale im Auge behaltend. «Nein, das ist zu wundervoll, wie das alles so herrlich zusammentrifft. Sie lieben ihn auch nicht allzu süß, Frau Ida; die Frau Hedwig soll mit Zucker nachhelfen dürfen. Kinder, es ist zu herrlich! Seit ich endlich diesen Horacker von der Seele los bin, fühle ich mich als ein ganz anderer Mensch.»

«Nein, zu süß liebt sie ihn nicht!» ächzte Eckerbusch, immer noch unter dem Griffe seiner Proceleusmatica. «Wundervoll ist es, herrlich ist's – gar nicht auszudrücken. Umfahe mich, Geliebte, aber laß endlich meinen Hals los!... Was? Unter dem Auge des Gesetzes?... Ist's denn des Blutvergießens noch immer nicht genug? Wedekind, ich bitte dich einzuschreiten; Nagelmann, Sie kommen noch zu einem zweiten Protokoll. Hier, nehmen Sie mir den Löffel ab; wie kann ein Mensch mit frisch abgebissener Nase die nötige Aufmerksamkeit für das Getränk behalten?»

«So mime doch – agiere doch deinen Mops mit Leibweh! Oh, heute abend werde ich mit dafür sorgen, daß deine Lieblingsrolle naturgetreu ausfällt! Nicht wahr, ein altes Weib, das eine lebendige Gans rupft, ist auch eine von deinen Hauptleistungen? Das Gegacker sollst du wunderhübsch machen, sagt Neubauer, und auch meine Stimme täuschend fertigbringen, wenn ich nicht zugegen bin. Gott sei Dank, diesmal bin ich zugegen, Eckerbusch, und werde dir zeigen, daß ich mich in der Tat aufs Rupfen verstehe.»

«Hülfe, Winckler! Zu Hülfe, Staatsanwalt! Geistlich wie weltlich Schwert, zu Hülfe! Wedekind, sie macht wahrhaftig Ernst!» rief der Konrektor, nach Atem schnappend. «Grüßt den Kerl zu Haparanda recht schön von mir, wenn ich verzappelt habe, und – nur nicht zuviel Zitronen in den Napf, Wedekind; es kann sonst keiner morgen früh vor Kopfweh aus den Augen sehen! Uff, da hast du einen Kuß, Alte; und nun laß es genug sein, der Mensch da verdirbt uns sonst das ganze Gebräu.»

«Und nun vor allen Dingen schönsten guten Abend», sprach die Proceleusmatica, mit wahrhaft strahlendem Gesicht beide Hände im Kreise herumreichend. «Kinder, die Geschichte ist im Grunde glorreich, und schon die beiden Windwebel da zu sehen wiegt den Weg auf. Wir sind in der Grüngelben gekommen, Eckerbusch, und haben sie nach dem ‹Kruge› geschickt. Die ganze Stadt sah uns abfahren; aber mein Trost ist, daß wir Neubauer mitgenommen haben, der wird morgen der Welt alles ins rechte Licht rücken.»

«Ich werde mein möglichstes tun, Frau Kollegin», sprach der Kollege; und dann fing man in Wahrheit an, einander zu begrüßen, wie es sich gehörte.

Wir haben beschrieben, wie Cord Horacker und sein Lottchen sich nach der bösen Trennung wiederfanden, sich wieder zusammenfanden auf dem Feldwege, der aus dem Walde und aus der schlimmen, der grimmigen Welt gegen ihr Heimatdorf hinlief; die gebildeten Leute fanden sich nicht so wortlos nach ihrer drolligen Trennung voneinander wieder. Unendliches hatten sie sich zu sagen, und Nagelmann und Neubauer waren am Ende die einzigen, welche Herren ihrer Gefühle blieben und welchen hie und da ein verständnisvoller Wink genügte, um sich gegenseitig auf die Hauptpunkte im Gelärm des Gefühlsaustausches aufmerksam zu machen.

«Ich habe das Meinige mit den beiden Weibsbildern erlebt, das kann ich Sie versichern», flüsterte Neubauer Nagelmann zu. «Wie ich eigentlich zu diesem Vergnügen gekommen bin, ist mir immer noch ein Rätsel. Die graue Unholdin hat mich aufgehoben, abgeführt und hier niedergesetzt, ohne mich nur für den kürzesten Moment aus der Betäubung herauszulassen. Die Person hat unbedingt einmal in einem Ei des Vogels Roch gelegen und ist von einem Vogel Greif ausgebrütet worden*; ich aber habe mich nie so sehr als unmündiger Säugling gefühlt als heute abend in ihren Tatzen oder Klauen.»

«Auch Sie, Doktor?»

«Ja, auch ich!... In dem Geisteszustande, in

welchem ich mich augenblicklich befinde, kostet mich das Geständnis nicht das geringste. Zerrüttung – ja, Zerrüttung ist das Wort! Bitte, entschuldigen Sie mich wenigstens für vier Wochen wegen chronischer Unzurechnungsfähigkeit, und suchen Sie meinen Zustand auch bei den übrigen Herren unseres Kreises zu vertreten. Vor allen Dingen jedoch setzen Sie mir jetzt auseinander, was Sie bewegen konnte, sich dergestalt amts- und berufsmäßig lächerlich zu machen?»

Einen vorsichtigen Blick warf Nagelmann auf seinen Vorgesetzten, ehe er Auskunft gab. Doch der Staatsanwalt teilte mit wahrhaft gastronomisch-sentimentaler Rührung seine Aufmerksamkeit zwischen den Zärtlichkeitsbezeugungen des jungen Ehepaares und der Zubereitung des Getränkes, welche letztere ihm allgemach allein zugefallen war. Er hatte kein Ohr und kein Auge für den jüngeren Kollegen übrig, und dieser flüsterte ungestraft zurück: «Wir fahren seit längerer Zeit sämtliche Ortschaften unseres Bezirks nach seiner Lieblingsschnupftabaksdose ab. Er hat dieselbe irgendwo stehenlassen, weiß aber durchaus nicht, wo. Es würde mir in der Tat bald angenehm sein, wenn er die Hoffnung, sie doch noch wiederzufinden, endlich aufgeben wollte.»

«Und Horacker?»

«Bah!» lächelte Nagelmann, verächtlich die Schultern hebend. «Horacker?! Sie erlauben mir, daß ich auch dieses Wort auf Ihre Geisteszerrüttung schiebe. Bei Regenwetter würden wir sicherlich nicht nach ihm ausgefahren sein! – Da kennen Sie Wedekind schlecht. Übrigens, dieser Ortsbonze scheint mir in der Tat kein übles Exemplar seiner Gattung zu sein. Alle diese grauköpfigen muntern Kerle hier herum hängen merkwürdig freundschaftlich miteinander zusammen. Daß wir jetzigen Leute diese heitern, naiven Zustände aufrechterhalten werden, scheint mir leider unwahrscheinlich. Was halten Sie davon, Neubauer?»

Diesmal zuckte der Oberlehrer Dr. Neubauer die Achseln, aber stumm.

«Auf der Rückfahrt trete ich Ihnen meinen Platz bei meinem Herrn Chef ab, und Sie überlassen mir dafür den Ihrigen bei der kleinen Windwebel. Die Kollega Eckerbusch und den Zeichenlehrer nehme ich in den Handel; der Konrektor fährt sicherlich mit meinem Staatsanwalt. Wollen Sie, Neubauer?»

«Sämtliche Witze und Redensarten der beiden Burschen sind mir zwar bereits bekannt; aber – ich nehme doch den Tausch an», seufzte der Philologe. «Hm, wer kann sagen, welch ein Gott mir da den Gatten jenes schauderhaften alten Weibes gegenübersetzt? Jedenfalls werde ich die Gelegenheit benutzen, es ihm zu loben. Ich für mein Teil, lieber Nagelmann, werde sicherlich das Meinige tun, die harmlosen Zustände der Vergangenheit weiter fortzuführen.»

«Meine Herrschaften und liebste Freunde», rief gottlob der Staatsanwalt Wedekind, sich mit einem gefüllten Glase in der Hand erhebend, «auf das Wohl aller! Ich mache Sie darauf aufmerksam, daß das Gemisch, soweit ich imstande bin zu urteilen, den gegebenen Mitteln entspricht. Füllen auch Sie sämtlich die Gläser, und probieren Sie gefälligst, auf daß sich aus aller Fülle der Individualitäten ein möglichst objektives Resultat und Verdikt ergebe. Ich sehe im Kreise herum, und Behagen erfüllt meine Seele; ich erblicke die *alten Bekannten* und fordere die jüngern Leute zu ihrem eigenen Besten auf, gleich uns das Leben nur an den richtigen Stellen tragisch zu nehmen. (Meine Dose habe ich neulich wohl nicht bei dir stehenlassen, Winckler?) Meine Pflicht erfordert freilich, daß ich mir morgen früh durch den Vorsteher Neddermeier unsern gemeinschaftlichen Freund Horacker zur Stadt liefern lasse; doch ihn tragisch zu nehmen, erfordert unsere Pflicht nicht, wie auch Sie wissen, lieber Nagelmann. Hoffentlich sehe ich dich gleichfalls bei den doch notwendigen Verhandlungen in betreff des endlich glücklich wieder erhaschten Verbrechers, Winckler, und lade dich hiermit ein, nachher bei mir zu Mittag zu speisen. Sie haben sämtlich sich die Gläser von meiner werten Gastfreundin, unserer Frau Billa, füllen lassen? Gut; so erlaube ich mir, dieses mein zweites Glas auf das Wohl der Damen zu leeren – bringen Sie doch dem wackern kleinen Mädchen, Ihrem Lottchen, auch eins, Hospita, und sagen Sie der armen braven Kreatur, der alte Wedekind fahre nie zufällig amtsmäßig über Land, ohne den vorliegenden Sachen auf den Grund zu gehen, und lasse gewöhnlich in seinen Akten auch die Vernunft mitsprechen. Eckerbusch, auch du wirst morgen bei mir essen; die drei übrigen Herren sind gleichfalls geladen.»

«Darauf läuft's doch immer hinaus», sprach die Frau Konrektorin in dem gedehnten Rhythmus, den die Welt und der Kollege Eckerbusch an ihr gewohnt war. «Übrigens wünsche auch ich jetzt endlich dieses Untier, euern Horacker, persönlich kennenzulernen. Du hast ihn unterm Verschluß, Billa?»

«In meiner Äpfelkammer. Er ist dem Staatsanwalt da ebenfalls unter den Händen eingeschlafen. Seine Mutter und meine Lotte halten Wache bei ihm. Wollen Sie ihn auch sich betrachten, kleine Frau?»

«Wenn Sie erlauben», sagte Hedwig Windwebel mit einem Blick auf ihren Viktor, der nur bedeuten konnte: «Finde ich dich aber auch noch hier, wenn ich zurückkomme?» – Und so gingen denn die drei Frauen, um Horacker, den Räuber, im Schlaf liegen zu sehen; wir aber können es nicht oft genug wiederholen: es war eine liebliche Nacht, die angenehmste des ganzen Jahres achtzehnhundertsiebenundsechzig.

Als sie, die drei guten Seelen, in die Obstkammer des Gansewinckler Pastorenhauses traten, legte die Witwe Horacker ganz erbärmlich bittend den Finger auf den Mund. Eine kleine Öllampe beleuchtete das aus Stroh und allerlei Kissen und Decken bereitete Lager, auf dem man den greulichen Sünder in vollständiger Gefühllosigkeit und Erstarrung hatte hinfallen lassen. Er lag wahrlich im tiefen Schlaf, und neben ihm mit dem Kopfe im Schoße der sehr wachen Witwe schlief Lottchen Achterhang ebenso fest – jetzt wiederum tierisch fest nach der schweren Mühsal und Angst der letzten Tage; und draußen füllten Duft und Sommerwonne und leises Blätterrauschen die Welt und füllte der Kollege Neubauer, der Dichter der «Sechsundsechzigias», von neuem die Gläser.

«O lieber Himmel!» flüsterten die zwei Kolleginnen aus der Stadt, und die Proceleusmatica fügte ganz verschüchtert hinzu: «So habe ich mir den Anblick doch nicht vorgestellt, Billa.»

Die junge Frau schluchzte leise hinter ihrem Taschentuche in abgebrochenen Tönen: «Und – mein Viktor – hat ihn...»

«Nun, Kinder», sprach so bestimmt als möglich und mit den Händen auf dem Rücken die Gansewinckler Pfarrherrin, «ich hoffe, Kinder, heute übers Jahr ist doch alles besser abgelaufen, als wir jetzt meinen. Heule Sie nur nicht, Horackern; was wir drei hier dazu tun können, das wird sicher geschehen. Seine Zeit in der Besserungsanstalt wird er zwar absitzen müssen, sagt Wedekind; aber das schadet ihm auch nicht das geringste, da weiß ich alle in der Gemeinde zu taxieren; und Ihr Junge, Horackern, ist nicht der Ärgste, dem mein Alter zum neuen Jahr gratulieren wird; also lasse Sie das Heulen, Horackern.»

«Ja, lasse Sie das Heulen, Witwe Horackern», sprach die Kollegin Eckerbusch. «Ich will nicht umsonst nach Gansewinckel gekommen sein, und ich gebe Ihr mein Wort drauf, mein Alter soll gleichfalls sein Vergnügen heute nicht ohne die gehörigen Gegenleistungen gehabt haben! Er soll mir hier heran, und zwar mit Rat und mit Tat.»

FRAU SALOME

I

Johannes Falk* in seinem Buche über Goethe schildert sehr hübsch einen Besuch, den er an einem Sommernachmittage im Jahre 1809 dem Dichter abstattete. Er fand ihn bei milder Witterung vor einem kleinen Tische in seinem Garten sitzend und eine kleine Schlange in einem langgehalsten Zuckerglase mit einem Federkiele fütternd.

«Die herrlich verständigen Augen!» sagte Goethe. «Mit diesen Augen ist freilich manches unterwegs, aber, weil es das unbeholfene Ringeln des Körpers nun einmal nicht zuläßt, wenig genug angekommen. Hände und Füße ist die Natur diesem länglich ineinander geschobenen Organismus schuldig geblieben, wiewohl dieser Kopf und diese Augen beides wohl verdient hätten; wie sie denn überhaupt manches schuldig bleibt, was sie für den Augenblick fallenläßt, aber späterhin doch wieder unter günstigeren Umständen aufnimmt.»

Nun erscheint auch Frau von Goethe im Garten, ruft schon von weitem, wie herrlich der Feigenbaum in Blüten und Laub stehe, erkundigt sich nach dem Namen der ausländischen Pflanze, «die uns neulich ein Mann aus Jena herüberbrachte», nämlich nach der großen Nieswurz, und fragt, ob die schönen Schmetterlinge aus den Kokons von eingesponnenen Raupen, die in einer Schachtel neben dem Zuckerglase liegen, noch immer nicht erscheinen wollen. Dann sagt sie mit einem Seitenblicke auf die Schlange: «Aber wie können Sie nur ein so garstiges Ding wie dieses um sich leiden oder es gar mit eigenen Händen großfüttern? Es ist ein so unangenehmes Tier. Mir graut jedesmal, wenn ich es nur ansehe.»

«Schweig du!» meint der Geheimerat und fügt, gegen den Besucher gewendet, hinzu: «Ja, wenn die Schlange ihr nur den Gefallen erzeigte, sich einzuspinnen und ein schöner Sommervogel zu werden, da würde von dem greulichen Wesen gleich nicht weiter die Rede sein. Aber, liebes Kind, wir können nicht alle Sommervögel und nicht alle mit Blüten und Früchten geschmückte Feigenbäume sein. Arme Schlange! Sie vernachlässigen dich! Sie sollten sich deiner besser annehmen! Wie sie mich ansieht! Wie sie den Kopf emporstreckt! Ist es nicht, als ob sie merkte, daß ich Gutes von ihr mit euch spreche! Armes Ding! Wie das drinnen steckt und nicht heraus kann, so gern es auch wollte! Ich meine zwiefach, einmal im Zuckerglas und sodann in dem Hauptfutteral, das ihr die Natur gab.»

Das ist ein sonderbarer Anfang für eine Geschichte, die mit dem seligen Legationsrat Falk in seinem Buche «Goethe aus näherm persönlichen Umgange dargestellt» sonst nichts zu schaffen hat! Doch hören wir weiter.

An einem der Wege, die zum Brocken hinaufführen, liegt ein Wirtshaus mit seinen Nebengebäuden und einem kleinen Garten, in dem aber, der Höhe wegen, wenig wächst und welchem man seinen Namen und Titel nur aus Höflichkeit oder Bequemlichkeit gibt wie so manchem andern Dinge in dieser Welt.

Das Haus wie die Stallungen sind niedrige, langgestreckte Bauwerke, das Mauerwerk ist von einer in der Ebene unbekannten Dicke, die Schiebefenster sind klein und tief in die Mauer eingelassen; kurz, alles ist auf Sturmwind, Regenstöße, Schneewehen, lange Winter und kurze Sommer so fürsorglich als möglich eingerichtet: der Wirt, die Wirtin und das Dienstvolk desgleichen. Eine moderne Hotelbesitzerfamilie, die auf einer Tour in das Gebirge hier vorspricht, mag wohl ihre Betrachtungen über den Gegensatz zwischen ihr und den Leuten und Zuständen dieses Berghauses anstellen. Nun, es kann nicht jeder seine «bougies»* unter den Linden, den Rhein entlang oder am Jungfernstiege in Rechnung stellen.

Das Berghaus liegt schon in einer Gegend, wo die Tannen und Birken anfangen zu verkrüppeln. Das Wasser sickert moorig zwischen dem Gestein, den Heidelbeeren und der Heide, und der Wind hört selten auf zu singen; aber gewöhnlich heult er. Nur noch ein wenig höher hinauf erscheint das Isländische Moos auf den Felsblöcken, und wer den Wind singen hört und das Plaid fester um Hals und Ohren zieht, begreift die Fürsorge der Vorsehung; recht sorgliche Charaktere denken auch wohl an ihren Hausarzt und senden ihm einen stillen Gruß.

Dessenungeachtet ist der Weg viel betreten, beritten und befahren, vorzüglich im Sommer. Vielgestaltig und vielgeschäftig geht's und kommt's, geht vorbei oder kehrt ein, und Langeweile hat weder der Wirt noch seine robuste Ehehälfte und sein Dienstpersonal – im Winter nur soviel davon als der Hamster, das Murmeltier und wie sonst die behaglichen Geschöpfe heißen, welche die unangenehme Zeit des Jahres ruhig verschlafen.

Nun war es im Sommer, in den Tagen, wo die Erdbeeren rot und die Heidelbeeren schwarz werden, wo der Fingerhut seine roten Kerzen anzündet und das Harz duftiger und reichlicher den Tannen und Fichten entquillt. Die Sonne lag auf dem Gebirge, die Quellen rauschten zur Tiefe hinab; und aus der Tiefe her, aus der Ebene der Kultur hatte die gewöhnliche Völkerwanderung ihre Züge in die schöne Wildnis aufgenommen. Alle Reitesel und Maultiere in den Ortschaften der Ausgangstäler hatten ihre trüben Erinnerungen vom vorigen Jahre aufgefrischt und bekräftigten sich von neuem in der Meinung, daß der besser gekleidete Teil der Menschheit abermals verrückt geworden sei; und abermals hatten sie ihre Last auf sich zu nehmen und wie die verlorengegangene Königstochter von Antiochien im «Perikles, Prinz von Tyrus»* alle möglichen Temperamente kennenzulernen. –

Es war am Nachmittage gegen drei Uhr, und augenblicklich hatte ein einziger Gast alles, was das Bergwirtshaus an Genüssen und Bequemlichkeiten zu bieten hatte, zu seiner Verfügung. Er sah aber aus, als ob er sich zu bescheiden wisse und wahrscheinlich seinen Grund dafür habe.

Neben der niederen Eingangstür der Wirtschaft ist ein Steinwall zum Schutz gegen den Wind aufgeschichtet, im Halbrund um eine roh auf Pfählen befestigte Tischplatte und eine gleichfalls im Boden befestigte Bank.

«Da setzen wir uns nicht hin», pflegten gewöhnlich die einkehrenden Touristen zu sagen; aber es war dessenungeachtet oder gerade darum kein übler Platz. Man vernahm von hier aus das leise Geläut der Kuhglocken in den Tälern und hatte einen vollen Blick auf das bergan sich dehnende Felsenmeer. Auch die Straße, wie sie von der Höhe kam, übersah man bis zur nächsten Wendung, und das war zu keiner Zeit des Jahres, und um diese am wenigsten, ohne Interesse.

Der einsame Gast hatte sich dahingesetzt, und er sah auch wahrlich nicht aus, als ob er sich sehr vor Zugluft in acht zu nehmen habe. Er war ein verwitterter und, wie der größere Teil der Touristenscharen sagen würde, ein verwahrloster alter Gesell, der denn auch sein Gläschen Nordhäuser vor sich hatte und eben im Begriff war, eine abgenutzte, abgesogene, abgekaute kurze Pfeife aus einer Schweinsblase von neuem zu füllen. Er saß in einem graubraunschwarzen abgetragenen Rocke, Gamaschen über den derben, bestaubten Nägelschuhen und eine alte schwarze Mütze mit breitem Schirm auf dem grauen Schädel. Er trug eine Brille, doch durch die Gläser derselben leuchteten Augen von einem so sonderbar klaren bläulichten Glanz, daß es schwerhielt, an eine irgend bedeutende Kurzsichtigkeit des Alten zu glauben. Ein tüchtiger Knittel lehnte neben ihm an der Bank. Auf seinen Visitenkarten (er führte dergleichen und legte sie unter Umständen auf den Tisch oder gab sie an der Tür ab) stand: «Justizrat Scholten».

«Sie wundern sich?» pflegte er zu sagen, wenn sich jemand darüber wunderte.

Es kann auch nicht jedermann aus Quakenbrück im Fürstentum Osnabrück sein; doch des Justizrats Wiege hatte wirklich daselbst gestanden, und seine Eltern waren aus Haselünne an der Hase gewesen, einer Ortschaft, die schon ganz bedenklich der niederländischen Grenze nahe liegt, und zwar im Herzogtum Arenberg-Meppen.

Das sind eigentümliche Erdstriche, die eigentümliche Kreaturen hervorbringen. Der Justizrat Scholten stammte, und sein bester Freund ebenfalls, dorther; aber sein allerbester Freund saß zu Pilsum, einem Dorfe an der Emsmündung, und las Jakob Böhmen mit der Aussicht aufs Pilsumer Watt. Der Justizrat las Voltaire in einem Harzdorfe unter dem Blocksberge.

II

Der Alte war mit dem Stopfen seiner Pfeife zustande gekommen und nahm Stahl, Stein und Zunder aus der Tasche. Er behauptete, Schwefelgeruch falle ihm auf die Lungen, und führte deshalb kein modernes Feuerzeug; aber da er gestern abend durch einen argen Gewittersturm gewandert war, so wollte diesmal der Schwamm nicht fangen, und nach längerem vergeblichen Bemühen schob der Justizrat Scholten sein Gerät wieder ein und rief: «Feuer, Herr Wirt!»

Der Wirt steckte den Kopf aus dem offenen Fenster seiner Gaststube, um sich genauer zu vergewissern, wer da so kurz etwas von ihm wünsche, und als er sich überzeugt hatte, daß es nur der Alte und kein neuer Gast sei, tat er natürlich, als habe er nicht gehört, blickte nach dem schnellen weißen Sommergewölk am Himmel und brummte innerlich: «Dir werd' ich auch einen Oberkellner halten, alter Stänker! Marschier in die Küche und hol dir selber, was du brauchst.»

Der Justizrat sagte auch weiter nichts; aber er schob die Brille auf die Stirn empor und sah den Herrn Wirt an.

«Hm – na – nu!» murmelte der Wirt, zog vollständig überwunden den Kopf ins Zimmer, um dem Gast auf der Bank vor dem Fenster ein Feuerzeug in Gestalt eines steinernen Turmes mit den dazugehörigen Zündhölzern zu reichen.

«Hier, Herr Rat! Sie waren es, mit Erlaubnis, der rief?»

«Ich war es mit Erlaubnis», sagte der Alte, erhob sich von seinem Sitze und ging in die Küche an den Herd, wo ein helles Feuer einen Wasserkessel im Sieden erhielt und zwei junge derbe Gebirgsmägde mit Kaffeerösten und Mahlen beschäftigt waren.

Höflich nahm der Justizrat Scholten die Mütze ab: «Guten Tag, Jungfern. Welche von euch will einmal in meine Pfeife gucken, um mir den Griff mit der Zange in die Kohlen zu ersparen? Ist das eine Hexenküche! Hört einmal, Mädchen, wenn ihr euch nicht in acht nehmt, holt man euch doch noch vom Berg herunter, und wenn nicht vors Kriminalgericht, so doch zuerst vor den Herrn Pastor und dann vor seinen Altar in der Kirche. Ich rate euch, hütet euch, ich bin mehr als einmal dabeigewesen – es werden da verdammt verfängliche Fragen vorgelegt, und ohne Tränen geht es nicht ab – alle Kameradinnen schnucken und heulen mit, und der Müller unten vor dem Dorfe hat auch im trockensten Sommer mit einem Male Wasser im Überfluß.»

«Uh herrje!» riefen die zwei Dirnen aus einem Munde und kicherten hinter ihren Schürzen, obgleich sie den grauen Witzbold keineswegs ganz verstanden. Sie verstanden ihn aber gut genug, und als er sich gemütlich auf die Wasserbank setzte, kam die jüngste und hübscheste eilig und höflich mit einem brennenden Span und hielt ihm den auf die Pfeife.

«Guten Tag, Herr Justizrat; sind Sie auch einmal wieder da? Man hat Sie lange nicht zu Gesichte gekriegt.»

«Den ganzen Winter nicht. Und hat man mich wirklich hier vermißt in der Küche?»

«Ei freilich, Herr Rat. Solch einen ...»

«Nun, was solch einen ...?»

«Ja, Riekchen, sag du's lieber!» kicherte die Rednerin hinter ihrer Schürze; aber Riekchen versteckte sich auch nur verlegen lachend hinter einem Handtuche, und es blieb dem alten Scholten nichts weiter übrig, als den Satz zu Ende zu bringen.

«Solch einen schnurriosen – niederträchtigen – und in der Weltgeschichte drunten in den Dörfern wohlbeschlagenen Kalendermacher und Wetterkündiger sähe man wohl in allen Nöten des Tages und der Nacht gern den Schnabel in die Tür schieben – he?! Jaja, ich will's wohl glauben, es gibt allmählich mehr als einen Kochherd, mehr als einen Kuh-, Pferde- und Eselstall, mehr als eine Spinnstube, wo man nach mir fragt, wenn ich lange nicht nachgefragt habe.»

«Und was bringen Sie uns denn diesmal Neues mit, Herr Justizrat?»

«Auf die Frage war ich auch schon gefaßt, mein Kind; Neues? – Nun, es ist mir dunkel so, als sei mancherlei Kurioses vorgefallen; ich habe aber leider Gottes alles wieder vergessen.»

«Ach, Herr Rat!» riefen beide Mägde.

«Aber wartet einmal! Ja, in Elbingerode hat's einen argen Lärm in Mayers Hause gegeben ...»

«Liebstes Leben – wieder einmal!» rief das eine Kind, ließ den Griff der Kaffeemühle fahren und sah kläglich auf den wunderlichen Botschafter.

«Sie hatten ihn nach Goslar auf den ‹Schützenhof› eingeladen, und beide Alten setzten natürlich ihren Kopf auf, und der Alte schlug auf den Tisch und verlangte, daß nun endlich die Sache mit der Karoline von den Farbensümpfen* in Richtigkeit gebracht werde; das Jahr solle nicht hingehen, ohne daß Hochzeit gehalten werde...»

«O du lieber Gott!» schluchzte die Kaffeemüllerin.

«Na, nur stille», sagte Scholten. «Sie hätten eher den Rammelsberg als ihn zum Wackeln gebracht. Ihm eile es nicht so wie der Goslarschen Base, meinte er. Der Teufel solle ihn holen, wenn er sich da so mir nichts, dir nichts in den Sumpf reiten lasse. Er sei ein Bergmann und wolle mit der Oker-Schlemme nichts zu tun haben; gelb sei nicht seine Leibfarbe, und wenn er gegen das Heiraten an und für sich wenig einzuwenden habe, so komme es doch immer darauf an, mit wem man sich vom Pastor von der Kanzel werfen lasse. Prügel mit der zärtlichen Verwandtschaft in Goslar wie im vergangenen Jahre könne es wohl setzen ...»

«Oh, der gute Junge!»

«Jawohl, so weit ging seine Güte. In der Hinsicht ist die Menschheit ein Herz und eine Seele; ich kann das hundertfach aus meinen Akten nachweisen, ihr dummen Dinger; aber cherchez la femme – wenn ihr Französisch verständet, so wüßtet ihr, was ich sagen will.»

«Ach, sagen Sie es uns nur auf deutsch», meinte Riekchen, die bis jetzt stumm, aber mit aufgespanntesten Herzens- und Verstandeskräften zugehört hatte.

«So?» brummte Scholten. «Gönnst du ihn ihr denn? Dir wär's wohl ein gefunden Fressen gewesen, wenn ich ihr gleich den Absagebrief in der Tasche mitgebracht hätte? Nun, sei nur ruhig; in Rübeland bin ich auch gewesen, und *deinen* habe ich gleichfalls gesprochen. Das ist ein höflicher Mensch, sonst hätte man ihn auch nicht zum Fremdenführer in der Baumannshöhle* gemacht. Der weiß ein Wort mit den Damen zu sprechen! Und in Goslar ist er auch gewesen und hat sich recht ‹amesiert› ...»

«Und ich schlage ihm alle Knochen entzwei, wenn er sich hier wieder am Brocken blicken läßt!» rief Riekchen, die duftenden Bohnen in ihrer Pfanne schüttelnd und zu gleicher Zeit zwischen die flackernden, krachenden, knackenden Tannenscheiter fahrend, als habe sie eine Million Sünder am weiblichen Herzen im ewigen Höllenfeuer zu rösten. «Sonst weiß ich aber auch gar nicht, weshalb Sie mir das erzählen, Herr Rat. Was geht es denn mich an, ob er nach Goslar oder ob er nach Amerika gegangen ist?»

«Puh», sagte Scholten, «meinetwegen wollen wir uns nächsten Sommer wiedersprechen. Jetzo aber brennt meine Pfeife, und – Lieschen, ich habe eine Ahnung, daß er's nächste Woche möglich macht und sich heraufschleicht, und wenn es auch nur wäre, um dem Linchen aus den Goslarschen Farbensümpfen zu zeigen, daß hinter den Bergen auch noch Leute wohnen. Ich empfehle mich Ihnen, meine Damen.»

Er war aufgestanden von seiner Wasserbank, und zwar ganz zur richtigen Minute; denn im Vorderhause, in der Gaststube, hatte sich ein Tumult erhoben, ein recht lebhaftes Aufeinanderdrängen menschlicher Leidenschaften; in

Mayers Hause zu Elbingerode konnte es kaum munterer hergegangen sein.

«Dazu steigt man denn aus dem Qualm der Städte* herauf», murmelte der Justizrat, doch eine weitere Bemerkung zu machen, fand er augenblicklich nicht die gehörige Zeit.

Aus der offenen Tür der Gaststube stürzte ihm die Wirtin auf den Hals, faßte ihn am Oberarm und schleppte ihn in die Haustür, auf die Landstraße deutend: «Da steht er, der Kujon! – und jetzt laß ihn nur vor Gericht gehen und einen falschen Eid schwören wegen Mißhandlung! Sie sind unser Zeuge, daß wir ihn so heil und ganz gelassen haben, als es nur möglich war; aber wo ihn mein Mann angriff, da riß es, und das war nicht unsere Schuld. Brauche ich mir in meinem eigenen Hause von solch einer Vogelscheuche Impertinenzien sagen zu lassen? Aber wir haben es ihm auch gesagt, und kein Mensch soll es meinem Mann verdenken, daß er ihn erst über den Tisch zog und dann vor die Tür warf.»

«Da wundert's mich denn doch, daß der Kujon nicht noch daliegt», sagte Scholten, seinen Arm von dem Griff der robusten Frau befreiend. Er rückte auch die Brille wieder zurecht, nahm seinen Wanderknittel unter den Arm und ging über die Straße dicht an das so energisch in die freie Natur beförderte Individuum heran, besah es von oben bis unten und sagte: «Mensch, wenn du wirklich ein Mensch und keine Vogelscheuche bist, wie siehst du aus, Mensch?!»

«Herrje, herrje, Herr, heren Se, wenn ich es Sie nur selber wüßte!»

«Also wirklich, wenigstens der Sprache nach, ein deutscher Bruder!»

«Ei ja», sagte der Zerzauste, immer noch verstört und wie in einem schlimmen Traume um sich stierend, «aus Leipzig bin ich Sie und meines Zeichens ein Schneider, und die Poesie und die Lektüre, wissen Sie, von Schiller und von Goethes ‹Faust› hat mich da auf den Blocksberg geführt.* Als ein anständiger Mensch bin ich nach oben gegangen und – *so* komme ich wieder herunter. O je, herrje, komme ich Sie da in die Wirtschaft ...»

«In dem Hause da einzig und allein hat man Sie so zugerichtet?»

«Nun, wissen Sie, ich bin schon seit dem März auf der Wanderschaft, und da oben haben wir unserer zwölf auf dem Stroh kampiert und waren vergnügt, und ein Setzer aus Hildburghausen* wußte ihn halb auswendig, und die andere Hälfte pfiff ein Berliner aus der Oper her.* Wissen Sie, auf dem Blocksberg muß doch jeder von uns gewesen sein, wenn er in die hiesige Gegend kommt, und so wimmelten wir unserer zwölf in die Höhe und standen oben auf dem Hexenaltar und sahen alle zwölfe zwischen den Beinen durch von wegen Verschönerung von der Landschaft. Das war Sie groß! Und da schlug Sie's in der deutschen Mannesbrust, und, weeß Gott, wenn mir da einer gesagt hätte, daß mir heute das da drinnen mit dem Schuft, dem Lump passieren sollte, ich sage Sie, wir hätten ihm alle zwölf unsern Standpunkt klargemacht. Er hätte schnell genug den Berg wieder herunterkommen sollen!»

«Sie kamen also heute den Blocksberg allein herunter?»

«Einsam und alleine. Die anderen hatten sich nach einer anderen Richtung davongemacht; ich aber will Sie nach Ballenstedt, und das war mein Verderben. Da komm' ich hier an, so'n bißchen lahm ums Kreuz, aber mit aller Dichterpoesie im Gemüte, und komme höflich in die Stube und denke, wenn hier ein Hotelier am ewigberühmten Brocken keine Bildung hat, wo soll er sie denn haben? Jawohl, da deklamiere ich dem Hildburghäuser nach:

> ‹Da rief er seinen Schneider,
> Der Schneider kam heran:
> ‚Da, miß dem Junker Kleider,
> Und miß ihm Hosen an'›*

‹Bitt' ich Sie›, sagt Sie der Wirt, ‹verbitt' ich mich den Unsinn und Lärmen in meine vier Wände, keine Schneidergesellenherberge haben wir hier nicht!› – ‹Herr›, sag' ich ganz höflich, ‹von mir ist das gar nicht; *ich* bin Sie ein Damenkleidermacher. Das ist Sie ja von Gounod und Goethe – was wollen Sie denn? Sie sind wohl noch niemals in Berlin, Dresden und Leipzig in der Oper gewesen? Herrjeses, kennen Sie denn Goethes ‚Faust' von Gounod nicht? Hier mitten am Blocksberg? Ist das Kultur? Ist das Bildung? Ist das Literatur? – Bratsch, haut mir der Halunk, der Barbare aus heller blauer Luft eine hin, als schmisse man Sie ein glührotes Bügeleisen an den Kopf, und da – waren wir denn schöne drin. Ich langte ihm denn natürlich einen mit meinem Weißdorn hinüber, und ohne seine Frau hätt' ich's auch wohl durchgefochten; aber, liebster Herr, wenn sich die Weiber einmischen, dann ist's für einen Damenkleidermacher aus und zu Ende.»

«Nicht nur für einen Damenkleidermacher», sprach Justizrat Scholten, wider seinen Willen dem keuchenden Ästhetiker in den atemlosen, sprudelnden Bericht fallend.

«Hören Sie, da mögen Sie wohl recht haben, lieber Herr. Mein Vater war Sie ein Zimmermann aus Penig an der Mulde, und seine Meinung war dieses auch. Also sehen Sie, auf einmal hängt mich diese Kreatur am Rockkragen und reißt mich nach hinten; und als mir der Wirt stößt von vorn, da half denn kein Ausschlagen und Widerstehen nach hinten und vorn, und ehe ich weiß, wie's zugeht, bin ich draußen, und keine Gerechtigkeit und Justiz ringsum zu sehen und abzureichen. Himmeltausendhöllenhunde, wenn mir das einer gestern abend gesagt hätte, als wir da oben auf dem alten Teufelsberge im Chore sangen: ‹Du Schwert an meiner Linken›* und: ‹Denkst du daran, mein tapfrer Lagienka?›* – Herrje, an diese Fahrt auf den Brocken werd' ich wohl mein Lebtage denken.»

«Keine Gerechtigkeit und Justiz, soweit das Auge blickt, zu sehen?» sagte der alte Scholten freundlich und dem mutigen Schneider fast zärtlich auf die Schulter klopfend. «Lieber Mann, *ich* bin ‹Sie› vom Berg der Hirtenknab ...»*

«Das haben wir auch gesungen; aber da kam der Brockenwirt und gebot Feierabend.»

«Unterbrechen Sie mich nicht, Angeklagter! Ich bin von der Justiz, wollte ich Ihnen bemerken, und Gerechtigkeit soll Ihnen zuteil werden, und zwar auf der Stelle. Marschieren Sie nur ruhig weiter nach Ballenstedt, lieber Leipziger; ich werde sofort mit dem Herrn Wirt und seiner Gattin ein Wort reden.»

«Ei je, Sie sind von der Justiz?» rief der Leipziger. «Dann gibt es freilich noch einen gerechten Gott! – Soll ich mit Ihnen wieder 'nein gehen? Wollen Sie mich schwören lassen, geehrter Herr Tribunalspräsident? Ich beschwöre Ihnen alles. Warten Sie, ich will Sie meine Papiere ...»

«Wollen Sie sich wohl gefälligst nach Ballenstedt scheren!» schrie der Justizrat, mit seinem Stocke aufstoßend.

«Entschuldigen Sie, mein verehrter Herr», stotterte der Schneider verschüchtert, und der Justizrat klopfte ihm zum andern Mal vertraulich-ermunternd auf die Schulter und sagte: «Ich meine, gehen Sie nur ruhig Ihres Weges und überlassen Sie die Sache hier mir. Ich bin bekannt in der Gegend, und Sie können sich auf mich verlassen. Und hören Sie, guter Freund, wie ich Sie kennengelernt, werden Sie mir für einen Rat dankbar sein: machen Sie doch den kleinen Umweg durchs Selketal und grüßen Sie unter dem Falkenstein des Pfarrers Tochter zu Taubenhain* recht freundlich vom – Justizrat Scholten; das ist mein Name nämlich.»

«Herrjeses Sie – die lebt noch? Die haben Sie

auch vor Gericht vertreten? O Herr Justizrat, hundertmal ließ' ich mich aus der Tür schmeißen, um Ihnen zu begegnen; jetzt verlass' ich mich auf Sie wie aufs Jüngste Gericht, und da Sie es wünschen, so empfehle ich mich höflichst. Der Herrgott möge es Ihnen vergelten, was Sie in meinen Angelegenheiten vornehmen.»

«Ich empfehle mich gleichfalls höflichst», sprach der Justizrat, die Mütze abnehmend, jedoch zu gleicher Zeit mit dem Knittel bergab winkend. Der Schneider nahm Abschied von ihm in den drei Tanzmeisterpositionen und entfernte sich, alle drei Schritte über die Schulter zurückblickend. Der Justizrat trat in das Berghaus zurück, von dessen Fenstern aus man ihn wie den Schneider fortwährend scharf und nicht ohne Besorgnis im Auge behalten hatte.

Die Wirtin hatte ihn im Auge behalten, der Wirt saß verdrossen und tückisch hintern Tisch, den Kopf auf beide Fäuste gestützt. Der alte Scholten grüßte die Wirtin und wendete sich an den Wirt.

«Da haben Sie aber Ihre Sache einmal wieder ganz vortrefflich gemacht, Herr Zucker», sagte er. «Meine aufrichtigsten Komplimente! Jaja, da sieht man, daß Sie ziemlich hoch über der norddeutschen Ebene wohnen und also die Berechtigung haben, vornehm darauf hinunterzusehen. Höflichkeit soll zwar eine Tugend sein, die an Wert zunimmt, je tiefer hinab sie gehandhabt wird; aber Sie müssen das besser verstehen, und ich bescheide mich gern. Seltsamerweise behaupten da in der Tiefe einige, daß es gar keine Kunst sei, vor einem Reichen und Vornehmen die Mütze zu ziehen, und daß solches kaum als Verdienst angerechnet werden könne; aber Sie müssen natürlich am besten wissen, an wem Sie am meisten verdienen. Ich habe herzlich lachen müssen über das Gesicht, mit welchem der arme Teufel da eben abzog. Denken Sie aber nur: er entblödete sich nicht, Sie einen Flegel zu nennen und Ihre Frau eine giftige alte Bergkatze! Was sagen Sie dazu, Madam Zucker?»

Sie starrten beide stumm, mit geöffnetem Munde auf den alten Juristen.

«Und jetzt ist er hinunter den Berg, seinen drei Brüdern entgegen – zwei Zimmergesellen und einem Grobschmied; und dazu ist's seine feste Absicht, Ihnen jeden Schneider, der diesen Sommer den Blocksberg erklimmen wird, auf den Hals zu hetzen. Ich suchte ihm, meinem Beruf gemäß, versöhnlichere Gefühle beizubringen, aber es ist mir nicht gelungen. Auf jedes gute Wort hin wurde er wütender und jähzorniger, sprach von Bestienvolk und fragte, was ich wohl meine, ob Sie Ihr Anwesen über seinen Wert bei einer Feuerversicherung eingeschrieben hätten. Ich sagte ihm, dies glaubte ich nicht, und dann lachte er teuflisch, zog eine Tigerzigarre hervor, zündete sie mit einem Basiliskenblicke auf Ihr Dach an und ging zähneknirschend ab mit dem Worte: ‹Sieben auf einen Schlag!›, was ich nicht verstand.»

«Barmherzige Güte!» stöhnte die Frau Wirtin, und der Wirt stand längst hinter seiner Tischplatte aufgerichtet, stemmte beide Hände darauf und sagte: «Sapperlot!», Grimm und Bestürzung in dem Ausruf aufs wirkungsvollste zutage fördernd.

Mit sozusagen trübem Auge sah der Justizrat nach seiner Uhr: «Und meine Zeit ist leider jetzt auch abgelaufen. Schuldig bin ich wohl nichts mehr? Also – guten Tag!»

So ging auch er, und der Wirt setzte sich wieder, und seine Frau setzte sich gleichfalls. Sie saßen eine geraume Zeit, sich mit giftigen Seitenblicken anschielend, bis plötzlich sich die Frau erhob, die Hände ihrerseits auf den Tisch stemmte, sich weit über ihn hinbog und ihrem Gatten ins Gesicht fauchte: «Hast du's nun mal wieder, wie du's willst? Ist es nun so recht? Du Grobsack, du Schnarcher, du Leuteanbeller; hast du dir nun bald genug Hypotheken aufs Haus gebellt? O du – du! Prügel genug hast du in deiner eigenen Gaststube gekriegt – aber immer noch nicht genug! Jetzt weißt du meine Meinung!»

Damit fuhr sie hinaus in die Küche; aber leider nicht durch den Schornstein ab.

«Sapperlot!» stöhnte der Wirt noch einmal, und dann murmelte er: «Wer mir vor fünfzehn Jahren als zivilem jungen Zimmergarçon im ‹Hotel Royal› in Hannover gesagt hätte, was hier in der Wildnis aus mir werden würde, der – hätte sicher den Zug verschlafen und sein Haar im Kaffee und seine Portion Mäusedreck im Milchtopf gefunden. So verwildert man, ohne was dazu zu können! Oh, verflucht! Aber – am meisten ärgert einen doch der verfluchte alte Besenbinder, der da eben ging, nachdem er seine Sottisen bestellt hatte, ohne daß man ihm dafür an die Gurgel konnte. Und das Verdammteste ist, daß man ihn eben kennt und weiß, daß ihm nicht beizukommen ist. An dem ist Höflichkeit und alles, was das Gegenteil davon ist, verloren. Im Dunkeln möchte man den Hund auf ihn hetzen; aber ich glaube, selbst die Hunde wagen sich nicht an ihn!»

III

Von den zutunlich wedelnden Hunden des Berghauses umgeben, stand der alte Herr noch einen Augenblick auf dem Steintritte vor der Haustür und atmete in vollen Zügen die frische Gebirgsluft. Dazu lachte er vergnügt in sich hinein, und da jetzt zu Esel, Maulesel und zu Fuße ein nicht kleiner Schwarm von Touristen sich der Wirtschaft näherte, so entfernte er sich seinerseits, das heißt, er suchte seinen eigenen Weg über die Landstraße weg auf einem kaum sichtbaren Fußpfade, der sich durch ein Gewirr von abgewaschenen Granitblöcken schräg bergan zog. Dieser Pfad erreichte die große Straße nach einer kleinen Stunde, kreuzte sie abermals und stieg in die Täler hinab. Jemand, der ihn nicht ganz genau kannte, der hätte ihn bald verloren, und wenn er ihn noch so fest und sicher unter den Füßen zu haben glaubte. Dem Justizrat Scholten kam er nicht abhanden; doch wurde er auf ihm aufgehalten, und zwar durch ein schönes Weib und Bild, auf welches beides er stieß, als er wiederum aus dem Tannendickicht auf die Chaussee trat.

Eine Dame hielt allein in der Einsamkeit, auch auf einem Maulesel, seitab des Weges auf einem Felsenvorsprung, den Blick über das zu ihren und ihres Tieres Füßen schroff sich senkende Waldtal in die Weite gegen Nordosten gerichtet: regungslos, die Zügel über den Bug des ruhigen Tieres gelegt, das Kinn mit der Hand stützend – eine stattliche Figur – Kraft und Schönheit – schwarze Haare und schwarze Augen und in den Augen jenes seltsame Suchen der im Gewühl Einsamen...

«Ichor!» murmelte der alte Jurist. «Das freut mich!» Ichor aber ist ein griechisches Wort, von den griechischen Menschen erfunden als Bezeichnung für das Blut, welches durch die Adern ihrer Götter rann als ein klarer Saft – «denn nicht kosten sie Brod, noch trinken sie funkelnden Weines»*. Der Rufer im Streite Diomedes entlockte es durch einen Lanzenwurf der Hand Aphrodites, und die Göttin schrie laut auf und flüchtete weinend; aber Dione sänftigte ihr die Schmerzen, und es lächelte sanft

«der Menschen und Ewigen Vater,
  Rief und redete so zu der goldenen
  Aphrodite:
Nicht dir wurden verliehen, mein
  Töchterchen, Werke des Krieges.
Ordne du lieber hinfort anmutige Werke
  der Hochzeit.
Diese besorgt schon Ares der Stürmende
  und Athenäa.»*

Ichor entquoll auch dem schrecklichen Ares, und er schrie wie zehntausend der sterblichen Menschen; weshalb jedoch der Justizrat Scholten das Wort jetzt zu einem Ausruf verwendete, bleibt uns fürs erste dunkel, wir werden es aber erfahren, und zwar nach und nach.

Der letzte, nach der Straße hin vom Walde ausgestreckte Tannenzweig hob dem Alten die Mütze vom Kopfe.

«Gehorsamer Diener!» sagte er, nämlich der Justizrat; und auf *dieses* Wort wendete die schöne Dame das Gesicht von der schönen Aussicht ab und blickte auf die Störung, doch sie lächelte ebenfalls erfreut, als sie den Störenfried erkannte. Scholten grüßte, während sie ihr Reittier wendete, trat rasch auf den Grashang zwischen den Felsen und reichte ihr die Hand: «Auf dem Kreuzwege am Blocksberge! Natürlich! Guten Tag, liebe Baronin! Guten Tag, Frau Salome!»

«Guten Tag, lieber Scholten», sagte die Dame. «Im Grunde weiß ich freilich nicht, ob ich Sie so anreden darf – so mit einem ganz gewöhnlichen Familiennamen, dem Titel Justizrat und einem Karl – Heinrich, August, Friedrich oder dergleichen dazu. Sie stehen mir da viel zu eng in Verbindung mit den Herrschaften hier unter Ihren Füßen, hundert Klafter tief in der Erde...»

«Und so glauben Sie freundlichst, man habe mich meiner Frau Mutter vor sechzig Jahren als Wechselbalg in die Wiege gelegt, und der richtige, ehelich erzeugte junge Scholten – anderthalb Fuß hoch – trete im Mondschein Hexenringe in das grüne Gras und vermelke den

Bauern mit einem so gesegneten Durst die Kühe, daß die Butter da unten in den Städten der Ebene um fünf Groschen aufschlägt. Danke gehorsamst.»

Die schöne Dame lachte; aber da in diesem Augenblick ein Häher sich über ihr in einem Baumwipfel niederließ und hell herniederkreischte, so benutzte der Justizrat auch das und diesen Vogel noch zu seiner Gegenrede.

«Darf ich die Herrschaften miteinander bekannt machen», sagte er mit einer Verbeugung und einem Blick nach dem Buchenzweig in der Höhe: «Mein Gevatter, Herr Markwart, aus dem Geschlecht Corax, Glandarius* in der Familie genannt – Frau Baronin Salome von Veitor, Bankierswitwe aus Berlin, Millionärin und unzufriedene Weltbürgerin in den Kauf – reitet vortrefflich, nimmt sich ausgezeichnet aus zu Maultier auf einem Felsvorsprung unter den germanischen Buchen und Tannen, würde jedoch unter den Palmen des Orients, auf einem Dromedar, sich...»

«Noch viel besser ausnehmen. Ei, lieber Justizrat, Sie waren ja nie in Palästina und können also durchaus nichts davon wissen, wenn Ihnen nicht irgendeine Erinnerung an einen Holzschnitt nach irgendeinem Bilde von Horace Vernet* im Gedächtnis hängenblieb. Aber Sir Moses Montefiore* sah mich auf dem Berge Karmel und war in der Tat entzückt. Ich kann Ihnen nur raten...»

«Sich in Ihrem deutschen Philisterbewußtsein zurechtzufinden und gemütlich einzurichten. Liebe Freundin, ich freue mich unendlich, Ihnen begegnet zu sein oder haben: wenn ich jedoch durch den fortwährenden Umgang mit mir selber grenzenlos langweilig geworden sein sollte, so lassen Sie's nur nicht mich entgelten; sonst aber, wie befinden sich Euer Gnaden?»

«Durch den fortwährenden Verkehr mit der Welt durchaus nicht verwöhnt, momentan sehr wohl. Bester Scholten, ich habe Sie bereits gesucht, das heißt, ich habe die letzten Wochen durch fort und fort gehofft, Euch Sonderlichsten der Sterblichen an einer Wendung des Weges zu treffen. Nun haben wir hier freilich die rechte Stelle getroffen, um uns in der gewohnten Weise zu grüßen und die Wahrheit zu sagen oder allerlei Wahrheiten, wie man da unten im flachen Lande sich ausdrückt.»

Der Justizrat war so nahe als möglich getreten und hatte dem Maulesel der schönen Jüdin die Hand auf die Kruppe gelegt: «Wird das auch heut abend zu einer Ofengabel oder einem Besenstiel?»

Die Baronin lachte: «Ei, Herr, Sie haben es ja selber bemerkt, daß wir uns unter den germanischen Buchen- und Tannenbäumen befinden. Was habe ich mit euren Mysterien und Mythologien zu schaffen? Da wir zu Hause keine Öfen hatten, so kannten wir wahrscheinlich auch keine Ofengabeln, und über die Art der Zimmer- und Gassenreinigung zu Jerusalem sind eure Gelehrten auch noch nicht ganz einig. Auf dem Toten Meere tanzten wir leichtfüßig über dem Salz-, Schwefel- und Asphaltschaum; bleibt mir gefälligst mit eurer Bratäpfel- und Singende-Teekessel-Dämonologie vom Leibe. Wie wäre es aber, wenn Sie trotz alledem endlich einmal wieder eine Tasse Tee bei mir trinken würden?»

Der Justizrat schien die letzte Frage gänzlich zu überhören.

«Götterblut!» murmelte er. «Beim Atemholen des Archipelagos, ich brauche ihr den Puls nicht zu fühlen! Ichor!»

«Was soll das bedeuten?» rief die Frau Salome. «Sie reden mit sich selber! Weshalb reden Sie nicht mit mir? Ihr Umgang scheint Sie freilich arg verzogen zu haben.»

«Hm, Sie haben recht, Gnädige. Was beliebten Sie zu sagen?»

«Ich lud Sie zu einer Tasse Tee ein, mein braver germanischer Waldspuk.»

«Und ich würde die Einladung selbstverständlich mit Vergnügen annehmen, wenn nicht heut abend vielleicht bei mir jemand zu Gaste wäre, den ich nicht gern allein am Tische sitzen lassen möchte. Wenn Sie aber eine neue Probe deutschen Spuks haben wollen, schöne semitische Zauberin, so rate ich Ihnen väterlich, mit mir zu reiten und meine Bewirtung anzunehmen. Über die letztere sollen Sie sich verwundern, und gewissen Leuten kann man keine angenehmere Gabe bieten als einen echten und gerechten Grund zur Verwunderung.»

Die Baronin Salome lachte erst, seufzte aber gleich darauf und sagte: «So ist es.»

«Nun?»

«Ist vielleicht Freund Schwanewede aus Pilsum unterwegs?»

«Dem bin ich einen Besuch schuldig und Sie desgleichen, liebe Frau. Ich habe Sie auf einen neuen Spuk eingeladen, Baronin, und wiederhole meine Einladung.»

«Und ich nehme sie an, mein väterlicher Wundermann; die Sonne steht noch ziemlich hoch, und ich finde nachher auch wohl in einer Sternennacht den Weg durch den Wald nach Hause. Levate la tenda!* Ich bin wirklich neugierig auf das, was Sie mir zeigen wollen.»

«Sie und Ihr Tier werden dann und wann vor einer Schneise oder einem sonstigen Holzwege nicht zurückschrecken, und so reicht die Zeit für alles.»

«So denn hinein in das Geheimnis!» rief die Dame und ließ ihren Maulesel auf die Straße zurücktreten.

Es war ein hübsches Bild, wie die drei jetzt zusammen fürbaß zogen, der Esel, die schöne Jüdin und der Justizrat Scholten.

IV

Daß der Justizrat die Gegend genau kannte, wurde bald recht deutlich. Er führte, und der Esel folgte.

Ihr Weg ging nun eine kurze Strecke auf der Landstraße hin; dann schlug der Alte einen Nebenpfad über die baumlose, mit Felsentrümmern übersäte Lehne ein und benutzte einen Waldarbeitersteig, der sie in den dunkeln Tannenwald niederführte. Nun benutzten sie einen durch den Sommer ausgetrockneten Bergbach als

Weg und gelangten erst nach längeren Mühseligkeiten und Beschwerden in eine Schneise, die es dem Justizrat erlaubte, neben dem Maultier und dem Knie der Frau Salome einherzugehen. Sobald ihm das möglich geworden war, geriet er mit der Dame in ein Gespräch, das selbstverständlich seinen Anfang aus der landschaftlichen Umgebung entnahm.

«Jetzt treibe ich mich nun schon wieder an die sechs Wochen in diesen Bergen umher», sagte die Baronin.

«Und zwar mit dem Gefühl, durchaus nicht da hinein zu gehören», meinte Scholten.

«Da das über unsere Willkür hinausliegt, halte ich mich nicht für verpflichtet, Ihnen eine Antwort zu suchen. Sonst aber stehe ich mich durchschnittlich recht gut mit den Höhen und Tiefen, den Bäumen und Wassern und allen lebendigen Geschöpfen, Sie eingeschlossen, Scholten.»

«Das soll nun keine Antwort sein?» brummte Scholten und fügte erst nach einer geraumen Pause hinzu: «Also Euer Gnaden haben sich den Stimmungen Ihrer Umgebung wieder nach Möglichkeit angepaßt?»

«Das ist der rechte Ausdruck! Wir passen uns den Stimmungen dessen, was uns umgibt, an, und ein Geschäft ist es – ein Tun, eine Arbeit, während welcher wir uns mehr Melancholie als Behagen aus Sturmwind und Stille, aus Regen und Himmelblau, aus Sonne und Schatten spinnen. Wenn einmal das Züngleich der Waage einsteht, dann...»

«Nun, dann?»

«Sehen Sie doch die Nase, die uns der alte Steinklotz dort aus dem Gebüsch dreht! Scholten, der Kerl hat eine fast ärgerliche Ähnlichkeit mit Ihnen. Nehmen Sie es nicht übel, aber Sie müssen mich unbedingt noch einmal hierher führen. Ich muß diesen Burschen zeichnen!»

«Das ist nicht der erste Esel, den ich Ihnen gehalten habe, während Sie sich derartigen artistischen Versuchen hingaben», sagte Scholten; doch die Frau Salome neigte sich aus ihrem Reitsattel und rief: «Glück auf, Großpapa Granit! Nicht wahr, es ist zu lächerlich, zu dumm, daß das närrische Menschenvolk hierherkommt und meint, du solltest dich seinen Grillen bequemen und deine Stimmung der seinigen anpassen? Hat er genickt, lieber Freund?»

Der Alte lächelte: «Wohl möglich. Sie haben wohl schon ehedem die Steine zum Nicken gebracht.»

Nun lachte die schöne Frau: «Wahrlich! In den Tagen, da uns das noch Spaß machte!» Doch da der Hochwald um sie her augenblicklich sehr dicht und dunkel wurde, so schien sie sich ebenso augenblicklich der Stimmung, die er verlangte, zu fügen, und zu ihrem Begleiter sich niederbeugend und die Hand auf seine Schulter legend, sagte sie: «Mein Freund, nickendes Gestein droht mit Einsturz. Unsere eigenen Wälle brechen über uns zusammen. Und manchmal wird man lebendig von ihnen begraben. Führt Ihr Weg nicht bald wieder in die Sonne?»

«Nun so nach und nach», sagte der Justizrat

verdrießlich. «Übrigens reicht die Beleuchtung wohl noch hin, daß Sie sich meine Physiognomie dabei betrachten können. Sagen Sie, Sie närrische Judenmadam, sehe ich so aus, als ob ich mir durch sentimental-klägliche Redensarten die Laune verderben ließe? Da müssen Sie doch sich einen anderen Jeremias suchen und sich mit ihm auf die Trümmer von Jeruscholajim setzen.* Ich habe beide Rechte studiert und dies und das noch dazu, bin dreimal meiner exakten Lebensphilosophie halber relegiert worden und nachher nur aus Gnaden zum Examen zugelassen. So ziemlich ist mir alles durch die Tatzen gegangen, vom Broddieb aus Hunger, Elend und zu starker Familie bis zum Brandstifter und Mörder aus purem Vergnügen. Vom eintägigen Gefängnis wegen Feldarbeit am heiligen Sonntage bis zum Tod durchs Schwert oder Beil wegen sechsfachen Familienmordes weiß ich Bescheid in den Zuständen der Menschenwelt. Eine hebräische Millionärin und dazu hübsche und gesunde junge Witwe, und zwar aus Berlin, die ihre Villeggiatur* hier in der Gegend in einer eigenen Villa hält, muß sich mir auf eine andere Weise zu den Akten geben, ehe ich ihr und ihrem sonormelancholisch verschleierten Stimmorgan glaube, daß sie sich über ihr Dasein zu beklagen hat. Daß sie sich dann und wann über die krummnasige Verwandtschaft und über die liebe Bekanntschaft unter den christlich-germanisch aufgestülpten Arier-Riechern zu ärgern hat, will ich ihr wohl glauben. Zu weiteren Konzessionen lasse ich mich aber nicht herbei.»

«Sie sind doch ein furchtbarer Grobian, Scholten!» rief die schöne Frau.

«Unter Umständen – ja!» brummte der Alte und fügte unverständlich zwischen den Zähnen hinzu: «Immer aber da, wo ich nicht nur Menschenfleisch rieche, sondern auch Ichor wittere und man mir dann mit Flausen kommt.»

«Da ist die Sonne wieder», rief die Frau Salome, «und jetzt, Scholten, bitte ich Sie freundlich, ein ander Gesicht zu ziehen. Im Grunde ist es doch nur eine komische Nachahmung und erreicht das Urbild lange nicht. Ich mache Sie da eben harmlos auf eine Felsenfratze zwischen den Tannen aufmerksam, und sofort fallen Sie ins Genre untergeordneter Talente und ziehen sie nach. Was sehe ich an Ihrem Gesicht, was mir – unter Umständen – mein Spiegel nicht grimmiger zeigt? Was murmelten Sie da von: Ichor?! Da kommt ein lustiger Strahl zwischen den alten Stämmen durch, und wenn Sie höflich Abbitte leisten wollen, ziehe ich den Handschuh ab und halte meine Hand in das Licht. Über die Hand hat man mir dann und wann Komplimente gesagt, aber noch nie über das Blut, das in ihr fließt. Sehen Sie das Götterfeuer? Da flammt es zwischen Aufgang und Niedergang und wird zwischen Okzident und Orient fluten, ob ich mich dann und wann langweile oder nicht. Was haben Sie noch zu sagen, bester Justizrat?»

«Daß Euer Gnaden eine Hand zum Küssen haben!»

«Flausen!» sagte die schöne Jüdin boshaft lächelnd, das Wort von vorhin wieder anwendend, und der Alte lachte und stieß mit seinem Stock auf den Boden und rief: «Was für ein Ohr Eure Leute haben! Nun denn, bei den Göttern des Aufgangs und des Niedergangs, bei dem hohen Liede von der Attraktion im Weltall, bei den roten Kügelchen in den Adern von Mensch und Tier: wenn du vor mir stirbst, Menschenkind, will ich mich über deinem Hügel auf den Schild lehnen und sprechen: ‹Das war mal ein braves, ordentliches Weib!› Mit dem Worte ‹außerordentlich› wird ein zu großer Mißbrauch getrieben, als daß ein Freund dem andern es in die Grube mitgeben könnte.»

«Da ist meine Hand, mein Freund; wenngleich nicht zum Küssen. Wie weit haben wir noch bis zu Ihrer Höhle?»

«Eine Pfeife Tabak, eine gute Harzstunde, zwei und einen halben Hundeblaff weit. ‹Gehen Sie nur immer meinen Eierschalen nach, in einer Stunde sind Sie am Ort›, sagte mir einmal ein kauender landeseingeborener geistlicher Herr, den ich nach dem Wege fragte, und seine Eierschalen brachten mich richtig nach einem Gewaltmarsch von ein und einer halben Stunde an Ort und Stelle.»

«Ein recht ordentlicher Appetit!»

«Nun, den können Sie dreist außerordentlich nennen, Baronin. Mir aber ist die gute Verdauung eines andern nie von solchem Nutzen gewesen als in jenem Falle. Aber beiläufig, zum Henker, was ist denn überhaupt unser Sein, Wesen und Treiben anders als ein Den-Eierschalen-anderer-Nachgehen?»

«Sagte das Merlin* aus der Tiefe von Brozeliand oder Justizrat Scholten von der Höhe seines Bürostuhls aus?»

«Ichor!» murmelte Justizrat Scholten, und so zogen sie weiter, wirklich wohl noch eine gute Stunde, durch Licht und Schatten, auf gebahnten Wegen und auf ungebahnten, bis ein mit gelben Tannennadeln bedeckter Pfad, den nur hier und da die Wildschweine zerwühlt hatten, sie aus dem Hochwalde heraus und zu ihrem Ziel brachte. Vor ihnen, über eine Gebirgsebene weit ausgestreut, lag ein graues Dorf in der Spätnachmittagssonne, und trotz der Sonne traf die Wanderer ein kühler, ja kalter Luftstrom, vor welchem wie vor dem plötzlichen Blick in den gegen die westlichen Berge sinkenden Feuerball die Reiterin unwillkürlich die Zügel ihres Tieres anzog.

«Welch ein merkwürdiger Wechsel der Temperatur!» rief sie, und sie fand zu der meteorologischen Bemerkung ein Dichterzitat.

«Ein Windstoß fuhr aus dem beträntem
  Grunde,
Und es erblitzte purpurrotes Licht»*,

murmelte sie, und der Justizrat, auf die schindelgedeckten Häuser und Hütten deutend, brachte die Terzine und den dritten Gesang der Hölle mit einem gewissen mürrischen Nachdruck zu Ende.

«Hin sank ich ohne meines Daseins Kunde,
  Wie unter eines schweren Schlafs Gewicht»,

zitierte er und fügte seinerseits hinzu: «Es haben schon mehr Leute ausfindig gemacht, daß es hier gewöhnlich ziemlich kühl weht. Das ist nervenstärkend, Baronin; und was den Schlaf anbetrifft, so habe ich seinetwegen hier Quartier genommen. Er hat sich niemals im Leben zu schwer auf mich gelegt; auf meines Daseins Kunde aber verzichte ich dann und wann mit dem größten Vergnügen.»

«Um so weniger finde ich es passend und berechtigt, daß Sie mich vorhin so grimmig anfuhren und von Ihrer Amtserfahrung und Kriminalgesetzbuchweisheit aus lächerlich machten.»

«Wenn wir demnächst einmal wieder eine Partie Billard zusammen spielen, wollen wir die Kontroverse fortsetzen, Frau Salome. Wenn wir uns jetzt nicht beeilen, wird wahrscheinlicherweise mein Besuch des Wartens überdrüssig werden und heimgehen, ohne eine Visitenkarte zurückzulassen.»

Er ergriff von neuem den Zügel des Maultiers und führte es von dem Waldpfade auf den steinigen Dorfweg und dem Dorfe zu.

Die schöne Frau lachte und sagte: «So seid ihr!»

«Ja, so sind wir!» brummte Scholten. «Als ob noch jemand nötig hätte, mir das zu sagen?!»

V

Wie unter eines schweren Schlafes Macht lag trotz der Tageshelle das Dorf da. Was die drei anging, so war der Esel der gleichmütigste unter ihnen; aber auch er hatte sich mit seinem Verdruß abzufinden. Es wuchsen ausgezeichnete Disteln farbenprächtig zwischem dem Gestein bis in den Weg; man wußte ihren Zuckergehalt wohl zu taxieren, aber der zweibeinige Narr mit dem dicken Prügel und dem ewigen widerlichen, unverständlichen Menschengeschnatter zog nicht am Zügel, sondern er riß an ihm, und die dumm-unverschämte Kreatur, die man den lieben langen Tag auf dem Rücken gehabt hatte, hätte einem freilich durch ihren Anblick den Genuß an der vollsten Krippe verleiden können.

«Was ist Talent für Lebensbehagen?» murmelte in dem Augenblick der Justizrat Scholten. «Nichts als die Gabe, aus dem Qualm etwas zu machen, der von dem Feuer der Leidenschaften in der Luft wirbelt!»

Die Frau Salome aber sah mit ihren orientalischen Augen auf das stumme Dorf.

Kein Kindergeschrei – kein Gänsegeschnatter – kein fröhliches Singen der Feldarbeiter! Viel Gebüsch, doch wenige Obstbäume um die Schindelhäuser. Eine graue Steinkirche abseits auf einem Hügel zwischen den Gräbern des Dorfes; das hohe Gebirge seitwärts über den Wäldern, und nach der andern Richtung hin, über die Dächer, das Gebüsch und die mageren Felder hinaus, die ferne blaue Ebene!

«Es ist ein einsilbiges Volk, das hier haust», sagte Scholten. «Zum größten Teil befindet es sich gegenwärtig sogar unter der Erde; drei Viertel der männlichen Bevölkerung treiben Bergbau, und das letzte Viertel mit den Weibern befindet sich im Walde oder auf den Äckern. Sie haben kurz anzubeißen, das sehen Sie schon den Kindergesichtern an. Manchmal passieren da Geschichten, die das Gepräge eines ganz andern Säkulums tragen. Sie stoßen auf Worte, Ausdrücke, Ansichten, die ganz sonderbar nach der Wüstenei des siebzehnten Jahrhunderts riechen, kurz, einen idyllischern Sommeraufenthalt für einen Juristen werden Sie sich schwerlich vorstellen können, liebe Baronin. Außerdem habe ich aber natürlich auch das Vergnügen, der einzige Gast der guten Leute zu sein – ein nicht zu unterschätzender Vorzug. Sagten Sie etwas?»

«Nein. Aber es wäre mir lieb, wenn wir nun bald Palämons* Hüttchen und Strohdach zu Gesicht bekämen. Sie schildern so verlockend, daß man fast Lust hat, jetzt – zwanzig Schritte vor dem riegellosen Pförtchen umzudrehen und im Galopp seinen Hals in Sicherheit zu bringen.»

«Nun, nun, das Nest liegt trotz allem mit allem übrigen rundum im neunzehnten Jahrhundert. Vorwärts, Signor Mulo!»

Sie kreuzten einen hastigen Bach und gelangten nun zwischen die Zäune und Häuser. Da fuhren wohl einige ob der Reiterin verwunderte Gesichter an die Fenster, drei oder vier eilige Frauen liefen gaffend in die Haustüren, und die Kinder rannten in den Weg und scheu zurück; aber das Dorf behielt dessenungeachtet den Ausdruck des Abgestorbenseins. Nur ein Mann begegnete dem Justizrat und der Frau Salome und grüßte den Alten ziemlich höflich.

Hügelauf und hügelab zogen sich die Dorfgas-

sen, wenn man die Wege zwischen den regellos
verstreuten Wohnungen so nennen wollte; und
der Kirche zu, gegen die Berge hin, zwischen Gebüsch versteckt, lag die Behausung Scholtens, so
nahe der Kirche, daß der kuriose Rechtsgelehrte
in windstillen Nächten wahrscheinlich das Geräusch der Unruhe im Turm vernehmen konnte.

Vor einer Lücke in der lebendigen Hecke, die
eine Tür vorstellen konnte, ließ der Justizrat den
Zügel des Esels frei und zog die Mütze ab, indem
er sich verneigte wie ein Seneschall oder Kastellan auf dem Theater oder aus einer zierlich-höflicheren Zeit.

«Euer Gnaden sind angelangt», sprach er und
war seiner Begleiterin beim Absteigen in einer
Weise behülflich, die klar darlegte, daß er nicht
zum erstenmal einer Dame vom Roß oder Esel
half.

«Unsere Gnaden danken Euch freundlichst»,
sagte die Baronin lächelnd. «Die knieenden
Pagen, den Salut vom Donjon*, den üblichen
Bewillkommungsscherz des bucklichen Burgzwergs erlassen wir unserm edlen Gastfreund. Sie
hausen in der Tat recht heimlich, lieber Scholten.»

«Und Sie haben wie gewöhnlich das richtige
Wort für die Sache gefunden, liebe Frau Salome.
Nie oder selten hat ein alter, abgefeimter juristischer Fuchs sich so heimlich ins Grüne verzogen
wie ich hier. Sehen Sie da, zur Linken und Rechten die Küsterei und Pfarrei. Da habe ich meine
zwei lieben Dorffreunde dicht zur Hand. Und
der Schatten des Kirchendachs fällt auf mein

Dach, wenn die Sonne danach steht; aber das Gemütlichste ist doch der stille Dorffriedhof, auf welchem ich stets, der geschützten Lage wegen, meine Morgenpfeife rauche. Wenn die Witterung es irgend erlaubt, wandle ich in Schlafrock und Pantoffeln unter den Gräbern, Blumen, Kränzen und Kreuzen als ein Poet und Philosoph und notiere nichts – als eben die Witterung in meinem Terminkalender...»

«Und bringe es doch nicht dahin, von der närrischen Judenmadam Salome Veitor für den Verzwicktesten der Sterblichen gehalten zu werden. Wir haben unter uns Charaktere, denen Sie längst nicht das Wasser reichen, bester Justizrat. Geben Sie sich also weiter keine Mühe.»

«Wo lassen wir nun den Asinus?» fragte Scholten, mit dem Zügel des Tieres in der Hand sich umschauend, und die Baronin lachte darauf so herzlich, daß der Alte beinahe nunmehr zum erstenmal an diesem Tage die Fassung und Haltung verloren hätte.

«Zum Kuckuck!» brummte er und fand zu seinem Glück einen Ast, um welchen er den Riemen schlang. «Tretet ein, Gnädige», sagte er, «und nehmt die Gewißheit mit über die Schwelle, daß Ihr willkommen seid. Hätte ich viele Euresgleichen unter euch und uns gefunden, so – würde ich mich wahrscheinlich nicht mit meinen Besuchen bei Ihnen begnügt haben, liebe Freundin.»

Die schöne Frau verneigte sich, den Saum ihrer Kleider zusammenfassend, und trat über den Steintritt. In demselben Moment erschien ein altes, verwittertes Harzweib auf der Schwelle des Hauses, und der Justizrat stellte vor: «Meine Hauswirtin, Witwe Bebenroth, vor fünfzig Jahren ein recht niedliches Kind, um das mehr denn ein Jüngling mit blutigem Kopf nach Hause kam; jetzt eine ganz brave Frau, die nur dann und wann ihr Mundwerk ein wenig im Zaum zu halten hat.»

«O Herr Justizrat!» rief die Alte.

«Nun, nun, Frau Baronin; wir wollen mit niemand zu strenge ins Gericht gehen. Sie hatte es für ihren Charakter vielleicht zu bequem mit dem Friedhof da vor ihrer Tür. Zwei Männer hat sie zu Tode geärgert, und zwar nur, weil sie sie nur über den Zaun zu schieben brauchte, um das Haus rein und ruhig zu machen.»

«O du gütiger Himmel, nun höre ihn wieder einer!» kreischte die Alte. «Ach Madam, konnte ich denn für die Ruhr bei meinem Zweiten? Und konnte ich dafür, daß mein Letzter sich im Steinbruch nicht mit der Sprengpatrone in acht nahm?! O Madam, glauben Sie nur niemalen, was der Herr Justizrat so hinsagen; auf dreimal machen sie zweimal ihren Spaß mit einem. Was meinen Ersten angeht, so hat mich der von Anfang an so schlimm traktiert, daß es kein Wunder gewesen ist, wenn ich mich gegen ihn gewehrt habe, wie ich konnte.»

«Herrgott, von dem Ersten hab' ich ja noch gar nichts gewußt!» rief Scholten verblüfft. «Also sind es gar drei gewesen? Und jetzt komme ich schon sechs Sommer hintereinander hier in die Einöde und gehe jeden Morgen da im Dorfarchive spazieren, und sie hat es doch möglich gemacht, mir einen – ihren Ersten gar – zu verheimlichen. O Witwe Bebenroth, o Weiber, Weiber, Weiber!»

«Der Meister Kasties kann ihn selber nicht mehr finden», sagte die Alte kleinlaut beschönigend, und mit zum Himmel gerichteten Augen wendete sich der Justizrat an die Frau Salome und ächzte: «Nun bitt' ich Sie; dieser Meister Kasties ist der Archivar des Ortes, das heißt der Totengräber, und gut seine achtzig Jahre alt. Er ist mein guter Freund und behauptet, jedes Regal und Fach in seinem Repositorio* genau zu kennen nach Datum und Inhalt. Das nennt man nun Historie; und so geht man mit den wichtigsten Dokumenten der Erde um!»

«Ich ginge in Ihrer Stelle jetzt in Ihre Stube, Herr Justizrat», sagte die Alte verdrossen. «Das Kind ist eingeschlafen, und wenn es mir nicht gesagt hätte, daß es auf Sie warten müsse und daß Sie es eingeladen hätten, so würde ich ihm wohl eine andere Schlafstelle angewiesen haben.»

«Auf Eure Gefahr!» rief Scholten. «Kommen Sie, Baronin. Sie ziehen mir auch eine verzwickte Miene. Ist Ihnen die Witwe zu schwer auf die Seele gefallen?»

Die Frau Salome schüttelte sich ein wenig, folgte dann der einladenden Handbewegung und trat über die Schwelle der Stube des Justizrats. Der Kuckuck der Uhr im Winkel rief grade in diesem Augenblick sechsmal.

Es war eine gewöhnliche Bauernstube, jedoch kahler und geräteleerer, als man sie sonst zu finden pflegt. Der jetzige Bewohner hatte für seinen Aufenthalt alles, was ihm im Wege stand, und dessen war nicht wenig, hinausschaffen lassen. Nur die Uhr, der lange, massive Tisch, die in der Wand befestigte Bank, der Ofen und einige dreibeinige Holzstühle mit herzförmigen Aussägungen in den Rückenlehnen hatten Gnade vor seinen Augen gefunden. Ebenso ein Wandschrank und am Fenster eines jener bekannten untrüglichen Wetterhäuschen, aus dessen Tür bei angenehmer Witterung der Mann, bei Regen aber die Frau tritt und in welchem eine Darmsaite das bewegende Prinzip spielt. Eine alte – die erste Genfer Ausgabe der «Pièces fugitives»* von Monsieur de Voltaire lag in der einen Fensterbank, ein bleiernes Dintenfaß mit einem Gänsefederstumpf stand in der andern. In einer Ecke stand ein halb Dutzend langer Pfeifen und ein Reserveknotenstock. An einem Nagel hinter der Tür hing die Garderobe des Justizrats Scholten, und eine zweite Tür führte in eine Kammer, in welche einen Blick zu werfen wir uns nicht erlauben werden. Wir haben noch ein anderes zu betrachten, was auch die Baronin Salome rasch und nicht ohne Interesse ins Auge faßte und auf welches uns die Witwe Bebenroth bereits aufmerksam gemacht hat.

Auf der Bank hinter dem Tische saß oder lag vielmehr ein junges Mädchen, dem Anschein nach ein Kind von zwölf Jahren, und schlief. Von dem Gesichte sah man nichts; die Kleine hatte es auf die Arme gelegt und schlief mit der Nase auf dem Tische. Das Haar aber, dessen eine Flechte sich gelöst hatte, überströmte in merkwürdigster gelbweißer Fülle die Arme und den Tisch, und dieser Besuch schien sehr müde zu sein und lange nicht geschlafen zu haben: der Eintritt des Justizrats mit seiner schönen Freundin erweckte ihn nicht.

«Ich würde Ihnen die Bank anbieten, Gnädige», sagte der augenblickliche Herr der vier Wände, «aber Sie sehen, es läßt sich nicht tun. Nehmen Sie Platz, ich freue mich sehr, Sie endlich einmal hier zu haben.»

Er schob der Baronin einen der dreibeinigen Stühle mit einem Herzen in der Lehne hin und holte sich gleichfalls einen. Doch ehe er sich setzte, ging er zu dem offenen Wandschrank, holte ein weißes Brod nebst einer mit Salz gefüllten Glasschale sowie ein Messer auf einem irdenen Teller mit dem Spruche: «Und sie aßen alle und wurden satt. Ev. Matthäi 14,20.» – Damit kam er vergnügt zurück an den Tisch und meinte: «Es ist eine Gefälligkeit von Euch, Gastfreundin, aber Ihr tut mir wirklich einen Gefallen, wenn Ihr jetzo zum erstenmal Salz und Brod unter meinem Dache eßt.»

««Und einen Trunk der frischen Welle,
Der nie das Blut geschwinder treibt›*,

Gastfreund», bat die jüdische Edelfrau, worauf Justizrat Scholten seine Witwe Bebenroth mit einem Kruge zum Brunnen schickte und brummte: «Mit der Reservatio, daß Sie mir damit nicht kommen, wenn ich Ihnen meinen Gegenbesuch abstatte.»

Die Schläferin am Tische regte sich während dieses Zwiegespräches, doch sie erwachte nicht, sie legte ihren Kopf nur ein wenig bequemer zwischen ihre Arme.

«Wen haben Sie denn da, Scholten?» fragte die Baronin. «Welch ein merkwürdiges Haar die Kleine hat!»

«Die Sonne Judäas hat freilich nichts mit diesem Flachsfelde zu schaffen. 's ist die Tochter Querians, den Sie auch nicht kennen, Frau Salome. Ihren Taufnamen habe ich ihr aus der Tiefe meiner germanistischen Geschichtsstudien aufgefischt und angehängt. Eilike heißt das Kind – Eilike Querian. Ein ganz vortrefflicher Name, Eilike, den ich aber dem Pastor vor dem Taufakt in den Büchern altsächsischer Chronik und Legende aufzuschlagen hatte, ehe ich ihm denselben mundgerecht machte.»

«Und wer ist Querian?»

«Hm», antwortete der Justizrat, «das mögen Sie sich von seiner Tochter erzählen lassen. Vierzehn Jahre ist's her, seit ich sie in der Marktkirche zu Hannover aus der Taufe hob und sie auf den Markt des Lebens brachte. Sie ist ein recht gescheites Ding in den Jahren geworden und weiß ziemlich genau Bescheid in den Umständen ihres Papas.»

«Und Querian wohnt hier im Dorfe?»

«So ist es. Und er wohnt hier nicht bloß als ein flüchtig vorüberziehender Sommergast. Er hat sich ansässig hier gemacht, oh, er sitzt hier sehr fest. Nun, wenn Sie Glück haben, werden Sie ja auch wohl seine persönliche Bekanntschaft machen; ich erlaube mir jedoch, Sie von vornherein darauf aufmerksam zu machen, daß der Verkehr mit ihm einige Behutsamkeit erfordert.»

«Meine Neugier ...»

«Nach dem Wörterbuch ein heftiges Verlangen, etwas Unbekanntes kennenzulernen oder zu erfahren, das aber, wie *ich* dann und wann erfahren habe, nach seiner Befriedigung in sein Gegenteil umschlägt. Eilike!»

Er hatte bei dem letzten Worte seinem schlafenden Gaste die Hand auf die Schulter gelegt, und die Kleine erwachte. Sie fuhr aber nicht rasch und erschreckt in die Höhe, sondern sie richtete sich langsam und träge empor und strich gähnend mit beiden Händen die Haare zurück. Da ihr die Frau Salome gerade gegenübersaß, sah sie auch auf die schöne Baronin. Sie stierte sie an aus hellen, blauen Augen, und es war etwas in dem Blicke, was die Frau Salome zu dem stummen Ausrufe bewog: «Mein Gott, das arme Geschöpf ist blödsinnig!»

VI

«Dieses wohl nicht; freilich aber ein wenig in Hinsicht auf geistige wie körperliche Erziehung vernachlässigt», sagte der Justizrat, als ob er mit seinen leiblichen Ohren gehört habe, was die Baronin in der Tiefe ihrer Seele gerufen hatte. «Blödsinnig ist sie nicht, sie sieht nur dann und wann so aus.»

«Daß der Umgang mit Ihnen ein wenig mehr

als bloße Behutsamkeit erfordert, weiß ich, es ist nicht mehr nötig, daß Sie mir dieses immer von neuem deutlich machen, Scholten. Guten Abend, mein Kind; wirst du mir erzählen, was dir eben träumte?»

Die Kleine machte nur die größten und verwundertsten Augen; wie eine Erscheinung aus einer anderen Welt starrte sie die schöne Dame an, antwortete aber nicht.

«Guten Abend, Eilike», sagte der Justizrat. «Gut geschlafen? Eigentlich sollte man dir einen guten Morgen wünschen.»

Jetzt ging ein Lachen über die Züge des Mädchens, während es sich mit den Knöcheln beider Hände die Augen rieb und von neuem herzhaft gähnte.

«Wie viele hast du heute schon verschlungen?» brummte Scholten, und jetzt zeigte es sich, daß das Ding doch auch zu reden wußte.

«Oh, noch niemand, Herr Pate. Wir haben auch gar nicht zu Mittag gekocht. Der Vater hatte keine Zeit, und ich habe ihm geholfen. Jetzt schläft er, und ich bin hier und habe auch geschlafen. Es ist wohl der heiße Tag gewesen, und unterwegs hatte mir der liebe Gott noch einen Botengang linksab geschickt. Das hat mich wohl noch schwindliger gemacht; da bin ich hier in der Kühle eingeschlafen, ohne daß ich weiß, wie es zugegangen ist. Oh, nehmen Sie es nur nicht übel!»

«Im Brodschranke war ein halbes gebratenes Huhn – delikat! – und ein Topf mit Pflaumen in Zucker?!» sagte oder fragte der Justizrat, wie verstohlen mit dieser Bemerkung sich seitwärts anschleichend.

«Oh, ich weiß, Herr Pate! Ich stand auf den Zehen; aber *sie* hat mich am Zopf umgedreht, und da habe ich hier auf der Bank gewartet und bin eingeschlafen.»

Die Augen der Kleinen leuchteten bei dem neuen Blick auf den Wandschrank; aber die Augen des Justizrats Scholten leuchteten gleichfalls bei einem Blick in denselben. Mit einem Sprunge war er vor der Stubentür, und sofort erhub sich in der Tiefe des Hauses – wahrscheinlich in der Küche – ein Lärm, der die stillen Schläfer an der Kirche unter den Kreuzen und grünen Hügeln hätte aufwecken können. Der gemütliche alte juristische Sommergast der Witwe Bebenroth schien toll geworden zu sein. Er schrie, er brüllte – Pfannen und Töpfe rasselten –, dazwischen zeterte und heulte die Witwe; die Frau Baronin Salome von Veitor aber schob der Eilike den irdenen Teller mit dem Brod zu und sagte: «Du wirst für jetzt wohl damit fürliebnehmen müssen, mein armes Kind.»

«Oh!» rief Eilike Querian, griff mit beiden Händen gierig zu, riß ganze Stücke mit den blendendweißen, scharfen Zähnen ab und erstickte fast im Kauen und Schlingen.

Der Anblick war solcher Art, daß die Frau Salome, die Hände faltend, murmelte: «Wer konnte darauf achten? Ich hab's nicht gesehen; aber ich hoffe, er hat seinen Spazierknittel mit in die Küche genommen und macht Gebrauch davon. Ich hoffe zu Gott, daß er das Weib durchprügelt!»

Keuchend, mit dem hellen Wutschweiß auf der Stirn, trat Scholten wieder ein.

«Das Kind habe alles gefressen, behauptet der Unhold und will darauf einen selbstverständlich falschen Eid schwören», sagte er grinsend. «Eilike...»

Das Kind hatte sich bereits erhoben. Es stand in einer seltsam pathetischen Stellung. Die linke Hand hatte es auf die Brust gelegt, die rechte erhob es, reckte die Schwurfinger auf und sagte mit wunderlich feierlichem Tone: «Der barmherzige Herr und Schöpfer vom Himmel und der Erde ist mein Zeuge. Ich habe es nicht getan.»

Die Frau Salome sah von dem jungen Mädchen auf den Justizrat: «Scholten, ich bitte Sie?! Was ist das, Scholten?»

«Eilike Querian. Querians Tochter, wie ich Ihnen sagte. Mein Patchen aus der Marktkirche zu Hannover, wie ich Ihnen bemerkte. Ich habe die Person nach dem Wirtshause geschickt. Nicht wahr, Eilike, wir sind mit jeglichem Tafelabhub zufrieden?»

Das Kind lachte. Es kaute weiter, schien den Herrn Paten wenig zu verstehen und schien vor allen Dingen mit allem zufrieden zu sein, was ihm zwischen die gesunden, glänzenden Zähne kam.

Die Witwe Bebenroth kam mit einem leeren Korbe zurück, trat patzig in die Stube, schlug die Arme unter und sagte grimmig, verdrossen und voll höhnischen Triumphes: «Nichts! Alles ratzenkahl – der letzte Knochen für die Hunde. Sapperment, ist das ein Umstand!»

«Sapperment», brummte der Justizrat. «Weib, ich hätte Lust, dir einen Kriminalprozeß auf den Hals zu hängen!»

Da setzte die Witwe ihren Korb nieder und verzog den Mund zu einem neuen Geheul: «O Herr Rat, ich habe noch einen Schinken im Rauch. Mein letzter Seliger ist dieses sein letztes Frühjahr durch mit langer Zunge drumherum gegangen, und ich habe ihn leider Gottes mehr als einmal von der Leiter heruntergezogen und ihm das Messer aus den Händen gerissen. Ach Gott, ach Gott, hätte ich gewußt, daß dies sein letztes Frühjahr sein sollte, so hätte ich ihn gut und gern mit seiner Gier drangelassen. Ein Drache bin ich nicht, sondern nur eine arme, elende Witfrau, Herr Justizrat, und das wissen Sie seit sechs Jahren am besten.»

«Herunter mit dem Schinken! Her mit ihm!» rief Scholten; doch sein kleiner Gast stand auf, knickste höflich und sagte: «Ich bin ganz satt, Herr Pate; ich danke auch schön.»

«Sapperment», wiederholte Scholten, und die Witwe Bebenroth murmelte etwas von einer «diebischen, gefräßigen Kröte» und verschwand, auch diesmal ihren Schinken noch rettend.

«Sie hat das Huhn doch sich selber genommen», flüsterte Eilike Querian, und dann trug sie Teller und Brod und Messer ein jegliches an seinen Platz und wischte den Tisch ab mit einem Flederwisch, den sie vom Nagel hinter dem Ofen holte, brachte auch den Gänseflügel wieder an seinen Ort, kam zurück an den Tisch und auf ihre Bank und hub nun an, bitterlich zu weinen. Die Tränenflut kam so überraschend für die Frau Salome, daß sie beinahe erschrak und jedenfalls ihren Stuhl höchst verdutzt zurückschob.

Der Justizrat, mit den Zuständen seines kleinen Gastes bekannt, zog nur ganz unmerklich die struppigen grauen Augenbrauen zusammen, schob die Brille auf die Stirn und fragte: «Also es ist einmal wieder gar nicht auszuhalten zu Hause, mein Mädchen?»

«Ich bin aus dem Fenster gestiegen. Es ist böse von mir; aber er hat es gottlob nicht gemerkt. Ich meine, ich könnte sterben, ohne daß er es merkte. Er hat mich wieder nackt abgebildet, daß ich mich vor mir selber fürchte...»

«Er ist verrückt; und wenn wir sechsmal aus einem Neste sind, meine Geduld mit ihm ist zu Ende!» rief der Justizrat, die Faust schwer auf die Tischplatte fallen lassend. «Es ist unverantwortlich, daß ich ihm nicht schon längst die Tür habe aufbrechen lassen; aber es soll heute abend – jetzt gleich – noch geschehen. Er soll hervor! Einen andern Herbst und Winter durch lasse ich dich nicht mehr mit ihm allein, mein armes Kind! Er ist unzurechnungsfähig; ich werde jetzt auf der Stelle mit dem Vorsteher reden und mich diese Nacht noch mit einer Darlegung der Verhältnisse an die zuständigen Behörden wenden. Sie sollen mir die Vormundschaft über ihn und dich legaliter übertragen. Zum Henker, es ist kaum zu glauben, was alles den verständigen

Leuten in dieser Welt über den Kopf wachsen will! Prometheus?! Oh, der Narr soll mir nur mit seiner Dummheit kommen. Am Kaukasus werde ich ihn nicht festschmieden lassen, wohl aber solide und behaglich in das Landesirrenhaus setzen lassen. Ichor?! Sapperment, die Doktoren und Chirurgen nennen das auch serum sanguinis, Wundwasser – Eiter und Jauche! Ich werde ihn an den Ohren hervorziehen – beim Zeus, das heißt dem verständigen, klaren, blauen Himmel, das werde ich.»

Ja, beim unbewölkten Zeus, der es aber versteht, Wolken zu sammeln und tüchtig zu regnen: der Justizrat Scholten sah in diesem Moment nicht aus, als ob er viel von dem Blute der Götter in den Adern der erdgeborenen Menschen halte! Wie ein alter Kater sah er aus oder, edler gesagt, wie ein Schwurgerichtspräsident, der bei ausgeschlossener Öffentlichkeit über einen mit dem Untergange von Sodom und Gomorrha in Verbindung zu bringenden Fall zu Gerichte sitzt.

Die Frau Salome sah noch verdutzter auf ihn wie vorhin auf die so unvermutet in Tränen zerfließende Eilike. Das Kind hielt angsthaft, mit offenem Mund, in der offenen Hand den Groschen hin, welchen es vorhin für einen Botenweg von einer gutherzigen Seele im Dorfe zur Belohnung empfangen hatte; der alte Jurist erschien in demselben Grad erregt wie vorhin, als er, wutentbrannt ob des fehlenden Hühnerbratens und seines Topfes voll Zwetschen, in die Küche der Witwe Bebenroth stürzte, und er beruhigte sich in demselben Grade rasch wie nach jenem Zornausbruche.

Die gesträubten Brauen glätteten sich, die grimmigen Falten legten sich wieder in die gewöhnlichen Furchen zurecht, und der Justizrat sprach zur Frau Salome: «Euer Gnaden verwundern sich? Euer Gnaden haben keine Ursache, sich zu wundern. Aber dieser Querkopf, dieser Querian, macht mir die Sache dann und wann zu arg, und wie er die Eilike traktiert, das hat sie Ihnen eben selber vorgetragen. Ein altes Vieh bin ich nicht, wie eben meine Witwe da draußen brummt, und wenn ich einmal den Polyphen herauskehre, so hat das gewöhnlich seine guten Gründe. Eilike, mein Herz, wie oft hab' ich es dir verboten, von den Leuten Geld zu nehmen!»

«Oh, sie geben es mir aus gutem Herzen.»

«Und aus Mitleid», ächzte Scholten. «Das ist der Jammer, und – der Querian gehört doch ins Irrenhaus. Du aber nimmst es aus Dummheit, mein Kind, und so muß ich auch das gehenlassen, wie es geht. Es ist, um sich die Haare auszuraufen!»

Die Frau Salome von Veitor hatte selten in ihrem Leben die anderen Menschen so lange allein reden lassen. Jetzt jedoch hielt sie es nicht länger aus, und es war ihr eigentlich auch nicht zu verdenken, wenn sie endlich eine genauere Einsicht in die Umstände der Leute wünschte, deren Bekanntschaft sie in so absonderlicher Art machte.

«Wenn ich hier nicht in die Höhle des Polyphemos geraten bin, so ist's vielleicht die Grotte des Trophonios*. Nun warte ich aber mit Schmerzen auf die kluge, geheimnisvolle Stimme aus dem Dunkeln, Justizrat. Und auch der Esel draußen vor der Tür wird allgemach ungeduldig, und ich bin es gewohnt, auch auf ihn einige Rücksicht zu nehmen.»

Sie sagte das letztere lachend, aber es zitterte doch eine ganz andere Bewegung in der Stimme, mit welcher sie hinzusetzte: «Was dieses Kind ist, sehe ich. Wie es geworden ist, kann ich mir in hundertfacher Weise vorstellen. Wie da zu helfen wäre, kann ich mir auch auslegen; im Grunde ist da noch wenig versäumt und verloren. Aber wer und was ist dieser unheimliche Herr mit dem verqueren Namen? Querian! Hat je ein Mensch ein ehrlich Handwerk getrieben, ein Geschäft gemacht oder in der Gelehrsamkeit es zu etwas gebracht mit einem Namen wie dieser?»

«Nein», erwiderte der Justizrat, «und deshalb hat der Unglückliche es in der Kunst versucht, und es ist bis dato ihm auch damit nicht geglückt, wenngleich dieses noch am ersten das Feld war, worauf er Querian heißen konnte. Ein Doktor Querian, ein Pastor Querian und ein Geheimrat Querian sind freilich vollkommen unmöglich. Weshalb hieß der Tropf nicht Scholten und brachte es zu einer anständigen Stufe auf der Leiter bürgerlicher Respektabilität?!»

«Also Mr. Shandy* hat da wieder einmal recht?»

«Wieder einmal, Gnädige; aber ‹nomina omina›* sagen schon die Lateiner. Was die Eilike angeht, so habe ich da eine homöopathische Kur gebraucht und den Haus- durch den Taufnamen heruntergedrückt. Als Eilike Querian kann man es am Ende doch noch zu etwas bringen, sowohl im Romane wie im gewöhnlichen Leben. Nicht wahr, mein Kind, es wird doch noch etwas aus uns, und die Sonne scheint uns nicht nur in den Mund, sondern auch in das Herz. Ein wenig Hunger dann und wann bewirkt nur, daß wir den Mund ein wenig weiter aufsperren...»

«Die Witwe Bebenroth darf uns dann aber nicht zu häufig zwischen das Glück und unseren Instinkt oder Appetit geraten. Lieber Freund, was die Sonne anbetrifft, so ist dieselbe heute bereits seit einiger Zeit untergegangen, und ich habe, wie Sie wissen, noch einen ziemlichen Weg nach Hause vor mir. Was treibt, was schafft Ihr kurioser Freund und Gevatter? Es wird Dämmerung, und ich habe über keinen Hippogryphen* zu verfügen, der mich aus diesem Reiche der Romantik* in meine modernen, nüchternen vier Pfähle zurückbringt.»

«Er bildet Menschen, Frau Salome. Machwerke, die von ferne so aussehen, in der Nähe aber immer ein wenig anders. Es würde aber ein eigener Geschmack dazu gehören, mit seinen Kreaturen Haus und Garten zu bevölkern. Sie haben es gehört; er hat wieder einmal sein Kind nackt abgebildet; nun sage, Eilike, hast du dich da wiedererkannt, und hast du dir gefallen?»

Das Mädchen schüttelte heftig den Kopf und schauderte wie in einem unüberwindlichen Grauen.

«Es war *das,* weshalb ich aus dem Fenster sprang. Es war nicht der Hunger. Ich will leben und möchte auch ein schönes Kleid haben wie die schöne Dame. Er aber bildet mich tot ab. Oh, ich wollte, ich wäre tot; aber dann auch begraben und mit grünem Gras und Blumen auf meinem Grabe; dann brauchte ich mich nicht mehr zu fürchten und zu schämen!»

«Scholten?!» rief die Frau Salome, zusammenschaudernd wie eben Eilike Querian. «Oh, das unselige Geschöpf! Und Sie dulden das? Sie ertragen es, derartiges in *dem* Tone sich sagen zu lassen?»

«Prometheus im Dorf! Ein Tropfen vom Blute der Götter, Madam», sagte der Justizrat finster.

«Oh, und Sie haben mehrmals den Versuch gewagt, mich über das unglückliche Kind lächeln zu machen! Der Himmel verzeihe das Ihnen. Aber ich will diesen Mann kennenlernen! Wenn er Geld haben will, soll er es haben. Er soll mir heraus! – Wenn er ein Künstler, ein Bildhauer ist, soll er weg von hier – einerlei wohin – nach Italien – nach Rom, und mir soll er sein Kind lassen. So antworten Sie doch, Scholten; sagen Sie etwas, sprechen Sie doch!»

Der Justizrat war aufgestanden und ging in der Stube auf und ab. Nun blieb er vor der Frau Salome stehen und sagte mit einer Stimme, die ob der Rührung nur noch schnarrender wurde: «Ich würde es da nicht zum erstenmal erfahren, daß Ihnen der Gott Abrahams in Fällen Gedeihen gibt, wo andere Leute unfehlbar und ohne Gnade fehlgreifen. Wissen Sie was? Ich will in dieser Nacht einmal nach Pilsum schreiben. Darf ich Ihnen übrigens jetzt noch die Hand küssen, teure Freundin?»

Er tat das letztere und behielt diese Hand dann noch mehrere Augenblicke zwischen seinen Händen. Eilike Querian aber sah und hörte dem allen zu. Der Esel vor der Tür aber wurde nun in der Tat recht ungebärdig, zog an seinem Zaume, scharrte und stampfte und ließ Töne hören, die dem Kinde sehr spaßhaft vorkamen und über die es leise, aber doch sehr herzlich lachte.

VII

Die Dämmerung des schönen Sommertages war gekommen, und die Baronin Veitor zögerte immer noch im Hause der Witwe Bebenroth.

«Es würde mir so lieb sein, heute abend noch den Mann mit Augen zu sehen. Ich glaube, ich würde viel besser schlafen», sagte sie.

«Was meinst du, Eilike», fragte der Justizrat Scholten, sich an das junge Mädchen wendend, «würde der Papa sich heute abend sehen lassen?»

Eilike Querian schüttelte den Kopf: «Ich steige wieder ins Fenster und schleiche zu Bett. Die Dachluke lasse ich offen wegen der Sterne und Wolken und daß ich den Nachtwächter hören kann und die Katzen und Hunde und die Kühe in den Ställen. Ich schlafe dann auch viel besser. Weil aber der Mond scheint, ist's noch besser, denn da habe ich auch meiner Mutter weißes Bild am Bette, das sieht mich freundlich an und bewacht mich.»

«Es ist ein Gipsabguß des Kopfes irgendeiner Muse, Nymphe oder Nereide; aber es ist ein gutes griechisches Frauenzimmergesicht in der Tat, und so läßt man das Kind in Gottes Namen am besten bei seinem Troste. Seine Mutter kann es nicht gekannt haben, sie starb ihm zu früh», sagte Scholten leise erklärend zu der Frau Salome.

«So lassen Sie uns die Kleine jetzt nach Hause begleiten, und zeigen Sie mir wenigstens ihre und ihres Vaters Wohnung.»

Der Justizrat nahm seinen Hut und Eichenstock. Eilike Querian sprang vor die Tür und löste dem Maulesel den Zaum von der Hecke und legte ihm denselben geschickt zurecht.

Die Witwe Bebenroth kam auch wieder herbeigekrochen und sagte höflich: «Wollen Sie uns schon verlassen? Nun, besuchen Sie uns recht bald einmal wieder!»

«Verlassen Sie sich darauf!» murmelte die Baronin von ihrem Reittiere herunter. «Es ist nicht das letztemal, daß ich mich hier befand.»

So zogen sie ab vom Hause der Witwe quer durch das Dorf.

Es war längst Feierabend, und längst waren die müden Einwohner von ihrer Arbeit auf und unter der Erde heimgekommen; aber der Ort war kaum lebendiger dadurch geworden. Die Leute saßen müde vor ihren Türen, und nur die Kinder waren wie gewöhnlich vor dem Schlafengehen noch einmal recht munter geworden und trieben wilder und mit helleren Stimmen ihre letzten Spiele an diesem Tage. Nun senkte sich wiederum am äußersten Rande des Dorfes der Weg in eine Talmulde, in die der Wald hineinwuchs. Da lag das Haus Querians, das sich, soviel man in der Dämmerung sehen konnte, durch nichts von den übrigen Gebäuden der Ortschaft unterschied. Mit Schindeln gedeckt und behangen, lehnte es sich an das Gebüsch und an die Hügelwand: ein einstöckiges Bauwerk mit einem Giebel.

«Da wohne und schlafe ich», sagte Eilike, auf diesen Giebel deutend. «Aber nach hinten hinaus», fügte sie hinzu. «Ein krummer Zweig reicht gerade an mein Fenster, und ich kann klettern. Hier unten wohnt mein Vater, Madam. Wir könnten drei Tage klopfen, und er machte doch nicht auf, wenn es ihm nicht gefällig wäre. Er hat so viel zu tun; und die Fensterladen macht er nie auf. Er arbeitet bei Licht – bei einem großen Feuer, er friert immer so sehr. Er hat sich selber einen Herd dazu gebaut. Aber seine Arbeitsstube ist auch nach hinten heraus. Da hat er die Wände eingeschlagen zwischen der Küche und der Kammer und sich eine große, große Werkstatt gemacht. Er kann alles, und die Leute im Dorfe wissen das auch besser als der Herr Pate Scholten. Es ist unrecht, daß ich es sage, aber es ist doch so.»

«Das Kind hat recht, Frau Salome», sagte der Justizrat. «Sie passen zueinander, die Leute im Dorf und mein braver Freund Querian. Dieser würde sich auch sonst hier gar nicht halten. Das Kind hat ganz recht, und ich bin fest überzeugt, daß mehr als einer der Männer vom Leder hier des Nachts klopft und Einlaß findet, wo wir drei Tage vergeblich pochen würden. Was wissen wir hellen Leute, Frau Salome, von den Mysterien der Narren, zumal wenn sie noch dazu ihre Tage bei ihrem Grubenlicht im Erdeingeweide verwühlen? Querian! Der König der Zwerge und Alraunen dürfte dreist Querian heißen. Wenn Sie demnächst uns einmal wieder besuchen, liebe Baronin, so fragen Sie, ehe Sie bei mir und der Witwe Bebenroth vorsprechen, in der ersten besten Bergmannshütte nach Herrn Querian, und achten Sie gefälligst auf die Gesichter, mit denen man Ihnen den Weg zu seiner Behausung andeutet. Diese werden Ihnen das Verhältnis, in dem mein sonderbarer Freund zu der hiesigen Bevölkerung steht, deutlicher machen, als ich es durch die ausführlichsten Auseinandersetzungen und Erläuterungen vermöchte. Nicht wahr, Eilike, es kommen viele Leute aus dem Dorf, um sich Rat von deinem Vater zu holen, und sie bringen ihm auch allerlei, was sie in der Erde gefunden haben?»

«Die Bergleute kommen, Herr Pate», antwortete Eilike geheimnisvoll mit dem Finger auf dem Munde. «Sie sind mein Herr Pate und dürfen mich fragen. Mein Vater kennt alle Steine und Erze und weiß gut Bescheid unter der Erde.»

«So!» sagte Justizrat Scholten, zu der Baronin von Veitor gewendet, «jetzt wissen Sie ziemlich genau Bescheid in dem, was meinen Gevatter am hiesigen Orte betrifft. Was sonst meinen Zusammenhang mit ihm anbetrifft, so kann ich Ihnen darüber das Nähere bei passender Gelegenheit beiläufig mitteilen. Wir hellen Leute lassen keine Mysterien gelten...»

«Und bleiben deshalb vielleicht so oft während der Feier der Eleusinischen Geheimnisse vor der Tür stehen!» rief die Baronin.

«Wahrscheinlich!» brummte der Justizrat; aber Eilike, der diese Unterhaltung allmählich sehr langweilig geworden war, rief nun plötzlich: «Gute Nacht!» und sprang fort, um das Haus herum verschwindend.

«Die Krabbe ist die Vernünftigste von uns allen», murmelte Scholten. «Sie weist uns auf unsere Wege und weiß ihrerseits den Baumstamm und den Zweig, die sie zu ihrem Bette bringen, auch im Dunkeln zu finden. Es wird wahrlich Zeit, daß ich Sie auf die Landstraße geleite, Frau Baronin. Wir haben des Spukes für heute genug, und es fängt an, kühl vom Blocksberge herzublasen, und ich habe noch nach Pilsum zu schreiben. Sie haben mich ganz zur richtigen Stunde daran erinnert, Frau Salome, daß ich dem Freunde Schwanewede seit zwei Jahren einen Brief schuldig bin.»

«Das freut mich», sagte die Baronin zerstreut, und ebenso zerstreut sagte sie: «Das Kind wird doch nicht den Hals brechen?»

«Ich hoffe nicht», meinte der alte Scholten, und dann griff er von neuem nach dem Zügel des Maulesels und führte ihn zurück von der Tür Querians auf den holperichten Fußpfad, der vom Dorfe herüberführte. Er wußte sonst, wie wir auch schon erfahren haben, jeglichem Weggenossen die Zeit der Wanderung durch anmutige Unterhaltung zu verkürzen, doch jetzt ging er still und stieß nur dann und wann, wie um einen Punkt in seiner eigenen stummen Unterhaltung zu machen, mit dem Knotenstocke fest auf.

So brachte er seinen schönen Gast wieder auf die durch das Dorf führende große Straße und dann noch weiter ein gutes Stück Weges über das Dorf hinaus bis auf die Höhe des nächsten Bergrückens, wo die Chaussee sich über eine kürzlich abgeholzte Hochebene hinschlang. Das war eine gute halbe Stunde von seiner Behausung, und er nahm hier Abschied mit der Bemerkung: «Jedem anderen Frauenzimmer zu Fuß, Pferd oder Esel würde ich die beiden übrigen Stunden zur Seite mitlaufen. Nehmen Sie das als ein Kompliment, liebes Herz, und kommen Sie gut nach Hause.»

Die Frau Salome lachte und schüttelte dem wunderlichen juristischen treuen Eckart* von ihrem Maulesel herab die Hand.

«Das ist wahrlich ein wackerer Freund und braver Lebensgenosse, der aber sicherlich seinen Trost und eine schöne, lange Nachrede auch herausfinden würde, wenn man mich morgen nach Sonnenaufgang, von Räubern erschlagen oder in einem Abgrunde samt meinem Esel, mit zerschlagenen Gliedern fände. Nun, grüßen Sie auch von mir unbekannterweise, wie man sagt, nach Pilsum. Ich muß doch noch einmal von Norderney aus Ihren Freund Schwanewede kennenlernen. Den Querian gedenke ich mir in den allernächsten Tagen hervorzuholen. Ist das ein

Kleeblatt – Scholten, Schwanewede und Querian! Und da soll man, den Brocken hinter sich, ruhig nach Hause gehen, sich zu Bett legen und einen guten Schlaf tun!»

«Dort kommt der Mond über den Berg, Frau Salome, und die Straße ist in einem ausgezeichnet guten Zustand und macht der Wegebaudirektion alle Ehre. Ich wünsche Ihnen recht wohl zu schlafen und werde mich morgen durch die Eilike nach Ihrem Befinden erkundigen.»

Sie nahmen jetzt wirklich Abschied. Der Justizrat schlug sich wieder durchs Dorf nach dem Hause der Witwe Bebenroth, und die Baronin ritt fürbaß auf der nicht ohne Grund gelobten vortrefflichen Landstraße. Den Mond hinderte auch nichts auf seinem Wege quer über das Firmament, und er ging, als ob es ihm nie eingefallen sei, die Weltmeere in Bewegung zu setzen, geschweige denn die Gemüter der Menschen sich nach und zu sich emporzuziehen.

«O Himmel, welch eine wundervolle Nacht und welch ein wunderlicher Abend!» murmelte die Baronin Salome von Veitor und gelangte richtig ohne die mindeste Gefährde und Beschwerde vor dem zierlichen Gittertor ihrer Sommerwohnung an, und niemand unter ihren Leuten hatte sich irgendwelche Sorge um sie gemacht.

VIII

Man weiß südwärts der Polargrenze des Weines, das heißt des *trinkbaren* Weines, keineswegs viel von den Ländern und Menschen zwischen dem

Harz und der Deutschen See; aber dessenungeachtet ist Karl Ernst Querian in das Kirchenbuch zu Quakenbrück als ehelich erzeugter Sohn bürgerlich anständiger Eltern eingetragen, dessenungeachtet existierte Peter Schwanewede in Pilsum, ein doctor theologiae der gleichfalls vorhandenen Universität Göttingen, und dessenungeachtet hat sich soeben Justizrat Scholten von seiner Wirtin die Lampe anzünden lassen und blättert, ehe er an seinen Freund Peter schreibt – wahrscheinlich um wenigstens sich klarzubleiben –, im «Recueil de nouvelles pièces fugitives» des Monsieur de Voltaire, und zwar in der Ausgabe, die man voreinst außer in Genf auch zu Paris, und zwar bei Duchesne, rue Saint-Jacques – au temple du goût –, finden konnte.

Das ist ein langer Satz, aber es war uns unmöglich, ihn und uns kürzer zu fassen; wir werden auch gleich sehen, daß es auch dem Justizrat trotz seiner Lektüre nicht gelang, bündig zu sein. Mademoiselle Catherine Vadé* mag es ihm verzeihen.

Die Witwe hatte die Lampe gebracht, noch einmal mit dem Schürzenzipfel vor den Augen die Rede auf das halbe Huhn und den Pflaumentopf bringen wollen, und war mit einem Donnerwetter zur Tür hinausbefördert worden.

Der Justizrat schlug Antoine Vadés «Discours»* an die Welschen zu und mit der Faust auf den Tisch und ächzte: «Wir sind das langweilig-verrückteste Volk auf Erden, und wir haben alle Aussicht, es noch längere Zeit zu bleiben. Was hilft's dem einzelnen, zu wissen, wie klug andere Leute schon vor hundert Jahren gewesen sind?»

Er schien die größte Lust zu haben, den alten Lederband mit der blassen, abgegriffenen Rokokoschnörkelvergoldung unter den Tisch der Witwe Bebenroth zu werfen, legte ihn jedoch nur um desto vorsichtiger, ja zärtlicher beiseite und sich seine Briefbogen zurecht.

«Diese hübsche, kluge Jüdin hat mir gleichfalls für einige Tage meinen Gleichmut wieder verschoben», brummte er. «Alle Teufel, da wird der alte Mystiker an der Emsmündung einmal wieder kuriose Augen über seinen Kommilitonen und voreinstigen Hausburschen machen! Wodan und Thor mögen ihm den Appetit gesegnen! He, he, he; es muß in der Tat ein absonderliches Gefühl sein, wenn man aus Swedenborgs konstabilierter Erd- und Himmelsharmonie plötzlich abgerufen wird, weil Hermode und Braga an der Tür stehen und Odins Gruß bringen: ‹Genieße Einherierfrieden und trinke Met mit den Göttern!›* – Schöner Frieden! Urgemütliche Kneiperei! Prügele dich lustig weiter in Walhalla und bramarbasiere am Abend beim Bierkrug. Ich danke gehorsamst!»

Er hatte bereits das Dintenfaß herangezogen und die Feder eingetaucht. Noch saß er einen Moment äußerst nachdenklich, und um so drolliger war der Effekt, als er beim Niederschreiben des Einganges seines Briefes mit sozusagen zärtlichem Grimme sich die Worte auch laut vorschrie: «Mein lieber Peter!»

Das übrige knüpfte sich dann ziemlich in

einem Zuge daran; nur hatte er eine Flasche Bordeaux zu entpfropfen, dann und wann sein Glas zu füllen und dann und wann seine Pfeife von neuem in Brand zu setzen. Es gibt ärgere Störungen geistiger Tätigkeit und gemütlichen oder ungemütlichen schriftlichen Seelenergusses. Wie er sich aber dagegen wehren mochte: der bleiche Mondenschein auf den Gräbern, Kreuzen und Denksteinen des Bergdorfes vor seinem Fenster und das Glitzern der Fenster der Kirche drüben gab doch seinem Brief eine Färbung, die derselbe bei hellem, klarem Tageslicht und auch an einem Gebirgsregentage nicht bekommen haben würde. Freund Schwanewede, der um diese Stunde, wie der Justizrat glaubte, den Mond sich im Pilsumer Watt spiegeln sah und dem da vielleicht, über die Blätter der «Aurora»* oder der «Morgenröte im Aufgang» weg, durch das weiße Licht ein weißes Segel nach fremden Landen vorüberglitt, verdarb sich aber den Magen nicht daran. Wir werden sehen, weshalb.

«Mein lieber Peter!

Nach zweijähriger Pause in unserm Schriftwechsel drängt es mich heute abend, die Korrespondenz durch diesen meinen Schreibebrief von neuem zu eröffnen und Dir vor allen Dingen mitzuteilen, daß ich mich noch am Leben befinde und das nämliche von Dir verhoffe. Seit wir uns in Göttingen kennenlernten und zusammen daselbst studierten, haben wir als Kastor und Pollux, Orest und Pylades ein jeder den andern für den größten Narren auf Erden gehalten, und nur der Tod erst wird das freundschaftliche Verhältnis – meiner Schreibfaulheit zum Trotz – lösen. Wie oft – wie oft, während ich mich in der nichtswürdigen Praxis des Tages abängstete und abwütete, habe ich an eine Kröte gedacht, die seit einigen Jahrtausenden irgendwo in einem Steine eingeschlossen sitzt, wie oft habe ich mich an den alten Freund Peter Schwanewede in Pilsum erinnert, und wie ungemein hat mir beides Trost und Stärkung im Kummer verliehen und Nachlaß im Verdruß und Abnahme der Wut zuwege gebracht!

Peter, nicht wie ein alter Justizrat, sondern wie der jüngste der modernen Poeten, der seinen Velocipegasus* zu einer Dichterfahrt gesattelt hat, sitze ich auf. Die buntesten Schwärme des Lebens womöglich sollen sich über dieses Blatt drängen, und es kitzelt mich, wenn ich daran denke, daß ich Dich zwinge, ihnen mit flimmernden Augen nachzustieren. Wenn Du mir wieder schreibst, wirst Du Dir zwar einbilden, wie eine gotische Kirche auf einen Jahrmarkt voll Buden, Hanswürste, Bratwürste, Riesendamen und sonstiger Meßraritäten herunterzusehen, aber das tut nichts – das tut gar nichts! Solange Du mir nicht mit Deinem Heer steinerner Heiligen auf den Kopf fällst, gönne ich Dir das Vergnügen.

Peter, ich verkehre wieder einmal mit Querian, und – ich bin einem *Menschen* begegnet; einem Menschen weiblichen Geschlechts – einem Weibe, und zwar einem jüdischen Weibe, welches ich im Affekt oder bei schlechter Laune, ohne

Widerspruch zu erfahren, Frau Baronin anreden darf! – Nun wirst Du sicherlich fragen: Ist es denn überhaupt nötig, Menschen zu begegnen? Kann man sich nicht an die Oster-Ems setzen, von gekochtem Seegras und gebratenen Quallen leben und Bengels Auslegung der Apokalypse* studieren? – Ich aber erwidere Dir, leider kann man das nicht, indem ich Dir mit Vergnügen zugebe, daß es eine Lust wäre, wenn das jeder könnte und wir da den Strand entlang einen stillvergnügten Haufen bildeten; es erzittert da übrigens wieder einmal ein buntgefiederter Pfeil, den ich vor dreißig Jahren schon auf Deinen Lebenswandkalender abgeschossen habe und der noch immer drinsteckt und Dich an mehr als eine fidel-zänkische Disputiernacht erinnern wird. Schwanewede, ich schmeichle mir, so gelebt zu haben, daß neunundneunzig Prozent meiner Mitgeborenen nicht imstande sind, mein Leben zu übersehen. Ich glaube, sicher und fröhlich mit dem, was die Welt augenblicklich an Kulturelementen aufzuweisen hat, rechnen zu können; und auch ich habe mich damit abgegeben, Mücken zu seigen und die kleinsten und untergeordnetsten Tierarten zu Teufelsfratzen und Karikaturen zu magnifizieren. Aber ist das eine Kunst, aus einer Maulwurfsgrille durch ein Vergrößerungsglas ein Olimstier, ein vorsintflutlich Ungeheuer und aus einer Raupe einen Leviathan zu machen? Ich glaube nicht; wohingegen, alter Peter, es wirklich eine Kunst ist, eine Nuß, die man knackte und hohl fand, wegzuwerfen und seine Meinung nicht darüber zu verhehlen; denn die Welt verlangt das Gegenteil und verlangt, daß man gut von ihren tauben Nüssen rede, sie für voll nehme und ihren Kern lobe.

O Du alter mystischer Nußknacker an der Nordsee, benutze meinen Brief jetzo noch nicht als Fidibus; ich werde sofort protokollarisch klarwerden, Dich mit meiner Judenmadam Salome Veitor bekannt machen und nachher erst wieder von Querian reden.

Wie ein Mann, der zwischen seinen Haus- und Zimmerwänden, seinen Bücherbrettern und Aktenrepositorien sich wieder einmal den Maßstab, so der Mensch an sich selber legt, hatte fälschen lassen, ging ich vor drei Jahren in die Gerichtsferien, um mir meinen Standpunkt in und zu der Natur von neuem klarzumachen, und es gelang mir damals auf den Landstraßen des Thüringer Waldes. Ich war ein Riese geworden zwischen den Wänden meiner Schreibstube, und alle Garderobe der Gegenwart war mir den Winter über zu eng geworden. Es war die höchste Zeit, daß ich wieder einschrumpfte und auf mein richtiges Maß zurückgedrückt wurde, und es geschah. Ewigkeit wurde mir wieder Zeit auf der Chaussee und ich selber wieder zu einem jovialen Touristen durch die Wälder, Höhen und Tiefen der irdischen Vorkommnisse. Damals begegnete ich der Frau Salome zum erstenmal, und ich traf mit ihr zusammen, wie die Herrschaften im ‹Don Quixote›, im ‹Tom Jones› und im ‹Gil Blas› von Santillana zusammenkommen, nämlich im Wirtshaus – in der Schenke am Wege.

Du liesest keine Romane mehr oder bist doch überzeugt, keine mehr zu lesen, Peter Schwanewede; in dem einen wie in dem andern Falle spreche ich Dir mein Bedauern aus; wir alten Juristen lesen leidenschaftlich gern Romane, wenn wir es gleich häufig nicht gern gestehen wollen.

Und meine Bekanntschaft ist eine Roman-, das heißt Landstraßen- und Wirtshausschildbekanntschaft. My landlord oder el señor huésped mit der weißen Schürze und der Zipfelkappe, ‹die größte Plaudertasche von ganz Asturien›*, steht unter seinem Schilde in der Tür und sieht nach seinen Gästen aus. Da steigen Staubwolken in der Ferne auf, Reiter auf englischen Stutzschwänzen oder katalonischen Langschwänzen sprengen heran, die Glocken der Maultiere klingeln, schwerfällige spanische Karossen ächzen langsam her, und ein schon in der Kneipe vorhandener Gast ist zu dem Herrn Wirt in die Pforte getreten und ist mit ihm gespannt auf die neue Kundschaft. Wer kommt? Ist es die Prinzessin Mikomikona*? Ist es der Hauptmann aus der Berberei mit der schönen Zoraide? Ist es Miss Sophia Western mit Mrs. Honour oder gar der Pretender auf dem Marsche von Falkirk nach dem Feld bei Culloden? Ist es der Korregidor von Valladolid oder nur ein Trupp seiner nicht nur grausen, sondern auch groben Alguazils? Es können sehr vornehme Leute, aber auch das nichtsnutzigste Bettler- und Vagabondenvolk, ja es können sogar auch Schaf- und Schweineherden sein, die da kommen. Diesmal ist's einfach eine zweispännige Landkutsche, und Staubwolken gibt's auch nicht; es regnet fürchterlich, und der Wirt schickt den Hausknecht mit einem alten Regenschirm an den Wagenschlag, um die aussteigende, das heißt vor der Sintflut sich rettende Dame trocken in sein Haus zu schaffen.

Lieber Peter, das Genie macht die Fußtapfen, und das nachfolgende Talent tritt in dieselben hinein, tritt sie aber schief: ich kann so grob wie Du gegen die Leute sein, aber nie mit der originalen Wirkung wie Du. Dir dreht man einfach den Rücken zu, mit mir fängt man, aller Bärbeißigkeit ohngeachtet, eine Unterhaltung an. Du sitzest in Pilsum fest, und ich beziehe alle Jahre ein Sommerquartier im Gebirge und verkehre mit der Menschheit; Du besitzest die geniale Grobheit, die nur sich selbst ausspricht; ich als harmloses Talent werde stets einen großen Verkehr haben und an den Einsiedler an der Ems lange Briefe schreiben: Du zwingst ein halb Dutzend Menschen, von Dir zu reden; ich bringe alle Welt dazu, mit mir zu schwatzen.

Sagt die Dame: ‹Dieses ist ein entsetzliches Reisewetter, mein Herr.› – Murre ich zutunlich: ‹Himmeldonnerundhagel, sitze ich hier nicht seit anderthalb Tagen fest?› – Sagt die Dame höflich und lächelnd: ‹Das sieht man Euch an, Señor; sowie auch, daß es nicht das erstemal ist, daß Euch das Wetter und Schicksal in die richtige Lebensstimmung hineinschüttelten.› – ‹Hm›, antworte ich, ‹wie verstehen Euer Gnaden das, und was weiß Dero glatte Stirn davon?› – ‹Hm›, versetzt die schwarzhaarige Señora, ‹ich komme heute zwar im Zweispänner; aber ich bin eine gute Reiterin, reite jedoch nicht schneller als die andern.› – ‹Und die Sorge hält deshalb Schritt*, Madam; ich erlaube mir, mich vorzustellen: mein Name und Titel ist Justizrat Scholten aus Hannover.›

Da hatten wir's; die Bekanntschaft war gemacht und – dauert noch fort! – Die Señora gibt mir ihren Namen, Rang und Titel bekannt, und ich rücke zu am Tische, was Du in Pilsum nicht getan haben würdest.

Der Wirt bringt den Kaffee, und die Frau Salome sagt: ‹Ein jeder Mensch hat, meiner Erfahrung nach, seine eigenen Hausmittel, um die schlimmen Stunden zu überwinden; darf ich nach den Ihrigen fragen, mein Herr Justizrat Scholten aus Hannover?› Giftig schnurre ich: ‹Was halten Euer Gnaden von dem gemütlichen Troste: achtzig Jahre wirst du unbedingt alt und begräbst ohne allen Zweifel alles, was dich heute ärgert?›

Würdest *Du* dieses nun gesagt haben, so hätte man dem Kellner gewinkt und sein Service auf einen entfernten Tisch haben stellen lassen; an mich rückt man nur dichter heran und meint mit zärtlichem Behagen und einem Blick auf den Landregen vor den Fenstern: ‹Mein bester Herr Justizrat, es ist mir höchst angenehm, Ihre werte Bekanntschaft gemacht zu haben! Haben wir nicht vielleicht denselben Weg fernerhin? Dieses würde mich ebensosehr freuen.›

Peter Schwanewede, wir haben so ziemlich

von dieser Begegnung an den nämlichen Weg gehabt, ich und die Frau Salome Veitor, und wenn einem in seinem Bekanntenkreise durchgängig nichts schwerer gemacht wird, als seiner Natur zu folgen, so machen wir, die Frau Salome und ich, uns das so leicht als möglich. Nun haben wir heute zum erstenmal in dieser Saison einander wiedergetroffen, und zwar am alten Brocken. Die Frau hat noch immer nicht wieder gefreit (sie war bereits Witwe, als ich sie kennenlernte, und ich machte sofort den Versuch, sie nach Pilsum zu dirigieren, und schilderte ihr die Gegend sowie die dort hausenden Menschen, Dich, Peter, eingeschlossen, äußerst verlockend) und langweilt sich aufs sträflichste. Sehr dankbar nimmt sie es auf, wenn ein vernünftiger Mann sich mit ihr einläßt, einen Sommernachmittag mit ihr vertrödelt und ihren Weibergrillen und Phantasien irgendeine feste Direktion gibt. Die Frau hat entsetzlich viel Langeweile und ist – bei den unsterblichen Göttern sei es gesagt! – über der Welt Eitelkeit so erhaben wie je ein tüchtiger und verständiger Mann, und da habe ich sie denn heute mit nach meinem Dorfe genommen und sie mit Querians Kinde bekannt gemacht.

Seit dieser Dritte in unserem Lebensbunde eine Närrin fand, die sich bereitwillig zeigte, in ehelicher Verbindung mit ihm diesem armen Geschöpfe den Fluch Adams aufzuladen, hast Du ihn nicht zu Gesicht bekommen, unsern Freund Querian, wohl aber ich ziemlich häufig, und ein Vergnügen ist das nicht. Nun ist das Kind, die Eilike, dreizehn Jahre alt und der Alte toller denn je. Du kennst zwar meine Ansicht, daß es bei den Mädchen absolut nicht darauf ankommt, ob sie etwas gelernt haben oder nicht, sondern ob sie einen Mann kriegen oder ledig bleiben. Wissen und Kunst und Schönheit tun da nichts zur Sache; wenn wo das Schicksal rücksichtslos und allmächtig sich zeigt, so ist das hier, und die Frauenzimmer ahnen das auch instinktiv und nehmen und geben sich mit zierlichster Brutalität selber als das Schicksal. Die Egoistinnen, die so viel ahnen, haben durchaus keine Ahnung davon, welch eine Sorge sie selbst einem alten Junggesellen wie ich durch ihr bloßes Vorhandensein machen können. Nun ist da die Eilike, das Kind eines andern Mannes – geht mich im Grunde nicht das geringste an und verursacht mir doch mehr schlaflose Nächte, als ich selbst mit meiner ziemlich kräftigen Körperkonstitution ertragen will. Ich sage Dir, eine verwahrlostere und hülflosere Kreatur als diese Eilike Querian gibt es auf Erden nicht, und Querian selber treibt es ärger denn je. Und seine Verrücktheit ist ansteckend! Wie wir vor dreißig Jahren schon uns mit Macht dagegen zu wehren hatten, daß wir nicht mit in seine Tollheitsstrudel hineingerissen wurden, so habe ich mich manchmal heute noch dagegen zu stemmen. Das Bergvolk aber am hiesigen Ort hält ihn für den Mann mit den Schlüsseln zu allen Gängen und Pforten der Unterwelt. Es ist mir nicht unerklärlich, woher er die Mittel, sein Leben und verrücktes Treiben so fortzuführen, nimmt; aber ein Elend und Verdruß ist es.

Durch die Dorfschule ist das Kind des Narren

zwar gelaufen; aber selbst der Schulmeister, mein guter Freund und Nachbar, ist sich nicht klar, ob es ihm gelungen ist, ihm das Lesen und Schreiben beizubringen. Dazu hungert das Geschöpf und schläft auf Stroh, und der Alte läßt es nackt Modell stehen. Seine Wege gehen nicht durch die Haustür, sondern durch das Fenster, über das Schindeldach an einem Baumast hinunter; und so ist es auch heute gekommen, und so hat es meine Freundin, die Frau Salome, kennengelernt. Nun frage ich Dich, Peter Schwanewede (und das ist der bittere innerste Kern dieses vielschmackigen Briefes!), soll und darf ich unsern Freund und Jugendgenossen Karl Ernst Querian ins Irrenhaus stecken lassen oder nicht? – Reif dazu scheint er mir zu sein, und es ist nur die Frage, ob gerade wir beide dazu berufen sind, ein endgültiges Urteil über diese seine Reife abzugeben? Du weißt nur zu gut, Peter, wie wir drei von jeher ein jeglicher über den andern dachten. Du weißt, wie häufig unser Freund uns seine Meinung über uns in dieser Richtung nicht vorenthalten hat. Du weißt, wie oft er selber uns für ganz verrückte Narren erklärte, und – Schwanewede – ich, der ich doch ein Geschäftsmann bin, in des Lebens Praktiken und Kniffen ziemlich Bescheid weiß und mir selten ein X für ein U machen lasse oder, was noch mehr für meinen gesunden Verstand spricht, es mir selber mache: ich fasse die heikle Frage, je älter ich werde, mit desto spitzeren Fingern an. Peter von Pilsum, ich habe noch nie in meinem Leben vor einer größeren Verantwortlichkeit gezögert!

Meine kluge, klare hebräische Freundin, die unsern vortrefflichen Querian bis jetzt noch nicht persönlich kennengelernt hat, sondern nur seine Erziehungsresultate an seinem Kinde, hat mir den Vorschlag getan, ihn nach Rom zu spedieren, und es ist nur schade, daß sie diesen Vorschlag uns und ihm nicht vor dreißig Jahren machte.

Sie will das Kind zu sich nehmen und ihm eine menschenwürdige Existenz schaffen. Beim Blute der Götter, ich habe sie eben auf den Weg nach Hause gebracht und ihr gesagt, daß ich mich auf nichts einlassen könne, ehe ich nicht an Dich geschrieben und Deine Ansicht gehört habe. Sehr freundlich wäre es von Dir, steht aber wohl nicht zu erwarten, daß Du auf vierzehn Tage den Bengel, den Böhme und den Swedenborg zuklappst, die Eisenbahn zu erreichen suchest, hierher kommst und Dich auf einen Tag mit unserem in Frage stehenden Freunde und Patienten zusammensperrst?!

Es ist meine Pflicht gegen Querian, Dir auch dieses in Überlegung und unter die Füße zu geben.

Zu einem Entschluß müssen wir kommen!
                         Dein Freund Scholten.»

Dem Justizrat war über diesem Schreiben mehrmals die Pfeife ausgegangen. Jetzt stand er auf, ging zum Fenster und blickte eine ziemliche Weile auf den mondbeschienenen Kirchhof hin.

«So gehen die Gespenster um», murmelte er.

«Und dann spricht man noch von klaren Köpfen und tut sich was zugute auf seine fünf gesunden Sinne!»

IX

Mit einer schlängleingleichen Behendigkeit war die Eilike in ihr Dachfenster geglitten; man vernahm kaum ein Geräusch ihrer Bewegungen, und selbst dann kaum, als sie von dem Fenster auf den Fußboden ihrer Kammer sprang. Der Mondschein glitt ihr fast nicht geräuschloser nach.

Das Mädchen hatte sonst den Schlaf der Tiere, die, wenn sie satt und nicht auf der Jagd sind, auch sonst nicht gehindert werden, sich zusammenrollen und die Augen zudrücken. Damit war's in dieser Nacht nichts.

Auf ihrer Bettstatt sitzend, löste Eilike mechanisch ihre Haare, um sie dann fester und zierlicher von neuem zu flechten, und sah sehr ernst und nachdenklich in den immer mehr den Raum mit seinem Lichte füllenden Mond. Aus ihrem Schlummer in der Stube des Paten und Justizrats Scholten erwachend, hatte Eilike Querian die Frau Salome gegenüber am Tisch vor sich gesehen, und das Bild der schönen jüdischen Baronin war's, was sie munter hielt auf ihrem Strohsack.

Wir haben erzählt, wie das junge Mädchen damals jach sich aufrecht setzte, die blonden Haare zurückstrich und die schöne Dame anstarrte; damals hatte sich inmitten ihrer verwahrlosten Seele auch etwas mit einem heftigen

Sprunge aufgerichtet, und das stand noch aufrecht und starrte nun aus sehnsüchtig funkelnden Augen in eine neue Welt. Nicht eine Bewegung, nicht ein Wort der eleganten Dame war verlorengegangen, und wenn die Tochter Querians den Sinn der Worte nicht begriff, so war es doch schon allein der Ton, der Klang der Stimme, der sie im tiefsten aufregte und jeder Fiber ihres Wesens ein Mit- und Nachklingen abzwang.

«So möchtest du aussehen! So möchtest du sprechen!» In diesen beiden Ausrufen zog sich gierig das bekümmerte Herz Eilikes zusammen, und als nun der alte Pate Scholten polternd nach seinem halben gebratenen Huhn und seinem Topf mit den Zuckerpflaumen fragte, als dann die Frau Bebenroth loszeterte und in der Stube herumfuhr und sie – die arme Eilike – von ihrem Mittagsessen Bescheid zu geben hatte, da schämte sie sich vor der fremden Dame wie noch nie in ihrem Leben vor einem Menschen. Und weil sie sich so sehr schämte – grade weil sie sich so sehr schämte –, zeigte sie den Bauerngroschen in ihrer magern Hand und erzählte der schönen, schwarzen fremden Dame (nicht dem Paten Justizrat!), daß der Vater sie abgebildet habe – nackt abgebildet habe; und dann hatte sie sich zusammengenommen, um sich nichts merken zu lassen – sie hatte die Zähne gezeigt und gelacht und hätte es gern gehabt, wenn die fremde Frau laut, ganz laut gerufen hätte: «Oh, sie ist blödsinnig!»

Das war nicht das erste Wort gewesen, welches sie von der Frau Salome vernommen hatte, als sie aufgewacht war, aber der Pate Scholten hatte gesagt, daß die schöne Dame das schlimme Wort in ihrer Seele gesprochen habe. Und da ging ein armer Mensch im Dorfe umher, von dem wußte sie, daß er blödsinnig sei. In der ganzen durch ihre unglücklichen Zustände verschütteten Reinlichkeit, Klarheit und Zierlichkeit des Weibes schauderte sie vor ihrem Dasein; es blieb ihr nichts übrig, als dumm zu lachen und die Zähne zu zeigen! Jetzt auf ihrem Bette ihre Haare flechtend und in den Strahl des Mondes, der durch ihr Fenster kam, sehend, wiederholte sie: «Sie ist blödsinnig!», und leiser, mit heißerem Atem sagte sie: «Und der Herr Pate sagt auch, mein Vater sei ein Narr!»

Der Mond stieg an der Wand dem Bette gegenüber hinauf und traf den griechischen Frauenkopf; schön-ruhig sah das hellenische Gesicht gradaus, und Eilike Querian faltete die Hände auf ihrem rechten Knie und rief, ihre Tränen niederschluckend: «Nein, du bist doch nicht meine Mutter. Meine Mutter ist erst seit zwölf Jahren tot, du aber bist schon vor tausend Jahren gestorben. Ich bin blödsinnig, und du bist das fremde Bild, das mein Vater im Sinne hat und nicht finden kann, und mein Vater ist ein Narr. Wer kann uns aus unserer Not helfen? Niemand als der liebe Gott, wenn er uns einen guten Tod schickt.»

Es war eine schöne Sommernacht, kein Lüftchen regte sich, der Mond ging an dem wolkenlosen Himmelsgewölbe hin, und die Berge und Wälder lagen im tiefen Frieden. Von der Hitze und dem Frost, von dem Hundstagsfeuer, von dem Knirschen des Schnees und dem Krachen des Eises schien die Natur nichts zu wissen. Es war nur eine linde Kühle. Das Kind schlang seine Zöpfe um die Stirn; es machte noch immer nicht Miene, sich zu entkleiden. Es hatte nur den einen Schuh vom Fuße fallen lassen, und jetzt zog es auch den wieder an. Es sprang wieder empor von seiner Bettstatt und schwang sich in die Fensterbank; da saß es still eine Weile. Nun riß es ein Blatt von dem Baumast, den ihm der Wald gleich einem hülfreichen Arm hinzuhalten schien, und drückte dieses kühle, taufeuchte Blatt an die heiße Stirn. Dann kniete es von neuem auf dem Schindeldache, doch es glitt diesmal nicht hinab. Die buschbewachsene Hügelwand, welche die Hütte Querians im Rücken deckte, sperrte jede weitere Aussicht ab.

Unten im Hause schnarrte und schnurrte etwas. Ob es eine Feile oder das Rad einer Drehbank war – einerlei; es bedeutete jedenfalls, daß der närrische Vater sich auch noch wach und zu einem seiner närrischen Werke halte oder vielleicht auch wohl ein Gerät zu einer neuen Arbeit schärfe. Eilike legte den Finger auf den Mund und horchte auf den Ton; sie hatte Angst, daß sie gerufen werde aus der Werkstatt, und schon stand sie schlank und leicht auf dem Dache. Behende wie eine Katze, geschmeidig wie eine Schlange glitt sie aufwärts bis zum First: da stand sie im weißen Lichte und sah tief atmend sich um.

Ein leichter Rauch, manchmal gerötet von der

Flamme des Herdes drunten, stieg aus dem Schornstein kerzengrade und verlor sich in dem klaren Äther. Eilike Querian stützte sich mit der einen Hand auf den Rand des Schornsteins, mit der andern wischte sie die letzte Träne vom Auge und sah in die Ferne.

Von drei Seiten her begrenzten über der Talmulde, in welcher die Hütte ihres Vaters lag, die hohen Berge und die dunkeln Wälder die Aussicht; doch nach der vierten Seite öffnete sich das Tal auf die Hochebene und das weit darüberhin verzettelte Dorf und über die Gassen des Dorfes weg, zwischen den Gärten und Baumwipfeln durch, auf die im lichten Mondnebel flimmernde Norddeutsche Tiefebene. Seltsam und verlockend – verstreute Lichter im blauen Glanz! – blitzte und funkelte es aus der Ferne. Was Jakob Böhme sah und fühlte und wovon er zu schreiben versuchte, hier war's und konzentrierte sich in dem Herzen des unverständigen, verwahrlosten Geschöpfes, der Eilike Querian: das ewige Kontrarium zwischen Finsternis und Licht – die «Quall»* im Universo! Was vielleicht Peter Schwanewede zu Pilsum am Pilsumer Watt in dieser Mondscheinnacht aus den Büchern des mystischen Philosophen mit ächzenden Hebebäumen und knarrenden Ketten des Geistes aufzuwinden trachtete: hier lag es auf den Lippen des Kindes, unter den Zähnen, die diese Lippen blutig preßten!

Das Auge Eilikes schwebte über den ganzen sichtbaren Ausschnitt der nächtlichen Weltenschöne von der Talwand zur Linken bis zum

Hochgebirge auf der Rechten und wieder zurück; es trennte das Licht von der Nacht. Dann schloß es sich eine Weile, und als es sich wieder öffnete, suchte es zur Rechten am fernen Tannenwalde. Da lief jenseits der grauen Dächer des Dorfes den Berg entlang ein weißer, schimmernder Strich, der um eine Ecke bog und noch weiter weg an einer andern Berglehne wieder auftauchte, um dann bald ganz in dem Walde zu verschwinden. Das war die Straße, auf der die Frau Salome nach ihrem Besuche beim Justizrat Scholten nach Hause geritten war.

Aus der Qual des Alls rettete das hülflose Menschenkind, nach seiner Art von Adam an, sich eben auf den nächsten Weg, der aus der Unzulänglichkeit und Verwirrung der irdischen Zustände herauszuführen schien.

«Die Welt ist so weit, so weit», sagte Eilike Querian, und sie sagte es ganz laut. «Die Wege sind so lang, so lang, und in den Wäldern geht man in die Irre. Es sind auch viel zu viele Menschen in der Welt – keiner kennt den andern, und wenn einer den andern kennt und fern von ihm wohnt, weiß er nicht einmal, ob er noch lebt. – Und die einander nahe wohnen, die fürchten einander und tun sich allen möglichen Schabernack und Possen an. Die Leute im Dorfe, was die Bergleute sind und was die Ackerleute sind, und ihre Frauen und Kinder zu Hause quälen sich schlimm mit ihrer Arbeit und sind niemals zufrieden; aber am schlimmsten quält sich mein Vater, und der ist am wenigsten zufrieden. Der Herr Pate Scholten tut auch nur so, als ob er vergnügt sei, wenn er hier im Dorfe wohnt und spazierengeht in die Berge und sich einen guten Tag macht. Bei der Witwe Bebenroth möchte ich nicht wohnen! Oh, der Pate ärgert sich genug und schimpft genug, und sein Französisch hilft ihm auch nicht viel. Er hat mit seinem lustigen französischen Buche nach dem tauben August geworfen, weil er meinte, daß der ihm den Sack voll Ameisen ins Bett geschüttet habe. Ich wollte nur, der Arme könnte genug sehen, hören und sprechen zu solchem Streich, und dem Herrn Paten hat's auch sehr leid getan, und er hat ihm einen blanken Taler geschenkt, nachdem ihm die Frau Bebenroth das Blut abgewaschen hatte. Er ist meines Vaters bester Freund, der Herr Pate, und es tut ihm auch leid, wenn er sagt, er sei ein Narr. Von mir sagte die schöne vornehme Dame, die heute hier war, in ihren Gedanken, ich sei blödsinnig – oh –, und so, so hat mich noch kein Mensch angesehen wie die schöne Dame. Auch mein Vater tat ihr leid: oh, wenn sie nicht so übel dran wäre wie wir alle hier?! Wenn sie alles kann, was sie will?!» –

Da machte sich das Elend von neuem in einem Tränenstrom Luft. Ein großer Nachtraubvogel flatterte schwarz aus dem Walde hinter dem Hause Querians auf, erhob sich schwerfällig in die Luft und stand flügelschlagend einen Moment über der Feueresse und dem Haupte Eilikes. Dann zog er langsam durch den weißen Glanz des nächtlichen Friedens, und Eilike Querian sah ihm erschreckt durch ihre Tränen nach, bis er plötzlich über dem Dorfe jach herabfiel und verschwand.

Beinahe hätte sich ein Schrei um Hülfe dem jungen Mädchen entrungen, atemlos horchte es, ob sich nicht ein Todeskreischen vernehmen lasse; aber es blieb still.

«Oh, der Verderber!» flüsterte die Tochter Querians, und in diesem Augenblick wälzte sich ein dichterer, schwärzerer Qualm vom Herde des Vaters durch die Esse, an der sie lehnte, und ein röterer Glutschein beleuchtete die aufwärts rollenden Wirbel des Rauches. Der Vater mußte das Feuer, das ihm bei seinen närrischen Werken half, zu neuem Aufflammen angeschürt haben. Es krachte und prasselte drunten wie von trockenen harzigen Fichtenzweigen und Tannenzapfen. Vor dem erstickend sich verbreitenden Gewölke glitt Eilike Querian wieder hinab von ihrem wunderlichen nächtlichen Lugaus zu ihrem Fenster hin. Noch zögerte sie eine Minute; dann setzte sie den Fuß auf den schwankenden Ast. Er zerbrach auch diesmal nicht unter der leichten Last, und geschmeidig erreichte sie, an dem alten treuen Stamm hinunter, den festen Boden der Erde. Noch einmal sah und horchte sie nach dem Hause hin; schwere Hammerschläge erschallten jetzt aus der Werkstatt des Vaters, scheu rückwärts schreitend, auf den Fußspitzen, zog sich Eilike aus dem Mondenschein in das Dunkel unter den Bäumen zurück. Dann wendete sie sich rasch, das Gebüsch an der Tallehne rauschte, wie sie sich durchwand.

Sie war verschwunden hier, und niemand begegnete ihr auf jenem fernen lichten Streif an den Bergen, der Landstraße, die auf der letzten Höhe im Hochwalde sich dem Auge des Dorfes verlor.

X

Auf einem der äußersten Vorberge des Gebirges, eine gute Stunde hinter jenem Hochwalde, lag eine elegante Villa von jener jedem Stil, aber auch jeder Bequemlichkeit sich fügenden Bauart, in welcher es die jetzige Zeit zu einer so großen Vollkommenheit gebracht hat. Zierliche und wohleingerichtete Nebengebäude und Stallungen, ein schöner Blumengarten mit Springbrunnen und Terrakottafiguren – alles an dem rechten Platz – umgaben das Haus. Ein künstlerischer Sinn und eine sachverständige Hand hatten das Grundstück für den Zweck aus der Wildnis herausgegriffen, es mit Mauerwerk und Pflanzenwuchs bedeckt und mit einem hübschen eisernen Gitter umzogen. Eine Wiese stieg im Rücken der Villa aufwärts am Berge bis an den Wald. Aus den Fenstern und von den Balkonen der Vorderseite sah man hinunter über den Garten auf eine kleine Stadt mit mittelalterlichen Türmen und den Logierhäusern, den Restaurationen eines frisch und walddultig in den Reisebüchern Deutschlands und des Auslands aufgetauchten Badeorts für Leute, die eben nicht ins Bad reisen wollten. Über das Städtchen weg lag auch hier die norddeutsche Ebene vor den Augen, das heißt ein gut und wohlbebaut

Stück von derselben mit Städten, Dörfern, Eisenbahnlinien bis in die weiteste Ferne hinaus.

«Ein gewisser Unterschied zwischen der Villa Bebenroth und der Villa Veitor läßt sich nicht in Abrede stellen», sagte der Justizrat Scholten, als er im vorigen Sommer seine Freundin zum erstenmal in ihrem Sommeraufenthalt besuchte und denselben gründlich inspizierte. «Wahrlich, Jehova ist groß, und es wundert mich gar nicht, daß sich immer noch Leute finden, die Panier für euren alten Rachegott aufwerfen, da er dergleichen aus dem Handel mit alten Kleidern und neuen Papieren aufwachsen läßt.»

Die Frau Salome hatte herzlich gelacht und erwidert: «Als mein seliger Mann vor sechs Jahren sich dieses idyllische Winkelchen einrichtete, war man sofort so freundlich, ihm eine Telegraphenlinie an den Fuß des Berges nachzulegen: die Gelegenheit, Ihre Überraschung nach Berlin, Wien, London, Petersburg und Paris kundzugeben, ist Ihnen also aufs bequemste geboten. Mein seliger Mann...»

«Bleiben Sie mir mit Ihrem seligen Mann vom Leibe!» hatte Scholten fast wütend gegrunzt, und die Baronin Salome Veitor hatte von neuem gelacht, aber dann doch nach einem Seufzer tief aus der Brust Atem geholt und gemeint: «Lieber Freund, ich glaube zwar mit Ihnen, daß das Schicksal uns im Grunde nur deshalb zusammengeführt und zu so guten Bekannten gemacht hat, damit wir einander heiter die größtmöglichen Sottisen sagen, allein wir wollen uns die guten Stunden doch nicht stets von vornherein verderben. Lassen wir die Toten ruhig unter ihren Steinplatten im Tale Josaphat; die Lebenden machen uns wohl genug zu schaffen, vorzüglich, wenn man eine große Verwandtschaft hat wie ich und einen bei den Namen Wien, Berlin und Frankfurt am Main eine Gänsehaut am heißesten Sommertage überkommt. Ich bin eine geplagte Frau, Scholten, und es ist durchaus nicht notwendig, daß auch meine Freunde ihre Lazzis an meine Wände schreiben wie ein Teil meiner jüngern und ältern Nachbarschaft aus der Stadt da unten die seinigen an mein Gartentor.»

Das war im vorigen Jahre gewesen, und seitdem hatten sich der Justizrat und die Frau Salome noch um vieles besser kennengelernt; und auch die Bekanntschaft eines ziemlichen Teils des großen Kreises lieber Verwandten der Dame hatte der alte Scholten gemacht. Er wußte ganz sicher, daß die Baronin Veitor eine geplagte Frau war und daß ihr der «Ichor» in ihren Adern das Dasein keineswegs gemütlicher machte. Die so weit über ganz Europa verbreitete Blutsverwandtschaft gab nichts auf den Ichor, sie ärgerte sich sogar dann und wann an dem Ichor, sie ließ es die Kusine häufig merken, daß der Ichor keinen Kurs bei ihr habe. «Was tue ich mit dem Ichor?» fragte die Verwandtschaft; und die Frau Salome, die, wenn sie in Leidenschaft geriet, sofort immer in den jüdischen Akzent und Inversionsredestil fiel, sagte zu ihrem guten Freunde: «Es ist immer dasselbe gewesen mit mir, und es wird mit mir bleiben immer das nämliche. Ich habe in einer feinen Wiege gelegen...»

«Meine Wiege hätten Sie mal sehen sollen», warf der Justizrat ein.

«Und ich bin geboren mit einem großen Ekel vor vielen Dingen, und alles, was mir zuwider ist, ist listiger und mächtiger als ich. Und auch ich bin aus Affrontenburg wie mein Stammesgenosse, der gute Heinrich Heine, und ich bin ein armes Mädchen und Weib gewesen, und ich habe mich ducken müssen vor jedem Affront, der mir angetan worden ist zu Affrontenburg.»

«Haben Sie das wirklich?» fragte Scholten, und dann kam ein Strahl von dem uralten scharfen Geierblick, wie er durch die Bücher von den Königen funkelt und in den Büchern der Makkabäer vor Antiochus dem Syrier.

«Ja, sie hätten es gern gehabt, wenn ich hätte auch gelächelt zu jeglichem Affront; aber ich habe dann und wann gelacht! Ich habe auch meine Zähne, und sie sind echt; und sind echte jüdische Zähne. Ich habe gebissen, wenn ich gleich keine bissigen Gedichte und Lieder drucken lassen konnte wie der Pariser Poet, mein talentvoller Herr Vetter aus dem Morgenlande. Ich schillerte bunt und lieblich – purpurn, golden, grün und violett – und zeigte ein rot Zünglein wie eine fremde Schlange in der Menagerie. Es war aber gefährlich, die Hand in den gläsernen Behälter zu senken! Das Gleichnis paßt nicht ganz. Der Mensch blieb draußen vor dem Zelt: wir waren ganz unter uns, und es waren auch recht noble Charaktere unter uns: der stolze Löwe, der brave, kluge Elefant, der biedere Bär, das würdige Kamel! Aber die Füchse, die Luchse, die Wölfe und dergleichen Nachbarschaft war schlimm, und vor allen anderen die Affen.»

«Es geht ordentlich ein Geruch von Ihrer Schilderung aus, meine Beste», meinte der Justizrat mit innigster ungeheucheltster Teilnahme. «Na, auch ich war in Arkadien, bin sogar noch immer drin, und Sie brauchen nichts weiter zu sagen.»

«Gott sei Dank!» rief dann die Frau Salome. «Manchmal komme ich mir nicht vor wie eine gefangene Schlangenkönigin im Glaskasten, sondern wie ein arm keuchend Häslein, und dann ist es immer ein Trost, einem Kameraden zu begegnen, der gleichfalls hinkt und mit allen Hunden gehetzt wurde.»

«Nun, ich bin ein alter Rammler, und wie ich gebraten schmecken werde, weiß ich nicht. Horazische Oden wie mein Landsmann, der Professor Ramler* aus dem Preußenlande, lasse ich auch nicht drucken; aber den Horaz lese ich und den François Marie Arouet* dazu. Ich komme schon durch und weiß fertig zu werden mit Berlin und Hannover.»

«Und ich mit Affrontenburg!» rief die Frau Salome mit einem sozusagen glücklichen Lächeln. «Darf ich Ihnen noch eine Tasse Tee einschenken, Scholten?»

Die Sonne geht wohl glorreich, klar und würdevoll vernünftig auf; aber die Menschen, die auf die Berge klettern und dort in wüsten Hirtenhütten und unkomfortabeln Hotels übernachten, um den Sonnenaufgang zu sehen, haben gewöhnlich ermüdete, überwachte Leiber, heiße Stirnen und fieberisch trockene Zungen und Hände und wenig Vergnügen von dem Pläsier. Der, welcher die Sonne wirklich aufgehen sieht, merkt eben nichts davon; es versteht sich ihm von selbst, daß die Sonne aufgeht und er an seine Arbeit. Diese Bemerkung geben wir zum besten, weil der zweite Sonnenaufgang nach der kühlen Mondscheinnacht, in der Eilike Querian von dem Dache ihres Vaters verschwand, einen außergewöhnlich heißen Morgen, eine seltsam schwüle Temperatur brachte. Und alles zu Berg gestiegene Touristenvolk im Harz behauptete, nie die Sonne so wundervoll und eigentümlich emporsteigen gesehen zu haben.

Es war etwas daran. Auch die Arbeiter auf dem Felde tauschten vom ersten Erscheinen der roten Kugel ihre Bemerkungen darüber aus und hielten von Zeit zu Zeit ein mit ihrer Beschäftigung, um sich um und nach oben zu schauen. Es war ein Dunst in der Luft, den der Mittag nicht zerstreute, und in der Ferne, über der Ebene im Norden, Nordwesten und Nordosten lag dieser Dunst zusammengeschichtet, doch nicht zu massigem Gewölk, sondern wie ein dunkler Schleier. Gegen elf Uhr morgens wurde die Hitze schier unerträglich; der dichteste Waldschatten gab keinen Schutz vor ihr; die Tiere in der Gefangenschaft wie in der Freiheit fingen an zu merken, daß nicht alles richtig sei in der Atmosphäre, und die Menschen fragten einander: «Nun, was soll denn das mal wieder werden?» Am verwundertsten aber sahen sich die Bergleute in der Oberwelt um, wenn sie aus ihrem unterirdischen

Reich zu Tage auffuhren. Älteste, Knappen und Jungen schüttelten in gleicher Weise die Köpfe, sobald sie den Druck dieses glühenden Firmaments auf ihnen verspürten, und sie huben einer wie der andere an, von allerhand gefährlichen Vorkommnissen da unten in ihrem Reich, von den bösen Wettern und den Bergwassern, vom Einsturz und dergleichen zu sprechen, und erinnerten sich gegenseitig an einzelne Fälle, wie das damals war, als das und das geschah und die und die zugrunde gingen da unten in der Tiefe. –

Trotz geschlossener Jalousien und niedergelassener Vorhänge war die Hitze auch in der Villa Veitor arg zu spüren. Die bunten Farben auf Wänden und Decken linderten sie nicht, die bunten Glasscheiben machten sie nur noch bemerkbarer, und das Rauschen des Springbrunnens im Garten gewann in der niedergedrückten Phantasie eine merkwürdige Ähnlichkeit mit dem Singen und Brodeln eines überkochenden Kessels auf dem Kohlenfeuer. Die Frau Salome hatte den Kampf bereits aufgegeben; sie lag hingestreckt wie die büßende Magdalena auf dem Bilde Correggios, jedoch mit keinem Totenkopfe vor sich, sondern umringt von einem Kreise zerknitterter deutscher und ausländischer Zeitungen. Gar sehr verwunderte sie sich, als sie, das «Journal des Débats»* zu den übrigen werfend, jetzt unter ihrem Altane eine fremde Stimme im Verkehr mit ihrer Dienerschaft vernahm.

«Besuch? Mein Gott, was ist das für ein Menschenkind, das zu dieser Stunde und bei dieser Temperatur mich sprechen will? Wer es auch sei und was ihn zu mir treiben mag: wenn er nicht schwitzt und wenn er mir drei vernünftige Worte im logischen Zusammenhang mitbringt, so ist der Äquator sein Vater, die Wüste seine Mutter und der Schirokko sein rechter Bruder – o ihr Götter, es ist ja Scholten! – Scholten, sind Sie es denn wirklich? Eben habe ich da noch gelesen, daß man wieder einmal die Stadt München mitten in den sibirischen Steppen als Spiegelbild in der Luft gesehen habe: ich bitte Sie, Scholten, reden Sie auch, geben Sie mir die Gewißheit, daß Sie kein Produkt der Fata Morgana sind!»

«Jawohl – leider bin ich's, und heute mal *ich* zu Esel!» ächzte der Justizrat, in den nächsten Sessel fallend und die Mütze in die fernste Ecke schleudernd. Halstuchlos, mit aufgerissener Weste, stierte er um sich, und wenn's auf Schwitzen ankam, so gehörte er nicht in die Verwandtschaft, welche die Baronin ihm soeben zurechtgemacht hatte. Er schwitzte gräßlich.

«Zu Maulesel – im Galopp zu Esel bin ich da; das heißt, was noch von mir übrig ist. Warten Sie nur – es ist eine Kunst, drei verständige Worte zusammenzubringen. Ah, den ganzen Kant und Aristoteles für ein Glas Selterswasser mit einer Nuance von Kognak! O Jesus, meine Beste, und Sie haben es sogar bei dieser Witterung fertiggebracht, sich mit der Orientalischen Frage* zu beschäftigen?»

Das letztere war mit einem kläglichst matten Blick auf den Zeitungshaufen gesagt. Die Baronin fand zwischen den Aufträgen, welche sie in aller Hast dem Diener betreffs der Aufrichtung und Erfrischung des lieben und liebenswürdigen Besuchers gab, die Zeit, mit fröhlicher Miene zu erwidern: «Sie kennen doch meine Stellung zu der Lehre von der Seelenwanderung, Scholten? Vor dritthalbtausend Jahren kam ich aus Saba zum König Salomo.»

«Jetzt lassen Sie mich gütigst mit alledem in Ruhe, Frau Salome! Auf der Wanderschaft befindet sich meine Seele augenblicklich auch, und ich wollte nur, sie hätte das Eisbärenfell schon gefunden, in das sie am liebsten aus ihrem jetzigen abgeschmackt unerträglichen Futteral sich verziehen möchte. Uh – oh, am Nordpol ist es schön!»

«Aber das Dach der Witwe Bebenroth ist an einem solchen abnormen Sommermorgen wie der heutige, gegen einen Eselritt von dritthalb Stunden gehalten, auch nicht zu verachten?!»

Da sprang der Justizrat Scholten, vor Ärgernis pfeifend, in die Höhe und schrie: «Glauben Sie etwa, meine Gute, ich sei pour vos beaux yeux jetzt hier? Da könnten Sie sich ebensogut einbilden, Frau, mein Esel habe mich gesattelt und gezäumt, um auf mir zur Visite nach der Villa Veitor zu reiten! Alle Teufel, Sie Närrchen – meine Gute, Liebe, Beste, der Teufel reitet mich freilich, und nicht mich allein, sondern das Dorf, den Querian, die Eilike, kurz, uns alle! Die Eilike ist seit gestern verschwunden und bis heute noch nicht wiedergefunden; Querian ist vollständig toll geworden, und ich – ich war drunten in der Stadt auf der Kreisdirektion, um als braver deutscher Staatsbürger daselbst bescheidentlich anzufragen, was unter den obwaltenden Umständen zu tun sei. Glauben Sie wirklich, ich habe ganz und gar vergeblich Jurisprudenz studiert? Glauben Sie, ich wisse ganz und gar nicht, woran der germanische Mensch in seinen Nöten sich zu halten habe – he?»

«Ich weiß nur, daß Ihr Studium und Ihr Germanentum Sie nicht hindern, einer der ausgezeichnetsten Grobsäcke zwischen der Weichsel und dem Wasgau zu sein; und ich glaube versichern zu können, daß die heutige etwas schwüle Witterung eine mildernde Wirkung auf Ihr Temperament und Ihre Ausdrucksweise nicht ausgeübt hat.»

«Und Ihr Eiskeller ist so vortrefflich und Ihr Rheinwein dito – ah, noch ein Glas Soda! So? Ich grob, Liebste? Außer mir bin ich – weiter nichts! Verrückt bin ich – hundertmal toller als Querian, und das ist das Ganze, und dann kommen noch die Leute, die hier auf dem Diwan liegen und die kühlen Bergwasser in ihre Trägheit, um nicht zu sagen Faulheit, hineinsprudeln hören, und wollen von Grobheit reden! Verrückt, verschroben und toll bin ich: Querian und Schwanewede aufeinander gepackt, reichen längst nicht mehr an den armen Scholten heran. Und nun falten Sie einmal Ihre glatte, kluge Stirn, Frau Salome; raten Sie, helfen Sie! Die Polizei allein tut's nicht, zumal wenn die Landreiter über Land geritten sind und heute abend erst nach Hause kommen werden.»

«Nehmen Sie noch ein wenig Eiswasser, und versuchen Sie dann, mir ruhig zu erzählen, was vorgefallen ist. Vor allen Dingen aber, was ist mit dem Kinde, das ich vorgestern bei Ihnen kennenlernte?»

«Das Mädchen ist fort, und mein kuriöser Freund Querian behauptet, man habe es ihm gestohlen. Und *ich* soll es ihm gestohlen haben! Wutschnaubend hat er mir seine dahingehende Ansicht von der Sache in die Zähne gerückt.»

«Und dieses ist nicht der Fall? Sie haben keine Schritte getan...»

«Ich habe nichts getan. Nach Pilsum an Peter Schwanewede habe ich geschrieben um Rat; und in der Nacht, während ich schrieb und Sie nach Hause ritten, muß das Ding davongegangen sein. Da ist ein Halunke im Dorfe, ein armer geistesschwacher Kretin, halb blind und ganz taubstumm, August sein Name, und mir sonst als Charakter ziemlich verdächtig, der hat zu Protokoll gegeben, daß er das Mädchen im Mondschein von ihres Vaters Dach kletternd und im Walde laufend gesehen habe. Seine Mutter hat ihn geprügelt, und jedesmal, wenn ihn seine Mutter geprügelt hat, so hat sich der Hydrocephalus, der Wasserkopf und der Kropfmensch, in den Schutz der Eilike begeben, das heißt unter einem überhängenden Stein im Busch hinter ihrem Hause seine Zuflucht genommen. Er sagt nun aus, die Eilike sei an ihm vorbeigeschlüpft, und ich glaube nicht, daß der Tölpel dieses Mal lügt. Fort ist sie, und dann ist am Morgen Querian zu mir gekommen – seit langer Zeit zum erstenmal am hellen Tage hat er sich aus seiner Höhle erhoben – und hat seine Fräulein Tochter von mir zurückverlangt. Da hat es Auftritte gegeben in der Idylle bei der Witwe Bebenroth und auf der Dorfgasse, die mir den Aufenthalt auf Patmos* für alle Zeiten verleidet haben. Der ganze liebenswerte Ort ist zu einem Tollhause geworden, und alles Bergmannsvolk hat für den primus inter pares, für meinen Freund Querian, Partei genommen. Wahrhaftig, da leben wir mitten im erleuchteten neunzehnten Jahrhundert und erleben es, daß einem die Tierheit, der Unverstand die Tür mit den Köpfen einrennen und Recht verlangen für ihren weisen Meister! Sie nennen ihn wirklich und wahrhaftig ihren weisen Meister, und sie haben vor meiner justizrätlichen, whistklub- und landtagswahlfähigen Nase auf den Tisch geschlagen und es sich verbeten, daß ich mich in – ihre Angelegenheiten mische! Sie haben behauptet, ich habe das Kind fortgeschickt; und Querian, selbstverständlich Methode in seinen Wahnsinn bringend, hat mich sehr verständig gefragt, ob ich in der Tat nicht die Absicht habe, mich in seinen Haushalt einzumischen und ihn in dem Seinigen zu stören. – Nun komme einer einem Narren wie er mit der Kreisdirektion und der Polizei! – Dem Vorsteher muß ich es lassen, er hat sich als ein vernünftiger Beamter gezeigt, und auf einen Teil der Bauern konnten wir gleichfalls zählen als verständige Männer. So haben wir den Wald abgesucht bis zum gestrigen Abend, die Eilike jedoch nicht gefunden. Und nun sitzt der Querian wieder und hat sich noch fester verbollwerkt in seiner Behausung, und die Bergleute haben die heillose Geschichte unter die Erde getragen und verarbeiten sie da weiter. Frau Salome, in dem Augenblick, wo Sie als klare israelitische Baronin und europäische Bankierswitwe und ich als hannoverscher Justizrat hier am hellen Tageslichte verhandeln, wird da unten in der Tiefe auch verhandelt, und wenn sie uns nicht eine Kompanie Musketiere schicken, ist kein Gedanke daran, daß wir den Querian in ein Asyl für Nervenkranke und die Eilike in unsere Hände und ein Erziehungsinstitut für junge Damen besserer Stände kriegen. Alles unterirdische Volk ist für Querian, die Waldarbeiter sind schwankend, und nur die Bauern, wie gesagt, sind zum Teil für uns, wollen aber natürlich erst wissen, was der Herr Kreisdirektor zu der verfluchten Geschichte sagt. Jawohl, die zuständige Behörde da unten in der Stadt wartet ab, daß ihre Landdragoner nach Hause kommen, und hier sitze ich. Mein Reittier steht in der ‹Goldenen Forelle›, und mein Brief an Peter von Pilsum befindet sich auf der Eisenbahn, auf der Reise nordwestwärts. Sollte man da nun nicht selber rappelig werden, zumal an einem solchen mörderlichen Tage, wo die Wendekreise des Krebses und des Steinbocks sich einem im Hirnkasten zu schneiden scheinen und einem der Gleicher grade über die Nase herunterläuft?!»

«Die Unglücklichen!» seufzte die Frau Salome, und sie meinte den Vater und das Kind in dem aufgeregten Dorfe hinter den Bergen. «Was für einen Rat wollen Sie von mir in dieser traurigen Sache? Nehmen Sie mich mit sich; ich werde sogleich den Befehl geben anzuspannen, und wir können auf der Stelle abfahren. Ich will mit dem unseligen Menschen reden; ich will ihn sehen; oh, ich weiß, ich kenne ja noch gar nichts von ihm! Sie haben mir von ihm gesprochen; aber von seinem Leben, seinen Anfängen und seinem Entwicklungsgange kaum etwas erzählt, Scholten.»

«Da ist eben wenig zu erzählen, gute Frau. Ich, Schwanewede und Querian sind sämtlich aus Quakenbrück, drei Wiedehopfe aus einem Neste – Schulgenossen, Jugendgenossen, Studienfreunde, wir alle drei zusammen –, aber drei geborstene Töpfe machen keinen ganzen und heilen. Jeder von uns ist seine eigenen Wege gegangen, und hier sind wir angekommen; jeder mit seinem Sprunge vom Henkel bis zum Boden und nur ich von der alten Drahtbinderin Notwendigkeit für den ferneren notdürftigen Lebensküchengebrauch notdürftig konservieret. Ich nehme es nicht zu sehr übel, wenn Sie mich für den vernünftigsten von den drei edeln Quakenbrückern halten wollen. Daß ich Jurist bin, wissen Sie; Schwanewede hat Theologie studiert und Querian eigentlich alles und die Bildhauerei noch obendrein. Da er der Begabteste von uns war, so fuhr die Welt natürlich am schlimmsten mit ihm. Um irgendeinen Halt zu haben, heiratete er und hat sein Weib bald genug in lauter Liebe und Zärtlichkeit zu Tode gequält. Ja, Frau, ich lasse meinen Esel in der ‹Goldenen Forelle› an der Krippe, und Sie lassen anspannen, und wir fahren zusammen. Sie sollen Querian sehen und mit ihm reden. Als er in die Welt fiel, purzelte er auf den Rücken wie ein Käfer. Er hat auch sechs Beine oder Krallen wie ein Käfer, und damit zappelt und greift er in der Luft umher und hat es immer noch nicht aufgegeben, den Halm zu finden, an dem er sich aufrichten könne. Bis dato ist er auf dem Rücken liegengeblieben und hat jenen Halm oder Strohhalm nicht gefaßt. Im fünfzehnten oder sechzehnten Jahrhundert würde er vielleicht ein großer Mann geworden sein, ein Alchimist und Archimedikus am Hofe von Burgund, ein Professor zu Bologna, Prag oder Wittenberg oder ein fürtrefflicher Skulptor in der Bauhütte des Kölner Domes. Es ist schade um ihn; ich versichere es Sie, Frau Salome! Im Gefolge Eurer Königlichen Majestät von Saba würde er sich auch gar nicht übel ausgenommen haben – er hat eine leichte Hand und schneidet ausgezeichnet gut Krähenaugen aus; auf der Universität hat er sie mir oft ausgeschnitten. Ach, wie es jetzt ist, wird ihm wohl kein Hofmarschallamt bei seinem Begräbnis eine Hofkutsche nachschicken! Ja, lassen Sie anspannen, Frau Salome, und fahren Sie mit mir zu meinem armen Freunde Querian!»

«Wie ist er in dieses Dorf gekommen?»

«Grade wie Sie auf diesen Vorsprung des Gebirges, Frau Salome. Sie bewohnen hier die Villa Veitor, weil Ihnen der Lärm, der Geruch und die Verwirrung dort in den Städten der Menschen zuviel werden. Er hatte wohl noch zwingendere Gründe. Mit einem goldenen Löffel schöpfte er nicht vom süßen Brei dieser besten

Welt. Ei, und die Tollen sind schlau! Es geht eigentlich nichts über die List der Wahnsinnigen, und es ist ein großes Glück für uns, daß sie selten so heimtückisch sind wie die vernünftigen Leute. Querian ging nur schlau den Leuten durch, die ihm nicht gefielen; habe ich Ihnen nicht gesagt, daß die größere Hälfte des Volkes hier auf ihn schwört?»

Die Baronin zog die Glocke und befahl, den Wagen hervorzuziehen und die Pferde anzuschirren.

Der Justizrat Scholten lobte noch einmal den Wein, das Wasser und den Eiskeller seiner Gastfreundin, dann sprach er mit gedrücktem Tone: «Ich warne Sie, Liebste. Es gibt keine gefährlicheren Verbindungen als mit Menschen, welche die Rolle, die sie nur spielen sollen, ernst nehmen. Mit dem mächtigen Kaiser Octavianus Augustus ließ sich vortrefflich auskommen und höchst angenehm verkehren; aber mit dem armen hintersinnigen Schlucker, meinem Freunde Ernestus Querianus, läßt sich verdammt schlecht Kirschen essen. Wer bürgt Ihnen dafür, beste Frau, daß nicht die Verflechtungen und Verpflichtungen, in welche Sie vielleicht durch diese Fahrt geraten, Ihnen die Sommerfrische hier an den Bergen ganz so verleiden, wie sie mir bereits zuwider gemacht worden ist?! Ist's die Witterung oder etwas anderes – ich traue dem Tage nicht.»

«Ich bin aus Affrontenburg und fürchte mich vor keinen Verwicklungen.»

«Schön», sagte der alte Scholten. «Neulich traf

ich da unten im Kurgarten eine recht patriarchalische Familie, deren greisendes Oberhaupt eben einen von einem jüngeren Sprößling unter dem Nebentische zwischen den Füßen der Nachbarschaft gefundenen Silbergroschen mit hundert Prozent Agio bezahlte. Lange hat mir nichts so wohl gefallen. So richtet man in der richtigsten Weise für alle Vorkommnisse des Lebens ab! Die liebe Familie war auch aus Berlin, Frau Salome! Eine sehr christliche Familie, Euer Gnaden.»

«Seien Sie nicht allzu unvorsichtig, Scholten!» sagte die schöne Frau lächelnd. «Sie wissen, ich beiße, wenn man die Hand zu vermessen in mein gläsern Haus und Gefängnis steckt.»

«Beißen Sie!» rief Scholten. «Davor fürchte ich mich auch nicht; ich kenne den Saft, der in die zierlichen Wunden fließt. ‹Sie alter Schmeichler, Sie!› werden Sie sagen; nicht wahr, Frau Salome? Übrigens wartet der Wagen, und wir können abfahren.»

Dem stellte sich noch ein Hindernis entgegen.

XI

Ein Hindernis konnte man es eigentlich nicht nennen; es war vielmehr ein Begebnis, das sie noch aufhielt. Sie waren aus dem Saal auf den kiesbedeckten Rundplatz der Hinterseite des Hauses hinabgestiegen, wo der leichte, offene Wagen sie an der Veranda erwartete. Seltsamerweise schien das ganze Hauspersonal sich diesmal für die Abfahrt der Herrin außergewöhnlich zu interessieren. Es hatte jedoch einen andern Grund, daß jedermann seine Beschäftigung unterbrochen oder ganz aufgegeben hatte.

«Bei der Hitze solch eine Vergnügungsfahrt!» ächzte der Justizrat mit einem anklägerischen Aufblicke zum erbarmungslosen verschleierten Blau über seinem Kopfe.

«Wollen Sie ein Exemplar der Odyssee mit auf den Weg haben?» fragte die Baronin lächelnd. «Das ist immer kühl und erfrischt euch germanische Gemüter. Ich meinesteils versetze mich einfach in der Phantasie nach Judäa, wo sie an die Wüste Edom stößt – das kühlt auch.»

Sie setzte eben den Fuß auf den Wagentritt, als sie von ihrem Gärtner angesprochen wurde.

«Gnädige Frau, wir haben jetzt endlich unsern Gartendieb. Er soll uns hoffentlich von nun an nicht mehr durch die Hecken brechen. Im Waschhause haben wir ihn in Numero Sicher unter Schloß und Riegel, und in der Mooshütte habe ich ihn beim Fittich genommen. Solch eine Frechheit! Denken Sie, er lag und schlief, so vollgefressen hatte er sich in den Kirschen.»

«Haltet ihm eine Rede, Friedrich; gebt ihm einen kleinen Denkzettel und laßt ihn laufen», meinte Scholten. «Selbst einen Mordbrenner sollte man bei einer solchen Temperatur nicht vor Gericht schleppen.»

«Es ist kein Er; es ist eine Sie, Herr Justizrat.»

«Eine Sie?» fragte die Baronin. «Dann wollen wir doch die Verbrecherin sehen, Scholten. Schließen Sie einmal das Waschhaus auf, und bringen Sie uns das arme Ding her, Fritz. Ich will nicht umsonst den Blutbann auf meinem Gebiet ausüben. Gütiger Himmel, sind denn die Kirschen schon genießbar? Ich würde es mir nie vergeben, wenn sich jemand die Ruhr auf meinem Grund und Boden holte.»

Im Haufen hatten sich die Leute auf die Waschhaustür gestürzt, und inmitten des Haufens geführt erschien die Sünderin, die man in der Mooshütte schlafend gefangen hatte.

«Ich traue meinen Augen nicht!» rief der Justizrat Scholten.

«Das Kind?» rief die Frau Salome. «Unsere Eilike Querian!»

«Die Eilike!» wiederholte Scholten matt.

Die Dienerschaft der Villa Veitor hatte ihren Fang verwundert freigelassen und ihren Kreis um die Gefangene auf einige Schritte erweitert. Wie schlaftrunken auf den Füßen schwankend, stand das Mädchen und starrte aus geschwollenen, geröteten Augen blinzelnd umher.

«Ich habe keine Kirschen gestohlen!» rief es. «Ich stehle nicht. Mein Vater macht unsterbliche Götter, und ich stehle nicht! Sie lügen wie die Frau Bebenroth; ich weiß nichts von des Herrn Paten Huhne. Die Köhler im Walde haben mir genug zu essen gegeben. Ich wollte nur die Dame besuchen – so wahr mir Gott helfe, ich wollte nur die schöne Dame noch einmal sehen!»

«Mich hast du aufgesucht, mein liebes Kind? Du bist um das Haus geschlichen – großer Gott, vielleicht seit vorgestern! – Weshalb bist du nicht hereingekommen zu mir?»

«Ich habe mich doch gefürchtet, und ich habe mich auch geschämt. Es war zu schön.»

Justizrat Scholten saß auf einem Rohrstuhl unter der Veranda mit «Hm» und «Ha» und einem fortwährenden Abnehmen und Wiederaufsetzen der Mütze. Jetzt ließ er die Arme hängen und stöhnte: «War ich dir vielleicht auch zu schön, Eilike? Na, ich sage nichts mehr, und ich tue nichts mehr. Hier sitze ich wie ein obergerichtsadvokatliches Fräulein von Klettenberg* und warte ruhig ab, was noch weiter passiert.»

«Wir verschieben unsere Fahrt in den Wald noch um eine Stunde, nicht wahr, Scholten?» fragte die Frau Salome, und schon hatte sie die Eilike unter dem Arme gefaßt und führte sie die Treppe hinauf in ihren Salon zurück.

Der Justizrat folgte langsam; aber im Saal angekommen, warf er seine Mütze auf den Boden und rief: «Ich hänge alles an den Nagel und mich dazu! Was hilft mir nun meine mit den nützlichsten Studien hingebrachte Jugend? Was hilft alle meine Jurisprudenz und andere Prudenz, all mein Wissen und meine Weissagungen? Ich habe nur den *einen* Wunsch, nämlich daß ein anderer kommt, um mir mitzuteilen, was dieses Menschenkind gerade hierher getrieben hat.»

«Ich ahne es», murmelte die Frau Salome.

«Jawohl! Natürlich! Versteht sich! Was mich anbetrifft, so hat es bei mir nie mit dem ‹Ahnen› und ‹Schwanen› so recht vonstatten gehen wollen, und wenn mir was geschwant hat, so ist sicher eine Dummheit herausgekommen. Nun sprich, Eilike, du Kindskopf, du Heckenspatz, du echte Tochter deines Vaters, was wolltest du hier? Weshalb bist du uns durchgegangen und hast den alten Querkopf ganz rabiat und desperat gemacht und das ganze Dorf auf den Kopf gestellt? Ist es dir gar nicht eingefallen, daß man dich suchen, daß man sich Sorge um dich machen werde?»

Die schöne Baronin hatte währenddessen das arme, zitternde, verschüchterte Mädchen auf den Diwan niedergedrückt; sie hatte ihr auch ein Glas kühles Getränk bereitet und es ihr fast mit Gewalt eingezwungen. Sie saß neben ihr und sprach ihr mit mütterlichem, zärtlichem Tone zu: «Nicht wahr, die Sache ist ganz einfach, mein Herz; du bist zu mir gekommen, weil du Gefallen an mir gefunden hast?»

«Jaja – ja!» flüsterte Eilike Querian.

«Du hat mich vorgestern, als ich bei euch – bei dem Herrn Paten war, darauf angesehen, ob ich dir wohl helfen würde, wenn du zu mir kämest. Und weil du gern möchtest heraus aus deinem Leben in ein anderes, mein armes Herz, haben sie dich schlafend gefunden in meinem Garten! Weil du so groß gewachsen sein möchtest wie ich und solche Kleider tragen und reinlich sein, bist du gekommen! Du hast deinem Vater nicht aus Bosheit, aus bösem Herzen weglaufen wollen?!»

«Nein, o nein!» schluchzte die Eilike. «Es ist alles stärker gewesen als ich. Ich habe müssen! – Ich weiß aber nicht zu sagen, was ich getan habe, was ich will, und das weiße Bildnis in meiner Kammer ist nicht meine Mutter, sondern eine fremde, heidnische Frau. Meine Mutter ist tot.»

«Und das Universum leidet am Sonnenstich! Ich – du – wir alle!» schrie der Justizrat.

«Seien Sie mir jetzt still, Scholten», sprach aber die Frau Salome mit souveräner Herrschaft über alle Zustände der Minute. «Was wissen Sie? Was verstehen Sie? Die Eilike soll jetzt ein ganzes Huhn essen; in meinem Küchenschranke wird sich wohl noch eins finden; und wir wollen mit ihr frühstücken, denn in Ihrem Dorf ist man doch nicht sicher, ob das Wirtshaus nicht wieder ratzenkahl gezehrt ist, wie sich Ihre gemütliche Witwe ausdrückt, lieber Scholten. Nachher wollen wir dann alle drei in den Wald zum Vater Querian fahren und alles in Ordnung bringen. Wir bringen doch noch alles in Ordnung!»

Zwischen Lachen und Weinen hatte das die Frau Salome gerufen; doch der alte Scholten sagte seufzend: «Wahrscheinlich wird eben alles so, wie es jetzt ist, in der schönsten Ordnung sein; und wir sind insgesamt nur zu dumm, um die Harmonie herauszufühlen und einzusehen. Appetit habe ich nicht und kann das auch keiner von meinem Magen und mir verlangen. Mit der Aussicht auf einen Besuch bei Querian zu verdauen? Das könnte einem Leber, Milz und Pankreas für alle Ewigkeit in Unordnung bringen, und dann möchte ich freilich wohl den Philosophen kennenlernen, welcher dann auch das in der schönsten Ordnung fände.»

Sprach's und frühstückte mit und war der einzige von den dreien, der wirklich aß, und zwar mit Appetit. Gerade um die zwölfte Stunde des Mittags fuhr man nun wirklich von der Villa Veitor ab und gelangte bald auf die große Straße, den weißen Streif, welcher der Eilike so deutlich durch die kühle Mondnacht geschimmert hatte.

Jetzt lag die allerheißeste Sonne auf dieser Straße; doch die Ebene sah noch dunkler im still schwülen Scheine herüber auf das Gebirge. Die Pferde schnoben und stöhnten auch, und die Höhen brachten heute keine kühlere Luft; im Gegenteil. Dagegen aber erblickte das Auge, als man auf das schon geschilderte Bergplateau gelangte, über die nächsten Tannenwälder und Höhenzüge weg gegen Westen hin eine schwere, weiße Wolkenwand, die stillzuliegen schien, aber doch rückte. Der Brocken war nicht mehr zu sehen, das Gewölk hatte sich bereits über ihn weg und vor ihm her geschoben, aber ein Bergzug lag noch tiefblau, ja schwarz, einer letzten Mauer gleich, gegen den unheimlichen, weißen, stillen Feind.

Stille! Nur einmal kam ein leises, wie spielendes Lüftchen und trieb zehn Schritte vor den Pferden ein Wirbelsäulchen von Staub und Strohhalmen und Blättern auf. Dann legte es sich wieder, und alles war ruhig wie zuvor; aber der Kutscher, seine Zügel fester in der Hand zusammennehmend, wendete sich zu den Herrschaften im Wagen und sagte, mit der Peitsche nordwärts und westwärts deutend: «Das sieht schlimm aus; und es gibt heute sicherlich noch was.»

«Sehen Sie zu, daß Sie uns wenigstens trocken in das Dorf bringen, Ludwig.»

«Das wird sich wohl noch machen lassen, Herr Justizrat. Das platte Land da geht uns überhaupt nichts an; wenn nur die Berge da vor uns standhalten. Auf dem Brocken haben sie heute eine schlechte Aussicht.»

Die Straße lief jetzt ohne weitere bedeutende Steigung weiter. Die Pferde flogen, der Wagen rollte leicht auf dem guten Wege, und Eilike Querian ließ wieder den Kopf auf die Brust sinken und schlummerte von neuem ein, betäubt durch die Hitze der Stunde und die Aufregungen der letzten Tage.

Die Baronin saß still dem Kinde gegenüber; nur einmal bemerkte sie: «Ich habe das in Sizilien vor einigen Jahren, kurz vor Ausbruch eines sehr heftigen Orkans, so gesehen und gefühlt. Wie dunkel es über der Ebene wird und doch wie klar die Türme der Städte und Dörfer und das übrige hervortreten!»

«Und es ist möglich, daß wir hierher keinen Tropfen Regen bekommen. Daß wir von hier aus wie aus der Arche auf die Sintflut sehen. Ich habe das häufig erlebt. Den Wind aber kriegen wir dann, und zwar tüchtig. Sehen Sie, die Titanen, die den Blocksberg verschlungen haben, vermögen jenen letzten Wall nicht zu nehmen.»

Die Frau Salome schauerte zusammen: «Wissen Sie, Freund, dieser unheimliche Sonnenschein, der uns begleitet, trotzdem daß die übrige Welt ringsum so finster wird, würde auf die Länge meinen Nerven zuviel werden. Ich traue den Göttern nicht. Sie machen uns hohnlächelnd ein Kompliment mit dieser Sonne und in ihr für einen Egoismus verantwortlich, an dem wir nicht die Schuld tragen. Was haben sie im Sinne mit uns? Sehen Sie nordwärts – da bricht es schon los! Bei meinem Wort, ich gäbe viel darum, wenn der schwarze Flügel uns wie unsere Brüder dort überschatten würde. Ich würde mit Vergnügen naß bis auf die Haut werden.»

«Damit wird es nun wohl nichts werden», meinte Scholten. «Hier haben wir das Dorf. Machen Sie sich übrigens nur ja keine unnötige Sorge, daß man uns in der Hinsicht vergesse. Kriegen wir heute nicht unser Teil, so kriegen wir es morgen. Wir wollen jetzt aber die Kleine wecken; da sie den Weg so ziemlich verschlafen hat, so mag sie alles für einen Traum halten, sowohl was sie selbst ausgeführt als was sie von anderen Leuten erfahren hat.»

Der Wagen hielt vor dem Wirtshause, einer Schenke, die auch in einem der Bücher stehen konnte, von denen der Justizrat an Peter Schwanewede schrieb. Mit leiser, sanfter Hand strich die Frau Salome der Eilike über die Stirn, und das Kind fuhr auf und sah sich wahrlich um, als wenn es aus einem Traum erwache.

Sie stiegen aus, und in dem Augenblick, als sie den Fuß aus dem Wagen setzten, sank das schwüle Himmelsgewölbe mit verdoppeltem Gewicht auf sie.

Die Baronin sagte: «Über das Wetter haben wir im Fahren vieles gesprochen; über uns selber auch nicht wenig. Es sind uns aber viele Leute begegnet, meistens mit schweren Lasten auf dem Rücken. Was diese Fußgänger, diese alten Mütterchen, Weiber und Kinder wohl von diesem Tage halten, haben wir nicht gefragt.»

«Es ist ein Glück, daß einem nicht alles zu gleicher Zeit in den Sinn kommt», brummte Scholten. «Für jetzt haben wir selber genug auf dem Buckel an Querian und Querians Tochter.»

Er nahm sein Patenkind an der Hand, und nun gingen sie durch das Dorf. Die Baronin erinnerte sich der Eiskühle, von der sie vorgestern auf diesem Wege getroffen worden war. Von der Aufregung, von der ihr vorhin der alte Freund erzählt hatte, bemerkte man nichts mehr.

Im Gegenteil, die Gassen und Hütten erschienen noch ausgestorbener als damals. Die Bergarbeiter befanden sich wieder in ihren Gruben und Stollen, die Feldarbeiter mit ihren Frauen und Kindern auf den kümmerlichen Äckern, die Waldarbeiter in den großen Wäldern und so weit ab, daß der Schall ihrer Äxte nicht hierher drang.

Nur ein einziges lebendes Wesen begegnete ihnen auf dem Wege zu der Hütte Querians, eine weiße, magere Katze, die scheu vor ihnen über die Straße ging und in einer offenen Haustür verschwand.

Aus einem anderen Hause ertönte das laute Weinen eines Säuglings, der – von der hart arbeitenden Mutter notgedrungen sich selbst überlassen – zu früh aus seinem Schlafe aufgewacht war und nun seinen Jammer laut, aber vergeblich in die Welt hinausschrie. Das war der einzige Lebenslaut, den sie vernahmen.

Des Justizrats schien sich jetzt eine eigentümliche Lustigkeit bemächtigen zu wollen. Dazu sprach er zwischen den Zähnen mit sich selber.

Eilike machte ihre Hand von der seinigen los und hing sich schüchtern an den Arm der schönen Jüdin.

«Ich fürchte mich so!»

«Dummes Zeug», schnarrte der alte Scholten. «Was soll das Geschwätz, Mädchen? Wir werden schon mit dem Bruder Zauberer fertig werden. Heraus soll er jetzt! Ich versichere Sie, Frau Salome, daß ich in diesem Moment nötigenfalls ebenso toll sein kann wie er. Aber wir wollen ihn in Güte zur Räson bringen; wenn wir ihm mit Musik – Hörnern und Pauken – vor die Bude rückten, wär's wohl noch besser; aber er soll auch so die Überzeugung gewinnen, daß die Welt noch auf ihn rechnet. Peter von Pilsum? Dummes Zeug! Ich weiß wahrhaftig nicht, was mich bewogen hat, an den zu schreiben! Der Mond schien mir damals auf den Kopf; einen anderen Beweggrund find' ich nicht heraus. – Was kocht und quirlt er nun wieder? Sehen Sie den Qualm über seinem Schornstein! Wer kann bei dieser Hitze heizen? – Und die Tür richtig wieder verschlossen. Warte, mein guter Freund, endlich reißt die hausmachenste Geduld. Wir werden dich beschwören, mein Bester, wir wollen und werden dir itzo die Nägel beschneiden, die Haare und den Bart kämmen und scheren! Holla, heda, Karl Ernst Querian, mach auf; wir sind es, die Klaren, die Verständigen, die Vernünftigen dieser Erde!»

«Ich bitte Sie, Scholten, bedenken Sie, was Sie tun!» rief die Frau Salome ängstlich, und Eilike klammerte sich jetzt heftig zitternd an sie.

«Scholten, lassen Sie uns vorsichtig zu Werke gehen!»

«Ich werde ihn beschwören und ihm zugleich ein Rezept geben, damit er es noch zu etwas bringe in der Welt!» rief der Justizrat grimmig lustig. Dann pochte er mit der Faust an die Tür seines Jugendgenossen und erhob von neuem die Stimme: «Holla, heda, Queriane! Mach die Tür auf und nimm guten Rat –

> ‹Eiweißstoff und Hundedreck,
> Albumin und Album graecum,
> Und dazu drei Fingerspitzen
> Mäusekot, was auf lateinisch
> Nennt der Magus Album nigrum,
> Mische, koche, quirle man,
> Wie man will, man hat darum
> Kein unsterbliches Gedichte
> Für das Album unsrer Damen,
> Kein erquickliches Gerichte
> Für der Jetztzeit Göttertafel
> Von dem Herde abzuheben!›*

Queriane, Queriane, alter Freund, schließe auf und zeige uns wenigstens, was du gekocht hast! Wir stehen vor deiner Tür, das Kapital und der Witz, und warten auf dich, und dein hübsches, braves Kind bringen wir dir obendrein zurück!»

«Er ist toller wie der andere», murmelte die Frau Salome, wirklich scheu so weit als möglich von der Pforte des Dorf-Prometheus zurückweichend und dabei wie schützend den Arm um den Nacken der Eilike legend. «Der Himmel schütze und erhalte mir mein kühl semitisch Gehirn.»

Sie hatte vorgestern beim ersten Erblicken des Dorfes einen Vers aus dem Dante zitiert –

«Ein Windstoß fuhr aus dem beträntem
Grunde»;

aber sie hätte jetzt mehr Grund gehabt, den Vers herzusagen, nein, laut hinauszuschreien.

Auf einmal war er wieder da, der Wind! Unvermutet, plötzlich, im atem- und herzerdrückenden Überfall und Ansturm. Es erbrauste der Wald um das Haus Querians, ein erstickender Staub erhob sich aus allen Gassen des Dorfes und verhüllte teilweise alles. Wie es jetzt rund um das Bergplateau aussah, konnte man aus dieser schon beschriebenen Talmulde nicht erkunden; nur griff der Gewitterdunst aus Norden bereits bis zum Zenit hinauf, und das Gewölk im Westen hatte auch seine Farbe geändert und drohte dunkel herüber. Ein dumpfes Rollen ging auch herum; aber der Wind wollte noch den Donner nicht zum Worte kommen lassen.

«Da haben wir's!» rief der Justizrat, dem die Mütze vom Kopfe gerissen und weithin entführt war, ehe er zugreifen konnte. Der Qualm vom Herde und aus dem Schornsteine Querians wurde auch über das Dach zu Boden getrieben. Staub, Rauch, welkes Laub vergangener Jahre aus den Forsten wirbelten hin – die Tür des Hauses hatte sich geöffnet, und Querian stand auf der Schwelle, mit der Rechten den Griff festhaltend gegen den Sturm, mit der Linken die Augen gegen das kreisende Gestäube schützend. Die Frau Salome hätte beinahe einen Ruf der Enttäuschung ausgestoßen – der kleine, scheue, schämige, schwächliche Mann mit dem kümmerlichen dünnen Haar, im kümmerlichen grauen Röckchen mochte Zauberer, Hexenmeister, Tausendkünstler sein, soviel er wollte; ein Riese im Sturme war er nicht, und es hätte wenig gefehlt, daß er der Mütze seines Jugendfreundes nachgeflogen wäre.

«Wir sind es, lieber Karl; siehst du, da bringen wir dir dein Töchterlein zurück. Wozu war nun gestern all die Aufregung und der Lärm notwendig?» rief der Justizrat, die Baronin und das junge Mädchen heranwinkend. «Als einzigen Lohn fordere ich, daß du dich heute einmal höflichst erzeigst, und zwar gegen eine der schönsten und wohlhabendsten Damen des Universums, die noch dazu eine ganz spezielle Freundin deines speziellen Gevatters und Freundes Scholten ist. Gestatte uns, aus dem Winde in dein Haus zu treten, und ich werde euch genauer miteinander bekannt machen.»

Das schüchterne Herrchen betrachtete sich von seiner Schwelle aus die Baronin von Veitor; es zog einen Taschenkamm hervor und suchte ängstlich damit seinen Haarwuchs in Ordnung zu bringen – über sein Kind schien Querian ganz wegzusehen.

Es mußte in der Tat angenehm sein, eine Mauer zwischen sich und den Sturm zu bringen. Die Frau Salome war herangetreten an die Tür des geheimnisvollen Mannes und hatte auch die Eilike sich nachgezogen.

«Mein Herr, es würde mich sehr freuen, in den

Kreis Ihrer Bekannten aufgenommen zu werden», sagte sie. «Unser gemeinschaftlicher Freund Scholten hat mir so viel Gutes von Ihnen erzählt...»

«Hm, hm, so? so? – ei, ei!» lächelte der Kleine, sich immerfort verbeugend. «Die gnädige Frau belieben zu scherzen; noch niemand hat etwas Gutes von Dero untertänigem Knecht erzählt. Aber es ist ein häßliches Wetter, friert die gnädige Frau nicht auch?»

«Na, bei *dem* Samum!» ächzte Scholten. «Jetzt mach weiter keine Umstände, Querian, sondern mach Platz und uns die Honneurs deines Ateliers. Vorgestern habe ich an unsern Freund nach Pilsum geschrieben und ihn sehr herzlich von dir gegrüßt.»

«Jaja – ei freilich, freilich! Große Ehre – ich danke dir, Scholten. Es ist heute noch kälter als gestern. Treten Sie doch gefälligst ein, aber lachen Sie nicht – oh, bitte, lachen Sie nicht!»

Er sagte das alles ganz schlaff hin, mit der müdesten Gleichgültigkeit in Ton und Gestus.

«Er ist in der Tat unheimlich; aber auf eine ganz andere Weise, als ich mir vorstellte», murmelte die Baronin. Sie faßte in dem Gedanken, daß das Kind mit diesem Manne hatte leben müssen, die Hand Eilikes fester; doch der Justizrat winkte, und sie traten alle in das Haus; der Wind schlug sofort die Tür hinter ihnen zu, und sie fanden sich zuerst in einer vollkommenen Finsternis.

«Ich bin dicht hinter Euch», flüsterte der alte Scholten. «Fürchten sich Euer Gnaden nicht; Sie wissen ja, daß er seine Fensterladen wie die Klappen seines Intellekts gegen die Außenwelt hermetisch verschlossen hält.»

Die Frau Salome griff mit ihrer freien Hand nach dem Arm des Justizrats; Eilike Querian flüsterte: «Hier und in der Stube nebenan steht alles voll Gerät. Die schöne Dame würde sich wundern, wenn es hell genug dazu wäre.»

«Das würde sie», sagte der Justizrat; doch der Herr dieses Reiches der Finsternis hüstelte jetzt in der Tiefe des Hauses, und dazu hörte man den Sturmwind draußen immer heftiger pfeifen und zischen und einmal auch einen fernen langhin rollenden Donner sehr deutlich.

«Wollen die Herrschaften es mir fest versprechen, nicht zu lachen?» fragte es schläfrig. «Ich möchte sehr bitten, nicht zu lachen!»

Und die Frau Salome raunte dem Justizrat zu: «Bei allem, was einen an den Nerven zerren kann, ich fange auch an, es kalt zu finden! Und dabei wird man noch gefragt, ob man Lust habe zu lachen.»

«Wir versprechen dir, alle Rücksichten auf deine Gefühle zu nehmen, alter Bursch! Es wird niemand von uns die Miene verziehen, selbst wenn es dir einfallen sollte, dich einmal ganz solide vom Kopf auf die Füße zu stellen», fügte er leise hinzu. In demselben Augenblick stieß Querian die Tür seiner Werkstatt auf, und die Baronin Veitor wie der Justizrat Scholten stießen einen Schrei aus und fuhren auf den ersten Anblick und Anhauch mehrere Schritte weit in den dunkeln Hausflur zurück.

Ein roter Schein und eine erstickende Glut schlugen ihnen entgegen. Auf einem Backsteinherde unter einem mächtigen schwarzen Schlote loderte das Feuer, das den schwarzen Dampf durch den Schornstein sandte. Die Tannenscheite prasselten, knackten und krachten, und der Wind trieb einen Teil des Qualms und der Funken zurück in das weite und doch in der verwirrendsten Weise vollgepfropfte Gemach. Steine und Erze, Holzstücke, riesige Haufen von Hobelspänen, Töpfe, Tiegel und Pfannen, Abgüsse von antiken und modernen Bildwerken, das Material und Werkzeug des Erzarbeiters, Zimmermanns, des Bildschnitzers, Bildhauers und des Chemikers durcheinander! Im Hintergrunde aber durch die wirbelnden Dämpfe und knisternden Funken sichtbar das jüngste Werk Querians, das Bildwerk, welches die Eilike mehr denn alles andere aus dem Hause ihres Vaters gescheucht hatte!

Von der dunklen Wand hob sich die Tongruppe im roten, flackernden Schein des Herdes riesenhaft, übertrieben karikaturartig, aber doch mächtig und überwältigend ab. Der nackte Gigant mit dem toten Kinde in den Armen lebte! – Die Muskeln zuckten, er mußte den grinsenden Mund jetzt, gerade jetzt zu einem Gebrüll der Verzweiflung aufreißen!

Eilike verbarg ihr Gesicht in dem Kleide der Baronin; diese stand festgebannt mit weitgeöffneten Augen, schwer atmend und wortlos.

«Alle Wetter, Querian!» rief der Justizrat Scholten. «Was sagen Sie, Frau Salome? Wenn er aus seiner Haut heraus könnte, wäre er ein großer Mann! Wenn er Rechenschaft ablegen könnte über das, was er macht, wäre er längst Professor an irgendeiner Akademie der bildenden Künste und Professor der Philosophie obendrein. Wie das Ding sich im Tageslichte ausnehmen wird, wer kann das freilich sagen?!»

Mit dem Tone eines Cicerone in einer öffentlichen Kunstsammlung sagte der Meister des Werkes: «Das ist mein Kind, gnädigste Frau. Ich habe fünfzig Jahre gearbeitet, ein Lebendiges zu schaffen; es stirbt mir aber immer in den Armen; ich möchte wohl einmal die Sachverständigen fragen.»

Da lachte Scholten doch.

XII

Justizrat Scholten lachte gegen sein Versprechen, und was nachher in den Zeitungsblättern über das Nachfolgende zu lesen gewesen ist, gab nur eine matte Relation der hereinbrechenden schrecklichen Ereignisse.

Um diese Stunde – zwischen drei und vier Uhr nachmittags – ist es in der Tiefe der Erde, fern in den Wäldern auf den Holzschlageplätzen und an den Meilern sowie auf den entlegenen Feldern und Wiesen den Leuten gewesen, als habe sie plötzlich jemand gerufen. Der Bergmann hat Fäustel und Eisen sinken lassen, der Holzhauer die Axt, der Köhler den Schürbaum. Auf den Äckern und Wiesen hat man mit der Arbeit innegehalten und der Hirt sein Pfeifen unterbrochen und die Hand ans Ohr gelegt. Jedermann, der einen Nachbar beim Tagewerk zur Seite hatte, hat den angesehen und ihn gefragt, ob er nichts gehört habe. Wunderlicherweise hatte dann doch niemand etwas vernommen, und jeder hat seine Beschäftigung wiederaufgenommen, jedoch in einer gewissen Befangenheit und Zerstreutheit und nicht mit der vorigen Lust.

Soweit des Dorfes Feldmark ging, hat es nicht geregnet; doch der heiße Sturm ist freilich überall gewesen und hat den Menschen die Stirnen betäubt. Die Bauern, die Holzarbeiter, die Köhler und Hirten sind vielleicht dadurch schon auf ein Außergewöhnliches vorbereitet worden, zumal sie von dem dunkeln Horizont rundum sich umgeben sahen und die Donner rollen hörten. Für die Leute unter der Erde galt das freilich nicht, die haben sich über die Mahnung nachher am meisten gewundert oder vielmehr entsetzt.

Wer schrie es in die Schachte hinunter, in die Stollen hinein, daß Feuer zu Hause sei? Wer verkündete es in den brausenden Forsten, auf den Feldern? Wer sagte es dem einsamen Hirten auf seiner Waldwiese?

Sie wußten es alle zu gleicher Zeit. Sie warfen ihre Geräte hin, sie stiegen auf, sie sprangen über die Hecken und Hohlwege, sie stürzten die Schneisen hinunter – mit hocherhobenen Armen liefen sie von den Feldern weg. Auf allen Wegen und Stegen wimmelte es von entsetzten, angstvollen Menschen.

Es war Feuer zu Hause und sie fern vom Hause! – Viele haben ein Lachen in dem Sturmwind gehört. Alle aber haben noch nimmer mit solcher Verzweiflung das Zischen und Pfeifen über und um sich vernommen und den Atem des Sturmes in ihren Haaren und Kleidern gefühlt.

Ja, Feuer! Es war Feuer, und der alte Scholten, die Frau Salome und Eilike Querian waren die einzigen im Dorfe, die Bericht darüber geben konnten, wie es entstanden war...

«Ach ja, ich habe es wohl gefürchtet, daß Sie doch wieder lachen würden», sagte Querian mit einem Gesichte wie ein Kind, das nach einer verbotenen Frucht griff und einen Verweis erhielt. «Oh, Sie haben wohl ganz recht; Sie verstehen das viel besser als ich. Es ist nichts, es ist gar nichts – ich sehe es wohl, ich weiß es wohl. Es ist alles sehr lächerlich und ich auch – ja! Nun, nun, die Herrschaften haben recht, und wir wollen es fortschaffen; der Eilike gefiel es auch nicht; aber es wäre mir freilich lieb gewesen, wenn die Herrschaften nicht gelacht hätten.»

Langsam, fröstelnd die Hände reibend und dazwischen die Knöpfe seines Rockes zuknöpfend, ging er an den Herd, sah einen Augenblick in die Glut, und dann noch einmal wie fragend, sehnsüchtig auf den Besuch, und dann nahm er ein brennend Reis. Er schleuderte es nicht, er ließ es nur fallen zwischen die Hobelspäne und das dürre Holzwerk, das hoch in Haufen den Fußboden bedeckte und gegen die Wände sich auftürmte. Von den Besuchern hatte noch keiner eine Ahnung, was kommen sollte – was da geschah – was dieser arme Mensch in seiner Verwirrung anrichtete.

«Ei, mein bester Querian...», hatte der Justizrat noch einmal einen Satz begonnen; da war es aber bereits für jegliches tätige Zugreifen zu spät. Er tat einen Satz und trat mit dem Fuße auf die nächste aufhüpfende Flamme. Die Baronin stieß einen Angstruf aus, Eilike schrie hell, und schon war aller Kampf gegen das furchtbare Element vergeblich!

Sie sahen den Tollen inmitten des Feuers und des Dampfes. Mit einem Hammer schlug er auf sein kurios mächtiges Bildwerk. Er zerschlug das tote Kind in den tönernen Armen des Genius, des Riesen – die große Figur zersplitterte und stürzte polternd zusammen, teilweise auf den Künstler selber. Das Feuer war überall – auf dem Fußboden, an den Wänden, an der Decke; es leckte schon nach dem leichten Sommerkleide der Frau Salome. Scholten riß die Freundin mit einem rauhen, heisern Entsetzensgeächz zurück gegen die Tür, die Eilike flüchtete bereits durch den dunkeln Hausgang.

Das Haus Querians brannte im Innern lichterloh, und um das Haus sauste der Wind wilder denn zuvor. Von dem Eintritt der drei bis jetzt, wo sie wieder auf dem Wege standen, waren kaum zehn Minuten vergangen.

Der Justizrat kam zuerst wieder zur Besinnung und griff sich mit einem Verzweiflungsruf in die Haare; der Qualm der Feuersbrunst quoll bereits zwischen den Schindeln des Daches durch und aus der Haustür hervor.

«Ins Dorf! Um Hülfe – Feuer!» schrie Scholten. Die Frau Salome mußte alle ihre Kräfte aufbieten, um das Kind Querians abzuhalten, sich abermals in das Haus zu stürzen. Die Eilike schrie, sie wolle mit ihrem Vater untergehen; doch dann verlor sie die Besinnung, und die Frau Salome trug sie weiter weg von der brennenden Hütte, den Waldabhang hinauf.

Grad auf das Dorf zu trieb aber der Sturm die ersten vorbrechenden Funken. Schon loderte zehn Schritte vom Haus ab ein trockener Baumzweig – nun zwanzig Schritte weiter eine dürre Tanne. Das nächste Haus am Eingange des Tälchens hatte ein Strohdach, und fast mit dem fortstürzenden Scholten langte das Feuer im Dorfe an.

Ein altes Weiblein lief zitternd aus der Strohhütte hervor, hielt sich kaum gegen den Wind aufrecht und starrte in Betäubung und Zweifel auf ihr flammendes Dach. Schon klangen andere Stimmen ängstlich her; das Feuer überhüpfte das folgende Haus, faßte jedoch mit einem Griff die drei nächstliegenden. Nun sprang es über auf die andere Seite der Gasse, und – das schlimme Geschick hatte seinen Lauf! Keiner, der es an Ort und Stelle miterlebte, wird den Tag je vergessen, und noch lange wird von ihm in den neuen Häusern und Hütten geredet werden und wird man sich erzählen, wie das Feuer flog, über weite Strecken, Hecken und Gärten sich schwang; wie die Mütter, die vom Hause entfernt gewesen waren, ihre Häuser nicht mehr erreichen konnten und nach ihren Kindern schrieen; wie man das brüllende, widerspenstige Vieh aus einem Stalle in den andern rettete, schleppte und zog und von dem nachfolgenden Verderben stets weitergescheucht wurde; wie der Wind in Stößen heulte und der ferne Donner übertönt wurde von den Explosionen der Sprengpatronen, welche die Bergleute in ihren Häusern aufbewahrten. Während des Tumultes selbst hatte nur ein Menschenkind für alle diese Einzelheiten des großen Brandes Auge und Ohr – die Frau Salome Veitor.

Sie stand auf dem höchsten Punkte des Kirchenhügels, von dem man das Dorf überblickte und einen Teil der norddeutschen Ebene dazu. Sie hatte zu retten gesucht, wie und wo sie konnte. Sie hatte kleine Kinder aus den Häusern getragen und schlechte Habseligkeiten ärmsten Volkes in Sicherheit gebracht; ihre Hände bluteten, ihre Kleider waren zerrissen, und jetzt waren ihre Körperkräfte zu Ende, wenn sie gleich ihre geistigen Fähigkeiten noch klar und vollständig beisammen hatte.

Die Frau Salome hatte sich sehr nützlich gemacht. Ihr Wagen verbrannte mit dem Wirtshause; aber auf dem einen Pferde hatte sie ihren Ludwig nach einer entlegenen Ortschaft um Hülfe geschickt und auf dem zweiten Gaul den besten Reiter des Dorfes von dannen gejagt. Sie hatte ein Wort für die Witwe Bebenroth, deren Haus unversehrt blieb, die aber dessenungeachtet im Weinkrampf auf dem Grabhügel ihres letzten Gatten saß. In Abwesenheit des Justizrats und des Vorstehers war's die Frau Salome, welche die Offiziere der aus der Kreisstadt im Eilschritt zu Hülfe marschierenden Füsilierkompanie empfing, sie mit der Sachlage und dem Situationsplane des Dorfes bekannt machte und sie dahin dirigierte, wo ihre Hülfe vom besten Nutzen sein konnte.

Nun aber stand sie an einen Grabstein gelehnt und neben ihr der alte Pastor des Dorfes, den sie gleichfalls aufrechtzuerhalten hatte durch allerlei Trostesworte. Der Schulmeister zog noch immer unnötigerweise im Turme die Sturmglocke.

Zu ihren Füßen lag Eilike Querian auf einem liegenden Grabstein, mit dem Gesichte auf den Händen. Die Baronin hatte das junge Mädchen hierhergeschafft, wo allmählich alles sich zusammendrängte, was sich nicht selber zu helfen vermochte und noch viel weniger andern zunutze war.

Die Augen der Frau leuchteten, wenngleich ihre Glieder zitterten und der Atem heiß und stoßweise sich ihrem Busen entrang. Sie sah über die Flammen der Nähe auf die Blitze und Wolkenbrüche der Ferne; und alte Verse aus den Psalmen ihrer Väter gingen ihr durch den Sinn und wurden laut auf ihren Lippen. Sie stand wie die Seherinnen ihres Volkes, wenn unter ihren Füßen die Schlachten gegen die Heiden geschlagen wurden; sie reckte ihren Arm aus und murmelte:

«Die Erde bebete und ward bewegt, und die Grundvesten der Berge regeten sich und bebeten, da er zornig war.

Dampf ging auf von seiner Nase und verzehrend Feuer von seinem Munde, daß es davon blitzete.

Er neigte den Himmel und fuhr herab, und Dunkel war unter seinen Füßen.

Und er fuhr auf dem Cherub und flog daher, er schwebete auf den Fittichen des Windes.

Sein Gezelt um ihn her war finster – vom Glanz vor ihm trenneten sich die Wolken – und der Herr donnerte im Himmel.

Er schoß seine Strahlen und zerstreute sie, er ließ sehr blitzen und schreckte sie.

Da sahe man Wassergüsse, und des Erdbodens Grund ward aufgedeckt, Herr, von deinem Schelten, von dem Odem und Schnauben deiner Nase.«*

Wenn sie sich dann aber, was immer, immer von neuem geschah, das gräßliche Erlebnis in dem Hause Querians, die Stimme und Gestalt des Wahnsinnigen, sein letztes Bild und den zertrümmernden Hammer in der Hand des Tollen von neuem vor den inneren Sinn rief, dann schloß sie die Augen vor der Nähe und Ferne, und der Aufruhr, das Geheul und Krachen um sie betäubte sie, daß ihr die Stirn zu zerspringen drohte; und so wechselte das ab bis zum Abend, bis es in der Ferne und in der Nähe still wurde. Ja, still!

Um sechs Uhr abends legte sich der große Wind, und aus den Gewittern in der Ebene wurde ein Landregen, der acht Tage lang nicht aufhörte und viel böses Blut machte. Zwei Drittel des Dorfes lagen in Asche, das letzte Drittel war gerettet, ohne daß bis zum Ende ein Tropfen aus der Höhe dazu geholfen hätte. Die Menschen aber hatten nicht mehr die Kraft, über ihr Elend zu schreien oder laut zu fluchen; sie beteten und weinten leise oder knirschten leise mit den Zähnen.

Gegen sieben Uhr erschien der Justizrat Scholten mit verbundenem Kopfe, versengtem Haar und Backenbart auf dem Kirchhofe, schüttelte die Witwe Bebenroth ziemlich grimmig auf und schickte sie in ihren Keller nach dem Vorrat seines Getränkes. Er ließ die Frau Salome ein Glas Wein trinken und setzte sich dann zu ihr und der Eilike auf den alten verwitterten Stein. Nach einer geraumen Weile sagte er so matt und müde und gleichgültig wie vor vier Stunden Querian: «Und da glaubt man denn noch, man sei etwas und bedeute etwas, wenn man mit den Armen und Beinen zappelnd sich eine Meinung, eine Ansicht bildet und sie von dem Mist laut hinauskräht! O Querian, Karl Ernst Querian! – Ob wohl die Behörde glauben wird, daß es sich so einfach zutrug, wie wir es sahen und es wohl demnächst als Augenzeugen werden bekräftigen müssen, Frau Salome? – Übrigens, meine Beste, müssen wir heute abend noch das Kind des Unglücklichen von hier fortschaffen. Es ist unbedingt notwendig; denn das Volk ist jetzt so wahnsinnig wie der Alte, spinnt grimmige Phantasien und sucht nach jemand, gegen den es seiner Verzweiflung und Wut Luft machen kann. Ich habe bereits absonderliche Worte gehört, und Querians Kind würde morgen früh manches zu klagen haben, wenn wir es hier über Nacht ließen. Sehen Sie sich um – wir drei sitzen allein – sie haben einen leeren

Raum um uns gelassen; aber sie sehen nach uns herüber.»

So war es in der Tat. Eine unsichtbare Linie hatte das Dorfvolk gezogen und stand um den Kreis stumm, aber mit schlimmen Blicken.

Die Baronin Veitor blickte gleichgültig auf, zu gleicher Zeit den Kopf des Kindes sanft berührend.

«Wir können nicht heraus», sagte sie; «es ist vergeblich – wir stecken in uns, wir stecken in der Menschheit, wir sind gefangen in dem harten Gefängnis der Welt. Wir keuchen nach Freiheit, Erkenntnis, Schönheit, und im günstigsten Falle wird uns gestopft der Mund mit Erde. Morgen werd' ich wieder anders denken; aber jetzt sehne ich mich nach der dunkeln Ecke auf der Weiberseite der Synagoge, wo ich saß mit meiner Mutter und sang und wo ich hörte ablesen die Thora – das Gesetz.»

«Jawohl», ächzte Scholten. «Es war eine schöne, eine behagliche, anmutige Zeit, wo das Gesetz, das Corpus juris meine Welt war und die Aussicht auf das Staatsexamen mein allereinzigstes Elend in sich schloß. Morgen werde ich wohl gleichfalls wieder anders denken.»

Der alte Sommergast des Dorfes durfte es sich schon für eine Weile gönnen, zu sitzen und zu verschnaufen. Die Behörden des modernen Staates befanden sich jetzt in der erstaunlichsten Tätigkeit, und man konnte sie nur loben. Ehe die letzte Hütte, die das Feuer erfaßte, in sich zusammenstürzte, überlegte man und sorgte bereits von Amts wegen für das provisorische

Unterkommen der Abgebrannten und ihre sonstige Bequemlichkeit. Die Kirche wurde aufgeschlossen und in eine Vorratskammer und in einen großen Sicherheitsschrank für die gerettete Habe der Ortseinwohner umgewandelt, der obdachlose Teil der Bevölkerung, soweit es anging, dem verschont gebliebenen Dritteil unter die Dächer gelegt. Aus den umliegenden Ortschaften kamen Wagen mit Hülfsmannschaften und Spritzen über Spritzen an. Proviant langte an. Verwandte und Freunde wurden eingeladen, fürs erste zu der Vetterschaft der nahen Dörfer überzusiedeln. Für die Alten und Kranken waren Ärzte genug vorhanden; und wer bis jetzt höchstens den Kuhhirten seiner Gebrechen wegen um Rat gefragt hatte, der konnte sich nun von einem Sanitätsrat den Puls fühlen lassen. Einen der Doktoren rief auch die Baronin Veitor an, der Eilike wegen. Auf einem zu Tal fahrenden Leiterwagen, auf einer Kiste sitzend, brachte dann die Frau Salome das Kind Querians in Sicherheit. Es wurde nur einmal ein schwacher Versuch gemacht, die beiden zu insultieren und die Eilike wieder vom Wagen herabzuziehen.

Der Justizrat sah die Freundin und sein Patenkind abfahren, schärfte dem Fuhrmann, als er schon auf die Gäule schlug, immer von neuem ein, vorsichtig zu fahren und die beiden Frauenzimmer ja recht in acht zu nehmen, und blieb auf der Brandstätte zurück. Er wußte es, daß er eine der brauchbarsten Personen hier war, und die Behörden hatten das auch bereits erfahren und befestigten sich im Laufe des Abends immer mehr in ihrer günstigen Meinung von ihm.

Der alte Scholten kannte jedermann im Dorf und jedermanns Umstände und Charakter; und die Leute kannten ihn und wußten, daß er ebenso gutherzig wie grob war. Nachdem er sich ein wenig erholt hatte, fuhr er von neuem umher, vervielfältigte sich wie eine Kugel oder ein Becher in den Händen eines Prestidigitateurs und erschien wie Pythagoras an sechs verschiedenen Orten zu gleicher Zeit.

Er legte eine gelähmte, hundert Jahre alte Schlackenpucherwitwe in das weiche Bett der höchlichst darüber entrüsteten Witwe Bebenroth und den taubstummen August, seinen Todfeind, welchem ein stürzender Balken die Schulter getroffen hatte, in sein eigenes. Er machte Quartier – er verstand es, Quartier zu machen; der Ortsvorsteher sah ihm mit offenem Munde zu, und das böseste Volk ward zahm vor ihm, wenngleich er sich dann und wann gebärdete wie ein Fourier im Feindeslande.

Endlich konnte aber auch er nicht mehr, und gegen Mitternacht schleifte er ein Bund Stroh in das alte Beinhaus an der Kirchhofsmauer, wo trotz dem Wohnungsmangel niemand ein Unterkommen suchte, warf das Stroh in die Ecke, sich darauf und ächzte: «O Donnerwetter – uh, meine Knochen! O ja, wenn der Kaiser Carolus der Fünfte hier am Orte heute mir zur Hand gewesen wäre und jetzt mit mir hier auf dem Stroh läge und seine ‹Carolina›* mit mir durchsprechen wollte, so würde ich ihm freundlich raten, die Strafe des Räderns nicht unter seine Züchtigungsmittel aufzunehmen. Gevierteilt, gesäckt, gespießt zu werden, meine ich, muß nur ein angenehmer Kitzel sein gegen – dieses! Wenn ich nur wüßte, wie's möglich ist, daß einem die Schulterblätter ins Kreuz und die Hüftknochen in die Knie rutschen können? O Querian, Querian, was hast du angerichtet! Dies Resultat kam dir nicht in den Sinn, als du zuerst deinen Kopf darauf setztest, nach deinem Tode einen Kirchhof berühmt zu machen!»

Er sah sich noch einmal in der Werkstatt Querians und ächzte. Dann aber gähnte er, drehte sich, eine bequemere Lage suchend, und murmelte schlaftrunken: «Jaja – das Beinhaus! – Im Beinhaus! – Ich Urnarr! – Wenn ich gestern ihn am Kragen genommen hätte?! – Ach, es ist einerlei; ich wollte nur, ich hätte meinen Brief an Peter Schwanewede in Pilsum von der Post zurück. Die Mühe hätte ich mir auch sparen können!»

Damit entschlief er und hub an, sehr zu schnarchen. Die Füsiliere hielten die Wacht um die Brandstätte, und die lauteste Verzweiflung wurde allmählich still in der Erschöpfung; es war aber im Sommer, und die Nächte waren kurz. Die Sonne war wieder da, ehe irgendein Schmerz, irgendeine Angst ausgeschlafen hatten – geschweige denn verschlafen worden waren.

Wie der Justizrat erwachte und seine Tätigkeit in Angelegenheiten seines Lieblingssommeraufenthaltes von neuem aufnahm, brauchen wir nicht des weiteren zu schildern. Um es kurz zu machen, er betrug sich so auffällig, so eigentümlich, daß ihm zu Neujahr zu seinem argen Schrecken von höchster Stelle aus mitgeteilt wurde, er habe sich durch sein sonderbares Verhalten die zweitunterste Klasse des Landesordens verdient und sich fortan ohne Weigerung als einen Ritter desselbigen anzusehen.

«I so was!» rief er. «Na, das soll mir aber inskünftige eine Warnung sein. Brennt mir noch einmal mein Sommerquartier ab, so lasse ich es ruhig in Dampf aufgehen, setze mich höchstens auf der Windseite auf einen passenden Aussichtspunkt und schlage die Harfe zu dem Malheur. O Querian, Querian, wenn sie *dir* doch das Anhängsel zur rechten Zeit gegeben hätten?!» –

Am vierten Tage nach dem Tode Querians und dem großen Brand erschien er zum erstenmal wieder in der Villa Veitor. Er ging mühsam und schwerfällig an seinem treuen Eichenstock und schien um mehrere Jahre älter geworden zu sein. Die Frau Salome traf er am Bette der Eilike, die in einem hitzigen Fieber lag.

Die Frau Salome teilte ihm alles mit, was sich seit ihrer Rückkehr in das Landhaus mit ihr und dem Kinde zugetragen hatte, dann auch ihre Ansichten und die des Arztes. Glücklicherweise hatte der Doktor bereits den Trost gegeben, daß die gute Natur des jungen Geschöpfes wohl auch ohne seine Hülfe sich geholfen haben würde.

«Und nachher soll sie es gut bei mir haben», schloß die Frau Salome, Baronin von Veitor.

Scholten nickte und legte ein versiegeltes

Schreiben auf die Bettdecke seines Patenkindes: «Meine Beste, da ich das Ding einmal geschrieben und seit einigen Tagen einen merkwürdigen Widerwillen und Abscheu gegen jeglichen Feuerherd und Kohlentopf habe, so betrachten Sie es wohl bei Gelegenheit als an sich gerichtet.»

Die Baronin nahm das Schreiben und sah erschrocken den Justizrat an. Es war der Brief des Alten in Sachen Querians und Eilike Querians an Peter Schwanewede. Die Post hatte ihn zurückgeschickt mit der Bemerkung auf dem Umschlage: «Adressat bereits vor einem Jahre verstorben.» –

«Im nächsten Sommer werde ich in Pilsum wohnen und mich nach dem Genauern erkundigen», sagte Scholten. «Vielleicht besuchen Sie mich auch dort einmal, und dann bringen Sie die Eilike mit. Wir wollen ihr einmal die See zeigen. – O Frau Salome, liebe Frau Salome, *der* Streich sieht dem Peter ähnlich! So – grade so schlich er sich stets um die Ecke und überließ es uns anderen, fertig zu werden, wie wir konnten. Ei, ei, dieser Peter! Er hatte alle möglichen Schrullen – unter anderen die, daß er die See dem Gebirge vorzog. Es war seine Natur so; ich kletterte meinesteils lieber in den Bergen; doch, offen gestanden, augenblicklich säße auch ich am liebsten und sähe über die kühlen Wasser ins Weite. Meine Natur ist's freilich nicht.»

«Ich komme im nächsten Sommer nach Pilsum», sagte die Frau Salome.

IM SIEGESKRANZE

Ja, mein liebes Kind, ich wundere mich wahrlich oft selber darob, daß der Himmel über einer alten Frau noch so blau sein kann und daß das Lachen immer noch gern mit ihren lahmen Füßen Schritt hält und nicht längst weitergesprungen ist, dem jüngeren Volk nach und zu, was ihm viele Leute gewiß nicht verdenken würden. Aber es ist so, trotzdem es wohl recht hätte, anders zu sein, und weil wir grad dabei sind, so will ich die gute Stunde benutzen, um dir einmal ein wenig von dem zu erzählen, was alles der Mensch erfahren und ertragen kann, ohne in der Hand des Schicksals zu vergehen wie ein Flöckchen Werg auf einem Kohlenbecken. Man hat wohl Gelegenheit gehabt, etwas zu erleben, wenn man im Jahre achtzehnhundertundeins geboren wurde und seine Tage bis in diesen unruhvollen und angsthaften Frühling des Jahres sechsundsechzig fortspinnen durfte; und was die Eltern und Großvater und Großmutter anbetrifft, so ist das, als ob man hinabsieht in eine große dunkle Tiefe und sieht Lichter in dem Dunkel und Gestalten und hört allerlei Töne, daß einem ein Sehnen und ein Grauen um das Vergangene zu gleicher Zeit ankommt.

Sieh, hier sitzen wir auf der Bank vor deines

Vaters Hause, und du bist nun auch schon ein großes Mädchen geworden, und wer weiß, ob du nicht bald eine Braut sein wirst; das Plätzchen ist gut, und in den Wind werd' ich auch nicht reden, du wirst's schon verstehen, wie ich's meine. Da drüben raucht des Nachbars Schornstein, und dort guckt seine weiße, dumme Zipfelmütze über die Hecke, der Nachbarin nichtswürdiger blauer Unterrock dorten auf der Leine gehört gleichfalls zu unserer Aussicht, und wir kennen alle Kinderstimmen um uns her. Ja, rings um uns her liegt das deutsche Land im Frühlinge, und du und ich, dein Vater und deine Mutter wissen es gar nicht anders, als daß wir immer und ewig dazugehört haben, daß wir zu dem Boden, den wir betreten, gehören, gleichwie das Gras und der Baum, und daß wir daraus emporwuchsen wie der Weizenhalm, der wohl im Wind sich neigt und schwankt hierhin und dahin, aber nimmer seinen Fuß hervorziehen kann und mag.

Nun merke auf, mein Kind; es ist doch nicht ganz so, wie wir meinen, und wenn ich nicht eine alte dumme Frau wäre, möcht' ich wohl zu manchem ein recht kluges Wörtlein darüber reden können. Es wird aber wohl grad so recht sein, daß die Menschen sich einbilden, sie seien mit ihren Zuständen immer in der Art dagewesen, wie sie am heutigen Tage vorhanden sind. Ist übrigens am End auch ein übel Ding, wenn einem das Leben nicht paßt und anwuchs wie der Schnecke ihr Schneckenhaus.

Was nun unsere Familie betrifft, so hat es damit folgendermaßen seine Bewandtnis. Als zu

Ende des vorigen Jahrhunderts da drüben im Franzosenlande die große Revolution angegangen ist, ist es über die einen gekommen wie eine schnelle Wassersnot von einem Wolkenbruch und über die andern gleich einem Feuer, welches bei Nacht ausbricht. Und weil mit einem Male alles anders wurde und das Unterste zuoben kam, so haben sich viele, viele Menschen nicht dareinfinden können, haben sich nicht zu raten und zu helfen gewußt und sind in ein großes Unglück gefallen. Da ist alle Ruhe und Stille, alle Reinlichkeit und Zierlichkeit des Lebens plötzlich in Unruhe, Angst, Gefahr, Wüstenei und Verwirrung verkehrt worden, und Hunderttausende haben alles, was sie nicht auf den Schultern und unter dem Arm forttragen konnten, hinter sich gelassen und haben sich auf die Flucht begeben mit ihren Angehörigen oder auch wohl allein. Wenn die Flut heranschießt oder das Feuer aufgeht über Nacht, so verlieren die einen den Kopf, die andern das Herz und wieder andere beides, und es sind immer wenige, die beides zusammen behalten. Also ist's mit den Menschen in ihrer Schwachheit beschaffen, und also wird's auch fürs erste mit ihnen bleiben.

In jenen Zeiten nun kam mit den Fliehenden ein französischer Mann aus Frankreich über den Rheinstrom und führte mit sich seine Frau, ein klein Töchterchen und eine Magd und war noch glücklich vor Tausenden zu nennen, denn er brachte auch einen geringen Teil seines Vermögens mit. In seiner Heimat war er ein sehr reicher Mann gewesen, doch das ist heut alles einerlei; aber was anderes ist wohl in unserm Haus im Gedächtnis zu behalten, nämlich sein Kind ist meine Mutter und deine Urgroßmutter geworden. Ich hab' sie aber nicht gekannt, denn sie ist mit ihrer Mutter, meiner Großmutter, nach ihrem Herzenswunsch in ein und derselben Stunde gestorben und in ein und dasselbe Grab gelegt worden; das ist mir alles wie ein ganz nebeliger Tag oder als ob man durch ein dichtbeschlagenes Fenster auf die Straße hinaussieht, und für dich, mein Kind, hat es wohl gar keinen Sinn, keinen Klang und keine Farbe. Es haben mir alte Leute, die jetzt auch schon dreißig oder vierzig Jahre tot sind, von diesen Voreltern erzählt; allein auch die haben wenig mehr sagen können; es hat ja der Einfältigste so viel für sich selbst zu bedenken, daß er wenig Gedächtnis für andere übrigbehält.

Meine Mutter soll sehr schön gewesen sein, als sie zu einer Jungfrau herangewachsen war, zierlich und fein und nicht gar groß; sie hat jedoch in dem fremden Land, welches jetzt längst unser Mutterland ist, ein einsam Leben führen müssen, recht wie eine Nonne; denn ihr Herr Vater, dein Ururgroßvater, hat niemandem mehr in der Welt getraut. Er hat im Gegenteil eine hohe Mauer um sein Haus und seinen Garten gezogen und ist gar nicht so lustig und flink gewesen, wie du und ich uns heute die Franzosen vorstellen, sondern ein gar stattlicher und recht finsterer und langsamer Mann, der den Mund selten aufgetan und noch seltener den Leuten ein Kompliment gemacht hat. Was meine französische Mutter angeht, so hat sich denn das zu seiner Zeit doch gefunden – sie ist aus ihrem Versteck herausgezogen worden, grad so, wie das auch heut noch geschehen mag, und auch davon will ich dir erzählen.

An deines Ururgroßvaters hohe Gartenmauer hat ein Haus gestoßen, das hat ein einzig Stüblein gehabt, von welchem aus man den Garten des Nachbars überschauen konnte. In dem Hause hat mein Vater gewohnt, und der war schon ein Witwer und hatte drei Kinder, zwei Söhne und eine Tochter, und war der Arzt im Städtchen und ein guter Mann, aber auch still für sich hin und wenig freudig und nicht mehr recht voll Zuversicht in sein Leben. Zu dem, nämlich meinem Vater, ist einmal, und das war im Jahr achtzehnhundert, ein junger Mensch aus der Stadt, auch ein Mediziner, jedoch vorerst nur ein Herr Studiosus, gekommen und hat ihn mit vieler Verlegenheit und großem Erröten himmelhoch gebeten, er möge ihm doch jenes Stübchen vermieten, von welchem ich dir eben gesprochen habe. Hat gesagt, er wolle nur gestehen, daß er auf Universitäten nicht so fleißig und sedat gewesen sei, als seine Verwandtschaft von ihm erwartet habe, daß er aber nun aus großer Furcht und Angst vor dem Examen in sich gegangen sei und still und zurückgezogen in dem besagten Stüblein sitzen wolle und arbeiten, daß ihm der Kopf brenne. Das hat meinem Vater natürlicherweise merkwürdig gut gefallen, und er hat dem jungen Herrn bestens zu seinem Vorsatz gratuliert; aber seine Gewohnheit ist ihm ebenso lieb gewesen, wie sie allen andern Menschen ist, und seine Stube hat er nicht gern hergegeben, denn er hat viele Bücher und sonst allerlei Sachen darin aufgestellt gehabt und oftmals, wenn die Kinder drunten im Haus ihm zu laut wurden oder sonst das Bedürfnis und die Stimmung ihn trieb, sich dahin zurückgezogen wie in einen Schlupfwinkel, aus welchem ihn nur die höchste Not hervorpochen durfte. So hat er also dem Herrn Studio angeboten, er wolle ihm mit Freuden ein noch viel stilleres Gemach mit der Aussicht auf den Hof oder vielmehr gar keiner Aussicht zu seinem Gebrauch anweisen, und zwar ganz umsonst, das andere aber könne er nicht ablassen, denn es sei ihm selber zu seiner Bequemlichkeit unentbehrlich. Da ist mein junger Mann erst noch viel röter und dann ganz bleich geworden und hat sehr gestottert und noch viel flehentlicher gebeten, ihm seinen Willen zu tun; aber gestanden hat er nicht, weshalb er sein Herz so auf dieses Zimmer gerichtet habe. Ich weiß es jedoch von einer alten Tante, die hat mir anvertraut, es sei das junge französische Mädchen, deine Urgroßmutter, schuld daran gewesen, solche habe er auf dem Kirchweg dann und wann zu Gesicht gekriegt und sie gar liebgewonnen. Die alte Tante aus der Blasiengasse wußte die Umstände ganz genau, wie er sich vergeblich abgemüht habe, ihr nahe zu kommen, und wie alle seine Listen und Anschläge zu nichts halfen, wie er um das Haus und den Garten schlich und wie man gewissermaßen sehr fälschlich sage, daß die Liebe blind sei. Die alte Tante wußte ganz genau, daß die Liebe des Studiosen nicht blind gewesen sei, und hielt dafür, daß in Anbetracht der Verhältnisse der Anschlag mit dem Stübchen nicht der schlechteste gewesen sei; denn von da aus hätte er die schöne Jungfrau in ihrem Garten belauschen können, ohne jemand um die Erlaubnis bitten zu müssen, und wer weiß, was geschehen wäre, wenn er seinen Willen bekommen hätte! Er bekam ihn aber nicht; denn da er seinen Mund nicht zur rechten Zeit auftat, so hat mein Vater seine Bequemlichkeit nicht einer fremden Grille opfern wollen, und ich habe am allerwenigsten das Recht zu sagen, daß es schade drum war.

Mit grollendem Herzen ist der junge Doktor fortgegangen und hat sich anderswo in den Winkel gesetzt; mein Vater aber hat sein Recht und Reich behauptet, ist über seinen Büchern sitzen geblieben und hat nach seiner Art in seiner Kunst und Wissenschaft weiterstudieren wollen, nachdem er den betrüblich abziehenden armen Jungen insgeheim einen Narren geheißen hat. Mit dem Studieren ist's aber eine eigene Sache gewesen, und der Herr Vater hat an diesem Tage nicht in gewohnter Weise weiterkommen können. Er ist, wie gesagt, ein recht nachdenklicher, nachgrübelnder Mann gewesen, den man wohl auf manche Dinge recht mit der Nase stoßen mußte, der aber auch, wenn ihm einmal etwas im Sinne lag, schwer wieder davon losgekommen ist, der im Notfall jeden Stein auf seinem Wege dreimal umwendete und einer Wolke am Himmel vom Anfang bis zum Niedergang nachsehen konnte.

Dazu war nun die Gelegenheit vorhanden, und der Herr Vater hat allgemach den Kopf immer stärker geschüttelt und hat sich denselben Kopf immer mehr zerbrochen um die Frage, was wohl den jungen Freund zu solchem Gebaren getrieben haben möchte. Da hat er alle vier Wände, den Fußboden und die Decke tiefsinnig beobachtet; aber nirgends stand die Auflösung des Rätsels angeschrieben. Nun ist er mit den Händen auf dem Rücken hin und her gegangen von einem Bücherbrett zum andern und hat wiederum keine Aufklärung gefunden. Er hat lange den Ofen angesehen, ohne daß es ihm etwas half, und weder die ausgestopfte Gabelweihe noch was sonst an der Wand zum Aufputz diente, erleuchtete ihn mehr. Natürlich hat er das Richtige erst ganz zuletzt und durch Zufall entdeckt, und dann hat er den Kopf noch mehr geschüttelt. Es ist gewesen wie immer, wenn man etwas sucht: entweder liegt das Ding einem vor der Nase, oder es liegt ganz unten im Kasten.

Ganz zuletzt trat mein Herr Vater an das Fenster, und nachdem er eine halbe Stunde lang nach den ziehenden Wolken emporgestarrt hatte, sah er endlich auch in den Garten des französischen Nachbars hinunter.

Da hatte er's, und nun ist es ihm merkwürdig ergangen!

Im allerersten Anfang hat er gelächelt und sich die Stirn gerieben und wieder leise gelacht und zu sich gesprochen: «Ja, das ist etwas anderes, ei, ei, ei, Herr Kollega; na, sintemalen sich die Sache also verhält, junger Mann, so soll er das

Winkelchen haben und das Fenster obendrein; wünsch' ihm viel Pläsier dazu!» – Hat also einen Briefbogen genommen, um dem betrübten Verliebten seine veränderte Meinung mitzuteilen. Er mag auch wohl schon die Feder ins Dintenfaß getaucht haben, aber dabei ist's geblieben; und, mein liebes Kind, so geht es mit den guten Vorsätzen der Menschen sehr häufig in dieser wankelmütigen Welt. Mein Herr Vater hat erst noch einen Blick in des Nachbars Garten tun wollen, und dann hat er sein Schreiben auf den folgenden Tag verschoben, und dann ist ihm der Zweifel gekommen, ob er auch recht an dem Nachbar handle, wenn er solche Liebelei begünstige, und so hat er die Ausführung seines guten Willens von einem Tage auf den andern und von einer Woche auf die andere verspart. Der Garten des Nachbars aber ist währenddem immer grüner und lustiger geworden; denn auf den Märzen folgte der April, und das war denn der rechte Monat für diesen Geisteszustand. Am Ende hat der Herr Vater nicht mehr mit Lächeln an den armen Studenten gedacht, sondern er ist ganz verdrießlich und hitzig geworden, wenn die Rede auf ihn gekommen ist, und der Student hätte doch ein viel größer Recht gehabt, ärgerlich auf den Herrn Vater zu sein; aber so ist die Welt, mein Kind, und so ist sie immer gewesen.

Ja, so geht's in der Welt, und es würde mir, wie gesagt, übel anstehen, meinen eigenen Vater und deinen Urgroßvater anzuklagen, weil er nicht tat, was er nicht zu tun brauchte, und tat, was er nicht lassen konnte. Daß ich es nur kurz sage, es hat ihn eine gar heftige Neigung und Liebe zu dem jungen französischen Mädchen, meiner Mutter und deiner Urgroßmutter, erfaßt, trotz seiner Witwerschaft und seiner drei Kinder; und nachdem er seine Zeit mit seiner Neigung gekämpft hat und von ihr überwunden ist, ist er zum Nachbar gegangen und hat um sein schönes Kind angehalten. Um den Studenten hat er sich dabei gar keine Sorgen gemacht.

Nun denke nach darüber, mein Kind! Es sind dein Urururgroßvater und deine Urururgroßmutter damals keine jungen Leute mehr gewesen, und die Not in ihrer eigenen Heimat, die Flucht mit ihren Drangsalen und Ängsten und der Aufenthalt in dem fremden Lande unter den fremden Menschen haben sie auch nicht jünger gemacht. Mit großer Furcht haben sie ihres Kindes wegen an ihren Tod gedacht und an die Verlassenheit, welcher es anheimfallen möchte, wenn es so allein und fremd in der Fremde zurückbliebe. Es war damals so viel Krieg und Blutvergießen von Mittag bis Mitternacht, von Morgen bis Abend, daß ein Elternpaar noch viel ungerner als heute solch ein arm, unschuldig, jung Wesen allein und ohne Hülfe ließ. Als deshalb der wackere, geachtete, vermögliche Mann kam und dem Urururgroßvater antrug, er wolle die Sorge um die Tochter, wie er es vermöge, von ihren Schultern nehmen und das Kind sein Leben lang halten wie sein Herzblatt, da haben sie sich nicht lange bedacht, sondern haben ihm nach einem kurzen Rat ihrer Tochter Hand zugesagt. Es ist nämlich im Franzosenland so die Sitte, daß man die Kinder niemals fragt, ob sie auch nicht einen andern liebhaben, sondern die Eltern wählen den Bräutigam oder die Braut nach ihrem Gefallen und Verstande, und die Kinder werden dann in die Stube gerufen, um ja zu sagen, und weil sie es nicht anders gewohnt sind, so fügen sie sich und nehmen ihr Los, wie's kommt. Ob meine Mutter sich um den Studenten ihr Herzlein sehr zerbrochen hat, weiß ich nicht; vielleicht hat sie wohl nicht eben mehr von ihm gewußt als sonst von der Welt; gewehrt hat sie sich nicht gegen ihrer Eltern Willen und ist also schon im Sommer des Jahres achtzehnhundert meines Vaters Frau geworden. Im Sommer des folgenden Jahres bin ich dann geboren, und so kommt eins aus dem andern, wie es Gottes Wille ist.

Von dem Studenten weiß ich weiter nichts zu sagen; heut ist's ihm sicherlich einerlei, ob er damals gewonnen hat oder nicht, und damals wird er sich gewiß auch getröstet und sein Herz anderswo unter Dach und Fach gebracht haben. Seltsam ist's aber doch, daß wir hier so sitzen, ich, eine alte Frau, und du, meine Enkelin, und sehen seine Gestalt in der Ferne vorübergehen und schreiben das Jahr achtzehnhundertundsechsundsechzig!

Deine französischen Ururahnen haben mit ihrer Eile, ihr Kind in eine gute Versorgung zu geben, wohl recht gehabt, insofern ihre Tage auf Erden freilich gezählt waren; sie haben aber doch nicht recht gehabt, denn der Tochter Tage waren ja mit den ihrigen gezählt; so etwas will jedoch das Alter zu keiner Zeit glauben. Grand-père ist bald nach der Hochzeit gestorben, und grand'mère hat mit meiner Mutter meine Geburt nur um eine kurze Zeit überlebt. Sie liegen in dem Boden, aus welchem wir aufgewachsen sind; wo ihre Wiege stand, das weiß niemand mehr zu sagen. Das sind Schatten, nichts als Schatten, und wie einem von einem hohen Berge aus die Menschen, ihre Häuser und Dörfer und Städte verschwinden in der weiten Ebene, so sind uns ihre Not und Sorge verschwunden, daß wir uns ganz genau darauf besinnen müssen, um daran glauben zu können. Was aber nun kommt, das tritt klarer hervor aus der vergangenen Zeit; meine eigene Seele muß für alles eintreten, und wenn ich für so schwere Erlebnisse, wie sie mir beschieden waren, noch gar jung war, so mußt du bedenken, daß auch der Schmerz nur allzugern auf ein weißes Blatt schreibt. Doch ich will fortfahren, wie ich angefangen habe.

Mein Vater ist nun zum zweiten Male ein Witwer und diesmal ein tiefgebeugter und gebrochener Mann gewesen; ich sehe ihn in diesem Augenblick ganz genau vor mir, wie ich diese meine alte, trockene, runzelige Hand sehe. Hätte er dem Studenten seinen Willen gelassen, so würde er sich wenigstens einen großen Kummer erspart haben, es war ihm deshalben doch die Hülle und Fülle zugeteilt. Eine andere Person richtet sich auf und geht hervor aus der Dunkelheit; deren Geschick wurde mit feurigen Buchstaben in mein Herz gegraben, und war's bestimmt, daß sie um diese Zeit mein ganzes

Leben einnehmen sollte. Das ist meine Stiefschwester Ludowike.

Liebes Kind, als ich geboren wurde, da war gewiß eine merkwürdige Zeit, aber die Zeit war noch viel merkwürdiger, als ich den Kopf aus der ersten Unmündigkeit erhob und anfing, über die Dinge nachzudenken. Ach, ich habe solches viel früher tun müssen, als es gottlob dir und manchem andern, glücklicheren Kinde beschieden worden ist. Damals hatte die Welthistorie das arme Deutschland im Schoß wie eine Kaffeemühle, und wir waren die Bohnen, deren durfte nicht die kleinste ausspringen. Die Franzosen, welche deine Ururgroßeltern und deine Urgroßmutter in unser Vaterland ausgetrieben hatten, waren ihnen dann in hellen Haufen mit Roß und Wagen nachgedrungen, und wie sie in ihrem eigenen Reiche alles auf den Kopf gestellt hatten, so schüttelten sie nunmehr auch bei uns alles nach ihrer Art und Lust zusammen, und da ist es gewesen, wie wenn man einen alten Rock wendet und daraus zurechtschneidet, was das Zeug hergibt und wie es passen oder auch nicht passen will. Sie hatten ihr Königreich Westfalen aufgerichtet, und des Napoleons Bruder, der auch Napoleon hieß, aber Hieronymus dazu, war unser König; denn wir gehörten mit zu jenem Königreich Westfalen, wie das in jedem Geschichtsbuch zu lesen ist und wie man es euch auch in der Schule erzählt haben wird, wenn man noch davon spricht. Ja, was mag man euch erzählen? Wenn der Schulmeister nicht selber dabeigewesen ist, so kann er doch nichts davon wissen, so etwas muß man selbst erleben; und wenn man auch nur ein zwölfjähriges Kind gewesen ist, so hat man doch sein volles Maß von der Welthistorie auf sein Teil bekommen. Der Mensch zieht sich jede Zeit nach seinen eigenen Schicksalen und denen der Personen, mit welchen er während des Tumultes oder auch während der Windstille verkehrte, zusammen, und so ist es auch mit mir. Von den großen Schlachten kann dir natürlich der Präzeptor hundertmal genauer Bericht geben als ich; aber von meiner Schwester Ludowike weiß er nichts, und mit ihr habe ich doch die Jahre achtzehnhundertdreizehn und -vierzehn wie in ein Tuch gefaßt und halte sie wie an den vier Zipfeln zusammen.

Anno zwölf waren die Franzosen nach Rußland gegangen und hatten unsere Landsleute zu Haufen mitgeschleppt, daß sie ihnen die Stadt Moskau mit erobern helfen sollten. Ihre Heeresmacht war gleich einer Schlange, wie die Welt sie noch nie gesehen hatte, denn während der Kopf mit den giftigen Zähnen schon längst den Leib des Feindes gepackt hatte, ringelten sich die letzten Glieder ihres Leibes noch immer durch unser Land. Und als der Herr der Schlange den Kopf zerbrach, da wand sich der zuckende Schweif noch über ein Jahr auf dem deutschen Boden in einem blutigen Knäuel, bis ihn der alte Blücher über die Schwelle gekehrt hat, wie es im Buche steht oder, noch besser, in den Gassen gesungen wird. Wie solches zu unserem Weinen und Lachen, zu unserer Trauer und unserem Triumph sich ereignete, wie es damals in den

Häusern und Herzen aussah, das will ich dir nunmehr beschreiben und kann es auch; denn der kleinste Ort war wie der allergrößte, und durch ganz Europa, wo der Franzos den Fuß niedergesetzt hat, sind der Menschen Gedanken, Wünsche und Taten auf die gleiche Art durcheinandergegangen.

Nun gehe ich weiter.

Es lagen in unserem Städtlein vier Schwadronen von einem Husarenregiment, und dabei standen zwei Leutnants, deren einer hat Wilhelm Kupfermann geheißen und der andere Honold, dessen Vorname ist mir nicht bewußt. Mit dem Kupfermann ist meine Stiefschwester Ludowike verlobt gewesen, und er hatte einen Bruder, der war Handlungskommis in einem Kaufmannsladen am Markt, und der Polizeikommissarius in der Stadt hieß Schulz, der war ein böser, heimtückischer Gesell und ganz französisch gesinnt, denn sonst hätte das französische Regiment ihn ganz gewiß nicht in seine Stelle eingesetzt. Als ich im vergangenen Jahre zum ersten Male nach so langer, langer Abwesenheit auf Besuch dort in meinem Geburtsort war, da habe ich mit Staunen wieder erfahren, wie das Neue ganz leise und allmählich über das Alte kriecht und das Ganze doch so sehr denselben Anschein behält. Sie hatten hier gebaut und dort niedergerissen, hier das Morsche verputzt und dort das Wackelnde gestützt; aber heute wollte ich dir noch die Fenster der beiden Soldaten zeigen, mein Kind, und den Türpfosten, an welchem der Kommis zu lehnen pflegte, und das Haus des Polizeikommissärs und noch so manches andere, von welchem ich dir sagen werde. Es ist zum Kopfschütteln, wie solch eine alte, alte Geschichte nach fünfzig und mehr Jahren immer noch ihren Unterschlupf auf der Stelle findet, wo sie passierte.

Oh, es hat auch viel, viel Platz auf einem gar kleinen Raum: die Russen waren schon in Deutschland, die Preußen waren zu Hunderttausenden aufgestanden, wir aber waren noch gefangen in diesem Königreiche Westfalen und hielten uns selber gefangen, und das alles ging, wie durch unser Gemüt, so durch unser Haus und Städtlein. Es mußte vieles, vieles Platz darin finden, und der Himmel behüte dich, mein Kind, daß du nicht gleichfalls erfahren mußt, wieviel solcher großen Verwirrungen, Angst und Hoffnung sich in eine Viertelstunde, in die blühende Fliederlaube oder an den Platz am warmen Ofen drängen kann.

Da hat man bei Tag und bei Nacht gehorcht und zu jeder Stunde geglaubt, den Schall der Kanonen zu vernehmen, da hat man die Suppe stehenlassen und die Stühle zurückgestoßen und ist vor die Tür gestürzt, und es fuhr doch nur ein Wagen über die Brücke, oder der Zimmermann klopfte auf seinem Zimmerplatz, oder es war sonst dergleichen alltäglich gewohnt Geräusch. Ich bin ein klein Mädchen gewesen und habe den Erwachsenen oft mit offenem Munde nachgesehen, aber mein Teil an aller Erwartung hab' ich auch gehabt und weiß wohl Rechenschaft darüber zu geben. Und wenn ich, solang ich jung war, nicht viel zum Lesen kam, weil der Haushalt und mein seliger Alter und die Kinder es nicht litten, so habe ich doch den Kommis Kupfermann ganz genau gekannt, und das ist jetzt, wo es so still um mich her geworden ist und so lange Jahre vergangen sind, auch etwas recht Nachdenkliches und Verwunderungswürdiges, obgleich er nur ein ganz schmächtig Männchen mit ganz blöden Augen und einem zu kurzen Bein war. Sein Bruder Wilhelm ist der schönste Mann gewesen, aber in dem Kleinen und Schwachen war das Feuer und der Verstand und der mächtige Wille; er hat gut Bescheid gewußt in der Welthistorie, dieser Kommis Kupfermann, niemand hat gleich ihm die Zeit angeben können – ach, ach, er verrechnete sich zuletzt nur um eine Viertelstunde, ja nur um die Hälfte einer Minute, und zu blutig, zu schrecklich ist das ausgeschlagen!

Im März sind die Russen zum erstenmal in Hamburg eingerückt, und am zweiten April haben die Preußen bei Lüneburg einen Sieg gewonnen*; sie ritten schnell, aber doch nicht schnell genug für die angekettete Ungeduld. Das war das Verderben für meine Ludowike.

In dem Kaufmannshause am Markte, in welchem der älteste der Brüder Kupfermann diente, ist ein versteckt Hinterstübchen gewesen, darin hat der Kommis sein Bett und seinen Tisch gehabt, und darin hat er seine Verschwörung mit dem Leutnant Wilhelm und dem Honold gemacht. Nachher hat man viel darüber gesprochen, und jedermann hat sein kluges oder dummes Wort dazu gegeben, und mit dem Bedauern und der Trauer ist das Besserwissen und Besserkönnen aufgestanden und hat gedeutet und die Achseln gezuckt – das ist leicht und behaglich genug gewesen; wenn es uns heute noch etwas anginge, würde ich auch ein Wörtlein darüber zu sagen wissen. Ich war nicht unter den Leuten, welche in der Stille und Heimlichkeit in der Kammer des älteren Kupfermann zusammensaßen, ich weiß nur von meiner Schwester Ludowike und der Stunde, in welcher sie Abschied von ihrem Bräutigam nahm und ihn hinausreiten ließ und hieß in sein Verhängnis.

Der Himmel war rot im Schein der Abendsonne über unserm Garten, und an der Hecke hielten sich die Brautleute umfangen und küßten einander heiß und konnten nicht voneinander lassen. Ich saß im Grase an dem Schneckenhügel, und sie achteten nicht auf mich noch sonst auf die Welt, bis ich ihnen zurief, der Herr Leutnant Honold komme auch. Der ritt auf der Landstraße her an die Hecke und beugte sich herüber und rief den beiden etwas zu, was sie sehr bewegte. Ich sah, wie meine Ludowike den Arm ihres Bräutigams fester ergriff, und ich sah, wie alle drei sich darauf die Hände reichten wie zu einem Schwur. Nicht genau weiß ich mehr, ob auch der Kaufmann Kupfermann zu ihnen trat, ich glaube es aber; ich weiß nur, daß an diesem Abend und in dieser Nacht eine große Unruhe in der Stadt herrschte und daß der Polizeikommissär an den Häusern hingeschlichen ist und auf die Gespräche und das Flüstern der Leute auf den Bänken vor ihren Haustüren gehorcht hat. Die Husaren, welche bei den Bürgern im Quartier lagen, saßen mit auf den Bänken; denn es sind ja lauter Landsgenossen gewesen, welche ganz zu uns gehörten, und die einen haben die Kinder ihrer Wirte auf den Knieen gehalten und die anderen in ihrer Hand eine andere Hand; der Schulz hatte viel zu erhorchen, denn die Marwitzschen Reiter* waren bis über die Vorberge des Harzes herangestreift. Jeden Augenblick erwartete man, die Lärmtrompete zu vernehmen und das Befehlwort zum Satteln und Aufsitzen gegen die, welche in jenen Stunden noch unsere Feinde genannt wurden. Es kam jedoch nichts dergleichen; ob aber auch die fernen, blauen Berge allgemach im Abendnebel versinken mochten, das Fieber und die Ruhelosigkeit in den Herzen wollten nicht stille werden.

Ich schlief mit meiner Ludowike in einer Kammer. Erst hatte meine Wiege neben ihrem Bett gestanden, und jetzt stand mein Bettchen daneben. In dieser Nacht sah die arme Schwester den Mond kommen und gehen, und wenn ich aus meinem Kinderschlaf emporfuhr, so lag sie entweder knieend neben einem Stuhl oder stand am Fenster, jetzt im hellen, weißen Licht, jetzt in der Dämmerung, und hielt die Brust mit der Hand. Wenn ich sie dann leise anrief, so merkte ich, daß ich sie stets aus einer Art von Verzückung erweckte; sie zitterte, schüttelte den Kopf, strich mit der Hand über die Stirn und kam auch wohl zu mir und setzte sich auf den Rand meines Bettes und flüsterte: «Sei still, sei still!» – Einmal hat sie mir auch die Hände zusammengelegt, wie man sie zum Gebet faltet, doch immer sprang sie gleich wieder von neuem auf und lief zum Fenster zurück, um zu lauschen. Ich hörte die Glocke Mitternacht schlagen und eins und zwei; dann bin ich mit dem nahen Morgen in einen festern Schlaf verfallen, und als ich daraus erwachte und jach aufrecht im Bette saß in einem kalten, fröstelnden Luftzug, da ging in diesem kalten Hauch es vorüber wie ein Gespenst und verkündigte das, was kommen sollte.

Die graue Helle blickte in die Kammer, Ludowike hatte die Fensterflügel weit aufgeworfen. Sie mußte laut gerufen haben; denn ich war mir nun deutlich bewußt, daß ein Ruf, ein Schrei mich erweckt habe; von der Landstraße her, über den dämmerigen, nebeligen Gärten erklang scharf und klar eine Reitertrompete und verhallte in der Ferne, und das ist der Abschied des Leutnants Kupfermann gewesen.

«Ade, ade, mein Lieb, ich gebe dich hin, leb wohl in Ewigkeit, ich muß dich geben fürs Vaterland – lebe wohl, lebe wohl!» Das hat die Schwester gerufen und umschlang mit beiden Armen das Fensterkreuz. Ich weinte laut und habe die Hände nach ihr ausgestreckt, und sie ist auch zu mir gekommen, nachdem die Trompete verklungen und alles wieder still war. Das Rotkehlchen auf dem Dachfirst mochte wohl singen und sich auf den Sonnenaufgang freuen; wie die Ludowike und ich aber zusammengekauert gelegen und auf den Tag gewartet haben, das ist fast zu schlimm, um davon sagen zu können.

Mein Kind, mit diesem Sonnenaufgang ist es wie ein Sturmwind über die Stadt gegangen, daß die beiden Leutnants mit ihren Zügen statt auf den Exerzierplatz den Preußen entgegengeritten seien. Da haben sie denn wirklich die Lärmtrommeln an allen Ecken geschlagen und zum Nachsetzen geblasen, und die Kameraden mußten in hellem Galopp hinter den Kameraden drein, sie zu fangen oder zu Boden zu werfen. Das war ein arger Tag! Wie ein schönes, bleiches Bild ist die Ludowike ruhelos umhergegangen; sie war wie ein gefangenes Tier in seinem Käfig, ihre Augen waren so groß und so starr, und immer hat sie nach dem fernen Gebirge hinübergesehen – oh, wie muß sie ihren Schatz in ihren Gedanken begleitet haben! Vor unseren Fenstern vorüber führte der Polizeikommissarius mit seinen französischen Gendarmen den Kommis Kupfermann in Ketten geschlossen und grüßte höhnisch und drohend, und die Bürgerschaft stand und ballte nur die Faust in der Tasche, gezeigt hat sie aber niemand. Und nun flogen die Gerüchte wie die Schwalben, bald hoch, bald niedrig. Einmal hat es geheißen, ein Mann habe die Nachricht gebracht: des Herrn von der Marwitz Reiter kämen wirklich und mit ihnen im Triumph der Honold und der Kupfermann. Da ist ein verhalten Jauchzen im ganzen Städtchen gewesen; Nachbarn, welche zehn Jahre lang in Todfeindschaft lebten, haben sich die Hände über den Zaun gereicht, und der alte Stimmler, welcher der geizigste Mann im Orte gewesen ist, hat einen Sack voll Kartoffeln ins Armenhaus geschickt. Darüber hat man trotz aller Beklemmung so gelacht, daß ich dir heute noch davon erzählen kann; der Jammer aber kam doch über alles Lachen mit der richtigen Botschaft. Sie brachte keiner aus unserem Volke, sondern ein französischer Trompeter, welcher schwarz und verstaubt auf abgehetztem Gaul zum Marktplatz und zur Kommandantur gesprengt ist und mit seinem «Vive l'empereur!» verkündigt hat, daß die abtrünnigen Schwadronen samt ihren Führern eingeholt, umstellt und nach harter Gegenwehr gefangen seien und daß der Kaiser Napoleon auch sonsten noch wohlauf sei und sieghaft und großmächtig sich verhalte. Da konnte man wieder einmal recht die Menschen in ihrer Art sehen. Es hatte ein jeglicher solchen Ausgang vorhergesehen und vorhergesagt, ein jeglicher wusch wie Pilatus seine Hände in Unschuld. Sie verkrochen sich alle wieder im Dunkel, aus welchem sie die Köpfe erhoben hatten – das war, wie wenn ein Bub am Ufer mit dem Stock aufschlägt und die Frösche auf allen Seiten mit einem Satz ins Wasser springen und unterducken. Ein Wunder ist's gewesen, daß sie nicht ihre Häuser zur Feier des Ereignisses illuminierten, und wenn das der Kommissär Schulz verlangt hätte, so würden sie es gewiß getan haben. Mit Hohnlachen und grimmigen Drohungen ist dieser Schulz in seiner französischen Uniform in unser Haus gekommen, als könne er sich hier an seinem höchsten und besten Triumph weiden. Da hat er geschrieen, wie jetzt alle Verräter an dem Kaiser Napoleon und dem König Hieronymus ihren Lohn dahinnehmen müßten und wie er sich kein größeres Gaudium wisse, als daß es so gekommen sei. Denn nun habe man alles Recht, zuzugreifen und dem Verrat die Kehle zusammenzudrücken. Die Leutnants mit ihren Folgern seien schon auf dem Wege nach Kassel zum Kriegsgericht, und den Kommis Kupfermann werde er an diesem Tage noch expedieren, aber es sei noch manch anderer vorhanden, welchen er lehren wolle, wie es dem Menschen vor den neun Exekutionsflinten zumute sei.

So hat er geschrieen, und da ist ihm meine Schwester Ludowike entgegengetreten, von allen die einzige, daß ihr hohes Gedächtnis bis an den Tod in meiner Seele leuchtet. Ja, sie wußte wohl, daß sie am meisten hingegeben und verloren habe, daß keine Rettung für den gefangenen Bräutigam sei; aber sie hat sich nicht gebeugt, solange ihr Geist hell war, und der Schulz hat das auch verspürt; es ist ihm selber gezeigt worden, wie es einem vor dem Schwert des Richters zumute sein kann. Unter den Verschüchterten hat die Schwester aufrecht gestanden mit erhobener Hand und den wahren Verräter und Niederträchtigen mit ihrem Wort zurück und aus dem Hause getrieben; es ist herrlich und schrecklich zugleich gewesen, und obgleich ich nur ein einfältig dummes Kind war, so hat sich doch mein Herz in allen Tiefen bewegt. Nachdem aber die Ludowike den Schalk fortgetrieben, hat sie sich umgewendet und ist still hinausgegangen; auch ich hab' ihr nicht folgen dürfen, man hat sie ihren Weg allein gehen lassen wollen, denn sie haben gemeint, daß es gut sei, wenn sie sich nun in der Stille ausweine; jawohl, für ein ander Mädchen hätte das wohl genügen mögen, aber nicht für meine Ludowike! Ja, hätte sich die Stadt anders gerührt, hätte man die Sturmglocken geläutet gegen die Unterdrücker, so wär's ein ander Ding gewesen, und die Schwester wär' sicherlich gerettet worden. Da hätte auch sie hinausstürmen können, wie es nachher andere Frauen und Mädchen getan haben, die verkleidet in die Regimenter getreten sind und den ganzen wilden Krieg mit durchmachten. Aber es blieb ja alles still, und so mußte auch die Ludowike still bleiben, das war ihr Verderben. Freilich hat sie ruhig gesessen, aber schon in den ersten Tagen nach dem Unheil nicht als eine Ergebene, sondern als eine Geistesabwesende. Sie ist auch immer ruhiger geworden, wie die Zeit vorüberging bis zu der Stunde, in welcher die Nachricht gekommen und von dem Maire der Stadt bekanntgemacht worden ist, daß die beiden Leutnants Honold und Kupfermann samt einem Teil ihrer treuen Reiter vom Kriegsgericht verurteilt und erschossen seien, und folgende Umstände haben sich dabei in unserem Hause begeben und sind mir so klar in Erinnerung, wie wenn sie mir gestern gleich einem Stein auf den Kopf gefallen wären.

Es ist ein lieblicher, stiller Tag gewesen, an welchem die Sonne hell durch die Fenster schien, und an dem Tische zwischen den beiden Fenstern saß die Ludowike und schrieb. Sie hat einen Trostbrief an den alten Vater ihres Bräutigams geschrieben, einen stolzen, tapfern Brief, denn einen andern hätte ihr das starke Herz nimmer zugelassen. Wir, die wir seit dem großen Unglück immer auf den Zehen, wie in einem Krankenzimmer, um sie herumgingen, taten das auch an diesem Morgen; wir wußten alle, was kommen mußte, aber keiner hat doch geglaubt, daß der Schlag so schnell herniederfallen werde, und mein jüngster Stiefbruder, der, mit hoch erhobenen Händen vom Markt hereinstürzend, die blutige Nachricht ausschrie, hätte sich auch zusammennehmen können. Er war aber außer sich und wußte nicht, was er tat – mit einem Weheruf sahen wir alle auf die Schwester, welcher ja jetzt das Elend den Kranz aufsetzte.

Mein Kind, sie ist nicht vom Stuhl gesunken, sie hat nicht das Haar zerrauft, auch hat sie nicht wie wir andern laut aufgeschrien. Sie saß mit dem Rücken uns zugewendet und hielt sich über ihren Briefbogen geneigt; sie hat weitergeschrieben, und wir haben ihre Feder in der tiefen Stille, welche es jetzt in der Stube gab, leise kritzeln hören. Sie hat nicht den Kopf erhoben, sie fuhr nicht zusammen; es war, als habe sie weder die Botschaft noch unsere Wehklage vernommen; der Vater, der hinter sie trat und seine Hand auf ihre Schulter legte, zitterte wie im Fieber, aber Ludowike zitterte nicht. Mein Kind, mein Kind, es war viel schlimmer! – Bei der leisen Berührung wendete sie sich um, sah auf den alten Mann, sah auf uns, lächelte und zeigte ihre weißen Zähne. Oh, da hat man ganz genau gewußt, daß sie alles vernommen habe und daß das Schlimmste für sie und uns eingetroffen sei; sie ist nicht wieder bei sich gewesen von dem Augenblicke an, bis auf eine Minute vor ihrem Tod; ihr Leben und das meinige aber sind in dieser Zeit so zu einem gemacht, daß kein Jammer, welcher den Menschen hienieden treffen kann, darüber geht.

Sie zeigte ihre weißen Zähne, lachte und sagte: «Zu früh um eine Stunde, um eine Stund zu früh!» Nichts weiter. Ich umklammerte sie mit lautem Angstschrei, aber sie kannte an diesem Tage keinen mehr, und der Vater machte mich los von ihr und trieb mich hinaus. Da bin ich bis zum Abend wie verstört umhergelaufen, habe an allen Türen und Fenstern gehorcht und gebetet und gefleht, man möge mich wieder hineinlassen zu der Schwester, mich habe sie doch am liebsten von allen, und wenn sie von niemandem mehr wisse, mich müsse sie doch noch kennen. – Vergebens; an diesem Tage hat keiner auf mich gehört; aber nachher hat es sich erwiesen, daß ich recht hatte, da habe ich meinen Willen bekommen, und wie sie mich in meiner Unmündigkeit verpflegte, so ist sie nunmehr mir zur Pflege hingegeben worden.

Zuerst hat mein Vater freilich alle Doktoren, deren er habhaft werden konnte, zusammenberufen, um ihre Meinung zu vernehmen, weil kein Arzt sich selber genug traut, wenn es sich um ihn selbst oder die Seinigen handelt. Da ist der Brief, über welchem sie das Schicksal mit seiner unbarmherzigen Hand schlug, wie ein schreckliches Wunder umhergezeigt und von einem zum andern gegangen; denn was in einem Nu aus dem Menschen werden kann, das hat man niemals klarer sehen können als auf diesem Blatt Papier.

Die Schwester hat so schön geschrieben wie der beste Schreibemeister, und ihre Gedanken konnte sie mit der Feder so trefflich hinstellen, daß keiner es besser machen konnte. Wie sie ihre Füße immer so zierlich setzte und aufrechten Leibes so stolz und anmutig einhertrat und wie jeder Wink und jede Bewegung ihrer Hände gleich einem Zauber gewesen ist, so war es auch mit ihren Buchstaben und ihren Meinungen auf dem Papier. Sie sind dahingezogen, wie der Schwan auf dem Wasser schwimmt, und so auch in diesem letzten Briefe bis zu dem Punkt, bei welchem der Bruder in die Stube gestürzt ist und ausgerufen hat: «Am Freitag ist er erschossen worden!»

Von hier an ist's gewesen, als ob eine Kugel auch den schönen Schwan getroffen habe, daß er nun durch das Wasser taumele, mit den Flügeln schlage, versinke, sich wieder hebe und die Wellen mit seinem Blute färbe. Der Brief ist mit einem Male irr gewesen wie die, welche ihn schrieb, und in solcher Weise wohl noch eine halbe Seite hinuntergelaufen, Verstand und Unverstand, Sinn und Nichtigkeit durcheinander. Ja, sie konnten sich wohl die Köpfe darüber zerbrechen, die Herren Doktoren, was half es aber der armen Ludowike?

Und nun, mein Kind, wie es Finsternis wurde in der armen Seele der Schwester, so wurden auch die Wolken über aller Welt dunkler und dunkler; die großen Gewitter drängten von allen

Seiten gegeneinander, und – noch ein Stündlein, so war's, wie wenn das Wetter einem grad über dem Haupte steht, daß man zwischen dem Blitz und dem Donnerschlag nicht einen Augenblick einschieben und nicht eins zählen kann. Jetzt hat jeder Tag, jede Stunde so allmächtig zugegriffen, daß selbst die allernächste Liebe nicht das Gesicht zur Seite wenden konnte zu einem Trostwort oder einer Wehklage über das kleinere Schicksal der Angehörigen. Und wie das bei dem einen war, so war's bei dem andern, und auch unser betrübtes Haus hat keine Ausnahme machen dürfen. Was in ruhigeren Zeiten die Stützen unseres ganzen Daseins zerbrochen hätte, das wurde nun mit wilder Dumpfheit als das Gleichgültigere angesehen, und kein Nachbar hat sich darüber verwundert; und ein Wunder war's auch nicht, daß die Alten, weil ihnen der Kopf von den großen Schlachten so sehr dröhnte, die häusliche Last auf die Schultern des Kindes, auf meine eigenen Schultern legten.

Achthundert französische Kürassiere waren an die Stelle unserer einheimischen Reiter in unser Städtchen und die umliegenden Dörfer eingezogen, und unser Haus war auch voll von ihnen. Sie rasselten freilich noch mit Harnisch und Schwert und sperrten immer noch die Mäuler auf, als wollten sie die ganze Welt hinunterschlucken; aber trotz alledem war's doch mit dem alten, übertrotzigen Mute vorbei, und unter den blanken Harnischen klopfte es oft lauter, als sie wissen lassen mochten. Sie stellten mehr Feldwachen und Vorposten als sonst aus, auf den

Kirchturm hatten sie einen Wächter zum Auslug hingesetzt, und in einer Woche bliesen sie jetzt häufiger Alarm als sonst während ihrer Prachtzeit in einem ganzen Jahre. Da mußten mein Vater, mein Halbbruder, unsere Nachbarn und guten Freunde das Leben der Zeit leben; ich aber habe mein besonderes Dasein gehabt, und das war, wie ich ganz gewiß weiß, viel schlimmer als alles, was die andern erdulden oder womit sie sich quälen mochten; denn über ihnen regte immerdar die schönste Hoffnung die Flügel; aber ich war so jung, so jung und mußte die Wärterin meiner wahnsinnigen Schwester spielen – das war ein Spiel für ein Kind von dreizehn Jahren!

Ja, mein Liebchen, wenn ich heute um mich sehe und die Menschen von heute in ihrem Treiben und bunten Wesen betrachte, so kommt mich oft ein Staunen an um ihre Hast und Ungeduld. Ich sehe sie rennen und laufen, ich sehe sie auf ihren Eisenbahnen dahinfliegen; ich sehe sie ihre Gebäude aufrichten über Nacht und ihre Gewohnheiten und Meinungen, ihre Kunst und Wissenschaft, alles das, worin und wonach sie leben, ändern, wie man die Hand umkehrt. Ich höre ihr Sprechen und Seufzen, wie alles so schlecht bestellt und wie's kaum noch der Mühe wert sei, Atem zu holen; und mit all dem kommt mir der Wunsch und Gedanke, daß der Herr sie plötzlich mit Haut und Haar zurückversetze in die Welt vor fünfzig Jahren und sie da einmal acht Tage lang ihren Weg suchen lasse. Da würden sie schön in die Kniee fahren.

Es war mit den meisten Dingen anders bestellt

als heute und mit sehr vielen gewiß nicht besser; aber wenn ich davon anfangen wollte, so möchte ich schwerlich an diesem Abend noch ein Ende finden. Ich will also nur von den armen Irren reden, wie die vor fünfzig Jahren behandelt wurden – das ist ein Greuel gewesen! Mit dem Lichte der Vernunft schienen sie in jenen Zeiten jeden Anspruch an das Licht des Tages, an die freie Luft, an die gewohnte Kost und Kleidung verloren zu haben, und die Menschheit, die ihren Verstand durch die Güte Gottes noch behalten hatte, stand ihnen ganz und gar ratlos gegenüber. Die Häuser, welche der Staat oder das Land oder die Regierung zu ihrer Aufnahme unterhielten, waren gewöhnlich mit den Zuchthäusern verbunden und sind solche Schreckensorte gewesen, daß es gar nicht auszusagen ist. Mit einer und derselben Peitsche hat man die Verbrecher und die Kranken geschlagen, und deshalb behielten die Leute, welche mit einem solchen unglücklichen Wesen von der letzteren Art in ihrer eigenen Familie behaftet waren, solches, wenn sie es irgend vermochten, bei sich im Hause und sperrten es selber ab. Es war ja eine Schande, ein Kind, einen Bruder, eine Schwester im Irrenhause zu haben, und jeder band im Notfalle lieber selber dem Verwandten die Hände zusammen und legte ihn an die Kette. Auch die stillsten Kranken wurden abgeschlossen gehalten wie die bösesten Tiere; man fürchtete sich eben viel mehr vor ihnen als heutzutage.

Unsere Ludowike war nun im Anfang so still, so friedlich und sanft in ihrer Verdunkelung wie ein Engel oder besser wie ein gutes Kind, das dann und wann wohl auch seinen Eigenwillen hat und sein Stündlein weint und schreit und strampfelt, aber im ganzen doch nur Sanftheit, Lachen und Lust ist. Jaja, so viel hatte die hohe, stolze Jungfrau für das Vaterland gegeben, daß ihr nichts von ihrem schönen, jungen Leben übriggeblieben war; und sie, deren Gedanken mit denen der Höchsten und Edelsten zogen, sie mußte zu mir im kindischen Spiel niederkauern.

Daß die Kranke ihre Neigung für mich behielt, das haben die andern als ein Glück in allem Elend angesehen und sind darüber sehr froh gewesen. So haben sie mir die Schwester und mich ihr überliefert, und ach, ich glaube nicht, daß sie recht hatten; denn ob ich gleich die arme Ludowike so lieb, so lieb hatte, flößte sie mir doch ein fürchterliches Grausen ein. Ich war ein so junges Kind, und die Scheu der älteren Leute wurde bei mir durch meine Unmündigkeit vermehrt, welche das Schreckliche noch mit dem Geheimnisvollen umhüllte, und auch mir hätte man beinahe meine Seele gebrochen.

Sie sperrten uns zusammen für den Anfang in dem Stübchen, von welchem aus der Vater zuerst meine junge französische Mutter in ihrer Schönheit unter ihren Blumen lustwandeln sah, und an keinen Raum auf der weiten Erde gedenke ich mit solcher Angst wie an dieses enge Gemach. Ach, sie hatte mich so weich und warm in ihrer Liebe gehalten, die gute Schwester! Aus meiner toten Mutter Armen war ich in die ihrigen gefallen, und sie hatte mich aufgezogen, wie man wohl einen jungen Vogel, der aus dem Neste fiel, aufzieht. Wir hatten so gut zusammengehalten zu jeder Zeit, und ich wußte es nicht anders, als daß ich zu ihr emporsehen mußte in allen Dingen und daß ich in allen Dingen ihr folgen und gehorchen mußte. Ich hatte auch stets zu ihr aufgesehen wie zu dem schönsten Wunder, und nun kroch sie auf dem Boden und tändelte mit der Puppe, welche ich schon weggeworfen hatte, und schwatzte, wie ich vor zwei oder drei Jahren geschwatzt hatte! Da war's kein Wunder, wenn alles auch in meinem Kopf ins Schwindeln und Schwanken kam.

Und unterdessen ging es draußen immer wilder her. Der großmächtige Schlachtenherbst von Anno dreizehn war herangekommen, der Tod zog mit seiner Sichel durch das deutsche Land und mähte nach rechts und nach links in immer weiteren, weiteren Kreisen! Es ist gewesen, als ob fortwährend eine große Glocke Sturm läute über die Welt; es war ein Sausen und Brausen um alle Menschen, ein Dröhnen in jedem Hirn; wie ein gewaltig Wehen hat es jedem den Atem genommen. Die große unsichtbare Glocke läutete nun die rechte Stunde ein, auf welche der Schwester Liebster nicht hatte warten können; aber die arme Braut saß jetzt auf der Erde und hatte den Schoß voll Kinderspielzeug und begriff den Sturm, den sie so sehr ersehnt hatte, nicht mehr. Und der Sturm fuhr heran und auch über unsere Stadt.

Die Marwitzschen Kosaken, welchen der Leutnant Kupfermann um eine Stunde zu früh entgegengeritten war, sind nun im vollen Rosseslauf gekommen und haben des Feindes gepanzerte Reiter vor sich hergetrieben, daß wir sie nimmer wieder sahen. Aber des Herrn von der Marwitz Kosaken sind auch eigentlich gar keine Kosaken gewesen, sondern es waren viel wildere und tollere Leute, es waren unsere eigenen guten oder vielmehr sehr bösen Landesgenossen, die meisterlosen Brauseköpfe, welche in den Feind brachen, wie sie vordem in des Nachbars Obstgarten oder Vorratskammer gebrochen waren, und auf die Franzosen schlugen, wie sie früher in den Gassen aufeinandergeschlagen hatten. Das waren die jungen Wildfänge, welche dem ersten besten Bauer den Gaul aus dem Stall gerissen, die erste beste Bohnenstange zu einer Pike umgewandelt hatten und im Notfall ihrem eigenen Vater das Haus über dem Kopfe angezündet hätten, wenn sie dadurch eine welsche Streifschar ausräuchern konnten. Mit Gejauchz und Hurra kamen sie im Sturm an und fuhren durch die Tore, gleich ihren Namensgenossen weit vorgebeugt über die Pferde hängend. Es sind grimmige Rächer gewesen, und sie hatten ihren eigenen Weg; denn es war niemand da, ihnen einen Zügel anzulegen, und eben weil sie aus ganz Deutschland zusammengeweht und -geblasen waren, ist's gewesen, als ob jeder Ort einen gesendet habe, den anderen die rechten Türen zu weisen. Da wußten sie denn auch anzuklopfen nach ihrer Art, und die war gar nicht fein, und, liebes Kind, ich hab' so einen gesehen und denke heute noch mit Schauder daran; das hängt aber wieder mit dem Bruder Wilhelms, mit dem Kommis Kupfermann, zusammen.

Diesen hatten sie endlich doch freilassen müssen in Kassel; denn trotzdem der Kommissarius Schulz alles, was er wußte und vermochte, dransetzte, um ihn zu verderben, konnten sie ihn nicht erschießen wie den Bruder, und so haben sie ihn zu aller Leute Verwunderung heimgehen lassen. Zu langen Prozessen hatten sie eben auch in Kassel keine Zeit mehr.

Dieser Kommis Kupfermann ist denn also wirklich zurückgekommen, noch ein wenig magerer und finsterer als sonst, übrigens aber ganz der vorige, und er ist wieder in sein Geschäft eingetreten und hat wieder wie früher an seinem Türpfosten gelehnt und mit seinen blöden Augen in die Welt hinausgestarrt. Umgang hat er aber gar nicht mehr gehabt und gesucht, und die Stadt hat sich fast vor ihm gefürchtet. Was ich aber erzählen wollte, das ist folgendes.

Ich bin auch in der Gasse gewesen, die Marwitzschen zu sehen, und ich habe sie gesehen und vorzüglich einen von ihnen. Der kam, angetrunken und zerlumpt, auf einem kleinen, abgehetzten, zottigen Gaul um die Ecke; die Lanze ließ er über das Pflaster nachschleifen, die Zügel hielt er mit den Zähnen, und mit der rechten Faust hielt er den Polizeikommissarius am Kragen gepackt und schleppte ihn ebenfalls an dem Boden nach. Das war ein betrübter Anblick, denn der schlechte Mann hatte seine Perücke verloren und ist halb tot gewesen unter der Faust des wilden Reiters. Und dicht vor dem Kommis Kupfermann an seinem Pfosten hat dieser Reiter sein Pferd so plötzlich angehalten, daß es schier mit dem Hinterteil zu Boden lag und daß die Funken aus dem Pflaster sprangen. Mit einem jähen Schwung schleuderte er den Kommissarius dem Bruder des Leutnants Kupfermann vor die Füße, hob sich im Sattel, die Lanze über dem Kopf schwingend, und schrie: «Da hast du ihn, Fritz, nun spuck ihm ins Gesicht!» Der Kupfermann aber hat sich gottlob nur umgewendet und mit der Hand abgewinkt; da hat der Reiter den bewußtlosen elenden Menschen wieder von der Erde aufgegriffen; es sind seine Kameraden, die auch schon halb betrunken waren, mit lautem Geschrei herzugekommen, und so haben sie den Franzosenfreund zwischen den Pferden weitergeschleift. Niemand hat erfahren, was dann unter ihren unbarmherzigen Händen aus ihm geworden ist, aber zu einem Spuk ist er nachher in dem Hause, welches er bewohnt hat, geworden. Der Reiter, der ihn zuerst gepackt hielt, soll ein Stadtkind gewesen sein, der wilde Reichert genannt. Bei Waterloo wird ihm das Bein zerschossen, und als die Chirurgen ihn nach der Schlacht auf ihrem Tische haben, um es ihm abzusägen, da sieht er ihnen ruhig ohne einen Laut zu, mit der Pfeife im Munde; als sie ihn jedoch verbunden haben und alles soweit gut ist, da tut es plötzlich einen Ruck in ihm, als wolle er aufspringen, und dann fällt er zurück und ist tot. Der gehörte auch recht in die Zeit; allein ganz sicher ist's doch nicht, ob er's war, welcher den Kommissarius dem Fritz Kupfermann zum

Gericht brachte; denn andere wollen sagen, es sei Franz Hornemann gewesen, der sich nach dem Kriege in der Fremde aus Eifersucht vor den Augen seiner Braut erschoß und auch zu den wüstesten, aber lustigsten und gutmütigsten Burschen im Städtchen gehört hat.

Ist das aber heute nicht eins wie das andere? Ach Gott, mein Kind, fünfzig Jahre sind eine lange Zeit! Niemand, der den nassen Rock zum Trocknen an den Ofen hängt, gedenkt noch des einzelnen Tropfens; nur solch eine alte, müßige Frau gleich mir, die in dem Leben des Tages wie in einem Halbschlummer sitzt, hat die Zeit und die Kunst, sich solcher Einzelheiten zu erinnern. Die Erde hat sich ihres Rechtes auch wieder erinnert, nachdem die großen Geschwader vorbeigerauscht waren; sie hat die Verwüstung mit Blüten und Erntekränzen gedeckt, hinter dem Feldgeschütz ist der Pflug gegangen, und die Krähen, die auf den Schlachtfeldern sich sättigten, sie hüpften wieder hinter dem Bauer in der Ackerfurche her. Über alle Gräber ist Gras gewachsen und auch über das unserer Ludowike.

Aber vor den neuen Frühlingen zog erst der Winter von dreizehn auf vierzehn. Der Feind war aus den Grenzen des Landes getrieben, und die Wetterwolken, die früher im Osten standen, die hatten sich nun nach Westen gezogen, und ihr Donner verrollte immer ferner. Alle Sommer- und Herbstblumen aus dem Garten meiner seligen Mutter waren in dem Wasserglase in unserm Gefängnisstübchen verblüht; das Gezweig wurde kahler, der Himmel grauer, die Winde kälter, und mit der Verwandlung des Jahres ist auch allgemach eine Verwandlung über meine Kranke gekommen. Sie wurde mürrischer, heftiger, boshafter und fing an, nach den erwachsenen Leuten zu schlagen oder sie zu beißen, wenn sie sich ihr zu nahe wagten. Sie ist auch recht weinerlich geworden, nicht wie jemand, der aus einem großen Kummer oder sonst aus Melancholie weint, sondern wie ein krankes, unzufriedenes Kind, das selbst nicht weiß, was es will, und dem nichts recht zu machen ist. Mit der Schwester Zustand hat sich natürlich auch der meinige verändert, und dieses Zusammensein mit der Irrsinnigen, diese ewige geheime Angst und Unruhe, dieses Aufmerken auf jede ihrer Bewegungen den ganzen Tag über mußten mich ihr allmählich ganz gleich machen. Ach, mein Kind, wie hat man meine Kindlichkeit zerbrochen, als man mich, die eben noch mit der Puppe spielte, zum Spiel mit diesem allergrößten Unglück und Kreuz, welches den Menschen treffen kann, einschloß! Ich hatte keinen, der mir half; meine Mutter, die es gewiß getan hätte, lag unter ihrem grünen Hügel, und den anderen allen hatte die wilde Zeit so sehr den Sinn eingenommen, daß es ihnen nicht möglich gewesen ist, auf etwas so Kleines zu achten. Da haben wir denn gesessen, die Kranke und ich, stundenlang, halbe Tage lang, jedes in einer Ecke, und haben einander angestarrt, bis für mich jeder Ton im Hause jenseits der verriegelten Tür wie ein Geräusch aus einer Welt war, mit der ich nichts mehr zu tun hatte. Ich habe auch meine Gespielen in der

Gasse lachen hören und habe mir die schmerzenden Augen zugehalten und die Ohren verstopft; ich war noch ein junges Kind, aber den Tod hab' ich mir doch wünschen können, und das hat gewährt bis zu dem Tage, der mich freilich von meiner grausigen Wache erlöste, aber die arme Ludowike in ein viel größeres Elend stürzen sollte.

Das ist ein dunkler Tag zu Anfang des Dezembers Anno dreizehn gewesen; die Kranke zeigte sich an demselben noch ruheloser und unzufriedener als gewöhnlich, und alle meine schwachen Bemühungen, sie zu besänftigen und zu erheitern, sind vergeblich gewesen. Sie stand jetzt am Fenster, blickte stier und gleichgültig nach dem langsam ziehenden Gewölk und nahm nur von Zeit zu Zeit eine Flechte ihres langen, vollen, schönen Haares und zog sie durch den Mund. Sie könnte dort unter dem Apfelbaum stehen, ich würde sie darum nicht deutlicher erblicken, als ich sie jetzt vor mir habe. Sie hatte ihr Gewand zerrissen in ihrem Unmut, die eine Schulter war entblößt; sie griff öfters mit den Fingernägeln in das weiße Fleisch und achtete es nicht, daß das Blut schon hervorquoll. Ich hatte am Morgen aus ihrer kleinen Bibliothek Schillers Gedichte mit mir heraufgenommen in unser Gefängnis, saß in meinem Winkel und las laut und eintönig ein Gedicht nach dem andern her, denn wir hatten gemerkt, daß sie das wohl mochte, obgleich sie nichts mehr davon verstand. Dieses Lesen schläferte sie häufig ein, oft aber hörte sie auch stundenlang zu, indem sie vor mir knieete, den Kopf in meinen Schoß gelegt, und mich jedesmal, wenn ich ermüdet das Buch zuklappen wollte, in das Bein kniff und mich so zwang fortzufahren.

Heute jedoch hatte mein Lesen keinen Einfluß auf ihre Stimmung, sie war und blieb, so wie ich sie dir beschrieben habe, mein Kind, stand am Fenster, drehte mir den Rücken zu und wiegte den Oberkörper verdrießlich hin und her. Plötzlich stößt sie einen Ruf aus wie vor Überraschung und Freude. Sie tritt zurück, und ich springe auf, um zu erfahren, was sie draußen gesehen haben könne; aber in demselben Augenblick hat sie bereits das Fenster aufgerissen und sich in die Fensterbank geschwungen. Sie will hinaussteigen, und ich, in Todesangst, unter gellendem Hülferuf, suche sie zu halten; aber sie schlägt mir lachend mit der Linken auf die Hände und setzt mir die Zähne in das Handgelenk, aber zugebissen hat sie nicht!

Es zog sich ein Lattenwerk für den wilden Wein an der Hausmauer bis zu unserem Fenster empor; dasselbe hätte unter meinem eigenen leichten Gewicht sicherlich zusammenbrechen müssen, aber die Ludowike hat es wie durch ein Wunder getragen. Gleich einer Katze hing sie daran, und nachdem sie sich von meinem schwächlichen Griff frei gemacht hatte, setzte sie ihren Willen geschickt durch, wo jeder andere den Hals gebrochen haben würde.

Im Hause vernahmen sie endlich mein helles Rufen und achteten darauf. Sie eilten schnell genug die Treppe empor, allein in ihrer Aufregung vergaßen sie natürlich, daß sie selber uns eingeschlossen hatten, und so mußten sie vor der Tür warten, bis der Schlüssel geholt war. Bis dahin hatte die Irre übergenug Zeit, ihren gefährlichen Weg fortzusetzen, und als die Hausgenossen endlich in die Stube drangen, da stand sie schon in dem Garten meiner Mutter, warf triumphierend die Hände über das Haupt, lachte wild und schrie lauter als wir alle. Sie jauchzte in ihrer Freiheit gleich einem wilden Tier, rannte im Kreis umher und warf sich zu Boden und wälzte sich. Nun stürzte man schnell wieder die Treppe hinab, und die Leute, welche zu dieser Zeit in dem Hause meines Großvaters wohnten, kamen ebenfalls hervor; aber es dauerte eine Weile, ehe man sich genug gefaßt hatte, um Jagd auf die Kranke machen zu können, denn das Entsetzen und die Scheu waren zu groß. Ich für meinen Teil habe mich auch zu Boden geworfen und die Augen mit den Händen bedeckt, als man sie endlich doch jagen und fangen mußte. Sie schrie so laut, daß auch die Leute in der Gasse stehenblieben und horchten, und als man sie wieder in ihr Gefängnis halb trug, halb schleifte, da hab' ich mir wohl die Ohren verstopft, aber ihr Geschrei drang doch durch, und jetzt noch höre ich es dann und wann in einer schlaflosen Nacht und muß danach den Tag über in großer Zerschlagenheit umhergehen.

Es hat sich ein preußisches Militärhospital damals in unserer Stadt befunden, und ein ganz berühmter Arzt war demselben vorgesetzt; auch dieser gelehrte Mann wurde nun von meinem Vater herbeigerufen, aber auch seine Meinung ist gewesen, daß die Kranke jetzt in Dunkelheit, Hunger und Kälte gehalten werden müsse, um ihre Tobsucht und Raserei zu bändigen. Da ist denn ein Strohlager in der schwarzen Rauchkammer, wo sonst die Schinken und Würste im Rauch aufgehängt wurden, zubereitet worden und meine Schwester in diese Kammer gesperrt, die nur durch den Schornstein erwärmt wurde und die ihr Licht durch ein einziges, winziges Fenster bekam, welches so hoch in der Wand angebracht war, daß niemand ohne eine Leiter dazu gelangen konnte. Und alles, alles, was der Mensch sonst zu seinem Leben nötig hat, ist der Schwester genommen; sie wurde mit sich selber allein gelassen, und auch ich durfte nicht mehr zu ihr.

Liebes Kind, ich konnte nichts dafür, daß ich fast alles Mitgefühl mit den Menschen verloren hatte. Meine Jugend war mir so zerstört und zunichte gemacht, daß es gewesen ist, als ob niemals die Sonne über mein Kinderspiel geschienen, niemals die Lerche über meiner Wiege gesungen habe. Ja, ich hatte endlich selbst ein gut Teil von dem Gefühl für die kranke Schwester, der man mich zugesellt hatte, verloren; doch das kam in der Zeit der Trennung von ihr schnell zurück.

Nun saß ich wieder unter den Vernünftigen und Verständigen und hörte in dumpfer Gleichgültigkeit ihren klugen Reden, ihren Späßen und ihrem Gezänk zu und begriff fast nichts mehr von ihrem Leben; denn alles, was man sagte und tat, war mir gleich dem Kratzen an einer

Kalkwand. Aber das begriff ich klar, daß man die Ludowike schier zu den Toten rechnete und daß ein jeder jeden Gedanken an sie so hastig als möglich aus seinem Sinne zu verscheuchen bemüht war und daß man stillschweigend ein Übereinkommen getroffen hatte, die dunkle, kalte Kammer, in welcher sie gefangen saß, sowenig es sein konnte, unter sich und gar nicht gegen andere zu erwähnen. So war denn die Schwester rein eine Lebendigbegrabene geworden; aber mit mir ging man sehr lieb und zärtlich um, denn sie sahen wohl ein, was sie angerichtet hatten, und sie mochten sich wohl häufig im geheimen bittere Vorwürfe machen. Was sie aber auch taten, das Verlorene ließ sich nicht so leicht wieder ersetzen, das Verworrene und Verunstaltete ließ sich nicht so leicht wieder ins Rechte zurückführen. Ich fürchtete mich vor ihrem Lachen fast noch mehr, als ich mich vor dem der Irrsinnigen gefürchtet hatte, und als sie nach Neujahr, um den Übergang der verbündeten Heere über den Rhein zu feiern, zum Tanz auf das Rathaus gingen, als ob alles im Haus und im Herzen in der schönsten Ordnung sei, da hab' ich mich die Bodentreppe hinaufgeschlichen und saß nieder auf der letzten Stufe vor der verschlossenen Türe der armen Verlassenen und saß da im tiefsten Gram. Ich war leise, leise gekomen und dachte, niemand solle mich aufjagen, aber die Kranke drinnen merkte bald wie durch Instinkt meine Gegenwart und kratzte an dem Schloß und rief mich bei meinem Namen. Freilich biß ich die Zähne aufeinander und wollte nicht antworten, denn man hatte mir ja jetzt allen Verkehr mit ihr streng untersagt; aber ich mußte es doch, und die Stimme von drinnen klang mir nun wieder vertrauter als all der Lärm des Tages unter den Vernünftigen drunten in der Wohnstube. Die Kranke sang in ihrem Gefängnis, und dann sang ich ebenfalls in meiner Betrübnis lauter Lieder aus dem Gesangbuche, bunt durcheinander, wie sie mir grad einfielen; das dauerte wohl über eine Stunde, bis wieder der böse Augenblick kam und die Wahnsinnige anfing, wie ein Hund zu bellen und mit den Fäusten gegen die Tür zu schlagen. Da bin ich im allergrößesten Schauder dann wieder treppab geflohen zu der Magd in die Küche, und während die Schwester heiser durch das Haus schrie, sind wir am Herde zusammengekrochen und haben fort und fort gebetet, ich das Vaterunser und die Magd, welche aus der katholischen Gegend gewesen ist, «Gegrüßet seist du, Maria» und was sie sonst noch wissen.

Das war ein harter Winter, liebes Kind, und unsere Heere befanden sich nun in Frankreich, und dort wurden immer noch die blutigsten Schlachten geliefert; denn der Napoleon wollte sich noch lange nicht geben, obgleich man schon in Deutschland seiner Niederlegung wegen, wie ich dir eben erzählt habe, zum Tanze ging. Sonst aber ist es doch ganz still bei uns gewesen im Gegensatz zu der jüngstvergangenen Zeit. Das einzige kriegerische Leben brachten die Hörner und Trommeln der Haufen, welche den andern gen Westen nachzogen; aber das war doch ein ganz anderer Klang als in jenen Tagen, da der

Feind noch in unsern Häusern und auf unsern Wegen lag. So sind der Januar und Februar des Jahres vierzehn vorübergegangen, und oft genug kam's noch von Sonnenuntergang herüber wie ein heißes Wehen mit dumpfen Gerüchten, mit Ahnungen und Grauen und bösen Ängsten. Ganz glatt ist es in dem fernen Franzosenland nicht abgelaufen, und es hat noch viel Blut gekostet bis zum April und dem großen Jauchzen der Völker über die eroberte Hauptstadt des Feindes. Im April jedoch haben sich alle Leute wie die Kinder auf den Maien freuen dürfen, denn nun war ja alles gut, und Friede war wieder in der Welt; selbst die, welche Brüder oder sonst liebe Verwandte auf den Schlachtfeldern verloren hatten, wollten es sich nicht nehmen lassen, zu Christi Himmelfahrt einen grünen Busch vor die Tür zu stellen. Es ist ein Aufatmen in der Welt gewesen, wie die Welt es seit langer Zeit nicht mehr gekannt hat; und du, mein Kind, wirst's auch wohl dann und wann noch erfahren, wie leicht der Menschen Sinnen und Fühlen sich bewegt und mit dem Wind wechselt. Du wirst es erfahren im Guten wie im Bösen, und es muß wohl recht verständig in solcher Weise bestellt sein, denn der verständige Mensch siehet solches je klarer ein, je älter er wird.

Jaja, es war auch ein schönes Jahr, und wer irgend vergnügt sein konnte, der nahm nur sein volles Recht, wenn er sich aus vollem Herzen der guten Tage freute und kein eisern Gitter mehr gelten ließ. Es wäre ja auch zu betrübt gewesen, wenn das Volk die Kettenglieder, welche es denn doch immer mit sich hinausschleppt in das junge Grün, in ihrem vollen Gewicht hinter sich gespürt hätte.

Ich habe es häufig bedenken müssen, ob wohl jemals, auch jenseits des Kirchhofes, ein Augenblick kommen könne, in welchem ich diesen Himmelfahrtstag des Jahres vierzehn vergessen haben würde, es müßte jedenfalls eine entlegene, entlegene Zeit sein! – In frühester, grauer, warmer Stunde bliesen sie schon einen Choral von dem Kirchenturm, ich lag in meinem kleinen Bett, erwachte davon, horchte und hörte, wie die Hausgenossen sich regten, hin und wider liefen, einander fröhlich begrüßten und sich zu ihrer Waldfahrt rüsteten. Man klopfte auch an meine Tür, und der Vater rief mich; aber wie gewöhnlich hatten mich so böse Träume in meinem Schlafe geschreckt, daß ich mich nicht mit den andern ermuntern, nicht mit ihnen freuen, nicht mit ihnen in den Wald hinausgehen konnte. Meine trüben Sinne drückten mir den Kopf wieder in die Kissen hinab, und ich schlief von neuem ein, während alle das Haus verließen. Sie drängten mich nicht, mit ihnen zu gehen, sie ließen mir in allen diesen Dingen meinen eigenen Weg, und das war auch gut.

In diesem zweiten Schlafe vernahm ich nun die Lieder der fröhlichen Menschen draußen, darauf die ersten Kirchenglocken, und als ich endlich zum zweiten Male erwachte, war's heller Tag und ein so blauer, so lichter Tag, wie die arme Erde sich ihn zu ihrer schönen Frühlingsfeier nur wünschen konnte. Da hab' ich noch eine ziemliche Weile aufrecht im Bette gesessen und mich auf mein Dasein besonnen, dann bin ich aufgestanden. Es ist nun ganz still, still im Hause und auch im Städtchen gewesen; denn auch die Mägde hatten sich natürlich fortgeschlichen, und wer nicht in den Wald gegangen war, der rüstete sich nunmehr zum Kirchgange; ich aber hatte alles verschlafen, war ganz allein in der Stille, und wie ich mich auch auf mein Dasein besinnen mochte, ich konnte es sozusagen an diesem Morgen in keiner Weise wiederfinden; ich hatte an diesem Morgen mein ganzes Leben vergessen, und das war mein Geschenk vom Himmel für diesen Festtag.

Ich bin jetzt aufgestanden und habe mich langsam, noch immer schläfrig und träumerisch, angekleidet; dann saß ich nieder am Fenster vor der armen Schwester Nähtischchen, hielt die Hände untätig im Schoß gefaltet und sah den Sonnenschein auf dem reinlichen Straßenpflaster liegen; und das Glas mit Maiblumen, das neben mir in der Fensterbank stand, ist allein schon ein ganzes Reich der Wunder gewesen.

Nun ist eine Unruhe wieder leise durch meine Glieder gekrochen; ich bin in den Garten gegangen. Im Hause auf dem Hausflur war es dunkel und kühl; in dem Garten schien die Sonne so hell und warm, und grad darum hat es mich gefröstelt; aber das hat nicht lang dauern können. Es blühte alles bis tief unter die Hecken, und die Bienen summten, ein süßer Schwindel griff mir an die Stirn; es war auch ein Bienengesumm in meinen Ohren, wie man es hat nach einer unruhigen, ängstlichen Nacht, wenn man hinausgetreten ist aus der dumpfen Kammer in solche freie, warme Luft, in solchen Duft von Buchsbaum und Holunder.

Der Kirschenbaum ließ seine ersten weißen Blütenblätter fallen; die Apfelbäume und Kastanienbäume standen in weiß und roter Pracht, und ich stand zwischen den Stachelbeerhecken und beugte das Gesicht nieder in das Leuchten und Duften. In diesem Augenblicke, diesem kurzen, kurzen Augenblicke hat mir die Schönheit und Lieblichkeit der Welt alle meine Kindermärchen wiedererzählt; es war ein Zauber, der alle Süßigkeit und alle Wehmut, alle Kraft und alle Müdigkeit in sich schloß. Und immer seltsamer wurde mir zumute; ich vernahm eine singende Stimme, und nun ist es mir gewesen, als sei diese Stimme schon ganz lange Zeit in mein Ohr geklungen und ich habe nur nicht darauf geachtet. Jetzt aber horchte ich, aber ohne daß mich der märchenhafte Zauber verließ. Ich hörte mich mit meinem Namen rufen, ganz weich und klagend und wie aus weitester Ferne, wie wenn einer fern, fern im Walde sich rufen hört. War das der singende Baum oder der sprechende Vogel? War das Schneewittchen oder das verlorene Kind?*... Ich fuhr zusammen und ließ den blühenden Zweig, den ich gefaßt hielt, jach zurückschnellen – die Schwester, die unselige, kranke, gefangene Schwester rief – rief mich – rief meinen Namen, und ich, ich hatte sie vergessen um die bunte, warme Frühlingsmorgenstunde – wie die andern!

Da bin ich zurückgesprungen mit einem wilden Sprung durch ein rot und gelbes Tulpenbeet in die dämmerige Kühle des Hausflurs. Da hielt ich mich am Türpfosten und hörte die Stimme im Hause; die Schwester, die Schwester rief mich!

Das Herz klopfte mir in fieberhafter Aufregung; so allein wie heute war ich noch nie im Hause gewesen seit jenem Tage, an welchem man meine arme Ludowike in diese schreckliche dunkle Kammer eingeschlossen hatte. Ich war die Herrin heute, und niemand war da, mich in meinem Tun zu belauschen oder gar mich daran zu hindern. Da ist dann wieder eine neue Stimmung über mich gekommen, und die war auch sehr kurios; aber doch kann ich sie jetzt noch ausdeuten.

Es ging mir ganz wild und zornig durch den Kopf, daß ich beide Hände ballte und mit dem Fuße fest auftrat und mit den Zähnen knirschte – alles im Hohn und Trotz gegen den Vater, die Stiefbrüder und die ganze übrige Verwandtschaft, welche es am letzten Ende doch so gut mit mir meinten und nur aus großer Not an mir gefehlt hatten.

«Was für ein Recht haben sie, dich jetzt auszuschließen von der Schwester?» habe ich mich gefragt. «Sie haben kein Recht; denn ihr beide ganz allein in der weiten Welt gehört doch nunmehr ganz zueinander; ihr beide seid einander von dem lieben Gott im größten Elend anvertraut, niemand kann euch scheiden! – Niemand soll dich jetzt hindern, der Schwester die Freiheit wiederzugeben und sie aus ihrer Finsternis herauszulassen in die Sonne, unter die Blumen, in den Garten, in den Frühling!», so schallte es in mir, und mein Herz hämmerte; und horch, horch, von neuem hörte ich meinen Namen mit wehmutsvollen, leisen, leisen Klagen und Bitten aus der Höhe. Da bin ich geduckt, an der Wand hin, in die Stube geschlichen und habe mit einem hastigen Griff den Schlüssel zu der Kammer der Gefangenen von dem Nagel neben der Uhr herabgerissen; dann in Sprüngen die Treppe hinauf!

O liebes Kind, die Ludowike hatte ihren Mund an das Schlüsselloch gelegt, als ich mich halb bewußtlos hinüberbeugte und durchlugen wollte; ich spürte ihren Hauch, und sie bat: «Schließ auf, schließ auf, schließ auf!» – O liebes Kind, da hat eine andere Hand als die meinige den Schlüssel geführt und umgedreht, denn ich weiß nichts davon; aber eine gütige, eine barmherzige, sanfte Hand ist es gewesen – ich segne sie zu jeder Stunde, und alle Freude, alle Wonne, die ich nachher in meinem langen Leben bis zu dem heutigen Tage genossen habe, werden aufgewogen durch das Gedenken an jene hohe Vergünstigung, welche damals in meine kindische, unwissende Macht gelegt worden ist.

Das Schloß hat nachgegeben, die Tür ist aufgesprungen, und auf der Schwelle ihres Jammerortes knieete die Schwester und hat mich nicht mit den Zähnen und Nägeln angegriffen und zerfleischt, wie es mir die verständigen Leute vorgemalt hatten.

Sie ist auf den Knieen liegengeblieben mit weit

ausgestreckten Armen. Oh, wie sah sie aus, wie sah sie aus! Es ist nun nichts, gar nichts mehr von der schönen Ludowike an ihr gewesen, der hohen, stolzen Braut, die ihren Bräutigam mit ihrem vollen freien Willen in den Tod für das Vaterland sandte. Nichts ist mehr an ihr gewesen von jener Holdseligkeit, die sie auch dann noch behielt, als wir schon in dem Studierzimmer meines Vaters zusammengesperrt waren.

Ich rief sie nun auch, ich nannte sie mit allen liebkosenden Namen, ich sank nieder zu ihr und umfaßte sie mit meinen Armen. Ich hielt sie und drückte sie; aber sie rührte sich eine lange, lange Weile gar nicht und war wie ein kaltes Bild aus Stein, bis sie plötzlich aus der Erstarrung erwachend in die Höhe sprang und wild die geballte Rechte erhob, daß ich mich im Schreck zurückbeugte und den Kopf mit den Ellbogen schützte, weil ich glaubte, nun werde sie doch zuschlagen. Sie hat es aber nicht getan, sie hat nur meine beiden Handgelenke gefaßt und mich mit übermächtiger Kraft emporgerissen von den Knieen. Sie hat mich zur Treppe gezogen und schnell ihr nach, die Treppe hinab; ich aber habe mich nicht gewehrt, auch nicht wehren können; ich war wie ein Spielzeug in ihrer Gewalt; aber auch wenn ich stark wie eine Riesin gewesen wäre, ich würde in diesen Augenblicken mein Leben, meine gesunden Glieder ihr doch haben überlassen müssen.

So hat sie mich jetzt zuerst in die Wohnstube gezogen und hier mich freigelassen; da ist sie im Kreise umhergelaufen, immerfort mit den

Händen abwehrend oder sie wie im grimmigen Schmerz gegen die Stirn drückend. Auf einmal ist sie vor dem Spiegel stehengeblieben, aber schnell wieder zurückgefahren, als sie sich darin erblickte. Mit dem Finger auf dem Munde schlich sie auf den Zehen zum zweitenmal heran und sah sich zum zweitenmal in dem Glase. Da schüttelte sie hastig mit dem Kopfe und floh aus der offenen Tür, wie gejagt von ihrem eigenen Abbild; ich aber stürzte ihr nach durch den Hausgang in den Garten, so schnell, daß ich meine Schuhe auf der Schwelle verlor. Bin aber doch nicht schnell genug gewesen; denn als ich in das Freie kam, mußte ich mich nach ihr umsehen, nach ihr suchen; denn der Garten war voll hohen Gebüsches aller Art, und sie hatte sich untergeduckt wie ein Kind im Versteckspiel. Ich rief ihren Namen: «Ludowike! Ludowike!» so schmeichelnd und lockend, wie ich konnte, und da hörte ich sie hinter einem dichten Gesträuch lachen und schluchzen, und hastig brach ich durch das Gezweig zu ihr. Ach, da lag sie in dem hohen Grase, in dem Schein der warmen Sonne, und einen blütenvollen Zweig von einem Zwergapfelbaum hatte sie über sich hingezogen, und ihre großen, dunkeln Augen leuchteten durch die Blüten. Als ich vor ihr stand, ließ sie diesen Zweig los, ergriff wieder meine Hände und zog mich herab auf die Knie, doch nicht mehr heftig und ungestüm, sondern sanft und gemach. Es ging plötzlich wie ein Krampf über ihr armes, gelbes, hageres Gesicht, doch nach dem Krampf kam eine Stille, und da ist es gewesen, als ob für einen kurzen Augenblick ein Schleier von ihr gezogen werde: sie hat mich lange, lange mit ernsten, ernsten Blicken angesehen, und darauf hat sie mit ihrer Hand meine Stirne berührt und mit einer Stimme, die verklungen war seit jener Stunde, in welcher sie den Brief an den Vater ihres erschossenen Bräutigams schrieb, gesprochen: «Es soll dir gutgehen, dein ganzes Leben lang, liebe Schwester, denn du hast mich nicht verlassen in meiner Not! Lege deine liebe Hand auf mein Herz, was müßte ich dir alles sagen, wenn ich Zeit hätte! Du hast Barmherzigkeit an mir geübt und sollst viel Freude haben. Sei still, liege still, rühre dich nicht, daß das Schrecknis nicht erwache! Wir wollen einschlafen, und du sollst neben mir liegen wie sonst, als du noch ein ganz klein, klein Kind warst, und im Glück wollen wir beide erwachen!»

Nun zieht sie mein Gesicht an ihren Busen und küßt mich, und ich liege weinend neben ihr, und sie hält mich so fest an sich gedrückt, daß mir fast der Atem entgeht: sie hält mich immer fester, und ich darf mich nicht rühren; aber es ist eine große Freude in mir, mein Herz klopft in aller jauchzenden Hoffnung.

Jetzt ist ihre Seele licht, die Dunkelheit ist vergangen, und ich, ich habe sie in die Sonne, in den Frühling, in die Freiheit führen dürfen, ich habe in ihrer Gefangenschaft mit ihr gespielt, und ich habe ihr Gefängnis aufgeschlossen, als sie von allen andern verlassen und vergessen war!

Wieder ist ein Krampf durch ihren Körper gegangen, und noch einmal hat sie mich fester ergriffen und an sich gedrückt; dann aber haben sich ihre Arme gelöst; sie seufzte tief und schwer, ihr Haupt schlug auf den Boden. Ich fuhr empor und starrte ihr in das Gesicht; da war wieder alles anders, und so mußte es nun bleiben, der ganze Friede war herabgekommen – die Schwester Ludowike war tot. Wohl lange hab' ich in Ohnmacht über ihr gelegen, und lange wieder hab' ich in halber Bewußtlosigkeit von der Landstraße her über die Hecke die Lieder der aus dem Walde Heimkehrenden vernommen.

> «Zur Brautnachts-Morgenröte
> Ruft festlich die Trompete;
> Wenn die Kanonen schrein,
> Hol' ich das Liebchen ein.»

> «Laß mich nicht lange warten!
> O schöner Liebesgarten,
> Voll Röslein blutigrot
> Und aufgeblühtem Tod!»*,

so sind sie singend in unsern Garten durch die kleine Pforte, die von der Chaussee hineinführte, getreten, und als ich die Augen öffnete, hab' ich sie alle um uns stehen sehen mit grünen Zweigen auf den Hüten und grünen Zweigen in den Händen. Sie haben aber nicht mehr gesungen, sie haben aufgeschrieen, und ich habe ihre Gesichter im Kreise gesehen – also hat unser Haus im Jahr achtzehnhundertvierzehn die Himmelfahrt unseres Herrn Jesu Christi gefeiert! –

Mein liebes Kind, wie die sterbende Schwester es mir gewünscht und vorausgesagt hat, ist mir nachher noch viel Gutes in meinem Leben widerfahren. Ich habe mein Teil von allem hingenommen, und daß ich heute hier sitze und dir bei so holdem Glanz des Abends von der Welt vor fünfzig Jahren erzählen kann, ist auch eine nicht kleine Vergünstigung des Himmels. Komm, laß dir die Haare aus der Stirn streichen, weine nicht, halt dich wacker zu jeder Zeit; denn wer kann sagen, was du dereinst zu erzählen haben wirst, wenn deine Enkel zu deinen Knieen kommen und eine Geschichte aus den Tagen, in welchen auch du noch jung warst, von dir zu hören verlangen?

DIE HÄMELSCHEN KINDER

I

Wer ist, in dessen Erinnerung die uralte Sage vom Pfeifer zu Hameln und wie der am Johannistage Anno Domini zwölfhundertvierundachtzig mit hundertunddreißig Bürgerkindern in den Koppelberg zog, nicht nachklänge? Chroniken, verwitterte Steine, Ammen, Wärterinnen und Großmütter haben seit vielen hundert Jahren davon erzählt und erzählen heute noch davon, und wer die Geschichte einmal gehört hat, der vergißt sie so leicht nicht. Es ist ihr aber auch kaum eine andere gleichzusetzen, welche wie sie geheimnisvollen Schauder und dumpfes Grauen erregt.

Ach, es war ein arge Plage zu Hameln an der Weser! Mäuse und Ratten hatten so überhandgenommen in der Stadt wie Raubritter und Strolche im herrenlosen Heiligen Römisch-Deutschen Reich. Bürgerschaft und Rat hätten wohl dem fremden Mann im grünen Jägerkleid mit der roten Feder den bedungenen Lohn zahlen können, als er seinem Versprechen gemäß das nagende Geziefer unter dem schrillen Klang seiner Pfeife in die Weser geführt hatte, daß kein Schwanz und Schwänzlein in der Stadt zurückblieb. Sie taten es aber nicht – geiziges Volk! –, der Plage waren sie ledig, das Gute hatten sie genossen; so machten sie's denn wie viele andere Leute und Gemeinwesen auch: sie knöpften die Taschen zu, und den Beutel öffneten sie nicht; mit Hohnlachen schickten sie den grünen Jägersmann mit der roten Feder und der künstlichen Pfeife zum Tor hinaus; sie verließen sich, wie manche andere damals, darauf, daß der Kaiser Rudolf* weit entfernt und Recht und Gerechtigkeit schwer oder nirgends zu finden sei.

Lauf, Pfeiferlein, lauf! Such den langnäsigen Habsburger Grafen, klag ihm dein Leid und bring ihn mit Rossen und Mannen, mit Mauerbrechern, Blyden und Mangen* vor der Stadt Mauern! Wer weiß, was geschehen kann! – Vielleicht kommen wir dann zu einem Vergleich. Wer weiß, was geschehen kann; das Ganze werden wir auch dann wohl nicht zahlen, vielleicht aber doch die Hälfte oder ein Viertel. Es soll darauf ankommen, wieviel Knechte, Ritter und Rosse der Habsburger mit sich bringt; lauf, Pfeiferlein, lauf!

Der grüne Jäger, der Pfeifer, lief aber nicht; er fluchte und wetterte auch nicht, als er unter dem Tore stand und die Bürger von Hameln ihm nachlachten; er zog nur eine Fratze, wie Rat und Bürgerschaft noch keine gesehen hatten, eine Fratze, vor welcher die Kinder in Haufen schreiend davonliefen oder das Gesicht in der Schürze der Mutter bargen; dann schüttelte er den Staub von den Schuhen und ging, und die Stadt ging auch an ihre Geschäfte, und die Kinder vergaßen die Fratze und fingen ihre Spiele in den Gassen von neuem an.

Nun hätten die Bürger jedenfalls das Ganze und doppelt und dreifach das Ganze bezahlt, und die Mütter würden all ihren Schmuck, alle Kostbarkeiten, Haus und Hof willig dem Pfeifer hingeworfen und überlassen haben, wenn sie gewußt hätten, was die Fratze des Mannes bedeuten sollte; sie wußten es aber nicht und vergaßen das Gesicht, bis es sich ihnen auf die allerschrecklichste Weise in die Erinnerung zurückrief. –

Was erzählen nun die Chroniken, Großmütter und Ammen?

Es war der Johannistag im Jahr eintausendzweihundertachtzigundvier; in der Kirche befanden sich alle erwachsenen Einwohner Hamelns, nur die Kinder spielten draußen im lichten Sonnenschein. In der Sankt-Bonifazius-Kirche sangen die Väter und Mütter die Messe, und so vernahmen sie vor den heiligen Klängen nicht den anderen Klang, der ihnen so großes Weh bedeutete. Über den Kirchplatz schrillte eine lustige Pfeifermelodie, und der grüne Jäger mit der Hahnenfeder, dessen Gesicht man so schnell vergessen hatte, durchzog alle Straßen der Stadt, und alle Kinder in den Gassen schlossen sich ihm an, und alle Kinder in den Häusern, welche die Pfeife vernahmen, sprangen hervor und folgten ihr, wie einst ihr die Mäuse und Ratten gefolgt waren. Sie vernahmen nichts im Münster zu Sankt Bonifaz. Mit hundertunddreißig Hämelschen Kindern zog der Pfeifer aus dem Ostertor langsamen Schrittes, immerfort seine wildlustige Weise blasend. Tanzend und jauchzend folgten

ihm die Kinder gegen den Koppelberg, und als
der Zug davor angelangt war, öffnete sich der
Berg – tat auf eine schwarze Höhle, und hinein
in die Höhle, in die Höhle, in die dunkle Gruft
zogen aus dem hellen Sonnenschein mit dem
Pfeifer die Kinder von Hameln. Der Berg schloß
sich wieder, und niemals hat man wieder etwas
gehört von dem Pfeifer und den armen Kleinen.
Der Kinderjubel war verstummt, und das Weh-
klagen und Jammern der Väter und Mütter
begann in den Gassen und Häusern Hamelns
und hallte durch die Jahrhunderte weiter.

«Im Jahre MCCLXXXIV na Christi Gebort
To Hameln worden utgevort
Hundert und drittig Kinder, dasülvest geborn,
Dorch einen Piper under den Köppen
verlorn»*

lautet der alte Vers, und bis in die neueste Zeit
durfte in der Bungelosestraße*, welche nach dem
Ostertor führt, keine Geige gestrichen, keine
Trommel gerührt, keine Pfeife und Flöte geblasen werden. Seltsamerweise wurden auch bis
in die späteste Zeit die deutschen Kolonien in
Siebenbürgen mit diesem «Hamelschen Kinder-
auszug» in Verbindung gebracht. Hinter den
«sieben Bergen» soll der Pfeifer mit seiner ent-
führten Schar wieder aus der Erde hervorgetre-
ten sein, und die Spuren dieses Glaubens finden sich auch in einem höchst merkwürdigen
Briefe, welchen der Bürgermeister, Herr H. Palm
zu Hameln, an den Herrn Bergkommissarius
Burchardi am 31. Mai 1741 schreibt.

Da der Herr Bürgermeister ein Mann ist, welcher die Welt mit einem gewissen Humor ansieht, so wollen wir sein Schreiben im Auszug folgen lassen.

«Hochedelgebohrner, Hochzuehrender Herr! Wenn derjenige, so Ew. Hochedelgeb. um die Nachricht des vor einigen Jahren alhie vor Hameln gefundenen sogenanten wilden Knabens gebeten, lieber gesehen, daß es damit seine Richtigkeit hätte, als daß man derselben in loco selbst nicht traue, so mögte wünschen, daß Ew. Hochedelgeb. die Umstände davon zu überschreiben von mir nicht verlanget hätten! Denn es war 1724 eben in der Weizenernte, als ein hiesiger Bürger, Nahmens Jürgen Meyer, des Nachmittages aus dem Felde in das Brükkenthor kam, und einen nackenden Knaben von ohngefehr 10 bis 12 Jahr alt, mit sich herein führete, er hatte schwarz kurz krause Hare, und sahe an Farbe auf dem Leibe einem Zigeunerjungen nicht ungleich. Die Kinder in der Stadt versamleten sich um diesen fremden Ausländer so viel häufiger, je weiter er in die Stadt kam; ich selbst habe solchem zugesehen; wenn man ihm zusprach, oder warum fragte, legte er die Finger auf den Mund, um vieleicht anzuzeigen, daß er nicht reden könte; wenn ihm was gegeben wurde, küßete er seine eigene Hand, auch zuweilen die Erde, und geberdete sich dabei freundlich, er schlief nicht wie andere Menschen liegend, sondern auf denen Ellenbogen und Knien sitzend. Die erstere Zeit lief dieser Knabe frei in der Stadt herum, tentirte aber öfters, wieder aus dem Thor, wo er hereingebracht war, zu kommen, und wenn er bis an die Schildwachten, welche Ordre hatten, ihn nicht passiren zu laßen, gelangete, küßete er nach Art der Orientaler die Erde. –

Auf denen Straßen sahe er sich gerne nach denen vorbeifahrenden Schiebekarren um, und wenn solche ledig, sprang er darauf, und ließ sich, so weit man wolte, wegfahren; wenn aber die Zeugmacherjungens oder andere, so solchen Karren zogen, ihn herunter warfen, wurde er im Gesichte ganz erbost und zeigte die Zähne wie ein Hund, oder Affe, fing auch nachmahls an, sich an Kinder seines Alters zu vergreifen, welches Senatum veranlaßete, ihn im Armenhause St. Spiritus, wohin er vorhin gebracht worden, etwas genauer in Obsicht nehmen zu lassen. Seine Reinlichkeit war nicht die beste; denn sowol das Bette, als die Erde boten ihm gleiche Commodität dar, und ob man ihn gleich mit Hemden und Kleidung versehen, zerriß er doch solches öfters, und wolte zulezt keiner mehr die Aufsicht über ihn führen, welches veranlaßete, nachzusuchen, daß die Königl. Regierung ihn in das Dollhaus nach Celle aufnehmen lassen mögte.»

Folgt nun eine Vermutung, daß dieser «wilde Junge» dem Wirt zu Fürstenberg fortgelaufen sei; es wird aber hinzugefügt, der Mann «hätte von einem verlohrnen Sohne nichts wißen wollen», und dann lautet der Brief folgendermaßen weiter:

«Was mit dem Jungen nachhero weiter vorgegangen, wie er vor Ihro höchstsel. Königl. Majestät Georg den Ersten nach Hannover und endlich nach London gebracht werden müssen, ist Ihnen besser als mir bekannt.+

Inzwischen gab diese Staatsveränderung einigen hiesigen tiefsinnigen Köpfen Anlaß, ein und das andere dubium zu formiren:

1) ob dieser Junge auch etwa in einem im Orient entstandenen Gewitter gleich einen Frosch mit aufgezogen und alhie wieder niedergelaßen sei;

2) *ob er nicht etwa aus Siebenbürgen als ein Spion, der ehemals ausgegangenen Kinder Nachlaß hieselbst zu erkundigen, abgesandt sey, oder*

3) ob es nicht eine protuberatio terrae* eines unter der Erden nach dem genio des Paracelsi gezeugeten Menschen sey.

+ Diesen wilden Knaben, welcher durch den Herrn von Rothenberg, grün vom Kopf bis zu den Füßen gekleidet, dem Hofe von St. James vorgestellt wurde, der Miß Walpole küßte, dem Lordschatzmeister den Amtsstab entriß und den Hut vor dem Könige aufsetzte, der eine Sau um ihren mütterlichen Segen bat, das Pferd von Charing-Cross anwieherte, die Ohren wie ein Affe bewegen konnte, und gegen welchen beim Trüffelsuchen ein Hund ein Esel war: diesen wilden Jungen aus dem Wesertal sah und beschrieb in London ein finsterer, am Schwindel und versetzten Ehrgeiz leidender Mann, der Dechant von St. Patrik, Dr. Jonathan Swift. Der geistliche Herr war damals mit der Vollendung seiner Reisen Gullivers beschäftigt, und so läßt sich mit ziemlicher Sicherheit nachweisen, welcher zufälligen Begebenheit und Begegnung die schreckliche, aber unsterbliche Schilderung des vertierten Geschlechts der Yahoos ihre Entstehung verdankt.*

Ich hätte meine Schuldigkeit in Antworten ehender beobachten sollen, allein daß ich es ingenue bekenne, ich habe nicht darauf gedacht; etwas gedrucktes ist von dem Jungen nicht. Ich hoffe aber, Ew. Hochedelgeb. werden aus dem, was ich geschrieben, mit mir der Meinung seyn, daß der exitus puerorum Hamelensium, und der introitus dieses wilden Jungens einerlei Glauben meritire.* Ich empfehle mich Ihnen gehorsamst und verharre nebst vielmahliger Empfehlung an Dero Frau Liebste von mir und meiner Frauen
Hochedelgebohrner, Hochzuehrender Herr
    Dero ergebenster Diener H. Palm.»
Hameln, den 31. May 1741.

Also der Herr Bürgermeister von Hameln glaubt im Jahr 1741 nicht mehr so recht an die Aufzeichnungen und Traditionen seiner Stadt über den «Ausgang der Kinder» im Jahre 1284. Auch was seine Frau Großmutter ihm erzählt, läßt er «auf seinem Werth beruhen», und so sind wir nicht weniger berechtigt, unsere eigene Meinung über den exitus der *Hämelschen Kinder* zu haben und unsern eigenen Bericht darüber zu geben, welches wir dann im folgenden nach besten Kräften tun.

Nicht 1284, wo der tapfere und kluge Kaiser Rudolf von Habsburg schon längst die Zügel des Reiches mit starker Hand hielt, manchen Raubritter gehängt und längst den böhmischen König Ottokar* auf dem Marchfelde geschlagen hatte, war das Jahr, in welchem die Hämelschen Kinder auszogen aus dem Ostertor und nicht wieder heimkehrten! Am achtundzwanzigsten Juli eintausendzweihundertneunundfünfzig geschah's, und nichts ist leider zu sagen, welches das traurige Faktum in Zweifel stellen könnte.

II

Das Interregnum stand in voller Blüte – bitterböser Blüte; kein Kaiser im Reich, kein Recht und Gesetz im Reich! Wer die stärkere Hand hatte, der ließ sie schwer dem schwächern Nachbar auf den Nacken fallen; es war ein wirres Wogen und Zerren ohne Sinn und Verstand, Frieden und Ruhe war nirgends zu finden. In einem friesischen Sumpfe war der König Wilhelm von Holland* versunken und mit ihm der letzte Halt des deutschen Volkes; zuletzt blieb den Geplagten, den Geschlagenen, den Blutenden und Weinenden keine andere Hoffnung als auf den nahen Weltuntergang und das Jüngste Gericht, wo alles Krumme doch wieder gradegemacht werden müßte. Wahrlich eine Zeit der Trauer und der Tränen, und kein Wunder, daß der Rat zu Hameln die Musik zum Maienfest eintausendzweihundertundachtundfünfzig verboten hatte.

Die Stadt Hameln konnte damals schon allerlei erzählen: der heilige Apostel der Deutschen* hatte hier mit dem Wasser der Weser heidnische Sachsen getauft; Karl der Große hatte das Stift Hameloa oder Hamelowe gegründet, und um das Münster hatten sich dann allmählich Pfaffen und Laien angesiedelt und ihre Wohnungen und ihr

Rathaus mit Mauern und Türmen umgeben. Herr des Stiftes wurde der Abt zu Fulda, von welchem der Rat im Jahr 1109 den Forst- und Blutbann kaufte. Die Vogtei hatten die Grafen von Eberstein inne, ein stromauf und -ab mächtiges Dynastengeschlecht. Reißend nahm die Stadt zu an Wohlstand und Volksmenge und trat bereits um 1250 dem Hansabunde bei – ein Zeichen, daß es ihr wohl ging und daß sie in ihren Mauern mancherlei barg, welches zu verteidigen der Mühe wert war. Reiche Kirchen voll goldenen und silbernen Schmuckes und heiliger Reliquien gab es innerhalb dieser Mauern, nahrhafte, wohlbehäbige Bürgerhäuser mit wohlversehenen Vorratskammern und Kellern; ferner vor allen Dingen kluge, fleißige und fromme Männer und Frauen, manch würdiges Greisenhaupt, manch zartes Kind und dazu viel holde, liebliche Jungfrauen und mannhafte Jünglinge umschlossen diese Mauern. Auf das alles hätte sich nur allzugern mehr als eine von den bösen Fäusten gelegt, von denen weiter oben die Rede gewesen ist; und es hatten sich auch bereits rings um die Stadt Wolken zusammengezogen, nach welchen die Alten im Rat besorgt aufblickten, die Jünglinge und Jungfrauen aber noch nicht; denn deren Himmel war noch blau, keine Wolke war daran zu sehen, und sie wollten das Maienfest feiern.

Was aber die grauen Köpfe im Rat bewegte, das war dieses: Es gingen Gerüchte, anfangs leise, dann aber immer lauter: der Abt zu Fulda, höchst unzufrieden mit der Stadt Unbotmäßigkeit und

Widerborstigkeit, dazu des Geldes nicht wenig bedürftig, gehe damit um, Stadt und Stift dem Hochstift Minden zu verkaufen. Boten und Briefe waren darüber zwischen dem Erzbischof Philipp zu Köln, den Herzögen zu Braunschweig-Lüneburg und den Grafen von Eberstein hin und wider gelaufen, und der Rat von Hameln mußte sich, um alle die Herrschaften im Auge zu behalten, so im Kreise drehen, daß ihm allmählich mehr als schwindlig darüber zumute wurde.

Bischof in Minden war damals Herr Wedekind, ein Graf zu Stumpenhausen und Hoya, ein Mann, der Geld hatte und bar bezahlen konnte, was er kaufte.

Es war ein schlimmer Handel für den Rat von Hameln, zumal da er am allerwenigsten dabei um seine Meinung gefragt wurde. Schwere Sorgen lasteten auf ihm, und nicht mit Unrecht hatte er die Musik zum Maienfest verboten, konnte aber doch nicht hindern, daß die Jugend nichtsdestoweniger auf ihrem Recht bestand, des Frühlings Wiederkehr zu feiern.

Also waren die Jünglinge und Jungfrauen der Stadt zu einem lieblichen Ort im Wald am Ufer der Weser hinausgezogen, um daselbst wenn auch nicht nach gewohnter Art mit Tanz, doch den Tag in Fröhlichkeit mit Spiel und Gesang zu verbringen. Noch standen die hohen Bäume freilich in winterlicher Kahlheit; aber es trieb und drängte doch schon übermächtig in ihnen, und man merkte es ihnen wohl an, daß sie in kürzester Frist ihr frischgrünes Gewand angezogen haben würden. Grün war bereits das niedere, zarte Gebüsch, grün war der Rasen, und manch ein Blümlein blühte bereits die Weser entlang, und wer recht suchte, der fand gewiß genug Veilchen, Himmelschlüssel, Anemonen und Lungenkräutlein zu einem bunten Kranz für sich, die Geliebte oder die schöne Nachbarin im Wald.

Den Vögeln hatte der Rat auch nicht die Musik verbieten können; sie rührten die Schnäbel, jedes nach seiner Art, mächtig und anmutig; und die Mücken kehrten sich ebenfalls nicht an den Bischof Wedekind von Minden und den Abt zu Fulda; im Sonnenschein tanzten sie über dem Strom und waren fröhlich nach ihrer Weise, und die Hämelschen Kinder hätten es nur allzugern ihnen nachgemacht und hätten ohne Musik auf der grünen Waldwiese den Reigen geschlungen.

Früh waren die Hämelschen Kinder hinausgezogen aus der dunkeln Stadt mit ihren hohen Mauern; schnell genug war ihnen der Frühlingstag dahingeschwunden, und jetzt stieg die Sonne wieder abwärts und senkte sich gegen den Wald herab.

Sie waren stiller geworden, die Jünglinge und Jungfrauen, und saßen im Kreise, ermüdet vom Spiel und Schweifen im Walde. Die lauteste Lust war verklungen, wie die Schatten der Bäume allmählich länger und länger über das grüne Gras fielen; und wie immer folgte auch jetzt auf Tollheit, Freude, Jubel und Lust – Mattigkeit, Laschheit und stilles, träumerisches Sinnen; nur allein die Maienkönigin blickte noch mit klaren, blitzenden Augen im Kreise umher und schüttelte ärgerlich-verächtlich über die stillen Genossen und Genossinnen die schönen, ungebundenen Locken.

Die Schönste muß die Königin des Mais werden; und recht gewählt hatten die Kinder von Hameln. Athela, die Tochter des Bürgermeisters, war das schönste Mädchen in der Stadt und wußte es auch. Von Hille, Reinhilde, Mathilde, Oda und den anderen wurde sie deshalb auch nicht mit so günstigen Augen angesehen wie von Floris, Henning, Berthold, Konrad und den übrigen jungen Patriziern. Es war ein Glück für Athela, daß letzteren es zukam, die Königin zu wählen. Gerächt hatten sich aber die Mädchen doch so gut als möglich und hatten zum Verdruß und geheimen Neid der anderen Knaben den schönen Floris zum Maienkönig erkoren. Das Reich des ersten Frühlingstages war somit jedenfalls aufs beste versorgt und die beiden Zepter in den anmutigsten und in den stärksten Händen.

Aber das Reich und die Herrschaft neigten sich mit der Sonne ihrem Ende zu; der König lag nachlässig und stumm zu den Füßen der Königin im Grase, und die Königin blickte unmutig umher und sprach: «Wie nun, ihr Vasallen? Mit Kummer merken wir, daß eure Launen sich verfinstern mit dem Tage. Was ist auf euch gefallen, daß ihr so faul euch dehnt und so träg und traurig in den roten Strahl seht? Unser Reich ist noch nicht zu Ende, und wir befehlen euch, unserer Krone Ehre zu geben und fröhlich zu sein, bis der Tag vorüber ist und unser Zepter zerbricht. Wer noch ein Lied weiß von Herrn Heinrich von Ofterdingen oder dem von der

Vogelweide, der trete in den Kreis und erhebe seine Stimme!»

Niemand rührte sich, alle schwiegen; der lange Tag hatte ihren Liederschatz und -born vollständig erschöpft; nur Floris drehte sich auf die andere Seite, daß er der Königin bequemer in die dunkeln Augen sehen konnte, und summte:

> «Die Hände ich falte
> In Treuen zu ihren Füßen,
> Daß sie als Isalde
> Mir, Tristan, sich neige mit Grüßen.»

Aber die Königin stieß ihn fort: «Das kennen wir schon und wollen nichts mehr davon hören. Ihr aber, Vasallen, auf und gebt eure Meinung, wie wir den Tag würdig beschließen, ehe wir heimkehren in die dumpfe Stadt. Sprecht, sprecht! Nur eine kurze Frist ist uns noch zum freien Atemschöpfen vergönnt; sehet, wie die Sonne gleich rotem Feuer zwischen den Baumstämmen blitzt! Womit können wir die Sonne und die Lust des Tages aufhalten? Sprich, König Floris!»

König Floris richtete sich aus seiner bequemen Lage langsam auf, reckte und dehnte sich ein wenig mehr, als die Grazie erlaubte, und stand dann plötzlich mit einem Satz auf den Füßen.

«Wer ist denn eigentlich heut Herr und Gebieter, wir oder Rat und Bürgermeister, Abt und Vogt zu Hameln?» rief er. «Ich meine, wir sind's; und wenn wir den ganzen Tag über keinen vollen Gebrauch von unsern Maienrechten gemacht haben, so soll's doch in der letzten Stunde geschehen. Auf denn, Vasallen und Vasallinnen, trotz Papst und Bischof, trotz Reich und Reiches Acht, trotz Abt und Vogt, trotz Stift und Stadt, zum Reigen, zum Reigen! *Singet* den Rosenkranz, da sie uns die Pfeifer, Flöter und Geiger verfemt haben!»

Er hatte die Hand der Königin ergriffen, und emporgesprungen waren alle übrigen Mädchen und Junggesellen; des Königs Worte hatten aufs beste gezündet, und vergessen war jedes Verbot und Gebot. Die Lust des Tages, welche mit dem Tage einzuschlafen drohte, erwachte in der letzten Stunde wild und toll. Die Herzen schlugen, die Augen glänzten; jubelnd und jauchzend reichten sich die Maien-Ritter und -Frauen die Hände zum Ringeltanz, und plötzlich klang in ihr Jauchzen, kunstvoll geblasen, eine Pfeife im Wald, und im nächsten Augenblick trat der Musikant aus dem Gebüsch hervor und spielte unter lautem Zuruf die gewünschte Melodie.

Sie tanzten, sie versenkten sich ganz in die Lust des Tanzes und vergaßen darüber vollständig den Pfeifer, der immer wildere, erregendere Töne seinem Instrument entlockte und wechselnd schnell aus einer Weise in die andere überging.

Die Haare der Mädchen lösten sich aus ihren Bändern und Fesseln, die Gewänder flogen – die Kinder von Hameln hätten doch auf den Pfeifer achten sollen!

Auf einer Erhöhung der Waldwiese stand er in den letzten Strahlen der Sonne – jung und hager, halb verhungert, angetan mit bunten Fetzen; und schwarze, straffe Haare fielen über seine Stirne und seinen Nacken. Unter der Filzkappe, auf welcher eine zerzauste Hahnenfeder nickte, hervor leuchteten zu den Tänzern feurig blinzelnde Augen herüber, die mehr vom Wolfe als vom Menschen hatten.

Nachdem der unbekannte, wunderliche Gesell einige Zeit dem Willen der Jünglinge gemäß aufgespielt hatte, brach er plötzlich mitten in der Weise ab, daß der Tanz sehr unvermutet zu Ende kam.

«Weiter! Weiter!» rief man dem wilden Musikanten zu; aber dieser schob sein Instrument in die Ledertasche, die an seiner Seite hing, und entgegnete mürrisch mit fremdartigem Akzent, in halb unartikulierten Kehllauten: «Will nicht! Kann nicht! Wer will Kiza zwingen?»

«Ein Wend! Ein Heide! Ein hündischer Wend!» rief's aber jetzt unter den Hämelschen Kindern, und König Floris trat vor aus dem gelösten Kreis.

«Du fragst, wer dich zwingen will? Ich will's! Spiel auf, Wend, oder wir stürzen dich in die Weser gleich einem räudigen Hund, der du auch bist!»

«Kiza hungert – Kiza kann nicht mehr pfeifen», antwortete der fremde Bursch. «Gebt Kiza zu essen und einen Trunk, so will er euch weiter blasen.»

«Gebt ihm einen Knochen», brummte Floris, «gebt ihm auch einen Trunk, aber zerbrecht das Glas, aus welchem er getrunken hat.»

Man reichte dem Halbverhungerten von den übriggebliebenen Nahrungsmitteln, und gierig aß und trank er. Dann wurde, wie sich das von selbst verstand, der Krug, aus welchem der verachtete «heidnische Hund» seinen Durst gestillt hatte, an einem Baumstamm zerschmettert, und von neuem wurde Kiza, der Wende, von den jungen Patriziern mit drohend erhobenen Fäusten aufgefordert, ihnen zum Tanz aufzuspielen.

«Ans Werk, Wend! Ans Werk! Pfeif, bis du platzest!»

Mit einem unbeschreiblichen Blick des Zornes und des Hasses nahm Kiza seinen Platz auf der Anhöhe wieder ein und setzte das kunstlose Instrument, dem er doch so kunstfertig die seltsamsten Weisen zu entlocken wußte, von neuem an den Mund.

Die Sonne war bereits hinter den Horizont herabgesunken, und nur noch die höchsten Gipfel der Bäume vergoldete sie mit ihren letzten Strahlen. Es war Zeit für die Kinder von Hameln, heimzuziehen; aber sie gingen nicht. Wie mit Zauberbanden hielt es sie auf der Waldwiese gefangen, und des fremden Spielmanns Tanzweisen wurden immer verlockender, immer hinreißender für sie. Immer wilder raste der Tanz der Hämelschen Kinder, und die Maienkönigin Athela war zu keiner Stunde des sonnigen Tages so schön gewesen wie in diesen kurzen Augenblicken vor dem Hereinbrechen der Dämmerung, der Nacht.

Mehr und mehr lösten sich die Locken der Mädchen aus ihren Bändern und Schlingen im tollen Reigen; höher und höher glühten die Wangen, schlugen die Herzen. Wie sich die Paare drehten, wie die Gewänder flogen! Zu einer Raserei wurde der Tanz, und alle Besinnung ging unter in der wüsten Lust.

Und der Spielmann fing auch an, zu seiner eigenen Melodie taktmäßig zu hüpfen, zu springen und sich im Kreise zu drehen. Vor den Augen der Tanzenden aber flimmerte es und zuckte es, und der Wald tanzte wie sie selber. Schrilles Jauchzen und Jubeln stieg auf von der dämmerigen Wiese; aber auch zornige Ausrufe mischten sich darein. Tiefer im Wald hüpften auf Sumpf und Moor gespenstige Irrlichter; kein Vogel des Lichtes sang mehr; nur die Eule erhob sich aus ihrem Nest im hohlen Eichenstamm, die Fledermäuse begannen ihren Flug, bald hoch, bald tief; es quakten die Frösche den Fluß entlang.

Wildes Jauchzen – wilde Zornesrufe! Alle Leidenschaften weckte die Pfeife des wendischen Spielmanns in der Brust der Kinder von Hameln, und der Mond, der jetzt emporstieg, beleuchtete erhitzte, erzürnte Mienen. Es fingen die Jünglinge bereits an, in Eifersucht und Zorn die Messer gegeneinander zu zücken, und die Mädchen drängten sich verschüchtert und angstvoll in Gruppen zusammen oder redeten auch wohl zornig aufeinander ein.

Böse endete der Tag, der so fröhlich und lieblich begonnen hatte!

Auf den beneideten Floris hatten sich Konrad und Otto geworfen, erst mit wilden Worten, spottend und höhnend, dann mit blanken Waffen. Die schöne Athela, die Ursache des Streites, rang die Hände; aber sie vermochte die erregten Kämpfer nicht zu trennen. Immerfort, immerfort wie grimmigster Hohn klang in die Schimpfworte, das Weinen und Drohen die Pfeife Kizas. Es ließ aber der Spielmann die schöne Athela nicht aus dem Auge; sie vor allen den andern Mädchen hatte ihn vorhin verächtlich angesehen, und auch ihm erschien sie doch als die Schönste. Mit wildem Triumph sah er ihre Tränen, ihre vergeblichen Bitten, ihre gerungenen Hände. Zu Boden lag der stolze Floris, und einer seiner Gegner knieete ihm auf der Brust, den Dolch in der Hand. Entsetzt flohen die Mädchen nach allen Seiten hin – noch ein Augenblick, und das Maienfest der Hämelschen Kinder ging aus in Blut und Jammer; in Leid endete des Maienkönigs Fest:

«als je diu liebe leide z'allerjungeste gît.»*

Da faßte aber noch in der höchsten Not eine starke, rettende Hand zu, und eine warnende Stimme brachte die Rasenden zum Bewußtsein zurück.

Ein Mönch, welchen der Lärm von seinem Wege durch den Wald abgelockt hatte, war auf der Stätte der Verwirrung erschienen, gerade noch zur rechten Zeit, um den König Floris vom Tode zu erretten.

Die Pfeife des Spielmanns schwieg; zu Boden lag auch Athela und barg schluchzend das Gesicht in den Händen; finster und zähneknirschend erhob sich Floris. Er setzte die abgerissene Maienkrone nicht wieder auf das Haupt. –

Auch alle andern, Mädchen und Junggesellen, nahmen die Kränze ab; betäubt, verwirrt standen sie, und das Geschehene erschien ihnen jetzt fast wie ein böser Traum, aus welchem sie eben erwachten.

Nur verworrenen Bericht konnten sie dem ehrwürdigen Greise geben, der dann wie ein warnender getreuer Eckart die Hände hob und rief: «Wehe euch, ihr törichten, ihr armen Kinder! Ihr tanzt üppigen Reigen nach den schlimmen Weisen eines Schalks, zu nächtlicher Zeit, mitten im Wald? Sittsame Jungfrauen und edle Jünglinge, laßt ihr euch von der Sünde also zu den Werken der Finsternis verlocken, während daheim eure Väter und Mütter sich ängstigen und in Sack und Asche trauern, während so großer Jammer und Schimpf sich über euren Häusern zusammenzieht? Wie könnt ihr mit Singen, Spiel und Tanz den Tag verbringen, während eure Stadt gekauft und verkauft wird wie ein Weizenacker? Wehe euch, ihr losen Gesellen, daß ihr tanzen könnt nach der Weise eines Schalksnarren, während eure Väter ihre Harnische anlegen, ihre Schwerter und Speere schärfen und ihre Bogen bereiten zur Abwehr! Wisset ihr gar nicht, was heut geschehen ist, daß ihr so schlimm und leichtfertig den Tag verbringt und selbst der Nacht in eurer tollen Lust nicht achtet?»

Die Mädchen drückten sich immer angstvoller zusammen, und die jungen Männer riefen: «O ehrwürdiger Vater, wir wissen nicht, was geschah, während wir im Wald das Maienfeste feierten.»

«Eine schöne Zeit, Kränze zu winden, ihr Hämelschen Kinder! Verkauft ist heut zu Hallermünd eure Stadt mit Stift und Vogtei. Verkauft ist sie von Heinrich, dem Abt zu Fulda, gekauft ist sie von Wedekind, dem Bischof zu Minden; ihr aber, ihr Kinder von Hameln, was kümmert's euch? Tanzt, tanzt – oh, welche Zeit!»

«Es kann nicht sein! O ehrwürdiger Vater, sagt uns, daß Ihr uns nur schrecken wollt, unsern Leichtsinn zu strafen. Oh, es ist nicht wahr!» riefen die Jünglinge.

«Es ist wahr», seufzte der Mönch, «und ich gehe, es meinem Herrn Abt zu Corvey zu verkünden, will auch auf der Burg zu Holzminden einsprechen, dem Ebersteiner Grafen Nachricht zu bringen. Geschlossen, verbrieft und besiegelt ist der Handel; verkauft ist die Stadt Hameln cum omnibus attinentiis suis, advocatia, theloneo, moneta* – was weiß ich. Heim mit euch und nehmt meinen Rat an: es ist die Zeit des Spielens, Singens, Tanzens, die Zeit der Maienfeste vergangen! Heim mit euch und betet, daß Gott euch schützen möge und eurer Sünde nicht gedenke! Amen.»

Seines Weges fürder schritt der Corveysche Mönch durch den Wald, die Weser aufwärts; in tiefster Bestürzung blieben die Hämelschen Kinder zurück auf der Waldwiese. Sie wagten kaum, einander anzusehen; stumm und niedergeschlagen machten sie sich auf den Heimweg, den sie nicht mit Gesang, Scherzen und Kosen kürzten.

In einiger Entfernung folgte ihnen der Pfeifer, der von Zeit zu Zeit seinen Gang unterbrach, um einen Bockssprung vor innerer Lust zu tun.

Und den Hämelschen Kindern nach schritt der Pfeifer in das Tor der Stadt Hameln.

III

Von seiner Burg zu Holzminden zog aus am folgenden Tage mit gewappnetem Gefolge der Graf Otto von Eberstein und ritt ein in das Tor von Hameln, um auf dem Rathause großen Lärm und Aufruhr zu stiften. Da schlug er mit der Faust im Eisenhandschuh auf den Tisch, daß der Ratsschreiber von seiner Bank hochauf hüpfte, und gar greulich ließ er sich vernehmen gegen die Pfaffen von Minden und Fulda. Das wolle man sehen – wetterte er –, ob auf eine so schmähliche Art eine so edle, stattliche Stadt verhandelt werden dürfe wie ein Sack und Rat, Patrizier und Gemeine wie die Nüsse im Sack.

Zum zweitenmal schlug er auf den Tisch und schrie, rot, braun und blau vor Wut im Gesicht: «Und wenn Stadt und Bürgerschaft den Nußsack vorstellen, nach welchem die Pfaffen von Minden so lüstern sind, so bin ich, der Vogt von Hameln, der Strick, welcher den Nußsack zubindet. Hoho, ich will schon halten, daß keine gierige Pfaffenpfote ungestraft in den Sack greife! Bei Unsrer Lieben Frau und Sankt Bonifaz: wenn die Stadt zu mir steht mit allen ihren Kräften, so soll noch viel Wasser die Weser hinunterlaufen, ehe die Mindenschen Dompfaffen ihre Eier in das Hämelsche Nest legen. Was hat der

Bischof dem Abt gezahlt für euch, ihr edlen Herrn?»

«Fünfhundert Mark reines Silber, sagt man!» lautete die betrübte und klägliche Antwort des Schultheißen, und der Graf von Eberstein stieß einen grimmigen Fluch aus: «Steht zu mir und meinen Gevettern mit Gut und Blut, so soll der Pfaff erfahren, was ihr wert seid; er soll keinen Lobpsalm singen, wenn er die Rechnung abschließt.»

Lauter Beifall erklang ob solchen Worten in der Ratsstube zu Hameln, und alle erhoben sich von ihren Sitzen und riefen: «Herr Graf und Vogt, wir stehen mit allem, was wir haben, zu Euch. Führet der Stadt Macht treulich und gut im Felde, wie es Eurem Amt und Eurer Würdigkeit zukommt – heute noch schreiben wir dem Abt und dem Bischof ab. Der Ausgang stehe in Gottes Hand!»

Mit wildem Jauchzen erfüllte das vor dem Rathause versammelte Volk die Luft, als es vernahm, was beschlossen sei. Ein jeder rüstete sich, so gut er es vermochte; aber – instabat ex illa venditione maxima nunc vicissitudo, größestes Unheil ging aus dem Handel hervor, und in dem entstehenden Kriegslärm erschallte die Pfeife Kizas, des Wenden, schrill genug. Der fremde Spielmann konnte nicht allein sinnenverwirrende Tanzweisen blasen, auch den Kriegern konnte er zu ernsteren Tänzen aufspielen, und die Pfeife des Wenden wurde in diesen bewegten Tagen gar berühmt in der Stadt Hameln. Von dem Wenden müssen wir jetzt erzählen.

Grimmig und nachhaltig war der Haß des deutschen Volkes gegen diese fremden Stämme, die einst so tief in das germanische Land eingedrungen waren und Besitz davon ergriffen hatten. Der Boden war durch Kriegerhand, Bürger- und Bauernhand zum größten Teil wiedergewonnen; aber der Haß dauerte fort; bis in das achtzehnte Jahrhundert hinein lassen sich seine Spuren verfolgen; bis in das achtzehnte Jahrhundert hinein nahm keine deutsche Zunft und Gilde einen Wenden in ihre Mitte auf. Die Glieder des verachteten Volkes waren unehrlich wie die Scharfrichter und andere anrüchige Leute. Niemand nahm sie gastfreundlich auf unter sein Dach, niemand setzte sich mit ihnen zu Tisch; «wendischer Hund» war im dreizehnten Jahrhundert das ärgste Schimpfwort, welches ein germanischer Christ dem andern bieten konnte.

Unter den leichtfertigsten Gründen und Rechtstiteln wurden wendische Gemeinden aus ihrem Besitz getrieben; die wendischen Namen von tausend und abertausend Dörfern, in denen heute deutsche Bauern sitzen, zeugen davon. Herausgetrieben unter das hassende, erbarmungslose Volk, gingen dann die einzelnen Glieder der Gemeinden in der Zerstreuung unter, und zu den Versprengten eines solchen wendischen Dorfes gehörte Kiza, der Pfeifer. Alle seine Verwandten und Freunde waren verhungert und erfroren, gestorben und verdorben; *ihn* hatte seine Kunst errettet, obgleich sie ihm auch nur ein elendes, vogelfreies, allen Zufällen heimgegebenes Dasein gewährte. Landaus, landein trieb er sich um, schlief selten unter Dach, trank aus den Bächen und aß, was ihm in die Hände fiel. Aber wir haben gesehen, welche Macht in seiner Kunst lag; die Menschen, welche des Pfeifers Pfeife vernahmen, ballten oder entballten die Hände, hörten auf zu höhnen und zu schimpfen oder fingen damit an. Mit Behagen oder mit aufsteigendem Grimm lauschten sie diesen seltsamen wendischen Weisen, die so fröhlich und dann so schmerzlich, so wild das Herz bewegten und die man so gern hörte beim Tanz und in der Schlacht, bei Hochzeiten und Kindtaufen, bei Gastereien im vornehmen Saal und beim Hirtenfeuer draußen im wilden Wald oder auf der öden Heide. Auch in Hameln, der Stadt an der Weser, bewährte sich das von neuem; sie konnten den Pfeifer wohl gebrauchen in dieser ängstlichen Zeit. Nicht bloß zum Reigentanz konnte er aufspielen; nein, auch andere Weisen wußte er, Melodien, welche das Herz der Männer mutig und geschickt zum Streite machten, und solcher bedurften die Männer und Jünglinge von Hameln höchlichst; denn seinen Absagebrief hatte der Bischof von Minden empfangen, und fast täglich fanden Scharmützel mit den Dienstmannen und Reisigen des Hochstifts im Stadtfelde statt. Manch ein tapferer Kämpfer wurde im Walde oder im grünen Felde begraben, manch toter Mann in den Weserstrom gestürzt, daß er sich seine Begräbnisstelle selber suche.

Floris und die andern jungen Patrizier, welche wir am Maienfeste kennenlernten, trugen jetzt Helm und Harnisch statt Blumenkranz und Festtagsgewand. Mutig stritten sie für ihre Stadt. Von einem Pfeil durchbohrt, wurde Berthold in das Haus seiner Eltern getragen, Herwig fiel tapfer kämpfend von einer Mindenschen Lanze, und manch ein anderer, dessen Namen wir nicht aufgezeichnet finden, mußte sein junges Leben hingeben der fünfhundert Mark feinen Silbers wegen, welche der Abt zu Fulda eingesäckelt hatte. Nun war noch weniger als früher von Tanz und «Hochzeiten» die Rede in Hameln. Die schönen Jungfrauen saßen in ihren Gemächern still und voll Sorgen, und manche weinten sich die Äuglein rot um den Geliebten, der beim Rückzug aus dem Feld nicht heimkehrte mit den andern.

Des Bürgermeisters Tochter Athela allein verlor nichts von ihrem hohen Mut und dem Glanz ihrer Augen. Sie wußte zu sehr, daß sie das schönste Mädchen der Stadt sei, und ihr Herz war so kalt und ruhig, wie ihre Schönheit groß war. Des Floris Huldigungen ließ sie sich gefallen, weil er der Erste unter den städtischen Jünglingen war; aber die rechte Liebe fühlte sie nicht gegen ihn; er jedoch wurde durch einen Blick oder ein Lächeln von ihr zu allem fähig gemacht, was Entsagung oder harte Arbeit kostete. Nur für sie strebte er sich überall auszuzeichnen; nur für sie kämpfte er so trefflich unter den Männern der Stadt, daß er der Schrecken der Bischöflichen wurde.

Niemand unter den jungen Männern konnte sich ganz den Banden der Zauberin entziehen; aber zwei verfielen ihr vor allen: der erste war, wie gesagt, der reiche, stattliche, bewunderte Floris, der andere der arme, verachtete wendische Hund, Kiza, der Pfeifer.

In einem Loch unter den Bogengängen des Rathauses auf einer Strohschütte schlief der Wende. Der Rat hatte ihn, seiner Kunst wegen, in seinen Schutz genommen, daß er seinen Scharen im Felde vorspiele, und Kiza hatte es seit langer Zeit nicht so gut gehabt wie jetzt, obgleich der niedrigste, armseligste Bürger und Bettler der Stadt sich hoch über den Wenden erhaben dünkte und mit Verachtung auf ihn herabsah.

Es war eine Wonne für den heimatlosen Musikanten, sich unter Dach auf dem Stroh ausstrecken zu können, geschützt vor dem Regen und dem Wind. War das Kämmerlein unter dem Erdboden auch dunkel und feucht, so war der Boden im Walde zuzeiten doch noch feuchter; Kiza, der Wende, hätte recht glücklich sein können, wenn er sich zu bescheiden gewußt hätte und mit dem abgenagten Knochen, welcher ihm vom Tisch des Lebens als sein Teil zugefallen war, zufrieden gewesen wäre. Aber es ist ein eigen Ding um die Zufriedenheit, sie vor allen andern Vorzügen und Tugenden geht leicht dem Menschen verloren und nicht immer durch seine Schuld. Ein Wind bläst sie uns fort, ein Schein, welcher vor unsern Augen vorübergeht, wirft sie über den Haufen, daß sie zerbricht und daß die zersprungenen Stücke sich nimmer wieder zusammenleimen lassen wollen. Ein Schein, der in das dunkle Loch unter dem Rathause fiel, zerstörte dem armen Kiza die ungewohnte Behaglichkeit und brachte ihm und der Stadt das größte Unglück. Dieser Schein ging aus von der schönen Athela, und aus der Tiefe, aus Finsternis und Unwissenheit sah der Wende darauf wie auf den Glanz, welcher dem kommenden Tage vorausgeht. Er versäumte keine Gelegenheit, der hohen Jungfrau in den Weg zu laufen. Wenn sie stolz und leicht zur Stiftskirche des heiligen Bonifazius ging, so sah ihr der Wende aus irgendeinem Winkel der Gasse mit klopfendem Herzen entgegen und nach. Vor ihres Vaters Tür saß er nächtlicherweile und blies seine schönsten, sanftesten Weisen, und der Bürgermeister, der da glaubte, daß das ihm zu Ehren und zum Vergnügen geschehe, hatte sein Wohlgefallen an den fremdartigen Weisen wie die ganze übrige Stadt und gebot den Stadtknechten, den armen, nächtlichen Musikanten gewähren zu lassen und ihn nicht zu verjagen.

Es war ein schöner, lieblicher Sommer anno gratiae zwölfhundertachtundfünfzig; schön und warm waren die meisten Nächte; aber auch der kälteste Regen konnte den Pfeifer von seiner Stelle auf den Treppenstufen unter dem Fensterladen Athelas nicht vertreiben. Da saß er und spielte die holdselige Athela, den Herrn Bürgermeister und zuletzt sich selbst in den Schlaf, und der Wächter blieb oft kopfschüttelnd vor dem Träumenden stehen und begriff nicht, wie solch ein zerlumpt, hungrig und elend Menschenkind so glückselig lächeln könne im Schlaf.

Im Wachen lächelte und lachte Kiza, der Wende, nie; er mußte allzuviel Verdrießliches ertragen von den jungen und alten Kriegern, welche dem Klang seiner Pfeife nachmarschierten. Floris vor allen war erbarmungslos gegen ihn und versäumte keine Gelegenheit, sein Mütlein an ihm zu kühlen.

Unterdessen ging die Fehde mit dem Hochstift Minden hitzig fort. Mit aller Macht lagen die Bischöflichen den Sommer und Herbst durch im Feld, und oft trafen die Streiter auf beiden Ufern der Weser aufeinander. Aber das Glück war meistenteils bei der Stadt, und der Bischof Wedekind bereute nicht selten gar sehr den Handel, welchen er mit dem Abt Heinrich zu Fulda eingegangen war. Viele gute Mannen und Reisige gingen ihm um die fünfhundert Mark feinen Silbers elend zugrunde, und der Graf von Eberstein mit seinen Vettern spielte ihm manchen bösen Possen.

Dann kam der Winter, und da damals Winterfeldzüge noch nicht so beliebt waren wie in jetziger Zeit, so zogen beide Parteien heim aus dem Feld, um das neue Jahr und besseres Wetter zum Austrag ihrer Sache abzuwarten.

IV

Manchen schlimmern Winter hatte der Wende, obdachlos umherstreifend, verbracht, und er hatte manche Gründe, sein Geschick unter der Rathaushalle zu loben; aber er lobte es nicht. Viel wenigere Gelegenheiten waren ihm jetzt gegeben, die schöne Athela zu erblicken, und nur tief verhüllt schritt sie an Sonn- und Feiertagen zur

Kirche. Auch auf der Treppenstufe des Hauses des Bürgermeisters sollte der Pfeifer nicht mehr sitzen, und das war fast noch schlimmer. Der Bürgermeister war ein guter Mann, und unbehaglich war es ihm in seinem warmen Bett, wenn er den Wintersturm vernahm und durch das Heulen und Brausen, das Rieseln und Rauschen des Pfeifers Pfeife. Unmutig wendete und warf er sich hin und her und gab zuletzt dem Wächter Befehl, dem Musikanten zu bedeuten, daß er den Mund halte und in sein Loch unter dem Rathaus krieche. Seufzend fügte sich Kiza, kroch unter und rollte sich auf seinem Strohlager gleich einem Igel zusammen. Nachtschwärmer und Trunkene beunruhigten und quälten ihn gar oft auf die jämmerlichste Weise; aber noch mehr quälten ihn doch seine eigenen wilden, halbtollen Gedanken. Es war ein böser Winter für den armen Kiza, und er lobte Gott sehr auf seine Weise, als endlich, endlich der Frühling wiederkam und mit ihm die Mindenschen Reiter und Knechte von neuem vor der Stadt Hameln erschienen. Nun ging das Scharmützeln wieder mit frischen Kräften an, und wieder hatten die Hämelschen mehr Glück als die Bischöflichen, welche in den meisten Gefechten unterlagen und oft schmachvoll aus dem Feld weichen mußten. So kam der erste Mai des Jahres zwölfhundertneunundfünfzig heran, und seltsamerweise durfte das Maienfest diesmal mit einem Jubel gefeiert werden wie noch nie vorher.

Ein guter Streich war den Jünglingen am letzten April durch Legung eines Hinterhalts gelungen, und viele tapfere, aber naseweise Streiter des Bischofs Wedekind waren darin verlorengegangen, während die Hämelschen ohne allen Verlust, mit übermächtigem Triumphieren, in ihre Mauern sich zurückgezogen hatten. Rat und Bürgerschaft, Greise, Frauen, Jungfrauen und Kinder hatten die heimkehrenden Tapfern mit Freudenschall am Tor empfangen und ihnen zum Markt das Geleite gegeben. Daselbst hatten Rat und Bürgermeister ihrer mutigen Jugend zum Lohn für ihren guten Kampf die Erfüllung eines Wunsches versprochen. Und es war Floris aufgetreten und hatte für die Genossen geredet: vor einem Jahre habe man Jungfrauen und Junggesellen Tanz und Musik zum Maienfeste wegen drohender Fehde und Not verweigert; da nun ein Jahr vergangen sei, die Stadt noch stehe und das Ding mit den Mindenschen so gut gehe, so möge man morgen des Festes Feier nach alter Sitte nicht verbieten, sondern den Tanz zu Ehren des Mais gestatten, wenn auch nicht im Wald, so doch auf dem Stadtmarkt. Solches bitte er – Floris – für die schönen Jungfrauen, seine tapfern und hochgemuteten Kampfgenossen und sich selber.

Jubelnd und jauchzend umringte das leichtherzige junge Volk den Rat, und dieser konnte nicht umhin, den heißen Wunsch zu gewähren. Es wurde erlaubt, am folgenden Tage das Maienfest auf dem Marktplatz zu feiern.

Wie es sich regte zu Hameln in den jungen Herzen! Selbst die stolze Athela lächelte milder und fröhlicher, als sie am Arme ihres Vaters nach Hause schritt. Laut schwatzend, lachend und Pläne für gegenwärtiges und zukünftiges Glück bewegend, zogen die andern Mädchen in größeren und kleineren Scharen heim; die Jünglinge aber steckten die Köpfe zusammen und berieten große Dinge. Seit langer Zeit hatte nicht ein so heiterreges Leben in der bedrängten Stadt Hameln geherrscht, und jede jugendliche Brust hob sich höher in dem Gedanken an den morgenden Festtag. Selbst die Alten vergaßen für einen Augenblick die Not der Zeit oder gaben sich wenigstens die Mühe oder den Anschein, sie zu vergessen. Nur die Armen, welche bereits einen Verwandten oder Freund im Kampfe verloren hatten, saßen still daheim und wollten von dem Fest nichts wissen.

Noch einmal zogen an diesem Abend die Jünglinge aus den Toren, aber sie dachten diesmal nicht an den Feind, obgleich sie ihm trotz allem nicht trauten und deshalb doch Schild und Schwert mitnahmen. Grüne Zweige holten sie zum Schmuck des Festplatzes, und ungestört von den Bischöflichen brachten sie ganze Karren voll heim. Die halbe Nacht durch arbeiteten sie und die Schreiner und Zimmerleute bei Fackel- und Mondenlicht; und als die Sonne des ersten Mais aufging, da war der Putz des Marktes der tapfern und freudigen Stadt vollendet und alles bereit zum Fest und zum Empfang der Jungfrauen.

Met und Bier hatte der Rat aus seinem Keller in großen Fässern herbeifahren lassen; ein Faß edlen Rheinweins gab der Graf von Eberstein, der mit seiner Dame in der Nacht auch noch in das Tor einritt, zum besten. So war alles aufs beste vorbereitet, das Fest nahm seinen Anfang und fröhlichen Verlauf, und nur die Trauernden, die Kranken und die Wächter auf den Mauern nahmen nicht teil daran und erfuhren also auch das bittere Ende nur durch Hörensagen.

Auf einem mit Grün geschmückten Gerüst spielten die Stadtpfeifer zum Tanz auf; der wendische Pfeifer Kiza aber blies nicht mit, sondern trieb sich finster im Gewühl des Volkes umher und warf zornige Blicke auf den stattlichen Floris, der wiederum zum König erwählt worden war und den zwei rühmlich im Streite für die Vaterstadt erhaltene Wunden noch würdiger dazu machten. Und wie Floris an Ehre zugenommen hatte, so schien Athela an Schönheit reicher geworden zu sein; auch sie trug wieder die Krone und das Zepter des Frühlings.

Unablässig folgten der holden Herrin die schwarzen Augen des Wenden aus der Ferne, und mit immer unheimlicherem Glanze hafteten sie auf ihr, je milder sie den Flüsterworten des tapferen Floris horchte. Sein Leben hätte der Wende, der verachtete Heimatlose, darum gegeben, wenn er eine flüchtige Minute hindurch seinen Arm im Tanz um das Mädchen hätte schlingen dürfen, wie es Floris erlaubt war. –

Nichts störte den Tag über die Lust von alt und jung; vergeblich sahen die Wachtmannschaften auf den Mauern und Türmen nach streifenden Scharen des Feindes aus. Die Bischöflichen hatten gestern ein Haar in der Suppe gefunden, und nicht ein einziger Pfeil ward auf dem Stadtgebiet abgeschossen. So konnte sich denn auch die finsterste Stirne entfalten; die Greise ergaben sich immer mehr dem Einfluß der jugendlichen Lust; fröhlich sahen sie in das bunte Gewühl, und des Festes Heiterkeit erreichte ihren Höhepunkt.

Fort und fort paukten, geigten und bliesen die Stadtpfeifer, fort und fort kreiste der Tanz vom Morgen bis zum Mittag und wieder nach einer Pause vom Mittag bis zum Abend. Die Kraft ging eher den Musikanten als den Tänzern und Tänzerinnen aus, welche das während eines vollen Jahres Versäumte im Verlauf eines Tages schienen nachholen zu wollen. Vergebens reichte man den erschöpften, atemlosen Künstlern Krug auf Krug, die menschliche Natur trug's nicht mehr, und herunter von ihrer Tribüne schlichen die Musikanten, durch kläglichstes Kopfschütteln, Schweißabwischen und Luftschnappen den Bitten, Beschwörungen, Drohungen der tanzlustigen Jugend antwortend. Die Alten mußten dazwischentreten, um Tätlichkeiten der zornigen jungen Patrizier zu hindern; man war nahe daran, den unglücklichen Musikanten ihre eigenen Instrumente um die Ohren zu schlagen, als eine Stimme im Haufen rief: «Weshalb laßt ihr den Pfeifer, den wendischen Pfeifer nicht aufspielen?»

Ein lautes Hallo und Jauchzen antwortete diesem Rat, und Floris schlug sich vor die Stirn.

«Daß auch keiner von uns daran gedacht hat! Wo ist der Wende? Her mit dem Wenden!»

«Wo ist der Wende? Her mit dem Wenden! Kiza! Kiza! Kiza!» wiederholte die ganze Schar;

nach allen Seiten eilten Jünglinge fort, den Pfeifer aufzusuchen. Binnen kurzem wurde der Widerwillige, Widerstrebende von einem Haufen junger Leute herbeigeschleppt und zu dem Musikantenstand gezogen.

«Spiel auf, spiel auf, Heide! Spiel auf, Wend! Spiel auf, Narr! Spiel auf, Hund!» schrie man von allen Seiten, und die Mädchen klatschten in die Hände und lachten hellauf, wenn ein Fetzen des Wamses des armen Burschen in den Händen der ungestümen Dränger blieb. Nur die schöne Athela rümpfte das Näschen verächtlich und wandte sich stolz ab; der Wende war so tief unter ihrer Beachtung, daß sie nicht einmal über ihn lachen konnte und wollte.

Endlich stand Kiza auf der Musikantenbühne, weinend vor ohnmächtiger Wut, seine Pfeife in den zitternden Händen. Aber das wilde «Spiel auf, spiel auf!» ließ nicht nach; er mußte seine Kunst zeigen, ob er wollte oder nicht.

Er spielte auf! Und in seltsamerer Weise hatten die Hämelschen Kinder noch niemals in ihrem Leben getanzt. Welch armselige Stümper waren doch die Stadtpfeifer von Hameln gegen diesen wendischen Pfeifer! Der Rhythmus der schrillen Töne entflammte die Herzen zu einer leidenschaftlichen Raserei, noch viel toller als an dem Maienfest des vergangenen Jahres, wo der Mönch von Corvey durch seine böse Kunde allein das Blutvergießen hindern konnte.

Die Alten hatten sich allmählich nach Hause begeben, nur die Jugend und das niedere Volk tummelten sich noch auf dem Festplatze. Kiza wurde nicht so leicht müde wie die Musikanten der Stadt, und augenscheinlich wurde er von seinen eigenen Melodien selbst mit fortgerissen.

Das Fest artete wieder aus, und da es diesmal von Tausenden gefeiert wurde, so wurde die Sache viel schlimmer als im vorigen Jahre. Bacchantisch fing die Menge an zu rasen; es war, als würde sie von dem wunderlichen epidemischen Wahnsinn des Mittelalters, dem Veitstanze, gepackt, und der Feind hätte recht leichtes Spiel gehabt, wenn er jetzt der Stadt im Sturme zugesetzt hätte. Einer griff nach der Hand des andern; Männer und Weiber, Jünglinge, Jungfrauen und Kinder wurden in den Strudel hineingerissen; ein Hüpfen und Kreisen, ein Jauchzen und Kreischen hub an, als sei Oberons Horn erklungen – niemand widerstand dem tollen Schwindel. Durcheinander wirbelten Patriziersöhne und Gemeine, und ein Lärm stieg empor zum roten Abendhimmel, wie er noch nie vernommen war in der Stadt Hameln. Auf seiner Bühne tanzte Kiza, der Pfeifer, wie die andern; er drehte sich im Kreise, wie unter ihm, um seinen Standpunkt herum, der wilde Reigen kreiste. Doch nur auf einen blauen, mit Silber gestickten Schleier achtete er, und von dem Haupte der schönen Athela flatterte dieser Schleier; denn willenlos fortgerissen tanzte Athela mit den andern. Die rechte Hand hatte sie einem zerlumpten Bettler gereicht, die linke hielt noch immer Floris. In dem engsten Kreise des Tanzes, dicht um die Musikantenbühne wurden sie herumgewirbelt – da, was war geschehen? Was unterbrach so plötzlich den Reigen?

Des Pfeifers Pfeife schwieg, von der Tribüne war Kiza heruntergesprungen; er hatte den stattlichen Floris von Athelas Seite fortgeschleudert, zu Boden lag der Bettelmann; umschlungen hielt der Wende die Tochter des Bürgermeisters; er hatte sie wild und heftig geküßt, und jetzt tanzte er selbst mit ihr, und sie – sie mußte ihm folgen, wie sehr sie sich auch sträubte, wie sehr sie auch schrie.

Und von neuem und wilder flammte die wahnsinnige Lust auf; mitten in das Getümmel stürzte sich Kiza mit seiner widerstrebenden Tänzerin; das höchste Glück, das er sich in seinem Loch unter dem Rathaus erträumt, war ihm geworden, hatte er ergriffen. Schaum stand vor dem Munde des Patriziers Floris, als er mit gezogenem Dolchmesser, schwankend, betäubt, außer sich den beiden nacheilte. Aber immer neue Ringe der Tanzenden versperrten ihm den Weg; sein Fuß stolperte über die Körper atemloser, zu Boden geworfener Frauen und Kinder; von der Münsterkirche klangen mit ängstlich-schnellen Schlägen die Sturmglocken; mit seinen Reisigen ritt der Graf von Eberstein auf die toll gewordene Menge ein; beschwörend, bittend, drohend warfen sich die Ratsherrn dazwischen – lange, lange dauerte es, ehe der erste Schimmer von Bewußtsein dem toll gewordenen Volke zurückkehrte.

V

Die Sonne dieses Tages war längst untergegangen, der Mond spiegelte sich in der Weser; da fanden streifende Reiter des Bischofs Wedekind im Wald am Strome einen blutrünstigen, halb bewußtlosen, ächzenden Menschen, trugen ihn aus dem Schatten der Bäume in den Mondenschein, und einer holte aus dem Fluß eine Sturmhaube voll Wasser, welches man dem Verwundeten über den Kopf goß, um ihn auf solche Weise zur Besinnung zurückzubringen. Es gelang endlich, und die Mindenschen vernahmen, wer der zerschlagene Mann sei und wie er also elend in die Wildnis geraten sei. Große Lust bezeigten nun die Reisigen, den Wenden vollends totzuschlagen, und das Zusammentreffen mit ihm würde auch jedenfalls so ausgelaufen sein, wenn nicht ein Kleriker des Hochstifts, der auf einem Saumtier mit den Reitern zog, schlau dem Dinge das rechte Ende abgewonnen und den Pfeifer aus der Hand der Kriegsknechte errettet hätte.

«Da hast du uns eine schöne Historie erzählt, Heide! Übel haben dir die Philister mitgespielt, und keinen Dank bist du ihnen schuldig. Sicherlich wird's dir nicht nach einem zweiten Tanz mit der schönen Dirne gelüsten, und jener, den du Floris nennst...»

Der Pfaff brach ab; zähneknirschend griff Kiza in das Gras in krampfhafter Wut.

«Alle Übel fallen auf ihn!» ächzte er. «Dreifachen Fluch auf ihn, seinen Vater, seine Mutter, auf alles, woran sein Herze hängt!»

«Hoho», lachte der Pfaff, «lieb scheinst du den Floris nicht zu haben, Wend; aber die anderen ballisterii*, Krämer und grobe Handwerker haben dich auch nicht mit Sammetpfoten gestreichelt.»

«Wie einen Hund haben sie mich geschlagen, durch die Straßen geschleift...»

«Und aus dem Tor geworfen! Und auf allen vieren bist du in den Wald, bis zu dieser Stelle gekrochen – wahrlich, ein fein Örtlein, um sich da zu Tod zu bluten und zu zürnen!»

«Ich will mich nicht zu Tode zürnen; rächen will ich mich», murmelte Kiza, und der Mindensche Kleriker fing schnell das leise Wort auf.

«Komm mit uns», sprach er, «wer weiß, ob du nicht in unserer Fehd einen Schlag gegen die Stadt führen kannst. Du kennst Ortsgelegenheit, magst in allerlei Dingen Bescheid wissen und wirst vielleicht von Nutzen sein können. Komme mit uns, ich verspreche dir des Bischofes Schutz. Wenn du dich rächen willst, können wir dir wohl am besten Gelegenheit und Mittel dazu geben.»

Ist also mit den Dienstmannen des Hochstiftes Kiza, der wendische Pfeifer, fortgezogen, und bis in den Hochsommer vernahm die Stadt Hameln nicht das mindeste von ihm; aber man kann nicht sagen, daß sie ihn vergessen hätte. Wer in der Stadt hätte auch den Tumult, welchen er angerichtet hatte, so leicht vergessen können? Mit Schaudern dachten Bürgerschaft und Rat daran, mit Tränen der Scham und des Zornes Athela und Floris. Aber die Fehde nahm ihren Fortgang, und es galt in keiner Beziehung ein langes Besinnen. Tag und Nacht mußten die Städter zur

Abwehr des Feindes gerüstet sein; arg setzte der Bischof Wedekind dem Gemeinwesen zu, und wenig hatte Hameln in diesem Falle von der Genossenschaft des Bundes der Hansen. Wer aber zwischen Überschätzung und Unterschätzung seiner Kräfte sich in die rechte Mitte stellt, unverzagt sich auf sich selbst verläßt, der mag auch einem stärkeren Gegner lange und hart zu schaffen machen, und so war es auch in diesem Falle. Oft genug holten sich die Mindenschen Pfaffenknechte blutige Köpfe unter den Mauern der Stadt auch in diesem neuen Sommer. Auch in diesem Jahr schlug der Bischof nicht die Zinsen seines ausgelegten Kapitals heraus; nur der Abt von Fulda strich sich immer wohlbehaglicher das Bäuchlein; er war ungemein froh, daß er die widerhaarige, unbotmäßige Stadt los war. Er hatte sich lange genug mit ihr geplagt, nun mochte der Herr Konfrater von Minden zusehen, wie er am besten damit zurechtkomme.

Allerlei Listen und Anschläge versuchten die Mindenschen im Verlauf des Sommers, um sich der Stadt zu bemächtigen; aber alles schlug fehl, bis Kiza, der Pfeifer, ihnen, wenn auch nicht zu der Stadt, so doch zu einem Erfolg im Felde verhalf, wie sie ihn nicht mehr erhofft hatten. In schrecklichster Weise rächte sich der Wende an der Stadt Hameln; und einen Tag, so blutig, wie sie ihn noch nie erlebt hatte, bereitete er ihr, und die Unschuldigen mußten, wie es in der Welt zu geschehen pflegt, mit den Schuldigen leiden. –

Am achtundzwanzigsten Juli, am Tage Sankt Pantaleonis* war's, am Morgen in der Frühe.

Nicht lange war die Sonne aufgegangen, und ihre Glut hatte den Nachttau an Gras und Blume noch nicht verzehren können. Lieblich lag Feld und Wald und Fluß in jugendlicher Frische da, und hochgemutet, fröhlich und unbesorgt war die kleine Schar Hämelscher Bürger und Bürgersöhne, welche die Nacht hindurch das Stadtvieh auf der Gemeindeweide gegen Räuber, Wölfe und streifende Knechte des Bischofs Wedekind bewacht hatte. Die Männer wußten die Stadt nahe genug, um im Fall der Not schnelle Hülfe zur Hand zu haben. Sie fürchteten auch nichts Böses, sondern lagen und saßen träge um die Kohlen des niedergebrannten Feuers und erwarteten plaudernd die Genossen, durch welche sie von der Wacht abgelöst werden sollten. Am Rande des Waldes war das Feuer von ihnen angezündet worden, und von dieser Stelle aus hatten die Wächter über Wiesen und Kornfelder einen guten Blick auf den Weg, der sich um den Koppelberg gen Sedemünde zog.

Von Zeit zu Zeit erhob einer der Gesellen den Kopf und beschattete die Augen mit der Hand, um diesen Weg entlang zu schauen; denn wenn Gefahr drohte, so kam sie jedenfalls von dieser Seite, und jedesmal, wenn der Vorsichtige ausgelugt hatte, fragten ihn die Genossen: «Siehst du was, Hänsel?»

Hänsel aber knurrte nur unwillig und ließ den schweren Kopf wieder ins Gras sinken bis zum neuen Auslug.

Von diesem und jenem sprach man im Kreis und endlich auch wieder einmal von dem tollen

Pfeifer, dem Tanze, welchen derselbe angerichtet hatte, und von der bitterbösen Austreibung des Schalks aus der Stadt. In dem Vierteljahr, welches seit dem Maienfest hingegangen war, war der Zorn der weniger Beteiligten allmählich verraucht; man lachte bereits über das Abenteuer, und sehr viele gab's, welche dem «hochmütigen» Floris und der «naseweisen» Athela jenes böse Stündlein im geheimen ganz herzlich gönnten.

«'s ist doch schad, daß wir den wendischen Schalk um solch einen Schabernack verjagt haben; was ist das ganze Quinkelieren der faulen Stricke, der Stadtpfeifer, gegen des Heiden Pfeife? Es war doch ein ganz ander Ding, wenn wir ihn des Nachts hier am Wachtfeuer bei uns hatten!»

«Wahrlich, er verstand seine Kunst! Gut pfiff er!» riefen die andern, und in dem nämlichen Augenblick sah Hänsel endlich etwas. Auf seinen Ruf sprangen alle empor und griffen nach den Waffen. Es kam ein Mann im schnellsten Lauf auf der Sedemünder Straße daher, und hinter ihm drein sprengten mit wildem Geschrei gewappnete Reiter, deren Helme und Harnische in der Morgensonne blitzten.

«Die Mindenschen! Die Mindenschen!» schrieen die Wächter. «Hie Hameloe! Hameloe hie!» Sie sprangen mit Schwert, Spieß und Bogen über Knick und Hagen vom Rand des Waldes auf die Landstraße, und ihnen entgegen kam in langen, weiten Sätzen der Flüchtling, dessen Leben an seinen Beinen zu hängen schien. Mitten unter die Hämelschen sprang und fiel er, und mit großem Wunder erkannten sie ihn und trauten ihren Augen kaum; denn wieder einmal war das alte Wort vom Wolf oder vom Teufel, von denen man nicht reden soll, zu einer Wahrheit geworden.

Kiza, der Wende, war's, welcher zu ihren Füßen lag und sie keuchend beschwor, ihn zu schützen gegen die Verfolger, die Reiter des Hochstifts Minden. Auch ohne diese Beschwörungen würden die Bürger von Hameln ihre Waffen gegen die verhaßten Feinde erhoben haben. Herausfordernde Rufe und scharf gespitzte Pfeile sandten sie den Reisigen entgegen; aber diese nahmen die Herausforderung nicht an, sondern hielten eine Weile auf der Landstraße und sprengten dann, verfolgt von dem Hohngeschrei derer von Hameln, gegen den Koppelberg zurück.

Nun aber sollte der gejagte Pfeifer erzählen, und demütig berichtete er, wie er lange erbärmlich auf die alte Art umhergezogen sei und wie er dann zuletzt in die Hände der grausamen Bischöflichen gefallen und arg von ihnen gequält worden sei; wochenlang habe er mit ihnen ziehen müssen, um ihnen vorzupfeifen wie einst den Streitern der Stadt Hameln.

Auf dem Sedemünder Felde liege der Feinde Schar – erzählte er –, sorglos liege sie und sei auf nichts Arges gefaßt; wenn die tapfern Leute zu Hameln jetzt einen Streich gegen den Bischof führen wollten, so könne keine Zeit und Stunde glücklicher gewählt sein. Er – Kiza – habe die Mindensche Unachtsamkeit benutzt, um auszureißen, nun sei er wieder hier und wolle lieber von den Bürgern das Ärgste dulden, als noch länger den Pfaffenknechten zum Spielwerk und als Spielmann dienen.

Horchten gierigen Ohres die Leute von Hameln auf diesen Bericht des Wenden; die wilde Lust, erfolgreich auf den Feind zu fallen, erstickte jede Vorsicht, alles Mißtrauen in ihnen. Eilends scheuchten sie ihre Rinder und Kühe der Stadt zu, und den Pfeifer nahmen sie mit sich, daß er auch den andern mutigen Herzen hinter der Mauer Rede stehe. Sie versprachen, ihn gegen jede Unbill zu schützen und das Vergangene nicht wieder aufzurühren, wenn seine Worte sich als wahr erwiesen.

VI

In die Stadt wurde die Herde getrieben und mit der Herde Kiza, der wendische Pfeifer. Wer sich nicht in der Kirche befand, zu Ehren des heiligen Pantaleons eine Messe zu hören, der lief vor aus dem Hause, um das Nähere über diesen frühen Heimzug zu erkunden. Vorzüglich die jungen Männer drängten sich heran und erkannten mit großer Verwunderung und lautem Geschrei unter den Ochsen, Kühen, Rindern und Kälbern den Pfeifer, welchem sie so arg mitgespielt hatten. Mehr als ein Hitzkopf schien Lust zu haben, das Spiel von neuem anzufangen; aber die heimkehrenden Wachtleute traten ihrem Worte gemäß dazwischen und schützten den Pfeifer vor abermaligen Mißhandlungen. Sie erzählten auch, auf welche Weise der Wende zu ihnen geraten sei, und diese Nachricht brachte eine ganz andere Stimmung in die mehr und mehr anwachsende Menge. Kiza wurde der Mittelpunkt eines lautlosen, horchenden Haufens; von neuem berichtete er, was er schon der Wacht am Holzrande erzählt hatte, und mit blitzenden Augen sahen sich darob die mutigen Junggesellen an. Sie traten zusammen, streckten die Köpfe gegeneinander und hantierten gewaltig. Boten liefen nach dem tapfern Floris, und es kam dieser schnellen Laufes heran und nahm den Pfeifer beim Kragen, als wolle er die Seele ihm aus dem Leibe schütteln. Aber nur die Wahrheit wollte er augenblicklich heraushaben; die Kampfeslust überwog sogar noch seinen großen Zorn gegen den Pfeifer. Heulend blieb letzterer bei seinem Wort; auf alle Fragen und Gegenfragen gab er bündigen Bescheid, und er verwickelte sich nicht im kleinsten.

Endlich rief Floris: «Holt die Waffen! Wir wollen hinaus und sehen, was an der Hundes-Historie wahr ist. Er soll uns vorpfeifen wie sonst; aber zwei sollen auf ihn acht geben und ihn zu Boden schlagen, wenn er gelogen hat nach seiner Art. Holt die Waffen, ihr guten Gesellen und Kinder von Hameln; 's ist ein Morgengang nach Sedemünd. Hat der Wend gelogen und uns angeführt, so soll er diesmal nicht so gnädig davonkommen; im Glockenteich wollen wir ihn ersäufen. Schild und Wehr! Wer mit will, der komm' zum Ostertor, wenn er Helm und Brünne angelegt hat.»

«Heil Hameloe! Wir kommen, wir kommen!» riefen die hämelschen jungen Gesellen, und jeder lief nach seiner Wohnung, sich zu rüsten, und eilte dann zum Sammelplatz am Ostertor, wohin auch der Pfeifer unter guter Bedeckung geführt wurde.

In der Münsterkirche vernahmen die Alten nichts von den Vorgängen in der Stadt; sie waren zu tief in inbrünstige Gebete für das Wohl derselben versenkt. Wir wissen nicht, wie viele arme Väter und Mütter der ausziehenden jugendlichen Schar nachblickten, und um so nachdenklicher und trauriger stimmen uns die wenigen Worte, welche der berühmte Philosoph und Geschichtsschreiber Leibniz* in einem uralten Pergamentkodex auf der Ratsbibliothek zu Lüneburg fand: Mater Domini Decani de Lüden vidit pueros exeuntes, die Mutter des Herrn Dekans von Lüden sah die Jünglinge ausziehen.

Hundertunddreißig Söhne der Stadt, die Blüte der Gemeinde, hatten sich in Wehr und Waffen am Ostertor versammelt, kampfesmutig, hoffnungsreich, siegesgewiß. An ihrer Spitze zog Floris mit dem Pfeifer. Gegen den Koppelberg ging der Zug, und die am Tor und auf den Wällen Nachschauenden – unter ihnen jene eben erwähnte adelige Frau – haben gewiß die Augen verdecken müssen vor dem Leuchten der Waffen, Harnische und Helme, als der Kriegszug in der Sonne des Juli sich die Landstraße dahinwand. Um den Berg wand sich der Weg, und der Berg schien die Schar der Jünglinge langsam zu verschlingen – des Pfeifers Pfeife verklang – evocavit Hamelenses fistulator cum tympanotriba, mit seiner Pfeife lockte der Pfeifer die Hämelschen Kinder heraus, und lebendig sah kein Hämelsches Auge sie wieder.

Blutig rächte sich der Pfeifer an der Stadt; er streifte ihre Blüten ab, daß nur die kahlen, traurigen Zweige übrigblieben. Bei Sedemünde brach der Bischof Wedekind in eigener Person mit übergewaltiger Macht aus dem Hinterhalt hervor. Den Pfeifer erstach wohl Floris mit eigener Hand, aber er selbst fiel, und mit ihm starben alle Genossen. Verzweifelt wehrten sie sich, und manch guter Mann des Hochstifts sank unter ihren Streichen. Aber verloren gingen die Hämelschen Kinder: die meisten bei Sedemünde, der letzte Rest am Koppelberg, wo das Gefecht zum letztenmal zum Stehen kam –

interibant,
sie gingen zugrunde.

Unendliches Weh brachte der Tag Sankt Pantaleons über die unglückliche Stadt Hameln; aber der Bischof von Minden vermochte trotz diesem schrecklichen Streiche nicht, sie zu gewinnen. Auf den Rat der Grafen von Eberstein ergab sie sich den Herzögen von Braunschweig, Albert dem Großen und dessen Bruder Johann. Wedekind von Minden aber starb schon im Jahre 1261 in vigilia beati Matthaei Apostoli, am Abend vor dem Tag des Apostels Matthäus; der böse Handel, welchen er mit dem Abt von Fulda geschlossen, zog ihn in die Grube. Auch der Abt ging mit Zweifeln zu Grabe, ob seine fünfhundert Mark feinen Silbers so viel nutzlos vergossenes, edles Blut aufwögen.

Manch eine schöne und liebliche Jungfrau verkümmerte und verwelkte um die Schlacht hinter dem Koppelberg zu Hameln in ihrem Kämmerlein oder im Kloster; aber die schöne Athela vergaß bald den tapfern Floris; ein reicher Kaufherr aus Bremen freiete sie, und sie zog mit ihm aus dem so öde gewordenen Hameln fort in seine Heimat. Das größte Zeichen davon, wie schwer die Stadt Hameln ihren Verlust fühlte, liegt wohl darin, daß sie vom Tag Pantaleons 1259 an aufhörte, nach Christi Geburt die Jahre zu zählen; von *Unserer Kinder Ausgang* an rechnete man; und erst Herzog Heinrich Julius verbot solche Jahreszählung.*

Bis in die neueste Zeit wurde das Gedächtnis der Schlacht bei Sedemünde feierlich in der Nikolauskirche gefeiert; die Sage aber hat sich auf ihre Weise der tränenvollen Geschichte bemächtigt und sie eindringlicher und lebendiger durch die Jahrhunderte geführt, als es alle Chroniken und Aufzeichnungen von Pfaffen und Laien vermocht hätten.

ZUR AUSWAHL

Drei Prosawerke bestimmen unser Bild von Wilhelm Raabe (1831–1910): «Die schwarze Galeere», «Der Hungerpastor» und «Die Chronik der Sperlingsgasse» – eine Erzählung und zwei Romane – aus einem beinahe drei Dutzend Bände umfassenden Gesamtwerk. Unsere Auswahl stellt weniger bekannte, aber erzählerisch bedeutsame Arbeiten dieses Chronisten des von Brüchen gezeichneten 19. Jahrhunderts in Deutschland in den Mittelpunkt. Der Leser begegnet einem Autor, der sich der Künstlerproblematik ebenso angenommen hat wie dem Antisemitismus, der sozialen Zerklüftung der Gesellschaft, dem vorurteilsbehafteten Kleinbürgertum und einer Politik, die im Schatten des Kirchturms gedieh. Wir haben es mit einem Romancier zu tun, in dessen Geburtsjahr Goethe noch lebte und in dessen Sterbejahr Rilke seinen avantgardistischen Roman «Die Aufzeichnungen des Malte Laurids Brigge» veröffentlichte, mit einem kritischen Zeitzeugen der Reichsgründung und einem Geschichtspessimisten, dem es darauf ankam, die schicksalhafte Verstrickung des Menschen in politischen Mechanismen zu zeigen, über die er keine Kontrolle haben kann.

Eine Auswahl dieser Art kann nur subjektiv

sein, gerade auch, weil sie sich von jenen ans Kitschige grenzenden Geschichtskolportagen im Stile der «Schwarzen Galeere» absetzen möchte, zu denen Raabe auch fähig war. Im vorgegebenen Rahmen ließen sich wichtige Erzählungen wie «Wunnigel» und «Die Akten des Vogelsangs» nicht aufnehmen; ohnehin gehören sie eher zur Gattung des Romans, wobei insbesondere «Die Akten des Vogelsangs» auf die Epik des 20. Jahrhunderts vorausweisen und eine Neubewertung verdienen.

Raabe verstand sich auf das erzählerische Erzeugen von Spannung ebenso wie auf allegorisch-symbolisches Erzählen. Beide Aspekte seines Schaffens haben in unserer Auswahl Berücksichtigung gefunden. Dennoch soll hier nicht der Versuch gemacht werden, Raabe zu einem «Modernisten» zu erklären. Wohl aber ist er im Dreigestirn deutscher Kunstprosa des späten 19. Jahrhunderts, das er mit Storm und Fontane bildet, neu zu orten.

NACHWORT

Wilhelm Raabes Prosa lebt von einer eigentümlichen Verbindung aus Gelassenheit und Unruhe. Einen ganzen Roman hat er «unruhigen Gästen» gewidmet, zu denen er auch sich selbst gezählt haben dürfte, Raabe, ein Gast, der ungern reiste und doch weit herumkam, ein ruheloser Ortsansässiger von subtiler Menschenkenntnis, Herzensbildung und Geschichtserfahrung. Man sagt, Raabe sei Pessimist gewesen und darin ein gelehriger Schüler Schopenhauers. Seien wir genauer: Dieser Schriftsteller kannte keine Illusionen (in diesem Sinne kann man ihn als einen Realisten bezeichnen); er weigerte sich, den Stand der sozialen Dinge zu beschönigen, und nannte das Elend beim Namen, ohne deswegen für eindimensionale materialistische Erklärungen der sozialen Verelendung empfänglich zu sein. Überhaupt fällt auf, daß Raabes Erzählen sich von (pseudo-)wissenschaftlichen Begriffen und Methoden weitgehend ferngehalten hat; nach sozialdarwinistischen Indikatoren sucht man daher in seiner Prosa vergebens, es sei denn, sie gelten ihm als Gegenstand der Ironie. Raabe verstand sich eher als ein Psychologe des kleinbürgerlichen Krähwinkels, das er als skurrile Idylle, Schoß des Bösen und Heimstatt perfider Vorurteile vorstellte.

Gewöhnlich siedelt man Raabe zwischen Storm und Fontane an und meint damit seine Pflege der Novelle und der Verlebendigung geschichtlicher Begebenheiten. Man könnte jedoch auch den Verfasser der «Schwarzwälder Dorfgeschichten», Berthold Auerbach, nennen oder den Alphonse Daudet der «Lettres de mon Moulin», den Turgenjew der «Aufzeichnungen eines Jägers» oder den skeptizistischen Chronisten der fiktiven Grafschaft Wessex, Thomas Hardy, allesamt Schriftsteller, die das Archetypische der Provinz erkannt und geschildert haben, die großen Leiden der kleinen Außenseiter. Gewiß, Raabe hat bei Goethe gelernt, unmittelbarer vielleicht noch von Dickens. Aber es fehlte ihm die Souveränität des Weimarer Weltenkindes und dessen Kunst, Bildung zu leben; desgleichen verfügte Raabe nicht über eingehende Weltstadterfahrung; entsprechend konnte er sich Dickens' Welt nie wirklich aneignen. Er kannte sich zwar in München, Linz und Wien leidlich gut aus, hatte das biedermeierliche Berlin in jungen Jahren erlebt, Leipzig und Dresden sowie Prag, letztere Städte beinahe alle in seinem einzigen großen Reisejahr (1859), er fühlte sich wiederholt wohl in Bad Harzburg, im 16. Jahrhundert, im «herrenlosen Heiligen Römisch-Deutschen Reich», allenfalls noch in den aufständischen Niederlanden, beschränkte aber seinen eigentlichen Horizont auf die Welt zwischen Stuttgart und Braunschweig.

Historische Tiefenschärfe bedeutet bei Raabe keineswegs Wirklichkeitsflucht, sondern im Gegenteil eine reichere Konturierung und Perspektivierung der Gegenwart. Die erzählerische Dramatisierung der Sage vom «Pfeifer zu Hameln» etwa spricht für Raabes psychologischen Scharfblick auf die Verführbarkeit der Menschen.

Raabe war der Großepiker der kleinen Verhältnisse, der Randfiguren in den Mittelpunkt unserer Aufmerksamkeit zu rücken verstand. Eine Gemarkung namens Bündheim konnte sich unter seiner Feder für die Dauer einer Novelle zu einem Makrokosmos auswachsen. Seine Erzählungen beginnen gerne mit einer Ortsbesichtigung von einem Punkt aus, der Überschau gewährt: «Ein großer und gleichfalls nicht unberühmter Wald tritt auf einer ziemlichen Strecke bis dicht an den Strom heran und dehnt sich gegen Westen weit über den Gesichtskreis hinaus. Viele Kirchtürme, um die herum sicherlich die dazugehörige Politik getrieben wird, sind zu erblicken; uns jedoch fesselt vor allen einer, spitzig himmelanstrebend, schiefergedeckt; (...).»

Ironie und Satire in einem, dazu eine Ortsvermessung ganz nebenbei, dem ein Ausdruck von Weltbezug im Parodieverfahren vorgeschaltet ist: «Einst war er sehr häufig auf den Gefilden Neuseelands anzutreffen, jetzt ist er erloschen. Den letzten, dessen man habhaft wurde, hat man ausgestopft und schätzt ihn als eine große Seltenheit; und wie ihn, den Vogel Kiwi – den letzten Vogel Kiwi –, sollte man eigentlich auch den letzten Konrektor ausstopfen und als etwas nie Wiederkommendes verehren.» Liest man den ersten Teil dieser Einführung (zu «Horacker»), dann ist man zunächst versucht, an eine Seefahrergeschichte zu denken oder an eine Prosa aus dem Bereich der Naturkunde. Doch dann verdeutlicht der zweite Teil das allegorische Verfahren Raabes: Nichts ist ihm entlegen genug, um das Nächstliegende, Unmittelbare einzuführen. Gelangt er dann schließlich zum Allzumenschlichen gleich nebenan, dann hilft ihm seine Ironie, im entscheidenden Moment Distanz zu wahren.

Hier ist kein Adalbert Stifter am Werk, der für jeden Stein und jedes Unkraut am Wegesrand ein treffendes Wort übrig hat. Wenn schon Steine und Natur, dann besondere wie in seiner Erzählung «Holunderblüte» (1863) die «grauen Steine» und die «Fliederblüte der Gräber» auf dem jüdischen Friedhof zu Prag, Beth-Chaim, zu deutsch: Haus des Lebens. Diese Natur ist weder Kulisse noch Gegenstand bloßer Beschreibung, sondern einbezogen in eine Feier der Erinnerung; denn in dieser Erzählung behandelt Raabe die Erinnerung des alten Medizinalrats an seine Jugendliebe, Jemima, wie einen sakralen Akt. Jemima, diese bildschöne Jüdin mit «zu großem Herzen» – im pathologischen wie emotionalen Sinn –, tanzte einst über die Gräber wie vor ihr die legendäre Tänzerin Mahalath, beide Nachfahren der alttestamentarischen Mirjam, die vor der Bundeslade hertanzte. Nein, ein Sakrileg ist dieser Tanz auf dem Friedhof nicht, denn als «Haus des Lebens» beherbergt er Hoffnung. Was der Medizinalrat jedoch in erster Linie erinnert, ist, daß er seinerzeit nicht zu Jemima und seiner

Liebe zu ihr stehen konnte, daß er sie allein gelassen hatte mit ihren Gefühlen, denen er nicht gewachsen war. Zu spät hatte er sich eines anderen besonnen; als er zu ihr zurückkehren wollte, war sie bereits ihrem großen Herzen erlegen. Schuldgefühle plagen ihn seither, obgleich er als Arzt «innerlich und äußerlich gegerbt» scheint, abgehärtet vom Anblick des Leidens ringsum. Er muß sich fragen, weshalb er damals Jemima ausgewichen war. Wollte er, der gut christliche, norddeutsche Medizinstudent, sich damals, im Jahre 1819, als gewisse Burschenschaften den Haß gegen die Juden schürten, nicht mit einer Jüdin «einlassen»? Warum hatte er es nicht vermocht, damals vorurteilsfrei zu lieben, er, der eingedenk des Hippokrates und des Paracelsus in seinem künftigen Beruf sich vorurteilsfrei zu helfen anschickte? Fragen, die Raabe nur andeutet.

Das wortreiche Ausschmücken von Begebenheiten war Raabes Sache nicht gewesen. Er sah sich eher als ein Protokollant des Lebens. Ihn kümmerte nicht nur die «unerhörte Begebenheit» an sich, der Stoff, der Novellen rechtfertigt, sondern die Art der Zeugenschaft. Wer bezeugt was unter welchen Umständen und warum? Der Erzähler der «Akten des Vogelsangs» (1896) etwa will dezidiert nur «als Protokollist des Falls» in Erscheinung treten. «Ich habe es in den Akten, wenn auch nicht aktenmäßig. Ich hole dies alles aus Ungeschriebenem, Unprotokolliertem, Ungestempeltem und Ungesiegeltem heraus und stehe für es ein.» So hätte Thomas

Manns Erzähler, Serenus Zeitblom, reden können oder auch Gerhard Roth in seinen österreichischen «Archiven des Schweigens». Und doch wäre Raabe nicht Raabe, wenn einem solchen «Protokollisten», der um jeden Preis von sich selbst absehen möchte, buchstäblich «unter der Hand», ein «Protokollieren», sein vom Willen zu interesseloser Objektivität getragenes Erzählen, ins Gegenteil umschlagen kann: «Wie hat dies alles mich aus mir selber herausgehoben, (...), was ich über den Fall tatsächlich in den Akten habe und durch Dokumente oder Zeugen beweisen kann, reicht nicht über die Unzulänglichkeit weg, sowohl in der Form wie auch der Farbe nach.»

Dieser Erzähler-Kommentar gehört zwar dem Spätwerk an, darf aber durchaus als repräsentativ für Raabes novellistischen Ansatz gelten: Zunächst gibt er gerne vor, bloßer Kanzlist zu sein, der Sinn von Gefühl trennen kann; schließlich jedoch muß er sich vor Augen führen, wie relativ, wie begrenzt seine Möglichkeiten in Wirklichkeit sind, Leben zu versprachlichen.

Bei aller Ironie und Virtuosität spielte Raabe mit den jeweiligen Erzählebenen nicht; der Hergang einer Geschichte zählte für ihn noch. Was aber nicht heißt, daß sich ein und dieselbe Begebenheit in den Berichten der diversen «Zeugen» je anders anhören konnte. Das ist besonders auffällig in «Horacker» (1876), der Geschichte eines Rufmords, und ohne Beispiel in der Erzählliteratur seiner Zeit. Gegenstand ist die Entstehung eines Gerüchts, eines Mythos vom Bösen, eine

Vorwegnahme jener Thematik, sofern dieser anachronistische Vergleich gestattet werden kann, von Heinrich Bölls Roman «Die verlorene Ehre der Katharina Blum». Was in unseren Zeiten die Boulevardpresse erledigt, blieb in Raabes «Horacker» noch den Bewohnern in und um Gansewinckel überlassen, Spießbürgern, wie sie im Buche stehen, halb gebildet, halb abergläubisch, zusammenfaßbar mit dem Wörtlein «man». Staunenswert fürwahr, wie Raabe gleichsam nebenbei eine «Theorie» des «schrecklichen, wundervollen erhabenen kleinen Wortes ‹man›!» entwirft. Wir denken meist, es sei der frühe Heidegger gewesen, der uns in «Sein und Zeit» als erster auf das «Man» als Synonym für das entmündigte Kollektiv in der Moderne aufmerksam gemacht habe. Aber wir vergessen Raabe, vergessen «Horacker» und Sätze wie diese: «Wer ist man? (...) man ißt gern Austern; – man gründet ein Geschäft, durch welches man gern jedermann Konkurrenz macht bis zum Äußersten. Man hat gegründete Aussicht, demnächst im Amt vorzurücken, da man sagt, daß der Mann, dessen Platz man gern einnehmen möchte, schwerkrank am Nervenfieber liegt (...).»

Raabe zeigt, wie Menschen zum «Man» werden, indem sie einen gemeinsamen Nenner akzeptieren – in diesem (zu protokollierenden!) Fall eine vermeintliche Schreckensfigur, einen Außenseiter, der zur unheimlichen Gestalt wird in der kollektiven Phantasie des «Man». Dieses «Man» verfolgt und richtet Horacker, ohne ihn wirklich zu kennen. Er geht nicht, er «grassierte in der Gegend» – wie eine Krankheit, von der das «Man» bereits befallen ist.

In seiner Erzählung findet der Exkurs über das «Man» eine Entsprechung in seiner ironischen Darstellung der zeithistorischen Umstände dieser Episode: «Es verschied Otto von Griechenland; doch blieb es unklar, ob Athen trauerte. (...); doch das größte Wunder sollte gegen den Schluß des Monds eintreten: die Türken erschienen am Rhein! Sultan Abdul Aziz besuchte den König Wilhelm zu Koblenz. (...) Die Gegend kümmerte sich nicht im geringsten um die Pariser Weltausstellung, den Kaiser Napoleon den Dritten und den König Otto von Griechenland: die Gegend kümmerte sich nur um – Horacker.» Das Gerücht ersetzt die Weltgeschichte, die jedoch auch in indirekter Weise auf das anonyme «Man» bezogen bleibt: «... ob Athen trauerte» – diese Metonymie meint ebenso ein unbekanntes Kollektiv wie die nur in der Exklamation vorhandene «Öffentlichkeit», die einen Staatsbesuch des Sultans mit einer bedrohlichen Invasion im Stile einer Balkanüberschrift in der Sensationspresse gleichsetzt. Was bei Raabe schließlich jedoch obsiegt, ist sein kauziger Humor, der selbst in seiner kulturkritischen Abschweifung über das «Man» in Gestalt burlesker Wortspiele und Alliterationen erkennbar bleibt, ganz zu schweigen von seiner Charakterisierung der krähwinkelhaften Gansewinckler.

Was von außen kommt, läßt sich in seiner Bedeutung schwer einschätzen, wirkt letztlich unwägbar, verunsichert aber bleibend. Davon «zeugt» Raabes Novelle «Zum wilden Mann» (1874), wobei hier der Humor, auch wenn dieser im Laufe der Geschichte der Hauptfigur, dem Apotheker Philipp Kristeller, gründlich vergehen wird, den Erzählanfang prägt. Das Reden über das Wetter wird ebenso humorvoll bedacht wie der Erzähler selbst: «... und wir, das heißt der Erzähler und die Freunde, welche er aus dem Deutschen Bund in den Norddeutschen und aus diesem in das neue Reich mit sich hinübergenommen hat – wir beeilen uns ebenfalls, unter das schützende Dach dieser neuen Geschichte zu gelangen.» Vom Regen in die Traufe unerhörter Begebenheiten!

Selten genug jedoch, eine Geschichte als Behausung vorgestellt zu bekommen. Sind wir versucht zu sagen: als «Haus des Da-Seins und des Gewesen-Seins»? Denn was war, holt uns ein. Davon handelt diese Geschichte und betont es wiederholt: «Man sagt, es verjähre alles; aber es ist nicht wahr. Es kommt alles wieder an einen, der Sturmwind wie die alte Zeit.» Bei aller Verkleidung oder Verstellung bleibt der Mensch, so Raabes schlichte, aber anhaltend bedeutungsvolle Moral, Natur und Historie ausgesetzt, wobei sich erweisen wird, daß auch das Erzählen keinen «Schutz» gegen die Elemente bieten kann, sondern im Gegenteil ihre Wirkung auf unser Bewußtsein nur weiter verstärkt.

So gemessen, bedächtig, um Zusammenhang bemüht das Erzählen Raabes auch wirken mag, sein Prosawerk enthält eine Fülle von Hinweisen auf «Wirren» und Wahn, auf doppelbödige

Verhältnisse und tiefe Verunsicherung in den Menschen. Im «Wilden Mann» wie auch in «Frau Salome» deutet sich in Naturerscheinungen an, was dem Menschen bevorsteht. «Bei einer Wendung des Weges lag die unbeschreiblich grotesk zerklüftete Steinmasse – der Blutstuhl, vor mir da», berichtet Apotheker Kristeller seinen Freunden und verweist damit auf einen unheimlichen Ort, wo die für ihn schicksalhafte Wiederbegegnung mit seinem «botanischen Wissenschaftsgenossen» von einst, der ihm betrunken, wahnsinnig, epileptisch disponiert, lebensmüde unglücklich vorkommt, jedoch langsam das Vertrauen des Apothekers gewinnen kann und ihn schließlich um Hab und Gut bringt. Ähnlich das «Gewirr von abgewaschenen Granitblöcken» am Blocksberg im Harz in «Frau Salome», eine Naturerscheinung, die schon Goethe fasziniert hatte, bei Raabe jedoch mit einem fürchterlichen Gewittersturm, einer außer Rand und Band geratenen Natur in Verbindung gebracht wird, der zum tosenden Vorspiel eines infernalischen Geschehens im Hause des wahnhaften Künstlers Querian wird.

Mit «Frau Salome» war Raabe im Jahre 1875 eine seiner eindrucksvollsten, aber auch verstörendsten Erzählungen gelungen. Geschildert wird ein Ausschnitt der Gesellschaft des 19. Jahrhunderts, bestehend aus einem Vertreter des Bürgertums, des Justizrates Scholten, aus Kleinbürgern und Häuslern sowie einer jüdischen Aristokratin, eben Frau Salome, und dem bildenden Künstler, Querian. Scholten gibt sich aufgeklärt, liest Voltaire im Schatten des heidnischen Blocksbergs und verkehrt als freisinniger Bürger in aller Selbstverständlichkeit mit der Bankierswitwe und «unzufriedenen Weltbürgerin», Baronin Salome, ebenso wie mit den armen Bauern im Harzgebirge. Wir erleben die Anfänge des bildungsbürgerlichen Tourismus auf Goethes Spuren zum Blocksberg, wenig Aufsteiger darunter, eher soziale Absteiger, so etwa der Wirt einer schäbigen Gaststätte, der einst im «Hotel Royal» zu Hannover begonnen hatte und lakonisch meint: «So verwildert man, ohne was dazu zu können.»

Scholten schätzt den Esprit seiner millionenschweren Freundin und ihre «orientalische» Erscheinung; Salome neckt bei Gelegenheit ihren belesenen «braven germanischen Waldspuk». Nur einmal hat das gegenseitige Necken ein Ende, als Frau Salome ihre ansonsten unerschütterliche Contenance aus geringfügigem Anlaß verliert und das Leiden an ihrer Herkunft andeutet: «Und auch ich bin aus Affrontenburg wie mein Stammesgenosse, der gute Heinrich Heine, und ich bin ein armes Mädchen und Weib gewesen, und ich habe mich ducken müssen vor jedem Affront, der mir angetan worden ist zu Affrontenburg (...).» Nach gut Raabescher Manier redet sich Frau Salome dann aus ihrer bitteren, leidvollen Selbsterkenntnis Metapher um Metapher wieder heraus; der Humor nimmt überhand, die Selbstironie, schließlich findet sie wieder zu einem «sozusagen glücklichen Lächeln» und schenkt ihrem «teutschen» Justizrat Tee ein. «Affrontenburg», eine sinnige Wortschöpfung, ist

Raabes Namen für Krähwinkel, ein Ort, wo der vor(ver)urteilende Affront zu Hause ist, eine Welt reichsdeutschen Banausentums, wo das Fremde nur kurzzeitig in Form von exotischer Abwechslung und als «orientalisches» Erotikum goutiert, dann aber ausgesondert wird.

Der wohlhabenden Außenseiterin steht der Bildhauer, Karl Ernst Querian, gegenüber, ein Studienfreund Scholtens, ein mit «heiligem Wahnsinn» geschlagener Künstler, über den man munkelt und mutmaßt, ohne ihn genau kennen zu können. Ein unheimlicher Geselle, der mit zugezogenen Vorhängen arbeitet und sein Haus auch im Sommer überheizt, vom «Bergmannsvolk» halb als Heiliger verehrt, halb als teuflischer Alchimist gefürchtet. Laut Scholten verkörpert Querian die Einheit von Kunst und Wahnsinn; man glaubt, Auszüge aus Cesare Lombrosos 1864 in Mailand erschienener Studie «Genio e follia» zu lesen.

Besorgniserregend ist freilich, daß Querian, der den frühen Tod seiner Frau offenbar nicht überwinden konnte, seine verstörte, geistig zurückgebliebene Tochter Eilike, Scholtens Patenkind, in seine Wahnkunst einbezieht. Sie hat ihm nackt Modell zu stehen, ganz offenbar gegen ihren Willen. Man ahnt Kindesmißbrauch und erwartet Schlimmstes von einer vom Erzähler immer wieder hinausgeschobenen Begegnung mit Querian. Als sie schließlich zustande kommt – im Zeichen einer gewitternd grollenden Natur –, geht sie buchstäblich in ein Inferno über, in ein Autodafé, in die Zerstörung der monumentalen, im verborgenen geschaffenen, monumental grotesken Kunst und Querians Selbstzerstörung. Dabei wirkte Querian durchaus wie das Gegenbild zur Klischeevorstellung vom Künstler: klein, hager, ohne sinnliche Ausstrahlung, eine vom Irrsinn gepackte Spitzweg-Figur.

Wie in der zwölf Jahre zuvor entstandenen Erzählung «Die Hämelschen Kinder» (1863) haben wir es auch in «Frau Salome» mit einer Kunst zu tun, von der Gefahr ausgeht, gerade aber auch, weil sie selbst gefährdet ist; ihr fehlt das humane Selbstverständnis, weil ihr nicht mehr der verständige Blick auf die Natur vorausgeht. (Das ist übrigens der Sinn der Episode aus Goethes Leben, die Raabe der «Frau Salome» vorangestellt und selbstironisch als «sonderbaren Anfang für eine Geschichte» bezeichnet hatte. Goethe, der eine Schlange im Glas betrachtet – das verweist auf die Selbstschilderung Frau Salomes, aber auch auf seinen Sinn für die «herrlich verständigen Augen», die ihn zu einer symbolischen Naturdeutung veranlassen: «Mit diesen Augen ist freilich manches unterwegs, aber, weil es das unbeholfene Ringeln des Körpers nun einmal nicht zuläßt, wenig genug angekommen.»)

Gelernte Voyeure und überzeugte Psychoanalytiker mögen sich wünschen, daß Raabe seine Erzählung aus der Sicht des Künstlers Querian hätte schreiben sollen, womöglich angereichert durch eine unverhoffte Beziehung zwischen ihm und Frau Salome. Augenscheinlich war es Raabe jedoch nicht um das Verfassen einer Künstlernovelle zu tun gewesen. Vielmehr stellte er, der

Titel seiner Prosa läßt daran keinen Zweifel zu, das Schicksal der jüdisch-deutschen Bankierswitwe in den Mittelpunkt, ohne es jedoch auszuschmücken. Er begnügt sich mit Andeutungen, die er aber in den Gesamtzusammenhang einer Gesellschaftsskizze gestellt hat, auf die es ihm offenbar nicht minder angekommen war.

Auch im Falle der «Hämelschen Kinder» hätte Raabe die Wahl gehabt, im Sinne einer klassischen Künstlernovelle das Schicksal des «fremden Spielmanns» mit dessen «sinnverwirrenden Tanzweisen» in den Mittelpunkt seines Erzählens zu rücken. Statt dessen gilt sein Hauptaugenmerk den Opfern dieser infernalischen Kunst, welche den Spielmann zunächst überleben ließ, um ihn schließlich doch mit ins Verderben zu reißen. Hier geht nicht «Lenz» ins Gebirg wie in Büchners Novelle. Das «Gebirg», die «Natur» überkommt uns; das Verhängnis nimmt für alle Beteiligten seinen Lauf.

«... man muß den Wirrwarr nur recht kennenlernen, um das, was einem vom ersten Seufzer bis zum letzten passiert, nach dem richtigen Maß zu schätzen», verkündet der hochstaplerische Abenteurer, Oberst Agonista, im Hause des Apothekers Kristeller «Zum wilden Mann». Vergleichbares gilt auch für Raabes Erzählung «Im Siegeskranze» (1866), die vom Kriegselend handelt. Geschrieben im Jahre des Preußisch-Österreichischen Krieges, bezieht sie sich jedoch auf die Ereignisse um 1813 und – entgegen dem frohlockenden Titel – auf die Zerstörung des Menschlichen. Anders als in seinen übri-

gen erzählerischen Geschichtsbildern, etwa der
«Schwarzen Galeere» (1861) oder «Else von der
Tanne» (1864), verzichtete Raabe in dieser
Novelle auf eingehende Geschichtsstudien; statt
dessen konzentrierte er sich darauf, die menschliche Tragik, den Wahnsinn einer jungen Frau,
die den Tod ihres Bräutigams nicht verwinden
kann, zu schildern. Im Zeichen solcher Tragik
entzaubert Raabe das Gewesene; der «Siegeskranz» erweist sich als trügerische Gloriole, und
der Preis, den der Mensch für den sogenannten
Fortschritt (in diesem Falle in Richtung nationaler Bewußtwerdung) zu entrichten genötigt
wird, ist immer maßlos überhöht. Schärfer
konnte Raabe seinen Protest gegen den blinden
Fortschrittsglauben seiner Zeit, aber auch gegen
den funktional im Sinne politischer Legitimation
(Preußen im Verhältnis zu den übrigen deutschen Staaten) eingesetzten Historismus (Ranke,
Treitschke und Droysen) nicht formulieren, indem er solchen Glauben auf eine Stufe mit geistiger Verwirrung stellte. Raabe enthistorisierte
die Geschichte und zeigte das alles relativierende
unwandelbare Verhängnis, dem der Mensch unterworfen ist. Vor diesem Hintergrund überrascht
nicht, daß der späte Brahms, der Komponist der
«Vier ernsten Gesänge», in Raabe einen Geistesverwandten entdeckt hatte (und ihn sogar in seinem Testament großzügig bedenken wollte!). In
unseren Tagen ist es Hermann Lenz, in dessen
Prosa ein gutes Stück Raabes weiterlebt. In gefaßtem Ton das Außergewöhnliche, auch Ungeheuerliches zu sagen, nachdem man es im

kleinsten Detail des Allzumenschlichen – beinahe unabhängig von den zeitgeschichtlichen Umständen – aufgespürt hat, das ist das noch immer beeindruckende Hauptcharakteristikum der Sprachkunst Raabes, in dessen Werk das Hoffen und das Verzweifeln eine unvergleichliche Symbiose eingegangen sind.

Rüdiger Görner

ANMERKUNGEN

HOLUNDERBLÜTE

5 *«Haus des Lebens»:* Übersetzung des hebr. Worts Beth-Chaim, jüdische Bezeichnung für Friedhof
Roter-Adler-Orden: preußischer Orden (1792–1918)
dem biblischen Lebenspunktum ziemlich nahe: «Unser Leben währet siebzig Jahre, und wenn's hoch kommt, so sind's achtzig Jahre» (Ps. 90,10).

6 *Syringa vulgaris:* botanischer Name des Flieders, in Raabes niedersächsischer Heimat umgangssprachlich auch «Holunder» genannt

15 *der «gute Ort»:* jüdische Umschreibung für Friedhof

17 *die unglückseligen Geschöpfe...:* die Bewohner von Brobdingnag aus Jonathan Swifts satirischem Roman «Gullivers Reisen» (1726)

18 *Rabbi Jehuda Löw bar Bezalel:* auch der «Hohe Rabbi» genannt, lebte um 1525–1609 und begründete eine kosmologische Geschichtsphilosophie mit Zion als Mittelpunkt der Welt; nach der Sage erweckte er eine Tonfigur (hebr. Golem) zum Leben.

21 *Oberon und Titania:* der Zwergenkönig Oberon und die Elfenkönigin Titania aus William Shakespeares Komödie «Ein Sommernachtstraum» (1595)
Jemima: hebr., bedeutet eigentlich «die Taube» (Hiob 42,14)

25 *Tal Josaphat:* nach jüdischem Glauben die Stätte des Weltgerichts

26 *Tumba:* sarkophagartiger Überbau eines Grabs mit Steinplatte

27 *«Zu den drei Klausen»:* von Rabbi Löw gegründete Schule

28 *Katharina* aus «Der Widerspenstigen Zähmung»; *Imogen* aus «Cymbeline»; *Rosalind* aus «Wie es euch gefällt»; *Helena* und *Titania* aus «Ein Sommernachtstraum»; *Olivia* aus «Was ihr wollt»; *Silvia* aus «Die beiden Veroneser»; *Ophelia* aus «Hamlet»; *Jessica* und *Porzia* aus «Der Kaufmann von Venedig».

33 *seit des Tempels Zerstörung:* Jemima spielt hier auf eine Sage aus dem Ghetto in Prag an, wonach die Anfänge der jüdischen Niederlassung in Prag bis in die fernste Vergangenheit zurückreichen.

38 *wie ein härener Sack:* Off. 6,12
wie eine Verwüstung vom Allmächtigen: Jes. 13,6

46 *«Ich bin unter den Toten verlassen...»:* Ps. 88,6 und 9 («Meine Freunde hast du ferne von mir getan.»)

ZUM WILDEN MANN

51 *Wilder Mann:* Gestalt des Volksglaubens, mythologische Personifikation der Naturkräfte

53 *herba nicotiana:* Tabak

55 *Graf von Struensee:* Königin Mathildes Liebhaber und Günstling, 1772 gestürzt und hingerichtet

62 *Nunc cinis ante rosa:* Jetzt Asche, einst Rose (Grabinschrift)

73 *Stövers «Leben des Ritters Karl von Linné»:* Dietrich Johann Heinrich Stövers Werk (1792) über den schwedischen Naturforscher und Begründer der systematischen Biologie Carl von Linné (1707–1778); *Märtyrer unserer «Göttin»:* aus dem Motto des Werks «Grundriß der Kräuterkunde» von Carl Ludwig Willdenow (1765–1812): «Auch hat die Göttin keiner Wissenschaften eifrigere Liebhaber, keine so viele, die die Märtyrer ihrer Ergebenheit und ihres Studiums geworden sind»; *Charles de l'Ecluse:* niederländi-

scher Botaniker (1526–1609), Verfasser der Naturgeschichte seltener Pflanzen («Rarorium plantarum historia»).

82 *Blutstuhl:* auch Henkersgerüst, vgl. hierzu die Zeile «Zum Blutstuhl bin ich schon entrückt...» aus Goethes «Faust» I, Kerker

86 *«Oh, wie voll Dornen...»:* Rosalinde, frei zitiert nach «Wie es euch gefällt» I,3

93 *Methode in meinem Wahnsinn:* «Ist dies schon Wahnsinn, so hat es doch Methode» aus Shakespeares «Hamlet» II,2

96 *gelbe Klettenblätter:* Der Sage nach verwandeln sich gelbe Blätter in Gold, aber gelegentlich in den Händen des Finders auch wieder zurück in Blätter.

101 *Dom:* portugies. eigentlich Herr, hier Adelstitel; *Agonista:* Kämpfer

109 *Buffon:* George Louis Leclerc Graf von Buffon (1707 bis 1788), französischer Naturforscher
Tajo!: spanischer Zuruf, wenn ein Schütze das angelaufene Wild nicht bemerkt

116 *Matthias Claudius:* volkstümlicher Lyriker und Prosaschriftsteller (1740–1815), Herausgeber des «Wandsbecker Boten» (1770–75)
Meister Urian: das Gedicht «Urians Reise um die Welt» von Matthias Claudius, auch der Name des Teufels

118 *Haspen:* eigentlich Haken zum Einhängen von Türen und Fenstern, hier der Verschluß des Buchs

126 *stellte ich meine Sache auf – nichts!:* vgl. die erste Zeile von Goethes Gedicht «Vanitas! Vanitatum vanitas!»: «Ich hab' mein Sach' auf nichts gestellt. Juchhe!»
Luogotenente: Leutnant
Dom Pedro von Brasilien: Kaiser von Brasilien (1831 bis 1889)

143 *Maronjagd:* Jagd auf einen Sklaven

146 *Fray Bentos:* Ortschaft in Uruguay, in der Justus Liebig 1865 die erste Fleischextraktfabrik gründete
150 *Minas Geraes:* heute Minas Gerais, an Bodenschätzen reicher Binnenstaat Brasiliens
158 *Lady Macbeth:* In Shakespeares «Macbeth» (1605) findet die von ihrem schlechten Gewissen gefolterte Lady Macbeth keine Nachtruhe.
160 *Pottekudern:* Botokuden, brasilianischer Indianerstamm
167 *Eisenbart:* Johannes Andreas Eisenbart (1661–1727), Arzt, Quacksalber

HORACKER

176 *in Schillers «Xenien»:* die Weser, aus einer der Xenien, die Schiller zusammen mit Goethe im Musenalmanach 1797 veröffentlichte
177 *Haparanda, Hernösand:* schwedische Hafenstädte mit Wetterstationen
181 *Max von Mexiko:* die Erschießung des von Frankreich eingesetzten Kaisers Maximilian von Mexiko im Jahr 1867 auf Befehl des national gesinnten mexikanischen Präsidenten Juárez
184 *Hedera helix:* Efeu
Eleusinisches Mysterium: nur Eingeweihten zugängliche kultische Feiern zu Ehren der griechischen Fruchtbarkeitsgöttin Demeter
187 *Aulus Gellius:* römischer Schriftsteller (2.Jh.n.Chr.); *Aedepol!:* Bei Pollux!
188 *Mehercle:* Bei Herkules! *Mecastor:* Bei Kastor!
189 *Proceleusmaticus:* griechisches Versmaß, vier kurze Silben
190 *«Blätter für literarische Unterhaltung»:* literarkritische Zeitschrift (1816–98)
191 *Christian Fürchtegott Gellert:* Gellerts «Fabeln» (1746 bis 48) waren in breiten Kreisen sehr beliebt; ab 1745

hatte er eine Professur für Poesie, Beredsamkeit und Moral in Leipzig inne.
192 *Vollköter:* Bauer mit kleinem Hof
194 *der «treffliche Pfarrherr von Grünau»:* zitiert nach «Luise» (1795) von Johann Heinrich Voß
194 *Vierzeitengelder:* vierteljährlich fällige Abgaben
199 *«Pitaval»* und *aus Basses Verlag in Quedlinburg:* zwei Sammlungen berühmter Kriminalfälle
200 *Vivant in saecula saeculorum!:* Sie sollen Jahrhunderte und Aberjahrhunderte leben!
Ma Apollona: griech. Bei Apoll!
201 *Cornelius Nepos:* römischer Geschichtsschreiber (1.Jh. v. Chr.), früher der Beginn der Lateinlektüre im Gymnasium
Aura veni!: Lüftchen, komm! Zitat Kephalos' aus Ovids «Metamorphosen»; Kephalos' Gattin, Prokris, hält Aura in ihrer Eifersucht für eine Nebenbuhlerin.
202 *Eutropius:* römischer Geschichtsschreiber (4.Jh. n. Chr.)
203 *«Doch – in der Beschränkung...»:* aus Goethes Sonett «Natur und Kunst»
205 *Berg Nebo:* Moses blickte vom Berg Nebo ins Gelobte Land (vgl. 5. Mose 34,1).
207 *Cuculus canorus:* Kuckuck
Steinmetz Schweinsschädel: Der preußische Generalfeldmarschall Steinmetz eroberte im Krieg von 1866 den böhmischen Ort Schweinsschädel.
208 *Restauremus nos (nunc)!:* Stärken wir uns (jetzt)!
210 *Proficiat, collega. Jovi Liberatori!:* Zum Wohl, Kollege! Auf Jupiter, den Befreier! Worte des sterbenden Seneca in Tacitus' «Annalen» XV, 64
212 *«Parturiunt montes»:* ... nascetur ridiculus mus. Die Berge kreißen, und ein lächerliches Mäuschen wird zur Welt kommen. Horaz, «Ars poetica», 139.
Salve Silvana!: Sei gegrüsst, Waldgöttin!

212 *Adrian Brouwer:* niederländischer Maler (1605–1638)
221 *Sohn der Wildnis:* gleichnamiges Drama (1842) des österreichischen Dichters Friedrich Halm (Egidius Freiherr von Münch-Bellinghausen)
 «Erblickt auf Felsenhöhn...»: Arie aus der Oper «Fra Diavolo» (1830) von Daniel Auber
 «In des Waldes tiefsten Klüften...»: Zitat aus «Rinaldo Rinaldini» (1798) von Christian August Vulpius
226 *lepus, leporis, lepori:* lateinische Deklination des Nomens lepus (der Hase)
 Epicoenum: grammatische Bezeichnung für Wörter, die männliches und weibliches Genus haben können
 Lips Tullian: Gestalt eines Raubmörders in Gellerts Fabel «Der Hund»
232 *«Das Streiten lehrt uns...»:* Zitat aus Gellerts Fabel «Der Prozeß»
233 *technetisch und metataktisch:* kunstvoll gestaltet und in anderer Anordnung
242 *«Ungezähmt sind meine Triebe...»:* aus dem «Neuen Braunschweigischen Gesangbuch» (1857), 262.
 «Kein Mensch muß müssen»: Zitat aus «Nathan der Weise» (1779) von Gotthold Ephraim Lessing
249 *San Filippi di Neri:* Filippo di Neri (1515–1595), italienischer Heiliger
250 *«Vicar of Wakefield»:* idyllisch-sentimentaler Roman (1766) von Oliver Goldsmith
251 *Wackerlos:* Hundename im Volksbuch «Reineke de Vos» (1498) und Goethes «Reineke Fuchs» (1794)
255 *Adiaphoris:* theologischer Begriff, der moralisch Wertneutrales bezeichnet
 Parochialgebühren: Pfarrgebühren
256 *Luxemburger Frage:* Auseinandersetzung zwischen Frankreich und Preußen um die Zugehörigkeit Luxemburgs, die 1867 fast einen Krieg ausgelöst hätte
258 *Gregor der Siebente:* Papst (1073–1085), der den Zölibat einführte

260 *Philemon wie Baucis:* altes Ehepaar aus Ovids «Metamorphosen»
261 *similia similibus:* der Grundsatz des deutschen Arztes, Naturforschers und Mystikers Paracelsus (um 1494 bis 1541), Gleiches mit Gleichem zu heilen
263 *«Wem Gott...»:* vgl. Spr. 31,10 und Ps. 1,3
264 *in hoc signo vinces:* In diesem Zeichen wirst du siegen. Mit dem Zeichen war ursprünglich das Christusmonogramm gemeint, das Konstantin der Große vor einer entscheidenden Schlacht an die Feldzeichen heften ließ.
269 *«Grüße mein Lottchen...»:* aus Schillers Gedicht «Die Schlacht»
272 *«Ach Schatz...»:* Volkslied
284 *Zumpt und Madvig:* Verfasser von Lateingrammatiken; *Cicero de officiis:* philosophische Schrift Ciceros
286 *Medius fidius:* Bei Fidius, dem Gott der Treue
299 *«Ja, glauben muß...»:* aus Horaz, «Epode» 17,27
309 *Canidia:* römische Zauberin bei Horaz
312 *«Nacht und Grauen»:* Anspielung auf Gellerts Lied «Der Kampf der Tugend»
317 *Wartburg:* Am 18. Oktober 1817 kamen die Abgesandten der Studenten auf der Wartburg zusammen, um des Reformationsjahres 1517 und der Leipziger Völkerschlacht zu gedenken.
322 *König von Hispanien:* Kaiser Karl V. (1519–1556)
337 *Lavement:* Klistier
340 *gaudeo, delector, admiror...:* lateinische Verben in der Aufzählung der Schulgrammatik; ich freue mich, ich ergötze mich, ich bewundere, ich rühme mich, ich beglückwünsche und danke
«Ideo peccamus...»: aus Senecas «Episteln» VIII, 2 (71) 2
341 *Lucius Annäus:* Lucius Annaeus Seneca (um 4 v. Chr. bis 65 n. Chr.)
348 *wie Mose zu dem Herrn:* vgl. 2. Mose 8,12

349 *Hekuba:* Trojanerkönigin, Zitat aus Shakespeares «Hamlet» II,2

 «Piget, pudet, poenitet...»: Merkvers der lateinischen Grammatik; es verdrießt, es erregt Scham, es reut, es ekelt, es jammert

353 *Ein Königreich für ein Pferd:* Shakespeare, «Richard III.» V,4

361 *Gleim:* Johann Wilhelm Ludwig Gleim (1719–1803), Lyriker der Aufklärung und Vertreter der deutschen Anakreontik

362 *Catilina:* Lucius Sergius Catilina, römischer Revolutionär, dessen Verschwörung von Cicero aufgedeckt wurde

363 *Lamia:* Schreckgespenst des griechischen Volksglaubens, das Kinder raubt

 Venefica: Giftmischerin

364 *Qwusque abbuttereh...:* eigentlich «Quousque tandem abutere, Catilina, patientia nostra.» (Wie lange, Catilina, willst du unsere Geduld mißbrauchen?); aus der ersten Rede Ciceros gegen Catilina

365 *Thalamus:* griech. eheliches Schlafgemach

 totus, teres atque rotundus: ganz, glatt und rund; Schilderung der vollkommenen Weisen bei Horaz' «Satire» II 7,86

371 *Furcifer:* Galgenstrick

373 *profugus:* Ausreißer

375 *Gänserich:* Anspielung auf den Namen des Vandalenkönigs Genserich bzw. Geiserich

387 *Roch und Greif:* Riesenvögel aus «Tausendundeiner Nacht» sowie aus den deutschen Sagen und Märchen

FRAU SALOME

393 *Johannes Falk:* Weimarer Schriftsteller (1768–1826), Verfasser des Buchs «Goethe, aus nähern persönlichem Umgange dargestellt», postum erschienen im Todesjahr Goethes 1832

395 *«bougies»:* Wachskerzen wurden von den Wirten gesondert in Rechnung gestellt.

396 *«Perikles, Prinz von Tyrus»:* Theaterstück aus der Zeit Shakespeares

401 *Farbensümpfe:* eisenhaltige Sümpfe bei Goslar, aus denen der Farbstoff Ocker gewonnen wurde

403 *Baumannshöhle:* Tropfsteinhöhle bei Rübeland, einem Dorf im Bodetal bei Elingerode

404 *Qualm der Städte:* Zitat aus Schillers «Wilhelm Tell» II, 2

405 *Blocksberg:* Anspielung auf Fausts und Mephistos Aufstieg zum Brocken
Hildburghausen: Kreisstadt in Thüringen, einst bekannt durch die dort verlegten, preiswerten Klassikerausgaben
aus der Oper: «Faust et Marguerite» (1859) von Charles Gounod

406 *«Da rief er seinen Schneider...»:* Zitat aus «Faust» I, Auerbachs Keller

407 *«Du Schwert an meiner Linken»:* Theodor Körner, «Leyer und Schwert» (1813)
«Denkst du daran...»: aus «Der alte Feldherr» (1826) von Karl Holtei
ich bin...vom Berg der Hirtenknab: Anfang des Gedichts «Des Knaben Bergelied» von Ludwig Uhland

408 *des Pfarrers Tochter zu Taubenhain:* vgl. Gottfried August Bürgers Ballade «Des Pfarrers Tochter zu Taubenhain»

413 *«denn nicht kosten...»:* aus Homers «Ilias» V, 341
Diomedes: Odysseus' Gefährte in der «Ilias»; *Dione:*

Aphrodites Mutter; *«der Menschen und Ewigen Vater...»:* aus «Ilias» V, 426–30

415 *Markwart:* Name des Hähers in der Tierfabel; *Corax:* Rabe; *Glandarius:* wissenschaftlicher Name des Eichelhähers
Horace Vernet: französischer Maler und Graphiker (1789–1863)
Moses Montefiore: jüdischer Philanthrop (1784–1885)

418 *Levate la tenda!:* Brecht die Zelte ab!

421 *Jeremias:* Prophet, der die Zerstörung Jerusalems vorhersagte
Villeggiatur: Sommerfrische

424 *Merlin:* keltischer Zauberer und Prophet des Artuskreises, der im Wald Brozeland gelebt haben soll
«Ein Windstoß...»: aus dem dritten Gesang der Hölle von Dantes «Göttlicher Komödie» (1307/11 bis 1321)

427 *Palämon:* Gestalt eines alten Hirten in Salomon Gessners «Idyllen» (1756)

428 *Donjon:* Schloßturm

431 *Repositorio:* Aktenschrank

432 *«Pièces fugitives»:* Voltaires «Recueil de nouvelles pièces fugitives»

433 *«Und einen Trunk...»:* aus August von Platens Gedicht «Ich möchte gern mich frei bewahren...»

443 *Trophonius:* Um das Orakel des Trophonios zu befragen, mußten ihn die Ratsuchenden in seiner Höhle aufsuchen.
Mr. Shandy: Der Vater der Hauptfigur in Lawrence Sternes Roman «Tristram Shandy» (1760–67) vertritt die Ansicht, daß der Name für den Charakter eines Menschen entscheidend sei.
nomina omina: Namen sind Wahrzeichen.

444 *Hippogryph:* Flügelpferd
Reiche der Romantik: Anspielung auf den Anfang von Wielands Verserzählung «Oberon» (1780)

451 *treuer Eckart:* alter, erfahrener Warner aus der mittelalterlichen Heldendichtung und der neuzeitlichen Volkssage

453 *Catherine Vadé:* fiktive Herausgeberin der VIII. Sammlung von Voltaires Schriften
Antoine Vadés «Discours» an die Welschen: fiktiver Verfasser einer «Rede», ebenfalls in der VIII. Sammlung enthalten

454 *Swedenborg:* Emanuel von Swedenborg (1688–1772), schwedischer Naturforscher und Philosoph; *Hermode und Braga:* In der germanischen Mythologie empfangen Hermode und Braga die Einherier, die gefallenen Krieger, in Walhalla.

455 *«Aurora»:* mystisch-symbolische Schrift (1612) Jakob Böhmes

456 *Velocipegasus:* Verbindung von Velociped (Fahrrad) und Pegasus (Pferd)

457 *Bengels Auslegung der Apokalypse:* Johann Albrecht Bengel (1687–1752), schwäbischer Theologe, errechnete in seiner Auslegung der Offenbarung des Johannes den Beginn des tausendjährigen Gottesreichs.

459 *«die größte Plaudertasche von ganz Asturien»:* Zitat aus «Gil Blas»
Mikomikona und der *Hauptmann* aus «Don Quixote»; *Miß Sophia Western* mit *Mrs. Honour* sowie der Thronbewerber, *Pretender,* aus «Tom Jones»; der *Korregidor* aus «Gil Blas»

461 *die Sorge hält... Schritt:* Anspielung auf Horaz' «Oden» 2,16; Cura nec turmas equitum relinquit. (Die Sorge bleibt auch hinter Reiterscharen nicht zurück.)

470 *Quall:* Begriff Jakob Böhmes, der «Quell» und «Qualitas» (Wesenheit) in Verbindung setzt

478 *Ramler:* Karl Wilhelm Ramler (1725–1798), Odendichter im Stil des Horaz
François Marie Arouet: eigentlicher Name Voltaires

480 *«Journal des Débats»:* französische Tageszeitung des 19. Jahrhunderts

481 *mit der Orientalischen Frage:* Mit dem Niedergang des Osmanischen Reichs stellten sich auf dem Balkan Probleme, deren Lösung seit dem Kongreß von Verona (1822) angestrebt wurde.

485 *Patmos:* griechische Insel, auf welcher der Apostel Johannes seine Gesichte vom Weltgericht hatte

493 *Fräulein von Klettenberg:* Susanne Katherina von Klettenberg, mütterliche Freundin des jungen Goethe, das Urbild der «schönen Seele» in «Wilhelm Meisters Lehrjahren»

501 *«Eiweißstoff und Hundedreck...»:* Verse Raabes; *Albumin:* wichtigste Gruppe der Eiweißstoffe

514 *«Die Erde bebete...»:* Ps. 18,8–16

518 *«Carolina»:* nach Kaiser Karl V. benanntes Strafgesetzbuch

IM SIEGESKRANZE

538 *Im März sind die Russen...:* Am 18. März 1813 zog der Kosakenführer Tettenborn in Hamburg ein. Am 2. April eroberten verbündete Preußen und Russen unter General Dörenberg das von den Franzosen besetzte Lüneburg, wobei eine mutige junge Lüneburgerin namens Johanna Stegen den Füsilieren des preußischen Bataillons in ihrer Schürze Patronen gebracht haben soll.

540 *die Marwitzschen Reiter:* Die Kavallerie der kurmärkischen Landwehrbrigade, die Friedrich August Ludwig von der Marwitz kommandierte, nahm am 25. September 1813 Braunschweig ein.

568 *der singende Baum, der sprechende Vogel, das verlorene Kind:* häufig vorkommende Märchenmotive, vgl. z.B. 96 aus den «Kinder- und Hausmärchen» der Brüder Grimm

574 *«Zur Brautnachts-Morgenröte...»:* aus Theodor Körners «Schwertlied», Verse 21–24 und 46–49

DIE HÄMELSCHEN KINDER

577 *Kaiser Rudolf:* Rudolf I. von Habsburg (1273–1291)
Blyden und Mangen: mittelalterliche Wurfmaschinen mit festem bzw. beweglichem Gegengewicht

579 *«Im Jahre MCCLXXXIV na Christi Gebort...»:* plattdeutscher Vers, erstmals nachweisbar in «Newe Braunschweig-Lüneburgische Chronica» (1620)
Bungelosestraße: In dieser Straße sollten die «pipen und bungen», die Pfeifen und Trommeln, schweigen.

582 *Diesen wilden Knaben...:* Anmerkung Raabes
Yahoos: vernunftlos-bestialische Wesen, die im vierten Teil von «Gullivers Reisen», der Reise zu den Houyhnhnms, auftreten
protuberatio terrae: ein aus der Erde hervortretendes Gebilde

583 *exitus puerorum Hamelensium:* Ausgang der Hämelschen Kinder
König Ottokar: Ottokar II. (1253–1278) verweigerte Rudolf von Habsburg die Huldigung und wurde 1278 bei dem Versuch, Ländereien zurückzugewinnen, auf dem Marchfeld besiegt und erschlagen.

584 *König Wilhelm von Holland:* Er wurde 1247 von den nordwestdeutschen Gegnern der Staufer zum König gewählt, nach dem Tod Konrads IV. auch in Süddeutschland anerkannt, fiel 1256 im Kampf gegen die Friesen.
der heilige Apostel der Deutschen: Bonifatius (672/73 bis 754), Schilderung einer Legende

594 *«als je diu liebe....»:* Vers aus dem «Nibelungenlied»

596 *cum omnibus attinentiis suis...:* mit allem, was ihr zugehört, Gerichtsbarkeit, Zollwesen, Münzwesen

614 *ballisterii:* Kriegsleute, die insbesondere Wurfmaschinen bedienen
615 *Sankt Pantaleonis:* einer der vierzehn Nothelfer, Schutzpatron der Ärzte, Feiertag eigentlich am 27. Juli.
623 *Herzog Heinrich Julius:* Daß Herzog Heinrich Julius zu Braunschweig-Wolfenbüttel (1589–1613) die genannte Zeitrechnung verboten haben soll, ist urkundlich nicht nachweisbar.

INHALT

Holunderblüte 5
Zum wilden Mann 49
Horacker 175
Frau Salome 393
Im Siegeskranze 522
Die Hämelschen Kinder 576

Zur Auswahl 625
Nachwort 627
Anmerkungen 643

Copyright © 1998 by Manesse Verlag, Zürich
in der Verlagsgruppe Random House GmbH, München

Diese Buchausgabe der *Manesse Bibliothek der Weltliteratur*
wurde mit der Berthold Bembo BQ gesetzt
und in Fadenheftung gebunden.
Das FSC-zertifizierte Dünndruckpapier
Primapage elfenbein liefert Bolloré.
Alle verwendeten Materialien entsprechen alterungs-
beständiger Qualität, die Papiere sind
chlor- und säurefrei.
Printed in Germany 2006
ISBN-10: 3-7175-1924-7 Gewebe
ISBN-10: 3-7175-1925-5 Leder
ISBN-13: 978-3-7175-1924-9 Gewebe
ISBN-13: 978-3-7175-1925-6 Leder

www.manesse.ch